Garri Kasparow

Warum wir Putin stoppen müssen

Garri Kasparow
mit Mig Greengard

Warum wir Putin stoppen müssen

Die Zerstörung der Demokratie in Russland
und die Folgen für den Westen

Aus dem Englischen von
Stephan Gebauer

Deutsche Verlags-Anstalt

Die englischsprachige Ausgabe erschien 2015 unter dem Titel »Winter Is Coming. Why Vladimir Putin and the Enemies of the Free World Must Be Stopped« bei PublicAffairs, New York.

MIX
Papier aus verantwortungsvollen Quellen
FSC® C014496

Verlagsgruppe Random House FSC® N001967
Das für dieses Buch verwendete FSC®-zertifizierte Papier *Munken Premium* liefert Arctic Paper Munkedals AB, Schweden.

Erste Auflage
November 2015

Umschlaggestaltung: Büro Jorge Schmidt, München
Typografie und Satz: DVA/Andrea Mogwitz
Gesetzt aus der Adobe Garamond
Druck und Bindung: GGP Media GmbH, Pößneck
Printed in Germany 2015
ISBN 978-3-421-04727-4

www.dva.de

Inhalt

Dem Andenken von Boris Nemzow und jedem anderen Menschen auf der Welt, der – wie er es jeden Tag getan hat – für Freiheit und Demokratie kämpft.
Garri Kasparow

Für Zoë, die alles ermöglicht, und für Cleo und Rafa, deretwegen das alles einen Sinn hat.
Mig Greengard

Einleitung

Am 19. August 1991 berichtete CNN ohne Unterbrechung live über einen Putschversuch gegen den sowjetischen Präsidenten Michail Gorbatschow. Mit dem KGB verbündete Hardliner des in Auflösung begriffenen kommunistischen Regimes hatten Gorbatschow auf seiner Datscha auf der Krim festgesetzt und den Ausnahmezustand verhängt. Rund um den Erdball diskutierten besorgte Experten und Politiker in den Medien über das mögliche Ende der Perestroika. Es drohte sogar ein Bürgerkrieg, denn durch die Straßen Moskaus rollten Panzer.

Ich war an jenem Abend in der Talkshow von Larry King zu Gast, wo ich mit der ehemaligen amerikanischen Botschafterin bei den Vereinten Nationen, Jeane Kirkpatrick, einem Professor aus Kalifornien und einem ehemaligen KGB-Agenten die Lage analysieren sollte. Als einziger erklärte ich, dass der Putsch keinerlei Aussicht auf Erfolg habe und in 48 Stunden beendet sein werde, während Kirkpatrick und andere einen monatelangen Konflikt voraussagten. Ich erklärte, die Putschisten hätten keinerlei Unterstützung in der Bevölkerung, weshalb ihr Versuch, die Reformen aufzuhalten und den zu erwartenden Zerfall der Sowjetunion zu verhindern, zum Scheitern verurteilt sei. Die herrschende kommunistische Bürokratie war ebenfalls gespalten, denn viele ihrer Mitglieder glaubten, nach dem Ende der Sowjetunion bessere Aufstiegschancen zu haben. Meine Einschätzung wurde bestätigt, als der russische Präsident Boris Jelzin in jener berühmten Szene auf einen Panzer kletterte und die Moskauer Bevölkerung für Freiheit und Demokratie auf die Straße ging. Die Putschisten begriffen, dass sie die Bevölkerung nicht auf ihre Seite bringen konnten. Zwei Tage später gaben sie auf.

Der Putschversuch war nicht nur gescheitert. Er beschleunigte den Zerfall der Sowjetunion noch, indem er das Volk vor eine klare Wahl stellte: Die Aussicht auf eine Auflösung des Imperiums und eine Zukunft in Unabhängigkeit machte ein wenig Angst, aber schlimmer als die totalitäre Gegenwart konnte diese Zukunft nicht werden. In den folgenden Monaten fielen die Sowjetrepubliken der Reihe nach wie Dominosteine und erklärten ihre Unabhängigkeit. In Moskau brachte eine begeisterte Menge zwei Tage nach dem Ende des Putschversuchs vor der KGB-Zentrale die Statue des »eisernen« Felix Dserschinski zu Fall, des gefürchteten Gründers der sowjetischen Geheimpolizei.

Es fällt mir schwer, nüchterne Distanz zu wahren, wenn ich die Kommentare der Menschen lese, die an jenem Tag vor der KGB-Zentrale von den Journalisten befragt wurden. »Jetzt beginnt der Prozess der Reinigung«, sagte ein Bergmann und Gewerkschaftsführer. Ein orthodoxer Priester erklärte: »Wir werden die riesige, gefährliche, totalitäre KGB-Maschine zerschlagen.« Die Menge skandierte »Nieder mit dem KGB!« und »Swo-bo-da!« (Freiheit). Polizisten nahmen ihre Barette ab und schlossen sich der Kundgebung an. Die Demonstranten schmierten Parolen wie »KGB-Schlächter vor Gericht!« auf den Sockel der verhassten Statue. Ein Arzt sagte, diese Kundgebung unterscheide sich von denen in den vergangenen Monaten: »Wir haben das Gefühl, neu geboren zu werden.«

So beglückend dieses Gefühl der Befreiung war, so niederschmetternd ist es, dass nur acht Jahre später, am 31. Dezember 1999, ein ehemaliger Oberstleutnant des KGB zum Präsidenten Russlands ernannt wurde. In den folgenden Jahren wurden die demokratischen Reformen Schritt für Schritt rückgängig gemacht. Die Regierung schaltete die Medien gleich und unterdrückte die Zivilgesellschaft. Die russische Außenpolitik wurde wieder aggressiv und kriegerisch. Die Reinigung hatte nicht stattgefunden. Die Mörder waren nicht vor Gericht gestellt, die KGB-Maschine nicht zerschlagen worden. Die Dserschinski-Statue war fort, aber die totalitäre Unterdrückung, für die sie stand, war zurückgekehrt. Ihr neues Symbol war Wladimir Putin.

Machen wir einen Sprung in der Zeit, ins Jahr 2015. Putin sitzt immer noch im Kreml. Die russische Armee hat die Krim annektiert und die Ukraine überfallen. Es ist mittlerweile sieben Jahre her, dass sie in einem anderen Nachbarland einmarschiert ist, der kleinen Republik Georgien. Wenige Tage, nachdem Putin sich im Februar 2014 als Gastgeber der Olympischen Winterspiele in Sotschi hatte feiern lassen, brach er einen Krieg in der Ostukraine vom Zaun und verwandelte sich in den ersten Staatschef, der das Hoheitsgebiet eines anderen Landes annektierte, seit Saddam Hussein den Befehl zur Invasion Kuwaits gegeben hatte. Dieselben Regierungschefs, die sich noch ein Jahr früher freundlich lächelnd an Putins Seite fotografieren ließen, haben mittlerweile Sanktionen gegen Russland und Mitglieder seiner Herrschaftselite verhängt. Russland droht, die Ventile der Pipelines zuzudrehen, durch die ein Drittel des von Europa verbrauchten Erdöls und Erdgases fließt. Ein Mafiastaat, in dem Putin der *capo di tutti i capi* ist, hat sich von einer ideologisch agnostischen Kleptokratie in ein Regime verwandelt, das sich unverhohlen faschistischer Propaganda und Taktiken bedient. Das Gespenst der atomaren Vernichtung, das lange gebannt schien, ist zurückgekehrt.

Die gegenwärtige Krise ist das Ergebnis von zwei Geschichten. Da ist zum einen die Geschichte eines Landes, das die

Befreiung vom Kommunismus feierte, wenige Jahre später jedoch einen KGB-Offizier zu seinem Führer wählte und sich bald darauf daranmachte, seine Nachbarn zu unterwerfen. Die andere Geschichte handelt davon, wie die freie Welt durch eine Kombination von Gleichgültigkeit, Unkenntnis und falsch verstandenem Wohlwollen dazu beitrug, diese Verwandlung möglich zu machen. Wir müssen unbedingt verstehen, was schiefgelaufen ist, denn obwohl Wladimir Putin mittlerweile eine klare und unmittelbare Bedrohung ist, reagieren Europa und die Vereinigten Staaten weiterhin falsch. Die Demokratien der Welt müssen sich zusammenschließen und die Lehren aus ihrem Sieg im Kalten Krieg ziehen, bevor wir vollständig in einen weiteren schlittern.

Putins Russland ist heute offenkundig die größte Bedrohung für die Welt, aber sie ist nicht die einzige. Terrororganisationen wie al-Qaida und der »Islamische Staat« sind (ungeachtet des irreführenden Namens der zweiten Organisation) staatenlos und verfügen nicht über die großen Ressourcen und Waffenarsenale, die Putin kontrolliert, aber die Anschläge am 11. September 2001 und ähnliche Terrorangriffe haben uns gezeigt, dass man keine Flagge und nicht einmal eine Armee braucht, um dem mächtigsten Land der Welt großen Schaden zuzufügen. Dazu kommt, dass jene Staaten, die den Terror unterstützen, davon profitieren, dass die demokratischen Länder, die zum Ziel des Terrors werden, nicht in der Lage sind, eine entschlossene Verteidigung zu organisieren. Die mörderischen Regimes des Irans, Nordkoreas und Syriens sitzen seit Jahren mit den großen Mächten am Verhandlungstisch, ohne nennenswerte Zugeständnisse zu machen.

Über die Herausforderungen der multipolaren Welt, in der wir seit dem Ende des Kalten Kriegs leben, wird seit geraumer Zeit diskutiert. Aber es fehlt immer noch eine schlüssige

Strategie zur Bewältigung dieser Herausforderungen. Als der Kalte Krieg endete, hatten die Sieger kein Ziel mehr und verloren den gemeinsamen Feind, dessen Gegenwart sie geeint hatte. Die Feinde der freien Welt leiden nicht unter derartigen Selbstzweifeln. Ihr definierendes Merkmal ist weiterhin der Widerstand gegen die Prinzipien und die Politik der freiheitlichen Demokratie und der Menschenrechte, deren wichtigsten symbolischen und materiellen Vertreter sie in den Vereinigten Staaten sehen. Trotzdem versuchen wir weiter, sie einzubinden, mit ihnen zu verhandeln und sie sogar mit Geld und Waffen zu versorgen, mit denen sie uns dann angreifen. Um Winston Churchills Definition des Appeasement zu zitieren: Wir füttern die Krokodile in der Hoffnung, dass sie uns als letzte fressen werden.

Bei jeder politischen Abkühlung zwischen Washington und Moskau oder Peking werfen beide Seiten einander rasch eine »Rückkehr zum Kalten Krieg« vor. Dass dieses Klischee heute verwendet wird, ist sonderbar, denn die Art und Weise, wie der Kalte Krieg ausgefochten und gewonnen wurde, wird nicht nachgeahmt, sondern ist in Vergessenheit geraten. Anstatt an einer klaren Unterscheidung zwischen Gut und Böse, zwischen Richtig und Falsch und an den universellen Werten der Menschenrechte und des menschlichen Lebens festzuhalten, bemühen wir uns um Einbindung, Neubeginn und moralische Gleichsetzung – mit einem Wort: um Appeasement. Die Welt braucht ein neues Bündnis, das auf einer globalen Magna Carta beruht, einer Erklärung der menschlichen Grundrechte, die alle Mitglieder der Staatengemeinschaft anerkennen müssen. Die Länder, die der individuellen Freiheit Wert beimessen, verfügen mittlerweile über den größeren Teil der Ressourcen der Welt und besitzen überlegene militärische Macht. Wenn sie geeint auftreten und sich geschlossen weigern, sich mit

Schurkenstaaten und Förderern des Terrorismus einzulassen, werden ihre Integrität und ihr Einfluss unwiderstehlich sein.

Das Ziel darf nicht sein, neue Mauern zu errichten und Millionen Menschen, die unter autoritären Regimes leben müssen, zu isolieren. Stattdessen sollten wir diesen Menschen Hoffnung und die Aussicht auf eine bessere Zukunft anbieten. Die meisten Menschen, die wie ich hinter dem Eisernen Vorhang lebten, wussten sehr wohl, dass es in der freien Welt Menschen gab, denen ihr Schicksal am Herzen lag. Wir wussten, dass der Westen nicht gegen, sondern für uns kämpfte. Und es bedeutete uns viel, das zu wissen. Heute reden die sogenannten Führer der freien Welt darüber, die Demokratie zu fördern, behandeln gleichzeitig jedoch die Führer der schlimmsten Unterdrückungsregimes so, als wären sie Gleichgesinnte. Die Politik, die versucht, Diktaturen in die Staatengemeinschaft einzubinden, ist auf allen Ebenen gescheitert, und es ist an der Zeit, dieses Scheitern einzugestehen.

Wie Ronald Reagan im Jahr 1964 in seiner berühmten Rede »A Time for Choosing« sagte, geht es nicht darum, zwischen Frieden und Krieg zu wählen. Es geht darum, zwischen Kampf oder Kapitulation zu wählen. Um diese Wahl kommen wir nicht herum. Wir dürfen nicht kapitulieren. Wir müssen mit den gewaltigen Ressourcen der freien Welt kämpfen, angefangen bei ihren moralischen Werten und ihrem wirtschaftlichen Wohlstand. Militärische Interventionen können nur die letzte Option sein. Die Vereinigten Staaten mit ihren gewaltigen Mitteln müssen die Führung übernehmen und ihre sehr unterschiedlichen und uneinigen Verbündeten mobilisieren. Aber es ist nicht mehr zeitgemäß, von amerikanischen oder westlichen Werten zu sprechen. Japan und Südkorea müssen handeln. Australien und Brasilien müssen handeln. Indien und Südafrika und alle Länder, denen an Demokratie, Freiheit und den Vorteilen der globalen Stabilität gelegen ist, müssen handeln. Wir wissen, dass wir Erfolg haben können, weil wir in der Vergangenheit Erfolg gehabt haben. Wir müssen nur den Mut aufbringen, erneut zu handeln.

* * *

Fünf Jahre, nachdem Wladimir Putin die Macht in Russland übernommen und begonnen hatte, den von ihm bewunderten sowjetischen Polizeistaat zu neuem Leben zu erwecken, erlebte ich meine eigene Wiedergeburt. Im Jahr 2005 zog ich mich nach 20 Jahren an der Spitze des professionellen Schachsports zurück, um mich der jungen russischen Demokratiebewegung anzuschließen. Im Jahr 1985 war ich im Alter von 22 Jahren Weltmeister geworden, und ich hatte das Gefühl, alles erreicht zu haben, was ich am Schachbrett erreichen konnte. Es war stets mein Wunsch gewesen, etwas in der Welt bewegen, und ich hatte das Gefühl, dass meine Zeit im Schachsport vorüber war. Ich wollte, dass meine Kinder in einem freien Russland aufwachsen könnten. Und ich erinnerte mich an das Schild, das meine Mutter einst in meinem Zimmer aufgehängt hatte. Es war ein Motto der sowjetischen Dissidenten: »Wenn nicht du, wer dann?« Ich wollte meine Energie und meine Bekanntheit in den Dienst des Kampfs gegen die zunehmende Repression stellen, die vom Kreml ausging.

Wie viele meiner Landsleute war ich besorgt über die KGB-Vergangenheit des weitgehend unbekannten Wladimir Putin und seinen plötzlichen Aufstieg zur Macht, den er einem brutalen Krieg verdankte, den Russland im Jahr 1999 geführt hatte, um die aufständische Region Tschetschenien zu unterwerfen. Aber so wie die meisten Russen war ich anfangs widerwillig bereit, Putin eine Chance zu geben. Boris Jelzin hatte seinen Ruf als Demokrat schwer beschädigt, indem er bei seiner Wiederwahl im Jahr 1996 die Macht seines Amts missbraucht hatte, um das Ergebnis des Urnengangs zu beeinflussen, und ich gestehe, dass ich zu jener Zeit einer von denen war, die glaubten, ein Verlust an demokratischer Legitimität sei ein Übel, das in Kauf genommen werden müsse, um eine Rückkehr der verhassten Kommunisten an die Macht zu verhindern. Aber solche Kompromisse sind fast immer ein Fehler, und das galt auch in diesem Fall, denn die Entscheidung für das »geringere Übel« ebnete den Weg für einen noch rücksichtsloseren Mann, der die Schwächung des demokratischen Systems auszunutzen wusste.

Der Staatsbankrott im Jahr 1998 hatte die russische Wirtschaft schwer erschüttert, obwohl im Rückblick erwähnt werden sollte, dass die Wirtschaftsleistung bis 2000 bereits wieder deutlich gestiegen war. Aber zu jener Zeit ließen Kriminalität, Inflation und ein allgemeines Gefühl der nationalen Schwäche und Unsicherheit den Technokraten Putin, der sich einer unverblümten Sprache bediente, wie eine sichere Option wirken. Viele Menschen hatten das Gefühl, ohne eine harte Hand werde das Land ins Chaos schlittern. Das Gefühl der persönlichen Unsicherheit und der gesellschaftlichen Unruhe ist in schwachen Demokratien immer ein großes Problem. Die meisten Diktatoren kommen unter solchen Bedingungen an die Macht und genießen anfangs Unterstützung in der Bevölkerung. Immer wieder folgen Autokraten und Militärjuntas dem Ruf der Bevölkerung nach Ordnung und einer *mano dura* – einer harten Hand – und versprechen, die Exzesse eines wackeligen zivilen Systems unter Kontrolle zu bringen. Irgendwie gelingt es den Völkern immer wieder zu vergessen, dass man einen Diktator sehr leicht an die Macht bringen, aber nur sehr schwer wieder entmachten kann.

Selbstverständlich erwartete ich nicht, dass meine neue Karriere in der russischen »Politik«, wenn man diesen großzügigen Terminus dafür verwenden darf, ein Spaziergang werden würde. Die russische Opposition hatte nicht den Anspruch, Wahlen zu gewinnen: Sie wollte lediglich, dass überhaupt freie Wahlen stattfanden. Deshalb bezeichnete ich mich nicht als Politiker, sondern als Aktivisten. Das galt auch, als ich eine Vorwahl der Opposition für die Präsidentenwahl im Jahr 2008 gewann, denn es war undenkbar, dass mich das Regime an der Wahl würde teilnehmen lassen. Uns ging es vor allem darum, die vom Regime inszenierten Scheinwahlen als solche zu entlarven und die atrophierten Muskeln der russischen Demokratie zu stärken. Anfangs war es mein Ziel, sämtliche Anti-Putin-Kräfte des Landes zu einen, vor allem jene, deren politische Ziele unter normalen Umständen unvereinbar waren. Beispielsweise hatte das Lager der liberalen Reformer, dem ich angehörte, nichts mit den Nationalbolschewisten gemein. Das einzige, was diese Gruppen verband, war die Tatsache, dass beide marginalisiert, verfolgt und betrogen wurden von Putin, der sein Leben lang an der Macht zu bleiben gedachte. Trotz ihrer Gegensätze marschierte diese zerbrechliche Koalition gemeinsam auf den Straßen von Moskau und Sankt Petersburg. Es waren die ersten ernstzunehmenden politischen Protestkundgebungen seit Putins Machtantritt. Wir wollten dem russischen Volk zeigen, dass Widerstand möglich war, und wir wollten die Botschaft verbreiten, dass es ein Fehler war, die Freiheit aufzugeben, um Stabilität zu erhalten.

Leider hatte – und hat – Putin so wie andere moderne Autokraten einen Vorteil, von dem die sowjetische Führung nie hatte träumen dürfen: enge wirtschaftliche und politische Beziehungen zur freien Welt. In mehreren Jahrzehnten der wirtschaftlichen Zusammenarbeit haben Diktaturen wie die russische und die chinesische große Vermögen angehäuft, die sie genutzt haben, um im Inland modernste autoritäre Infrastrukturen zu errichten und in der Außenpolitik Druck auszuüben. Die freie Welt hatte die naive Vorstellung, sie könne die wirtschaftlichen und gesellschaftlichen Beziehungen nutzen, um Schritt für Schritt eine Liberalisierung der autoritären Staaten herbeizuführen. In der Praxis jedoch haben die autoritären Staaten den Zugang zu den Weltmärkten und die wirtschaftliche Verflechtung genutzt, um ihre Korruption zu exportieren und die Repression im Inland zu verstärken.

Sehen wir uns nur ein offenkundiges Beispiel an: Europa bezieht insgesamt ein Drittel seiner Energie aus Russland, wobei der Anteil in einzelnen Ländern deutlich höher ist. Gleichzeitig gehen 80 Prozent der russischen Energieausfuhren nach Europa. Wer hat also mehr Druckmittel in der Hand? Trotzdem wird während der Ukrainekrise immer wieder behauptet, Europa könne sich aufgrund seiner energiepolitischen Abhängigkeit von Russland keine Konfrontation leisten! Acht Monate nach der Annexion der Krim und dreieinhalb Monate, nachdem russische Truppen über der Ostukraine ein Passagierflugzeug abschossen, »erwog« Europa immer noch die Möglichkeit, die Erdgasimporte aus Russland zu ersetzen. Anstatt den überwältigenden wirtschaftlichen Einfluss der Europäischen Union zu nutzen, um Putin von seinen Aggressionsplänen abzubringen, täuschen die Europäer Hilflosigkeit vor. Ein EU-Boykott oder auch einen hohen Strafzoll auf russische Energieimporte könnte die russische Wirtschaft, die vollkommen vom Energiesektor abhängt, in den Ruin treiben. Aber Europa ist nicht bereit, kurzfristig Opfer zu bringen, um die sehr viel größere langfristige Bedrohung einzudämmen, die Putin für die globale Sicherheit und damit auch für ihre von der Globalisierung abhängigen Volkswirtschaften darstellt.

Die Einbindung gibt den modernen autoritären Regimen auch subtilere Werkzeuge in die Hand, um sich Sanktionen zu entziehen. Sie kaufen Unternehmen und Luxusimmobilien in New York und London und zahlen Gebühren und Steuern, auf die geldgierige westliche Politiker und Unternehmen nur ungern verzichten. Da opfern sie schon lieber die Menschenrechte. Staaten, die ihre Bevölkerung in Unfreiheit halten, nutzen die Offenheit der freien Welt für ihre Zwecke, indem sie Lobbyisten engagieren, ihre Propaganda in den westlichen Medien verbreiten und großzügige Beiträge zur Finanzierung von Politikern, Parteien und NGOs leisten. Selbst wenn solche Aktivitäten aufgedeckt werden, müssen die autoritären Regimes kaum negative Reaktionen befürchten. Die Bürger der freien Welt empören sich gelegentlich, wenn die Medien über einen Ausbeutungsbetrieb berichten, aber sie interessieren sich kaum für die gesellschaftliche Lage in den Ländern, aus denen ihr Erdöl, ihre Kleidung und ihre iPhones kommen.

Die russischen Oligarchen verteilen ihren Reichtum über die Welt und verschaffen Putin politischen Einfluss, und westliche Unternehmen erwidern den Gefallen, indem sie in Russland investieren. Energieriesen wie Shell und BP konnten es gar nicht erwarten, Zugang zu Russlands immensen Erdöl- und Erdgasvorkommen zu bekommen, und der lange verschlossene russische Markt war ein unwiderstehliches Ziel, egal wie viele Konzessionen für Geschäftsvereinbarungen gemacht werden mussten. Die Menschenrechtslage in Russland war die geringste Sorge der westlichen Konzerne, die das vom Kreml geförderte Geschäftsmodell von Bestechung und politischer Einflussnahme bereitwillig übernahmen. Selbst nachdem zahlreiche westliche Unternehmen von ihren russischen Partnern übervorteilt, betrogen und bedroht worden waren, um sie aus den Partnerschaften zu drängen oder aus dem Land zu vertreiben, kehrten sie nach kürzester Zeit wie geprügelte Hunde zu einem brutalen Herrn zurück.

Das bemerkenswerteste Beispiel für dieses Verhalten lieferte der CEO von BP, Robert Dudley, der im Jahr 2008 aus Russland fliehen musste, wo der britische Ölkonzern ein Joint Venture mit einer Gruppe russischer Milliardäre gegründet hatte. Dudley war ständigen Schikanen ausgesetzt und fürchtete sich vor Verhaftung (und einem Bericht zufolge auch davor, vergiftet zu werden), weshalb er nach Großbritannien flüchtete und sich versteckte. Doch wenige Jahre später war er zurück in Russland und posierte an Putins Seite bei der feierlichen Einweihung eines gemeinsamen Erschließungsprojekts mit dem vom Kreml kontrollierten Erdölkonzern Rosneft! Und während die ausländischen Investitionen zum Wachstum des russischen Bruttoinlandsprodukts beitrugen – sein Wirtschaftswachstum verdankte das Land in erster Linie dem rasanten Anstieg des Ölpreises –, verbesserten sie das Leben des russischen Durchschnittsbürgers kaum. Der Großteil des neuen Reichtums floss direkt in Bankkonten und Immobilien von Putins Oligarchen im Westen.

Obwohl unsere Oppositionsbewegung einige Fortschritte in dem Bemühen machte, die Aufmerksamkeit auf die undemokratische Realität in Putins Russland zu lenken, befanden wir uns von Anfang an in einer aussichtslosen Lage. Es war uns unmöglich, kontinuierliche Fortschritte zu erzielen, da der Kreml die Massenmedien kontrollierte und jegliche Opposition in der Zivilgesellschaft rücksichtslos unterdrückte. Unsere Mission wurde auch von demokratischen Politikern im Westen sabotiert, die Putin auf der Weltbühne hofierten und ihm jene Legitimität verliehen, die ihm fehlte, weil er sich in Russland keinen freien Wahlen stellte. Es ist schwierig, für demokratische Reformen zu werben, wenn in sämtlichen Fernsehkanälen und Zeitungen Bilder der Regierungschefs der mächtigsten Demokratien der Welt zu sehen sind, die einen Diktator in ihre Familie aufnehmen. Die Botschaft solcher Bilder lautet, dass er eigentlich kein wirklicher Diktator ist oder dass Demokratie und individuelle Freiheit lediglich ein Faustpfand für Verhandlungen sind, wie Putin und seinesgleichen der Welt weismachen wollen. Der Diktator musste erst die Invasion in der Ukraine anordnen, um die G7 (ich habe mich stets geweigert, sie als G8 zu bezeichnen) dazu zu bewegen, Russland aus dem Club der führenden demokratischen Industrieländer auszuschließen.

Spätestens als Putin im Jahr 2008 seinen Strohmann Dmitri Medwedew in den Präsidentenpalast setzte, hätte aller Welt klar sein müssen, dass die russische Demokratie tot war. Bei der »Wahl« standen nur Namen von loyalen Oppositionellen auf dem Wahlzettel, die die ihnen zugeteilte Rolle spielten: der Kommunist Gennadi Sjuganow und Wladimir Schirinowski, der seit 1991 die Rolle des Rechtsextremisten spielt. Die einzige Funktion dieser »Oppositionellen« besteht darin, eine Fassade der Demokratie aufrechtzuerhalten. Und trotzdem war ein demokratischer Regierungschef nach dem anderen bereit, in der Farce mitzuspielen. George W. Bush rief seinen neuen Amtskollegen an, um ihm zu gratulieren. Der französische Präsident Nicolas Sarkozy lud Medwedew herzlich nach Paris ein. Ähnliche Gunstbezeugungen kamen von den Regierungen Deutschlands, Großbritanniens und vieler anderer Länder. Und das, obwohl die Wahl von der wichtigsten Wahlbeobachtungseinrichtung, der Organisation für Sicherheit und Zusammenarbeit in Europa (OSZE), boykottiert worden war, weil das russische Regime nicht bereit war, eine wirklich unabhängige Beobachtung zuzulassen.

Zwei Monate nach der Vereidigung von Barack Obama starteten der neue Präsident und seine Außenministerin Hillary

Clinton eine neue außenpolitische Initiative für einen »Neuanfang« in den Beziehungen zwischen den Vereinigten Staaten und Russland. Und es handelte sich nicht um einen realistischen Neuanfang, wie man nach der russischen Invasion des kleinen Nachbarlandes Georgien wenige Monate früher hätte erwarten können. (Die »unabhängigen« Enklaven, die dort mit Waffengewalt geschaffen wurden, werden weiterhin von russischen Truppen besetzt gehalten.) Nein, die Amerikaner starteten eine Charmeoffensive. (Allerdings unterliefen ihnen dabei kleinere Fehler: Der »Reset Button«, den Clinton ihrem russischen Amtskollegen Sergej Lawrow als Symbol für den Neubeginn übergab, wurde im Russischen fälschlich nicht mit »Neustart«, sondern mit »zu hohe Berechnung« übersetzt.) Die Regierung Obama wollte in dem jungen und heiteren Medwedew einen Reformer sehen, der den von Putin eingeschlagenen Kurs korrigieren würde. Wenn man möchte, kann man dies als Naivität aus den frühen Tagen von »Hoffnung und Wandel« betrachten, aber diese Politik der Einbindung wurde auch noch fortgesetzt, als längst klar war, dass in Wahrheit Putin die Kommandos gab und dass er nichts an seinem Plan ändern würde, Russland wieder in einen Polizeistaat zu verwandeln.

Putins »Operation Medwedew« wurde ein Triumph. Er gewann vier weitere Jahre, um jede innenpolitische Opposition auszuschalten, ohne international irgendwelche Konsequenzen fürchten zu müssen. Als Putin das Präsidentenamt erwartungsgemäß im Jahr 2012 wieder übernahm, bemühte er sich kaum noch, der Wahl einen Anschein der Glaubwürdigkeit zu geben. Wie die meisten Diktatoren beweist er einen sicheren animalischen Instinkt, wenn es gilt, das Verhalten potenzieller Gegner richtig vorauszusehen. Er wusste, dass er keinen ernsthaften Widerstand ausländischer Regierungen zu erwarten hatte. Und wie alle Diktatoren wurde er mit jedem erfolgreichen Schritt mutiger. Diktatoren fragen nicht »Warum?«, bevor sie größere Macht an sich reißen. Sie fragen nur: »Warum nicht?« Putin beobachtete aufmerksam, wie sich westliche Politiker wie Angela Merkel, David Cameron und Obama ihm gegenüber verhielten, und er sah nie einen Grund, seine Pläne zu ändern.

Man muss nicht Geschichte studiert haben, um das Muster zu erkennen oder zu verstehen, warum es zum Krieg in der Ukraine führte. Um jemandem wie Wladimir Putin Paroli bieten zu können, hätten die Länder der freien Welt die Selbstgefälligkeit abschütteln müssen, die nach dem Zusammenbruch des sowjetischen Imperiums von ihnen Besitz ergriffen hatte. Aber das fiel ihnen schwer. Putin versteht es, die Vorteile der Einbindung zu nutzen, ohne seinerseits irgendwelche Zugeständnisse zu machen. Während sich die Menschenrechtslage in Russland stetig verschlechterte, verteidigten westliche Politiker und Experten wie Condoleezza Rice und Henry Kissinger jahrelang das westliche Zaudern gegenüber Putin mit dem Argument, den Russen gehe es besser als in den Tagen der Sowjetunion.

Zunächst einmal einen sarkastischen Glückwunsch zu dieser indirekten Kritik! Aber warum stellen sie Vergleiche mit den fünfziger oder siebziger Jahren an, warum nicht mit den Neunzigern? Es ist nicht schwierig, besser zu leben als unter dem totalitären Kommunismus Josef Stalins oder Leonid Breschnews, aber leben die Russen heute auch besser als unter Jelzin? Was ist mit der Zerstörung sämtlicher neuer demokratischer Institutionen in Russland, einem Vernichtungsfeldzug, dem die Rices und Kissingers der Welt tatenlos zusahen? Wenn die Menschenrechte des sowjetischen Volkes und der politischen Häftlinge in den Weiten des Archipel Gulag für so viele Politiker und Bürger in der freien Welt wichtig waren – und sie waren ihnen sehr wichtig –, warum verdienen die Dissidenten im 21. Jahrhundert dann nicht ähnliches Mitgefühl und vergleichbaren Respekt? Wirksame Politik beruht auf Prinzipien. Ronald Reagan sprach mit der sowjetischen Führung, aber wie mir Václav Havel einmal sagte, warf er als erstes die Liste der politischen Häftlinge auf den Tisch!

In meinen ersten Jahren als Aktivist erklärte ich oft, Putin sei ein russisches Problem, das die Russen lösen müssten, aber bald werde er ein regionales und schließlich ein globales Problem werden, wenn die Welt die Augen vor seinen Ambitionen verschließe. Diese bedauerliche Wandlung ist mittlerweile vollzogen, und sie kostet Menschenleben. Es ist ein schwacher Trost, wenn man mir heute sagt: »Sie hatten Recht!« Noch schlimmer ist, dass selbst jetzt kaum etwas getan wird, um Putins Aggression aufzuhalten. Was für einen Sinn hat es, zuzugeben, dass man hätte zuhören und handeln müssen, wenn man weiterhin nicht zuhört oder handelt?

Das Mantra der Einbindung und die Weigerung, etwas gegen die Verbrechen von Diktaturen zu unternehmen – vor allem, wenn sie wichtige Wirtschaftspartner sind –, haben sich in den letzten 20 Jahren derart festgesetzt, dass selbst die Invasion eines souveränen europäischen Staates nichts daran ändern kann. Die USA und die EU haben Sanktionen gegen Mitglieder des russischen Regimes und gegen russische Industrien verhängt, wenn diese Sanktionen auch zu spät kamen und nicht schmerzhaft genug sind. Aber die westlichen Regierungen weigern sich weiterhin zu begreifen, dass Russland verurteilt und isoliert werden muss. Sie weigern sich einzugestehen, dass Putin sein Land in einen gefährlichen Schurkenstaat verwandelt hat. Diese Generation westlicher Politiker will nicht wahrhaben, dass es das Böse in dieser Welt gibt und dass man es entschlossen bekämpfen muss, anstatt mit ihm zu verhandeln. Es liegt auf der Hand, dass die Demokratien des 21. Jahrhunderts nicht für diesen Kampf gerüstet sind. Und es ist fraglich, ob sie sich dafür rüsten können und werden.

* * *

Es ist sehr gefährlich zu glauben, der Sturz eines Symbols bedeute auch das Ende dessen, wofür das Symbol stand, aber die Versuchung, die beiden Dinge gleichzusetzen, ist nahezu unwiderstehlich. Die Menschen haben eine Vorliebe für Symbole und Geschichten jeder Art, vor allem, wenn sie vom glücklichen Ende eines langen, dunklen Märchens erzählen. Die Berliner Mauer teilte die Welt buchstäblich und symbolisch in einen guten und einen bösen Teil, in Licht und Dunkel. Als die begeisterten Ostdeutschen über die befestigte Grenze strömten und sich mit Hämmern über die verhasste Mauer hermachten, konnte man leicht den Eindruck gewinnen, das Böse selbst sei besiegt worden.

Die Freude war berechtigt. Hunderte Millionen Menschen erwachten aus einem totalitären Albtraum, der Jahrzehnte gedauert hatte. Das »Reich des Bösen« war zusammengebrochen. Ein Gebiet, das sich über mehr als 6700 Kilometer von der Halbinsel Tschukotka im äußersten Nordosten Russlands bis zur Westgrenze der DDR erstreckt hatte, wurde praktisch über Nacht vom kommunistischen Unterdrückungssystem und wirtschaftlicher Armut befreit und bekam die Chance auf Demokratie und freie Marktwirtschaft. Es war ein glorreicher, unvergesslicher Moment.

Es gab auch eher praktische Gründe für die Freude. Die existenzielle Bedrohung durch einen Atomkrieg war gebannt. Drei Generationen waren mit Bombenübungen in der Schule und Gesprächen über die »garantierte gegenseitige Zerstörung« am

Esstisch aufgewachsen. Billionen US-Dollar waren in militärische Maßnahmen und Gegenmaßnahmen geflossen, die jetzt überflüssig wurden. Die zu erwartende »Friedensdividende« würde zu einer neuen Ära des Wohlstands führen. Zumindest war dies die allgemeine Erwartung.

Ich habe über die »Schwerkraft des vergangenen Erfolgs« im Schach geschrieben. Jeder Sieg zieht den Sieger ein kleines Stück hinunter und macht es ihm ein wenig schwerer, sich mit aller Kraft um weitere Verbesserungen zu bemühen. Der Verlierer seinerseits weiß, dass er einen Fehler begangen hat, dass etwas nicht funktioniert hat – und er wird hart arbeiten, um es beim nächsten Mal besser zu machen. Oft glaubt der glückliche Sieger, den Erfolg seinen herausragenden Fähigkeiten zu verdanken. Doch im Normalfall ist der Sieger einfach der Spieler, der den vorletzten Fehler begangen hat. Es erfordert ungeheure Disziplin, die Neigung zu diesem Trugschluss zu überwinden und Lehren aus einem Sieg zu ziehen.

Die natürliche menschliche Reaktion auf den Sieg im Kalten Krieg bestand darin, den früheren Feind zu umarmen. Bill Clinton und Jelzin fielen einander lachend in die Arme. Die Europäische Union und die NATO nahmen die früheren Ostblockstaaten mit offenen Armen auf und investierten Milliarden, um den neuen Mitgliedern beim Wiederaufbau zu helfen. Als es um wirtschaftliche und politische Reformen ging, legte der Westen die Peitsche der Isolation und Eindämmung weg und konzentrierte sich vollkommen darauf, mit dem Zuckerbrot zu locken. Die EU und andere Institutionen boten den befreiten Ländern einen Beitritt an, sofern sie Minimalerfordernisse in Bezug auf politische Transparenz und Wirtschaftsreformen erfüllten. Dieses Prinzip der Einbindung war in Osteuropa ein großer Erfolg, obwohl viele dieser Länder einen steinigen Weg zurücklegen mussten.

Aber die Methode wurde auch auf Länder angewandt, in denen das Unterdrückungssystem nicht vollkommen beseitigt worden war. Länder, in denen eine Repression sowjetischen Stils lediglich umbenannt worden war, mussten für die Aufnahme in den Klub der westlichen Demokratien kaum Bedingungen erfüllen und nur wenige Gegenleistungen bringen. Die im Westen vorherrschende Einstellung lautete: »Irgendwann werden sie sich überzeugen lassen. Die Demokratie hat gesiegt, die bösen Buben stehen auf der falschen Seite der Geschichte. Wir müssen sie nur einbinden und abwarten.« Aber die sprichwörtlichen historischen Kräfte gewinnen Kriege nicht allein. Und die Erfahrung hat gezeigt, dass man auf der falschen Seite der Geschichte oft durchaus gut leben kann, wenn man am richtigen Ende einer Pipeline sitzt.

Rückblickend ist es verblüffend, wie schnell die Lehren aus dem Kalten Krieg in Vergessenheit gerieten. In dem Augenblick, als die Kräfte der Freiheit und Demokratie stärker waren als je zuvor in der Geschichte, hörten sie auf, ihren Vorteil zu nutzen und sich weiter auszubreiten. Obwohl der Westen eine überwältigende militärische, wirtschaftliche und moralische Stärke auf seiner Seite hatte, änderte er seine Strategie.

In der Ära der Globalisierung und der falschen Gleichsetzung fällt es vielen von uns schwer, uns daran zu erinnern, dass die meisten politischen Führer im Kalten Krieg das Böse im Zweiten Weltkrieg aus nächster Nähe gesehen hatten. Sie machten sich keine Illusionen darüber, wozu Diktatoren fähig waren, wenn man ihnen eine Chance zur Entfaltung gab. Sie hatten mit eigenen Augen existenzielle Bedrohungen und das Grauen der Konzentrationslager gesehen. Sie hatten gesehen, dass Atomwaffen im Krieg eingesetzt werden konnten. Die folgenden Generationen hielten diese Möglichkeit für fast unvorstellbar. Es ist eine Schande, dass Adolf Hitler und Josef Stalin heute nur noch Karikaturen sind, so als wären sie mythologische Bestien, die für das vorzeitliche Böse stehen, das vor langer Zeit besiegt wurde.

Aber das Böse stirbt nicht, so wie die Geschichte nicht endet. Wie Gras kann das Böse gemäht, aber nie vollkommen ausgerissen werden. Es schlummert, bis es die Gelegenheit erhält, durch die Risse im Gemäuer unserer Wachsamkeit wieder auszutreiben. Es kann nicht nur im fruchtbaren Erdreich unserer Selbstgefälligkeit, sondern auch im Schutt der Berliner Mauer Wurzeln schlagen.

Der Kommunismus verschwand nicht, als die Mauer fiel. Noch heute leben fast anderthalb Milliarden Menschen unter kommunistischen Diktaturen, und weitere anderthalb Milliarden leben in unfreien Staaten verschiedener Couleur, darunter viele Länder der ehemaligen Sowjetunion. Der Wille von Menschen, andere auszubeuten und gewaltsam dem eigenen Diktat zu unterwerfen, löste sich nicht in Luft auf, als die Mauer fiel. Was sich in Luft auflöste – oder zumindest dramatisch schwand –, war die Bereitschaft der freien Welt, klar Position auf Seiten der Unterdrückten zu beziehen.

Diese Verschiebung war verständlich, denn sie entsprach dem Wunsch der westlichen Gesellschaften, die jahrzehntelangen Spannungen und Konflikte zu beenden. Bill Clinton, der im Jahr 1992 ins Weiße Haus gewählt wurde, war der erste Präsident aus der Baby-Boom-Generation. Er war ein typischer Vertreter der Einstellung, dass es an der Zeit sei, sich vom kategorischen manichäischen Weltbild des Kalten Kriegs zu lösen. In der Zwischenzeit wuchsen dem Drachen neue Zähne. Im Jahr 1994 trat der weißrussische Diktator Alexander Lukaschenko ein Präsidentenamt an, das er bis zum Ende seines Lebens nicht mehr abzugeben beabsichtigte. Seine zentralasiatischen Gesinnungsgenossen Nursultan Nasarbajew und Islam Karimow beherrschen Kasachstan beziehungsweise Usbekistan mittlerweile seit einem Vierteljahrhundert. Es ist kein Zufall, dass Russland zwei der ehemaligen Sowjetrepubliken, die am ehesten in der Lage scheinen, sich seinem Hegemoniestreben zu entziehen – Georgien und die Ukraine –, überfallen und teilweise besetzt hat.

Es stimmt, dass diese Verbrecher und Autokraten keine auch nur annähernd so große Gefahr für die Weltordnung darstellen wie die Sowjetunion, obwohl Putin versucht, mittels Handelsabkommen, Einschüchterungsmanövern und Marionettenregierungen eine »Sowjetunion light« zusammenzubasteln. Abgesehen von ihrer militärischen Stärke war die Sowjetunion eine Bedrohung, weil sie jenseits ihrer Grenzen aggressiv die toxische kommunistische Ideologie verbreitete. Bis vor kurzem fühlte Putin sich imstande, Russland auszuplündern und seine Macht zu festigen, ohne auf irgendetwas angewiesen zu sein, das Ähnlichkeit mit einer Ideologie hatte. Das einzige Motto seiner Herrschaftselite lautete: »Lasst uns zusammen stehlen.« Aber aufgrund der Verschlechterung der Wirtschaftslage in Russland sah er sich zuletzt gezwungen, die letzten Kapitel im Handbuch des Diktators aufzuschlagen, um neue Wege zu finden, seine Rolle als oberster Führer zu rechtfertigen.

Seit 2013 begleiten der Kreml und seine Organe mit einer unverhohlen faschistischen Hetze die Attacken auf Homosexuelle und die Medien, denen »unrussisches« Verhalten, Hochverrat und Schädigung der Nation vorgeworfen werden. Einige dieser verbalen Attacken, darunter auch ein paar von Putin, könnte man mit denen führender Vertreter des NS-Regimes in den dreißiger Jahren verwechseln, wäre nicht das Wort »Vaterland« durch »Mutterland« ersetzt worden. Aber wie Hitler wusste, gehen einer Diktatur irgendwann die inneren Feinde aus, weshalb sie sich nach äußeren umsehen muss. In den staatlich kontrollierten Medien Russlands werden die Vereinigten

Staaten seit einem Jahrzehnt dämonisiert, aber das genügte noch nicht.

Als Präsident Viktor Janukowitsch, Putins Marionette in der Ukraine, nach monatelangen Massenprotesten der Opposition, die eine Annäherung an Europa forderte, aus dem Land floh, ergriff Putin seine Chance. Unter dem Vorwand, die russischstämmigen Ukrainer schützen zu müssen, besetzte und annektierte er die Krim und schürte anschließend die Gewalt der von ihm gesteuerten »Rebellen« in der Ostukraine. Bald darauf verwandelten russische Truppen und Panzer den Konflikt in eine regelrechte Invasion.

Der Krieg ist immer furchtbar, egal aus welchen Gründen er geführt wird, aber Putins gefährliche Hinwendung zum ethnisch begründeten Imperialismus darf nicht unterschätzt werden. Diejenigen, die glauben, der Konflikt in der Ukraine sei weit entfernt und werde kaum zu globaler Instabilität führen, ignorieren die klare Warnung, die Putin ausgesandt hat. Wir haben keinen Grund zu glauben, dass jenes »Großrussland«, das ihm vorschwebt, in der Ostukraine endet. Vielmehr haben wir Grund zu der Annahme, dass er die Expansion weiter vorantreiben wird. Diktatoren halten nur an, wenn sie aufgehalten werden. Der Versuch, Putin im Ukrainekonflikt zu beschwichtigen, wird nur seinen Appetit auf weitere Eroberungen wecken.

Der Kampf um die Ukraine ist nur einer von vielen Konflikten, welche die freie Welt lieber ignorieren möchte. Diese Konflikte sind Teil eines größeren Kriegs, dessen Existenz der Westen nicht sehen will. Aber die Feinde verschwinden nicht, nur weil man so tut, als gäbe es sie nicht. Die Berliner Mauer und die Sowjetunion sind verschwunden, aber die Feinde der Freiheit, die sie errichteten, sind noch da. Die Geschichte endet nicht: Sie verläuft zirkulär. Mit der Unfähigkeit des Westens, die Ukraine heute zu verteidigen, kehrt die Unfähigkeit der

Alliierten zurück, im Jahr 1938 die Tschechoslowakei zu verteidigen. Die Welt muss handeln, damit Polen im Jahr 2015 nicht wieder die Rolle spielen muss, die es schon im Jahr 1939 spielte.

Seinen Sieg im Kalten Krieg verdankte der Westen nicht nur militärischer oder wirtschaftlicher Überlegenheit, sondern auch jenen Werten, die ich als ehemaliger Bürger der Sowjetunion ohne jede Ironie als traditionelle amerikanische Werte bezeichne. Diese Werte übernahm auch die gesamte westliche Welt. Wir können die Probleme der Globalisierung nicht mit denselben rechtlichen und wirtschaftlichen Instrumenten lösen, mit denen wir sie geschaffen haben. Wir brauchen einen neuen, auf der Moralität beruhenden Rahmen, der uns in der Auseinandersetzung mit den Diktaturen in China und Russland, die mittlerweile ein fester Bestandteil unserer globalisierten Welt sind, festen Halt geben kann. Wir brauchen neue Bündnisse, um die staatenlosen Terrornetze zu bekämpfen, die unsere Technologie gegen uns einsetzen. Diese Rahmenbedingungen und Bündnisse müssen auf moralischen Grundsätzen beruhen, denn diese sind die einzigen Waffen, denen die Feinde der Demokratie nichts entgegenzusetzen haben. Noch dringender wird diese Notwendigkeit dann, wenn diese Feinde Atomwaffen besitzen, womit eine militärische Konfrontation unvorstellbar gefährlich wäre.

Die unscharfen Frontlinien in diesen modernen Konflikten müssen durch klare moralische Trennlinien ersetzt werden. Die Feinde der freien Welt sind an ihren Zielen zu erkennen. Sie wissen, dass sie aus dem Geschäft sind, wenn sich die freiheitliche Demokratie und der freie Markt durchsetzen. Sie kämpfen um ihr Überleben. Um ihre Angriffe abzuwehren, muss die freie Welt ihre Prinzipien politisch umsetzen. Wir müssen uns darüber klar werden, wofür – und wogegen – wir kämpfen. Wir müssen bereit sein, unsere Werte zu verteidigen, als hinge unser Leben davon ab. Denn es hängt davon ab.

Wir dürfen uns nicht von Ablenkungsmanövern, Ausreden und von Strohmännern angeführten Argumenten täuschen lassen, die von Diktatoren und Verbrechern auf der einen Seite vorgebracht und von Appeasement-Anhängern und Feiglingen auf der anderen aufgegriffen werden. Sie warnen unablässig vor den Gefahren, die der freien Welt drohen, sollte sie sich Putin widersetzen, und vor den schlimmen Konsequenzen eines direkten militärischen Vorgehens gegen den »Islamischen Staat«. Aber sie sprechen nicht darüber, was uns droht, wenn wir nicht entschlossen handeln, wenn wir am Status quo des Appeasement und der Einbindungspolitik festhalten. Es scheint ein lobenswertes Ziel zu sein, einen neuen Kalten Krieg zu vermeiden, aber was, wenn er bereits begonnen hat? Und was ist mit dem tatsächlichen Krieg auf europäischem Boden und der Invasion und Annexion von Teilen der Ukraine? Verleugnung ist keine akzeptable Politik. Wer sich nur Gedanken über eine drohende Katastrophe macht, obwohl die gegenwärtige Situation bereits katastrophal ist, der unternimmt einen erbärmlichen Versuch, sich um schwere Entscheidungen zu drücken. Eine Krebserkrankung zu ignorieren und mit den Ärzten zu streiten, die sie diagnostiziert haben, wird den Patienten nicht retten, so sehr er sich auch vor der schmerzhaften Behandlung fürchten mag.

Wir können unmöglich genau wissen, was geschehen wird, wenn die Nationen der freien Welt unter der Führung der Vereinigten Staaten und der NATO Putin in der Ukraine die Stirn bieten (oder, um ein anderes Beispiel zu nehmen, den Entschluss fassen, den »Islamischen Staat« auszulöschen). Fest steht, dass wir irgendwann nicht mehr darum herumkommen werden zu handeln und dass wir mit jedem Tag der Untätigkeit mehr Mittel aufwenden, mehr Opfer bringen und mehr Menschenleben verlieren werden. Wie alle Diktatoren vor ihm wird Putin immer selbstbewusster und gewinnt immer mehr Unterstützung, wenn er nicht auf Widerstand stößt. Jeder Schritt, den er dem russischen Volk als Triumph verkaufen kann, macht es schwieriger, ihn zu Fall zu bringen, und erhöht die Wahrscheinlichkeit, dass er sich ermutigt fühlt, noch aggressivere Schritte zu unternehmen.

Es stimmt, dass die Vereinigten Staaten, Europa und die übrigen Demokratien der Welt, sollten sie endlich begreifen, dass die Ära der Einbindung vorüber ist, und versuchen, Putin und seinesgleichen einzudämmen, indem sie sie isolieren und den Opfern ihrer Aggression wirksame Hilfe leisten, damit rechnen müssen, dass sich die Konflikte zunächst verschärfen werden, bevor sie beendet werden können. Für diese Einsicht – für die Bereitschaft, für den langfristigen Erfolg kurzfristige Opfer hinzunehmen – bedarf es jener Art von politischer Führung, die heute in der freien Welt kaum zu finden ist. Um so zu handeln, brauchen wir Politiker, die über die nächste Meinungsumfrage, den nächsten vierteljährlichen Wirtschaftsbericht und die nächste Wahl hinausdenken. Im Kalten Krieg hielt der Westen jahrzehntelang bemerkenswert unbeirrbar an einer Politik fest, die schließlich zum Triumph der freien Welt führte. Seit damals hat sich eine westliche Regierung nach der anderen um ihre Verantwortung für die Menschenrechte in Russland gedrückt, so lange, bis Putin stark genug war, einen richtigen Krieg auf europäischem Boden zu entfachen.

Ein beliebtes Argument der Strohmänner lautet, eine Intervention gegen die Aggression könne in einen Dritten Weltkrieg münden oder zum atomaren Holocaust führen. Das Gegenteil ist richtig: Die gegenwärtige Krise wird weiter eskalieren, so lange, bis Putin mit einer ernsthaften Bedrohung für seine Macht konfrontiert wird, denn die Macht ist das einzige, was ihm am Herzen liegt. Wenn wir zulassen, dass Putin von Sieg zu Sieg eilt und jegliche innere Opposition in Russland auslöscht, nimmt die Gefahr eines umfassenden Kriegs dramatisch zu. Adolf Hitler griff Polen im Jahr 1939 nicht an, weil sich die Alliierten hinter die Tschechoslowakei gestellt hatten: Er griff an, weil sie es nicht getan hatten. Hitler schickte seine Truppen nicht ins Sudetenland, weil die Welt entschieden gegen den Anschluss Österreichs protestiert hatte, sondern weil sie gezaudert hatte. Erst nachdem er mühelos all diese Triumphe gefeiert hatte und nicht auf Widerstand der westlichen Demokratien gestoßen war, wurde Hitler so zuversichtlich, dass er zu weit ging.

Natürlich ist Putin nicht Hitler. Die unbeschreibliche Bosheit dieses Menschen ist unvergleichlich – obwohl jene, die das Grauen unter Stalin, Mao Tse-tung und Pol Pot erlebt haben, möglicherweise anderer Meinung sind. Wir müssen uns jedoch vor Augen halten, dass auch Hitler im Jahr 1936 und sogar in den Jahren 1937 und 1938 noch kein Hitler war! Die Ehrerbietung, die ihm Sportler und Würdenträger aus aller Welt bei den Olympischen Spielen in Berlin erwiesen, die Kapitulation Neville Chamberlains in München, das zunächst ungehinderte Vorrücken der deutschen Armee über die nach dem Ersten Weltkrieg gezogenen Grenzen: dies waren die Dinge, die Hitlers Verwandlung in das Monster ermöglichten.

Gemessen an der industriellen und militärischen Leistungsfähigkeit ist das heutige Russland nicht mit dem nationalsozialistischen Deutschland vergleichbar. Aber Putin besitzt etwas, das Hitler nie besaß: Atomwaffen. Und er scheut sich nicht, uns diese Tatsache in Erinnerung zu rufen. Im Oktober 2014 zwang ich mich, mir Putins Frage-und-Antwort-Sitzung in Sotschi zweimal anzuhören, denn ich konnte nicht glauben, wie beiläufig er den furchtbaren Atompoker des sowjetischen Staats- und Parteichefs Nikita Chruschtschow lobte. Aber wir sollten uns alle genau anhören, was Putin sagt, denn er darf für sich in Anspruch nehmen, seine Drohungen wahrzumachen, wenn er nicht auf Widerstand stößt.

Sollten sich die Regierungen der freien Welt jedoch rechtzeitig besinnen und Putin geschlossen entgegentreten – sollten sie imstande sein, wirksame Wirtschaftssanktionen zu verhängen, die russischen Erdöl- und Erdgaslieferungen zu ersetzen, das Regime diplomatisch zu isolieren und die von ihm angegriffenen Länder wirtschaftlich und militärisch zu unterstützen –, so könnten sie die Grundlage für ein neues globales Bündnis der demokratischen Nationen schaffen. Sie müssten Diktaturen vor die Wahl stellen, entweder Reformen durchzuführen und sich der zivilisierten Staatengemeinschaft anzuschließen oder Schritt für Schritt ausgegrenzt zu werden und in der Entwicklung zurückzufallen. Die Europäische Union wendet dieses Modell im Inneren an: Länder, die sich um Aufnahme in die Gemeinschaft bemühen, müssen klare Standards für Wirtschaftsentwicklung und Menschenrechte erfüllen. Aber dieselbe Union macht bereitwillig Geschäfte mit brutalen Diktaturen wie dem Putin-Regime, die sie nie als Mitglieder aufnehmen könnte. Putins Krieg und diese heuchlerische Politik der Einbindung könnten gleichzeitig beendet werden.

* * *

In diesem Buch werde ich zunächst darlegen, warum dieser nicht erklärte Krieg real ist und warum er von großer Bedeutung ist. Da es uns an leicht erkennbaren Symbolen mangelt, auf die wir uns konzentrieren könnten, und da es kein Reich des Bösen gibt, gegen das wir kämpfen könnten, wird es schwierig werden, die Demokratien der Welt zum Handeln zu bewegen, obwohl dies unbedingt erforderlich ist. Als nächstes werden wir uns ansehen, wie der mittlerweile zwei Jahrzehnte andauernde Rückzug des Westens rund um den Erdball Autokraten wie Putin und Terrororganisationen wie dem »Islamischen Staat« den Weg geebnet hat.

Es heißt, dass demokratische Gesellschaften die Politiker bekommen, die sie verdienen. Wir müssen uns mit jener Verschiebung der Werte und Prioritäten auseinandersetzen, die dazu geführt hat, dass die Außenpolitik der westlichen Regierungen heute von Appeasement und pessimistischer Realpolitik geprägt ist. Der Verzicht auf die moralische Komponente in der Außenpolitik war ein furchtbarer Fehler, den zu korrigieren sehr lange dauern wird. Im letzten Abschnitt dieses Buchs werde ich einen umfassenden Plan für die Wiederherstellung einer moralischen Außenpolitik entwickeln und einige Fragen formulieren, die jedem Kandidaten für ein Regierungsamt in einem demokratischen Land gestellt werden sollten.

In diesem Buch werde ich immer wieder auf meine persönlichen Beobachtungen und Erfahrungen als Menschenrechtsaktivist in Russland und als Vorsitzender der in New York ansässigen Human Rights Foundation zu sprechen kommen. Zwar begann ich mich schon in den achtziger Jahren politisch zu engagieren, als ich mich als Schachgroßmeister gegen die sowjetischen Sportfunktionäre auflehnte und in Interviews mit westlichen Medien über das kommunistische Unterdrückungssystem sprach, was mich immer wieder in Schwierigkeiten brachte. Aber die wichtige Geschichte in diesem Buch ist nicht meine eigene. Die eigentliche Geschichte handelt davon, wie Wladimir Putin das demokratische Experiment in Russland beendet hat. Und in dieser Geschichte geht es auch darum, wie Putin bei der Zerstörung dieser jungen Demokratie von der Gleichgültigkeit und teilweise von der Unterstützung derselben freien Welt profitiert hat, die die Sowjetunion besiegte.

Prolog

Über Aufstieg und Untergang der russischen Demokratie ließe sich ein quälend kurzes Buch schreiben. Nur acht Jahre nachdem begeisterte Menschenmengen 1992 den Zusammenbruch der Sowjetunion gefeiert hatten, wurde der frühere KGB-Agent Wladimir Putin zum Präsidenten gewählt. Er brauchte wiederum lediglich acht weitere Jahre, um praktisch sämtliche demokratischen Einrichtungen Russlands zu zersetzen oder zu zerschlagen: die Gewaltenteilung, freie Wahlen, ein unabhängiges Justizsystem, freie Medien und eine Zivilgesellschaft, die mit dem Staat zusammenarbeiten konnte, anstatt in Furcht vor ihm zu leben. In dieser Zeit wurden unbotmäßige Oligarchen ins Gefängnis gesteckt oder ins Exil gejagt, und die Presse lernte rasch, was sie sagen durfte und was nicht. Putin sicherte sich auch die zentrale Kontrolle über die russische Wirtschaft, machte marktwirtschaftliche Reformen rückgängig und baute »nationale Vorzeigeunternehmen« im Energie- und Finanzsektor auf.

Im Jahr 2008 schien eine Wende möglich, hätte doch in jenem Jahr die von der Verfassung auf zwei vierjährige Amtszeiten beschränkte Herrschaft des Präsidenten enden müssen. Kaum jemand rechnete damit, dass sich Putin bereitwillig – oder überhaupt – zurückziehen würde, und es entbrannte eine intensive Debatte über die Frage, wie er es anstellen würde, den demokratischen Schein zu wahren, ohne die Kontrolle über die Regierung aufzugeben. Putin hatte die Macht nicht nur in seiner Partei oder seinem Amt, sondern auch in seiner eigenen Hand gebündelt. Mit seinem Ausscheiden hätte der KGB-Mafiastaat, den er und seine Verbündeten innerhalb von acht Jahren errichtet hatten, seinen Kopf verloren. Putin hätte einfach die russische Verfassung ändern können, um eine erneute Kandidatur möglich zu machen, aber zu jenem Zeitpunkt hielt er es noch für notwendig, den demokratischen Anschein aufrechtzuerhalten. Es wäre peinlich gewesen, nach einer unverhohlenen Machtergreifung auf die G8-Kollegen zu treffen, und aus innenpolitischer Sicht war es für ihn sehr vorteilhaft, die Anerkennung der Regierungschefs der Vereinigten Staaten, Japans und der westeuropäischen Länder zu genießen. Wie konnte man ihn als undemokratischen Führer oder gar Despoten bezeichnen, wenn er von Menschen wie George W. Bush, Silvio Berlusconi und Nicolas Sarkozy so innig umarmt wurde?

Angesichts von Putins Dilemma hoffte die russische Oppositionsbewegung für kurze Zeit, dass sich bei der Wahl 2008 eine Chance bieten würde, das Land in eine andere Richtung zu lenken. Wir wussten, dass die gesamte Wahl manipuliert werden würde, aber wir hofften, mehr Bürger für unsere Sache zu gewinnen, indem wir diese Korruption entlarvten. Den Russen war bewusst, dass sie unter Putins Herrschaft Schritt für Schritt ihre Freiheit verloren, und es war noch möglich, sie zum Widerstand zu bewegen, wie die Massenproteste im Jahr 2011 beweisen sollten.

Doch Putin entschloss sich zu einer taktischen Meisterleistung. Anstatt sich selbst an die Präsidentschaft zu klammern, überließ er sie seinem stellvertretenden Ministerpräsidenten, dem jungen Dmitri Medwedew, den viele für liberaler und prowestlicher als seinen Herrn hielten. Die manipulierte Wahl brachte das erwartete Ergebnis, obschon es natürlich nicht so gut sein durfte wie das Putins im Jahr 2004. (Damals wurde in Russland gescherzt, dass es sehr unhöflich von Medwedew gewesen wäre, mehr Stimmen zu erhalten als Putin – oder größer zu sein als Putin.) Medwedew ernannte Putin unverzüglich zu seinem Ministerpräsidenten, und die beiden tauschten ihre Büros in einem eleganten Pas de deux auf dem Grab der russischen Demokratie. Vier Jahre später gab der folgsame Medwedew die Präsidentschaft seinem Herrn zurück, jedoch nicht ohne vorher die Verfassung geändert zu haben, damit Putin diesmal für zwei Amtszeiten von je sechs Jahren das Land führen konnte. Bei der Wahl im Jahr 2012 gab sich das Regime keine Mühe mehr, die Tatsache zu vertuschen, dass Russland nun wieder eine Diktatur war.

Putin war jedoch auf einige Hindernisse gestoßen. Nur drei Monate vor der Präsidentenwahl am 4. März 2012 hatte es die größten Massenprotesten der postsowjetischen Zeit gegeben, nachdem das Ergebnis der Parlamentswahl schamlos manipuliert worden war. In den folgenden Monaten gingen hunderttausende Russen auf die Straße und riefen »Putin muss gehen!« und »Russland ohne Putin!«

Gemeinsam mit Oppositionsführern wie Alexej Nawalny und Boris Nemzow nahm ich an vielen dieser Kundgebungen teil. Die überraschende Versammlung zehntausender normalerweise unpolitischer und gleichgültiger Moskauer auf dem Bolotnaja-Platz am 10. Dezember gab uns Hoffnung: Es schien sich etwas zu verändern. Seit 2005 hatte ich an vorderster Front an vielen Märschen teilgenommen, bei denen auf jeden Demonstranten mindestens zehn Sonderpolizisten gekommen waren. Am 24. Dezember auf dem Sacharow-Prospekt hatte sich das Verhältnis schließlich umgekehrt. Beim Blick auf ein Meer von Fahnen und tausende Menschen, die sich gegen die Korruption und Putin zusammengeschlossen hatten, lag es nahe, von einer besseren Zukunft zu träumen.

Aber es gelang uns nicht, die Dynamik aufrechtzuerhalten. Um die Versammlungsfreiheit einzuschränken, erließ das Regime rasch drakonische neue Gesetze, die hohe Geldbußen für Demonstranten vorsahen und den gewaltlosen Protest kriminalisierten. Führende Köpfe und Mitglieder der Oppositionsbewegung wurden schikaniert, verhaftet und zu ihrer Rolle während der Proteste verhört. Der Kreml wandte gewaltige Summen auf, um die Demonstrationen unter Kontrolle zu bringen. Die letzte Massenkundgebung am 6. Mai 2012 wurde brutal aufgelöst und führte zum sogenannten Bolotnaja-Fall, in dessen Verlauf mehr als 13 000 Zeugen verhört und dutzende Demonstranten zu mehrjährigen Gefängnisstrafen verurteilt wurden.

Zur selben Zeit verschärften die vom Kreml kontrollierten Medien den Ton gegenüber Protestlern und Oppositionsführern, die als gefährliche Extremisten und Vaterlandsverräter dargestellt wurden. Abgesehen davon, dass die Revolution nicht im Fernsehen zu sehen war, hatten angehende Revolutionäre keinen Zugang zum Fernsehen. Nach Putins sogenannter Wahl kam es noch zu einigen größeren Protestkundgebungen, aber im Jahr 2012 wurde mir klar, dass die Demokratie in Russland tatsächlich tot war. Eine friedliche Entmachtung Putins schien nicht mehr möglich. Sollte er entthront werden, so würde es ein chaotischer und wahrscheinlich blutiger Sturz werden. Nachdem mich die Staatsanwaltschaft mehrere Male zu Sonderbefragungen vorgeladen hatte – man geht als Zeuge hinein und kommt als Verdächtiger wieder heraus (sofern man überhaupt herauskommt) –, entschloss ich mich 2013, nicht mehr nach Russland zurückzukehren.

An diesem Punkt möchte ich einen Schritt zurückgehen und die Entwicklung noch einmal von außerhalb Russlands betrachten. Putin verdankte seinen Aufstieg einem rasanten Anstieg des Ölpreises, der Propaganda, der Repression und einer gefügigen Bevölkerung. Aber ohne beträchtliche Hilfe von außen hätte er die Macht nicht erlangen können. Schließlich ist es in unseren Tagen nicht ganz so einfach, eine Diktatur zu errichten. Unter anderem kann man aufgrund der globalen Kommunikation heute kaum noch verhindern, dass die eigene Bevölkerung die Menschen in den Nachbarländern um ihre Rechte und ihren Wohlstand beneidet – einer der Gründe, warum Putin autoritäre Regimes in Russlands Nachbarstaaten unterstützt.

Der globale Trend zur Demokratie in der zweiten Hälfte des 20. Jahrhunderts ist einer der größten Erfolge der Menschheit. Vor dem Zweiten Weltkrieg war die Mehrheit der demokratischen Staaten in Europa und Amerika zu finden. Samuel Huntington dokumentierte die »dritte Welle« der Demokratisierung 1991 in seinem gleichnamigen Buch, und ein Jahr später verkündete Francis Fukuyama das »Ende der Geschichte«. Die freiheitliche Demokratie und das kapitalistische Wirtschaftssystem schienen die großen Sieger der letzten großen ideologischen Auseinandersetzung zu sein, die wir je erleben würden. Totalitarismus und Kommunismus hingegen waren die großen Verlierer. Die Guten hatten den Kalten Krieg gewonnen, in Moskau eröffneten McDonald's-Filialen. Wir hatten allen Grund zum Feiern.

Aber in Russland verlief die Geschichte anders. Das Ende des Kalten Kriegs eröffnete dem Land die Chance, sich nicht nur wirtschaftlich zu entwickeln, sondern auch Aufnahme unter den demokratischen Mächten zu finden. Obwohl die Sowjetunion zerfiel, bewahrte sich Russland, die mit Abstand größte und mächtigste der Sowjetrepubliken, viele der Privilegien und Positionen des alten kommunistischen Reichs und behielt das größte Atomwaffenarsenal der Welt, während die Ukraine, Weißrussland und Kasachstan zur Aufgabe ihrer Bomben gedrängt wurden. Russland nahm den Platz der Sowjetunion im Sicherheitsrat der Vereinten Nationen ein, und der siegreiche Westen machte keine Anstalten, Reparationen zu verlangen. Während sich Russland unablässig grundlos über eine angebliche Demütigung durch die Westmächte beklagte, stellten die Vereinigten Staaten und andere Länder direkt und über den Internationalen Währungsfonds (IWF) dringend benötigte Kreditgarantien zur Verfügung und leisteten weitere Hilfe. Russland wurde sogar dafür bezahlt, dass es seine Truppen aus Deutschland abzog. Natürlich geschah dies nicht nur aus Nächstenliebe: Niemand konnte Interesse an einem chaotischen Zerfall des mit Atombomben bewaffneten Riesenreichs haben.

Die Verbrechen des sowjetischen Regimes wurden weder national noch international in Gerichtsverfahren oder Wahrheitskommissionen aufgearbeitet. Obwohl die Geschichte der Sowjetunion von Genoziden, Deportationen ganzer Völker, dem Archipel Gulag und totalitärer Unterdrückung geprägt gewesen war, kam man überein, die Vergangenheit ruhen zu lassen und ohne Schuldzuweisungen in eine strahlende Zukunft aufzubrechen. Natürlich hatten viele der neuen Politiker und Funktionäre ein persönliches Interesse daran, nicht zu tief in der furchtbaren Vergangenheit zu graben. Ich bin nicht stolz darauf, früher einmal selbst Mitglied der Kommunistischen Partei gewesen zu sein, selbst wenn der Beitritt eher dem Kalkül entsprang, da es meiner Schachkarriere hätte schaden können, wenn ich nicht der Partei angehört hätte. (Im Januar 1990 trat ich wieder aus der Partei aus.)

Rasch setzte sich das Bemühen durch, »Hexenjagden zu vermeiden«, selbst wenn das bedeutete, dass Personen an der Macht blieben, an deren Händen Blut klebte. Schlimmer noch war, dass so auch die Strukturen des mächtigen russischen Sicherheitsapparats unangetastet blieben. Er wurde lediglich umbenannt und trat vorübergehend in den Hintergrund.

Jelzin wollte Gerichtsverfahren vermeiden, und die Archive des KGB blieben verschlossen. Als Gegenleistung dafür, dass die Funktionäre des alten Regimes die Machtübergabe ermöglichten, gab man ihnen hinter vorgehaltener Hand finanzielle Garantien und versprach ihnen Immunität. Dieselbe Formel wandte Jelzin an, als er 1999 Wladimir Putin als seinen Nachfolger auswählte.

Die westlichen Länder beteiligten sich ausnahmslos an dieser zweifelhaften Vertuschungsaktion. Es ist bemerkenswert, wie schnell sogar viele der aggressivsten Kalten Krieger bereit waren, zu vergeben und zu vergessen, nachdem sich die Sowjetunion aufgelöst hatte. Als »Hexenjagd« wird die Verfolgung Unschuldiger unter falschem Vorwand und/oder ohne Beweise bezeichnet. Aber was ist, wenn es zahlreiche wirkliche Hexen und ein Übermaß an Beweisen für ihre Verbrechen gibt? Man muss sich vor Augen führen, dass das Lenin-Mausoleum auf dem Roten Platz nie abgerissen wurde.

Die Menschen auf beiden Seiten des Eisernen Vorhangs ließen sich, so glaube ich, von der Freude blenden. Die Menschen in der Sowjetunion konnten plötzlich die Welt kennenlernen, wir konnten reisen und Zeitungen lesen, die tatsächlich interessante Informationen enthielten. Wir durften auf einmal über politische Vorgänge sprechen, die wirklich eine Bedeutung hatten, und durften sogar wählen! Kaum jemand hatte Lust auf bedrückende Gerichtsverfahren, in denen das Grauen untersucht werden würde, von dem wir alle genau wussten, dass es in der Sowjetunion stattgefunden hatte. Aber der Unwille, reinen Tisch zu machen, erwies sich als furchtbarer Fehler, für den Russland und der Rest der Welt bis heute bezahlen.

* * *

Es ist unmöglich, einen einzelnen Punkt zu bestimmen, an dem Russland aus der Bahn geworfen und Wladimir Putin oder jemand wie er unvermeidlich wurde. Da war kein bestimmter Wendepunkt in den Beziehungen zwischen dem Westen und Russland, an dem die Auseinandersetzungen über die Menschenrechte durch Versuche zur Einbindung Russlands ersetzt worden wären. Es war ein langsamer, kontinuierlicher Prozess. In der Hoffnung, alles werde sich von allein zum Guten wenden, drückten die Vereinigten Staaten und Europa wieder und wieder beide Augen zu, um die Verbrechen und Fehltritte Gorbatschows, Jelzins und Putins nicht sehen zu müssen. Insbesondere die amerikanischen Präsidenten setzten übermäßiges Vertrauen in einzelne Personen in Russland, anstatt strukturelle und institutionelle Reformen zu unterstützen, die das Überleben der Demokratie hätten gewährleisten können.

Tatsächlich fand sich der Westen mit dem Autoritarismus in der Sowjetunion bereits vor ihrem Zusammenbruch ab. 1988 wich der von Ronald Reagan verfochtene Glaube an die Überlegenheit der individuellen Freiheit und des freien Marktes dem vorsichtigen Pragmatismus George H. W. Bushs. Anfang 1991 verlor Gorbatschow die Kontrolle über sein zaghaftes Reformprogramm, als der Wind des Wandels aus Osteuropa herüberblies. Bush tat sein Bestes, um Gorbatschow dabei zu helfen, die Sowjetunion zusammenzuhalten. Der traurige Höhepunkt dieser Bemühungen war die »Chicken Kyiv«-Rede, mit der er am 1. August 1991 viele Ukrainer gegen sich aufbrachte, indem er sie aufforderte, nicht zu sehr auf die eigene Unabhängigkeit zu drängen.

In einer Rede vor dem Europäischen Parlament im September 1991 verglich ich Gorbatschow mit Ludwig XVI., der sich ebenfalls nicht zu entschlossenen Reformen hatte durchringen können und es abgelehnt hatte, gewaltsam gegen die

Revolutionäre vorzugehen, in der Hoffnung, sie würden sein Leben verschonen. In diesem Punkt hatte Gorbatschow mehr Glück als Ludwig, obschon er von seinen Untergebenen ähnlich hoch geschätzt wurde. Auch der letzte russische Zar Nikolaus II. versuchte, mit halbherzigen Reformen der Revolution den Wind aus den Segeln zu nehmen und seine Autokratie zu retten. Er berief ein Parlament ein, erließ eine Verfassung – und fand trotzdem ein schreckliches Ende. (Ich kann der Versuchung nicht widerstehen, anzumerken, dass Gorbatschow, Nikolaus II. und Ludwig XVI. auch allesamt intelligente, einflussreiche und unbeliebte Ehefrauen hatten: Raissa, Alexandra und Marie Antoinette. Raissa kannte zweifelsohne das schreckliche Schicksal der beiden anderen Frauen und riet womöglich ihrem Ehemann zum Gewaltverzicht, um ihre Chancen zu erhöhen, mit heiler Haut – und heilen Pelzen – davonzukommen.)

Boris Jelzin hingegen war trotz seiner Karriere als Parteifunktionär ein waschechter Populist. Er bekräftigte seinen Glauben an das Volk mit entschlossenem Handeln und ehrgeizigen politischen Reformen. Er wusste, dass er sich auf der internationalen Bühne in einer schwachen Position befand, und versuchte diesen Nachteil wettzumachen, indem er in den Beziehungen zu anderen Regierungschefs abwechselnd polterte und seinen Charme spielen ließ. Trotz der extremen außenpolitischen Schwäche Russlands in den neunziger Jahren gelang es Jelzin, seinem Land eine regionale Interessensphäre zu erhalten. Das spricht für ihn – und gegen Bill Clinton und die anderen Regierungschefs der G7, die es zuließen.

In den neunziger Jahren ließen sich die Verfechter der Demokratie eine Reihe großer Chancen entgehen. Nie zuvor in der Geschichte hatte ein Lager während eines Konflikts die gesamte wirtschaftliche, militärische und moralische Macht auf seiner Seite gehabt. Aber anstatt diesen Vorteil zu nutzen, um beispielsweise die Vereinten Nationen zu reformieren und sie mit stabilen Mechanismen zum Schutz der Menschenrechte auszustatten, wurde die Position der Stärke aufgegeben. Die Vereinigten Staaten und ihre europäischen Verbündeten hatten die Möglichkeiten und die Druckmittel, um positive Reformen durchzusetzen – im Kalten Krieg hatten sie diese Kraft wirksam eingesetzt. Aber sobald die Berliner Mauer gefallen war, gingen sie dazu über, sich fast ausschließlich auf Anreize und Einbindung zu verlassen, was in Osteuropa bereitwillig angenommen wurde, aber bei entschlossenen Autokraten wie Wladimir Putin nicht funktionierte.

Jedes Mal, wenn Putin in Russland gegen die Opposition vorging oder wenn er sich aggressiv in die Innenpolitik der Nachbarländer einmischte, hätte der Westen Gegendruck ausüben können. Stattdessen wurde Putin immerfort mit noch engeren Beziehungen zu den führenden Demokratien der Welt belohnt. Vor allem aber wurde Russland der Zugang zu den lukrativen Märkten der freien Welt erleichtert. Natürlich können wir unmöglich wissen, ob Putins Wandlung zum Diktator durch entschlossene Gegenmaßnahmen hätte verhindert werden können. Aber ich glaube, es wäre möglich gewesen.

Putin ist kein Ideologe. Er und seine Gefolgsleute haben ungeheure Reichtümer angehäuft, und die Gefahr, diesen Reichtum nicht ungehindert im Westen genießen zu können, wäre eine sehr ernste Bedrohung für sie alle gewesen. Anders als ihre sowjetischen Vorgänger geben sich Putin und seine Gefolgschaft nicht mit einer unscheinbaren ZIL-Limousine und einer Datscha am Schwarzen Meer zufrieden. Sie wollen herrschen wie Josef Stalin, dabei jedoch leben wie Roman Abramowitsch, Putins enger Freund, der sich einen Premier-League-Club leistet und sich auf Jachten vergnügt, die so groß wie Fußballfelder sind. Putins Oligarchen reisen durch die Welt und horten ihr Geld im Ausland, was den westlichen Staaten großen Einfluss auf das Moskauer Regime gibt. Sie müssten nur den Mut aufbringen, diesen Einfluss zu nutzen.

Das galt vor allem in Putins erster Amtszeit, als er noch erkundete, wie weit er gehen konnte. Wie jeder geborene Autokrat respektiert Putin nur eines: Macht. Er wagt sich einen Schritt vor, nimmt Witterung auf, und wenn die Luft rein ist, tut er den nächsten Schritt. Mit jedem Vorstoß wird er selbstsicherer, und es wird schwerer, ihn in die Schranken zu weisen. Äußerungen zurückhaltender Besorgnis von Diplomaten und Außenministern sind für Putin ohne Bedeutung. Tatsächlich hält er solche Mahnungen für leeres Geschwätz: Wären die Vereinigten Staaten wirklich besorgt, so würden sie handeln, anstatt nur zu reden.

Die Beweggründe derer, die zu beschwichtigen versuchen, reichen von unbegründetem Optimismus in Bezug auf Putins wahre Natur bis zu zynischem politischem Kalkül, in dem ein kriegerisches und mit reichen Bodenschätzen gesegnetes Russland ein heißes Eisen ist, an dem man sich lieber nicht die Finger verbrennen möchte. So zu tun, als gäbe es in Russland kein Problem, fällt vielen westlichen Politikern leichter als zuzugeben, dass es schwierig oder gar unmöglich sein könne, die Probleme des Landes zu lösen. Sodann gibt es noch eine eigene Kategorie von Politikern wie Silvio Berlusconi und Gerhard Schröder, in deren Augen die Kooperation mit Putin buchstäblich ein ganz normales Geschäft ist.

Man mag versuchen, die Methode als »Einbindung« zu verkaufen, letztendlich bleibt sie reines Appeasement. Die grundlegende Lehre, die aus dem Versuch Chamberlains und Édouard Daladiers gezogen werden kann, Hitler während ihres Besuchs in München 1938 zu beschwichtigen, gilt auch heute noch: Dass man einem Diktator gibt, was er will, ändert nie etwas daran, dass er mehr wollen wird. Man signalisiert ihm lediglich, dass man nicht stark genug ist, ihn daran zu hindern, sich zu nehmen, was er verlangt. Der Diktator deutet Beschwichtigungsversuche so: Wenn sie mich aufhalten wollten, hätten sie mir von Anfang an die Stirn geboten.

Es gab zahlreiche Hinweise darauf, dass Putins Wesen und Absichten gefährlich waren. Sein Aufstieg zur Macht wurde 1999 durch seine brutale Antwort auf eine Serie von Anschlägen auf russische Wohnhäuser begünstigt, und es gibt Hinweise darauf, dass diese Terroranschläge vom russischen Geheimdienst durchgeführt wurden, um dem Regime nach Art des Reichstagsbrands einen Vorwand zur Repression zu geben. (Anders als beim Reichstagsbrand wurde in Russland jedoch tatsächlich das Blut hunderter Zivilisten vergossen.) Gegen die tschetschenische Zivilbevölkerung gerichtete Flächenbombardements und massenhafte Folter wurden als Teil des globalen Kriegs gegen den Terror dargestellt, obwohl sie nichts damit zu tun hatten. Und Putin machte auch in der Folge keinen Hehl aus seiner Geringschätzung für das menschliche Leben: Beim Geiseldrama im Moskauer Dubrowka-Theater 2002 setzten die Sicherheitskräfte ein bis heute nicht genau bestimmtes Gas ein und töteten dutzende Geiseln, und zwei Jahre später griffen Truppen eine Schule in Beslan an, in der tschetschenische Terroristen Kinder als Geiseln hielten. Hunderte Menschen verloren ihr Leben.

Das Regime Wladimir Putins verdankte seinen scheinbaren Erfolg vor allem der raschen Unterwerfung der russischen Medien und einem 700-prozentigen Anstieg des Ölpreises bis 2008. Schon zu Beginn seiner ersten Amtszeit als Präsident fand Putin heraus, dass die Kontrolle über die vierte Gewalt unerlässlich war, wenn er die anderen drei beherrschen wollte.

Die Medien wurden von Putins engsten Verbündeten und von willfährigen Kräften übernommen. Der Eigentümer des unabhängigen Senders NTV, Wladimir Gussinski, verbrachte im Juni 2000 drei Tage im Gefängnis und wurde gezwungen, sein Unternehmen aufzugeben. Dabei wurde eine »Verhandlungsmethode« angewandt, derer sich das Regime von da an routinemäßig bediente: Gussinski durfte das Gefängnis erst wieder verlassen, nachdem er die Aufgabe seiner Firma erklärt hatte. Er floh nach Israel, während sich der Kreml seinen Sender einverleibte. Heute ist NTV das vielleicht bösartigste der Propagandaorgane des Regimes, und das, obwohl die Konkurrenz auf diesem Gebiet sehr hart ist. Ergänzt wurde diese Methode der »sanften Zensur« durch herkömmlichere Methoden, die Meinungsfreiheit einzuschränken, wie Listen verbotener Themen und totzuschweigender Namen. Die Medienmacht wurde auf dieselbe Art und mit demselben Ziel zentralisiert wie die politische Macht: Es ging darum, das Land auszuplündern, ohne einen Aufstand zu riskieren.

Die Reaktion des Westens auf diese entschlossenen Schritte zur Despotie folgte dem gewohnten Muster. Die demokratischen Regierungen beschränkten sich auf Pressemitteilungen, in denen sie ihre Besorgnis über die Entwicklung in Russland äußerten, änderten jedoch nichts an ihrer Haltung gegenüber Putin. Im Gegenteil: Er wurde als Vollmitglied in die G7 – ab dann G8 – aufgenommen, die eigentlich den großen demokratischen Industrieländern als Gesprächsforum dienen sollte. Jene, die Russlands Aufnahme mit seiner Größe und seinem Einfluss begründeten, vergaßen offenbar, dass China kein Mitglied war. Die Teilnahme Russlands war eine Belohnung für demokratische Reformen, und man hätte das Land wieder ausschließen müssen, als Putin ebendiese wieder rückgängig machte. Es sagt viel über die Haltung des Westens, dass

Russlands Mitgliedschaft erst ausgesetzt wurde, als Putin den Befehl zur Invasion der Ukraine gab und im März 2014 die Krim annektierte.

Welch ausgeprägten opportunistischen Instinkt Putin besitzt, zeigte sich am 11. September 2001. An diesem Tag machte er den vielleicht wichtigsten Telefonanruf seines Lebens. Er war der erste ausländische Regierungschef, der Präsident George W. Bush nach dem Terrorangriff auf die Vereinigten Staaten anrief und ihm volle Unterstützung zusagte. Damit sicherte er sich das Vertrauen Bushs und jahrelange Nachgiebigkeit der USA. (Dies änderte sich erst, als die russische Armee 2008 in Georgien einmarschierte, aber dieser Angriff zeigte deutlich, wie sehr Putins Selbstvertrauen und Ehrgeiz in Bushs Amtszeit gewachsen war.) Es gelang Putin, Russland – insbesondere im Afghanistankrieg – als Verbündeten der Vereinigten Staaten darzustellen, während sich sein Regime an zahlreichen Krisenherden aktiv bemühte, die Interessen der USA und Europas zu untergraben.

Dass Präsident Bush nicht imstande war, Widerstand gegen Putins zahlreiche Übertritte zu leisten, hatte auch mit einem beiläufigen Kommentar bei einem Treffen der beiden in Slowenien am 16. Juni 2001 zu tun. Nach diesem Gespräch gab Bush sein berühmt gewordenes Urteil über Putin ab: »Ich sah dem Mann in die Augen. Ich stellte fest, dass er geradeheraus und vertrauenswürdig ist, und wir führten ein sehr gutes Gespräch. Ich konnte einen Blick in seine Seele werfen.« Nachdem er sich so weit aus dem Fenster gelehnt hatte, konnte der US-Präsident nicht mehr Position gegen Putin beziehen, ohne zugeben zu müssen, dass er den Charakter dieses Mannes vollkommen falsch eingeschätzt hatte – und es war nie Bushs Stärke gewesen, Fehler einzugestehen. Der Fairness halber muss gesagt werden, dass der Präsident und die Vereinigten Staaten nach 9/11 andere

Prioritäten hatten. Trotzdem verwundert es rückblickend, dass eine Regierung, der im Kalten Krieg groß gewordene Politiker wie Dick Cheney und Donald Rumsfeld sowie die Russlandexpertin Condoleezza Rice angehörten, nicht imstande war, Druck auf Putin auszuüben.

Aber wie es so schön heißt: So schlecht die Lage auch sein mag, es kann noch schlimmer kommen. Barack Obama trat sein Amt praktisch ohne jegliche außenpolitische Erfahrung an und sah sich mit überwältigenden innenpolitischen Herausforderungen konfrontiert. Außerdem hatte ihm das von den langen, unpopulären Kriegen in Afghanistan und dem Irak erschöpfte amerikanische Volk ein klares Mandat erteilt: Er sollte die internen Probleme des Landes lösen und sich nicht mehr um die übrige Welt kümmern. Obwohl Obama den mit der Orangenen Revolution vertrauten Michael McFaul in sein außenpolitisches Team geholt hatte, bestand kaum Aussicht darauf, dass der idealistische Neuling im Weißen Haus ein gleichwertiger Gegner für Putin werden würde.

Doch was geschah, war schlimmer, als ich befürchtet hatte. Die Regierung Obama entwickelte ihre Reset-Politik samt Hillary Clintons falschem Reset-Knopf. Man stelle sich vor, wie Wladimir Putin dieses freundliche Angebot deutete. (Eigentlich war Dmitri Medwedew der Adressat der Botschaft, aber vergeuden wir keine Zeit mit Nebensächlichkeiten.) Wenn Putin gelegentlich den Eindruck erweckt, die relativ entschiedene internationale Reaktion auf die Invasion der Ukraine im Jahr 2014 nicht erwartet zu haben, liegt das vielleicht einfach daran, dass er auf das nächste Angebot für einen Neubeginn wartet.

In ihren 2014 erschienen Memoiren gibt sich Hillary Clinton große Mühe, die Reset-Politik zu verteidigen und ihre Leser davon zu überzeugen, sie habe sich nie von Putin täuschen lassen. Es wirkt nachgerade komisch, dass diese rückblickende

Beurteilung demselben Muster folgt wie die ihrer politischen Gegner: George W. Bush, Condoleezza Rice, Dick Cheney und Donald Rumsfeld behaupten einhellig – und manchmal mit ganz ähnlicher Wortwahl –, sie hätten stets gewusst, dass Putin ein gefährlicher Mann sei, aber sie hätten keine andere Wahl gehabt, als mit ihm zusammenzuarbeiten. (Wie wir später sehen werden, ist Bush noch am ehesten bereit, die Möglichkeit einzugestehen, dass er Putin falsch einschätzte.)

Nachdem ich mehr als ein Jahrzehnt lang auf jeder Bühne und in jedem Kommentar vor Putins Charakter und seinen Ambitionen gewarnt habe, macht es mich wütend, dass so viele amerikanische Politiker meine Meinung teilen – sobald sie aus dem Amt geschieden sind. In ihren Büchern verlieren sie kein Wort darüber, was sie in der Zeit, als sie noch die Macht dazu hatten, anders hätten machen können, um Putins Verhalten zu beeinflussen. Sie erwähnen nie die Möglichkeit, dass die Vereinigten Staaten Putin und seinen milliardenschweren Spießgesellen hätten drohen können, sie zu isolieren und die Peitsche herauszuholen, nachdem er sämtliche Zuckerbrote verschlungen hatte.

Als die amerikanische Regierung schließlich zaghafte Maßnahmen ergriff, um auf die zahlreichen Regelbrüche des Putin-Regimes zu reagieren, hatte Putin bereits die absolute Macht an sich gerissen und war überzeugt, vollkommen ungestraft jedes Verbrechen begehen zu können. Und es war nicht einmal das Weiße Haus, das sich zum Handeln entschloss. Das Magnitski-Gesetz, mit dem finanzielle Sanktionen und Reisebeschränkungen über Angehörige des russischen Regimes verhängt wurden, denen Menschenrechtsverstöße vorgeworfen wurden, ging auf eine Initiative des amerikanisch-britischen Investors Bill Browder zurück. Ein Anwalt seiner russischen Investmentfirma, Sergej Magnizki, war 2008 von eben den korrupten Ermittlungsbeamten, denen er einen massiven Betrug nachgewiesen hatte, verhaftet worden. Ein Jahr später starb er in der Untersuchungshaft, nachdem man ihn misshandelt und ihm eine angemessene medizinische Versorgung vorenthalten hatte.

Mit dem Magnitski-Gesetz übte Browder Vergeltung, und anfangs wurden nur einige wenige russische Beamte auf die Sanktionsliste gesetzt, die direkt in Magnitskis Verfolgung und Tod verwickelt waren. Bemerkenswert ist, dass die Regierung Obama das Gesetz von Anfang an zu verhindern versuchte – es konnte nur als Teil eines Erlasses verabschiedet werden, der auch die Handelsbeziehungen zu Russland normalisierte, die in mancher Hinsicht durch das berühmte Jackson-Vanik Amendment aus dem Jahr 1974 eingeschränkt gewesen waren.

Die Regierung Obama schloss sich der beschämend zögerlichen Vorgehensweise Europas an, als sie nach der Invasion der Ukraine im Jahr 2014 Sanktionen gegen Russland und Putins Verbündete verhängte. Während sich beide Parteien im Kongress für weiterreichende Maßnahmen aussprachen, darunter insbesondere eine Bewaffnung und Ausbildung des ukrainischen Militärs, blieb Obama auf derselben Linie wie Merkel, François Hollande und andere europäische Politiker, die eine »friedliche Lösung« finden wollten, obwohl Russland den Krieg bereits begonnen hatte. Die westlichen Regierungen beharren darauf, in Putin jemanden zu sehen, der in gutem Glauben verhandeln will – und das, nachdem er im März 2015 triumphierend gestanden hat, ein Jahr zuvor über die Besetzung der Krim durch russische Truppen gelogen zu haben.

Ich glaube nicht, dass Merkel und Obama so ahnungslos sind – vor allem nicht Merkel, die in der DDR unter einem kommunistischen Regime aufwuchs. Die einzige Erklärung ist, dass sie das Problem Putin lieber ignorieren wollen, weil es ihnen politisch unlösbar scheint. Und damit könnten sie sogar Recht haben – zumindest was ihre eigene Amtszeit betrifft. Vielleicht wollen sie die große Katastrophe einfach so lange hinauszögern, bis sie nicht mehr die Verantwortung übernehmen müssen und an ihre Nachfolger übergeben können. Wie dem auch sei, ihre moralische Kapitulation hat bereits sehr reale Kosten verursacht.

1 Das Ende des Kalten Kriegs und der Zusammenbruch der Sowjetunion

Im Sommer 1989 interviewte mich ein Magazin, das in der sowjetischen Vorstellungswelt so etwas wie der Inbegriff westlicher Dekadenz war: der *Playboy*. Aber nicht nur die Zeitschrift ließ viele Menschen in der Sowjetunion die Nase rümpfen. Trotz der zunehmenden Glasnost (»Transparenz«), die sich auch in den Beziehungen zwischen den USA und der Sowjetunion bemerkbar machte, und trotz der allmählichen Lockerung der politischen Repression infolge der von Michail Gorbatschow vorangetriebenen Perestroika sorgten meine offene Kritik an der sowjetischen Gesellschaft und meine Bewunderung für die Vereinigten Staaten für einen Skandal. Zu dieser Zeit wäre kaum jemand auf die Idee gekommen, dass die Berliner Mauer fallen könnte – ein Ereignis, das noch fünf Monate in der Zukunft lag. Vier Wochen nach dem Fall der Mauer erklärten Gorbatschow und George H. W. Bush, dass die Sowjetunion und die Vereinigten Staaten keine Feinde mehr seien. Aber selbst in jener Zeit rasanter Veränderungen klangen meine Äußerungen in den Ohren mancher Leute im Kreml nach Hochverrat.

Playboy: Sie klingen wie ein Amerikaner. Die Amerikaner wollen immer Sieger sein.

Kasparow: Das ist eine sehr natürliche Eigenschaft. Sie beweist, dass die Amerikaner der wahren menschlichen Natur verbunden sind.

Die sowjetischen Verantwortlichen, die mit dem Mythos der moralischen Überlegenheit des Kommunismus und des sowjetischen Menschen aufgewachsen waren, empfanden eine solche Aussage als ernste Provokation. Heute mag das kurios, wenn nicht unerhört unterdrückerisch scheinen, aber die sozialistische Ideologie und die sozialistischen Moralvorstellungen waren im Kalten Krieg eine wichtige Waffe. Als mich sowjetische Sportfunktionäre attackierten, weil ich die in Schachturnieren gewonnenen Preise behalten wollte, verurteilten sie nicht nur meinen Ungehorsam, sondern auch meinen Mangel an sozialistischer Solidarität. Dass ich erklärte, meine Nachbarn in Baku hätten es hinzunehmen, dass ich den in Deutschland gewonnenen Mercedes behalten wollte, war in den Augen dieser Funktionäre radikal und subversiv.

Natürlich verursachte mein Interview keinen so großen Skandal wie das Verhalten der russischen Schauspielerin Natalja Negoda, die sich einige Monate zuvor für dasselbe Magazin hatte ablichten lassen, nachdem sie in einem Film, der die prüde sowjetische Gesellschaft schockiert hatte, ein Callgirl gespielt hatte. Ihre Nacktfotos und mein Interview in einer Zeitschrift, die in der Sowjetunion weiterhin verboten war, waren ebenso wie die widersprüchlichen Reaktionen der russischen Öffentlichkeit typisch für die Zeit der Perestroika. Die zögerlichen Schritte des Landes zu größerer Offenheit waren verlockend, aber wir wussten, dass uns Strafe drohte und dass die Reformen jederzeit rückgängig gemacht werden konnten. Es gab keine klaren Regeln mehr, und immer mehr Leute brachten den Mut auf, herauszufinden, wo die neuen Grenzen gezogen wurden.

Im Jahr 1987 hatte sich Gorbatschow zu Alexander Dubčeks »Sozialismus mit menschlichem Antlitz« bekannt, worauf ich geantwortet hatte, Frankensteins Monster habe ebenfalls ein menschliches Gesicht gehabt. Der Kommunismus ist unvereinbar mit der menschlichen Natur und kann nur mit totalitärer Unterdrückung durchgesetzt werden. Ohne Hilfe von außen oder riesige Vorräte an Bodenschätzen wie Erdöl führt die Repression zu wirtschaftlicher Stagnation. Dazu kommt der moralische und spirituelle Stillstand einer Gesellschaft, in der herausragende individuelle Leistungen und individueller Erfolg praktisch verboten sind.

Selbstverständlich trugen einzelne Ereignisse dazu bei, die unüberwindlichen Mängel des kommunistischen Systems aufzudecken und Gorbatschow zu zwingen, seinen verzweifelten Versuch zu unternehmen, das System zu reformieren und damit zu retten. Eines dieser Ereignisse war die Katastrophe im Atomkraftwerk von Tschernobyl im April 1986. Die Verantwortlichen legten ein Maß an Inkompetenz, Korruption und Verlogenheit an den Tag, das einer Bananenrepublik Schande gemacht hätte. (Anatoli Karpow und ich spendeten das Preisgeld für unseren Weltmeisterschaftskampf 1986 für die Opfer von Tschernobyl.) Sodann war da der sowjetische Einsatz in Afghanistan, der 1989 ins zehnte Jahr ging und ebenso erfolglos, unpopulär und teuer war wie das spätere Engagement von USA und NATO im Hindukusch.

Als die sowjetische Gesellschaft zunehmend Zugang zu Nachrichten, Ideen und Meinungen vor allem aus der Außenwelt erhielt, geriet das Regime in ein Dilemma. Wenn die Verantwortlichen wie gewohnt reagierten und kleine Übertritte hart bestraften, würden sie als Reformer unglaubwürdig werden und den Kritikern Recht geben, die erklärten, die sowjetische Gesellschaft sei rückständig und nicht erneuerungsfähig. Gleichzeitig war ihnen bewusst, dass sie, indem sie ein wenig Kritik zuließen, weitere kritische Stimmen ermutigen würden. Das zunehmend sprunghafte und widersprüchlich handelnde

Regime geriet in eine Zwickmühle, die das sowjetische System schließlich zu Fall brachte, obwohl Gorbatschow alles tat, um es zu retten.

Lange vor dem Fall der Mauer war vielen auf der »falschen« Seite des Eisernen Vorhangs klar, dass grundlegende Veränderungen unvermeidlich waren. Wir hatten keine Ahnung, wie sie aussehen oder wo sie beginnen würden, aber für die meisten Bürger der Sowjetunion war es eine ganz neue Erfahrung, ernsthaft und offen über eine politische Transformation oder eine Neuausrichtung des Landes zu sprechen. Und wir waren nicht sicher, ob Gorbatschow wirklich demokratische Reformen anstrebte oder ob wir es nur mit einer »Ein-Parteien-Demokratie« zu tun hatten, mit der er seine Machtposition gegenüber der alten Garde festigen und Zeit für die auf den Abgrund zusteuernde Wirtschaft gewinnen wollte. Auf den Straßen wurde bereits über die ethnische Gewalt gesprochen, die mit den Unabhängigkeitsbestrebungen vieler Sowjetrepubliken einherging. Wir fragten uns, ob erst Millionen Menschen verhungern müssten, bevor endlich Wirtschaftsreformen angestoßen würden.

Am 26. März 1989 fanden erstmals seit Gründung der Sowjetunion im Jahr 1922 wirkliche Wahlen statt. Der neu gegründete Kongress der Volksdeputierten sollte dem Obersten Sowjet, der weiterhin die eigentliche Macht ausübte, einen demokratischen Anstrich geben. Aber die Kommunistische Partei bekam nicht wie üblich 99,9 Prozent, sondern nur 85 Prozent der Stimmen, und unter den unabhängigen Unruhestiftern war Boris Jelzin, der im Bezirk Moskau einen klaren Sieg über Gorbatschows Kandidaten feierte.

Die zaghaften Experimente mit der Demokratie wirkten sich anfangs vor allem außerhalb der Sowjetunion aus, nämlich in Polen. Die Tatsache, dass in der UdSSR eine wirkliche Wahl stattfand, so mangelhaft sie auch sein mochte, bewegte die Polen dazu, rasch ihr eigenes und sehr viel entschlosseneres Experiment mit der Demokratie zu beginnen. Anstatt sich mit der sozialistischen Reform zu begnügen, die der Führung im Kreml vorschwebte, warfen die Polen das kommunistische System gleich vollkommen über den Haufen. Und die übrigen Ostblockländer beeilten sich, ihrem Beispiel zu folgen.

Die Despoten, die heute in vielen ehemaligen Sowjetrepubliken an der Macht sind, haben die Erfahrung gemacht, dass man eine Lawine lostreten kann, indem man ein wenig Redefreiheit zulässt. Sie tun alles, um diesen Fehler in ihren Ländern zu vermeiden. Putin und die Führer anderer aus der Sowjetunion hervorgegangener Autokratien betrachten das, was unter Gorbatschow geschah, als negative Fallstudie. Deshalb reagieren sie so brutal auf politische Kritik in einem unbedeutenden Blog und auf einen einsamen Demonstranten, der auf dem Roten Platz ein Protestschild hochhält.

Die modernen Diktaturen haben aus den Fehlern ihrer Vorgänger gelernt. Sie wissen, dass sich ohne Ventil, mit dem Druck abgelassen werden kann, explosive Energie sammeln wird. Daher haben sie Raum für eine sonderbare Art von kontrolliertem Dissens geschaffen. Der Radiosender *Echo Moskaus* und die dazugehörige Website dürfen Kritik an Putin veröffentlichen, während kleinere widerspenstige Medien wie meine Nachrichtenseite Kasparov.ru aus dem russischen Internet verbannt wurden. Ich war von 1991 bis 1996 Vorstand von *Echo Moskaus*, als dieser Rundfunksender noch unabhängig war. Zwar nimmt er immer noch eine regierungskritische Haltung ein, aber mittlerweile gehört er zum staatlichen Energieriesen Gazprom und arbeitet in der Gewissheit, dass er jederzeit zerschlagen werden kann.

Ähnlich verhält es sich mit Protestkundgebungen. Sie können angemeldet werden und dürfen möglicherweise stattfinden, aber die Organisatoren und Teilnehmer sind von Strafverfolgung bedroht. All das ist Teil des sorgfältig choreographierten modernen Balletts der Pseudodemokratie – ebenso wie Wahlen mit von vornherein feststehendem Ergebnis und Fernsehsender, die geringfügig voneinander abweichende Urteile über die vorzügliche Amtsführung Putins fällen.

Die Farbrevolutionen, die Demokratiebewegungen in Georgien 2003 (Rosenrevolution) und in der Ukraine 2004 (Orange Revolution) auslösten, machen den Autokraten Angst. Daher ergreifen sie Präventivmaßnahmen gegen Jugendbewegungen, Nichtregierungsorganisationen mit Verbindungen ins Ausland sowie kleine unabhängige Radiosender, die als Plattformen für die freie Meinungsäußerung dienen. Aber es ist vor allem die Entwicklung der Sowjetunion, die Putin und seinesgleichen das Fürchten gelehrt hat und ihr Weltbild und Verhalten prägt. Nur dank meiner Erfahrung als sowjetischer und russischer Bürger bin ich in der Lage, Putins Schachzüge und seine Beweggründe zu verstehen.

Es ist sehr schwierig, jemandem, der nie in einem kommunistischen Land gelebt hat, zu erklären, wie das Leben unter einem solchen Regime aussieht. Der menschliche Geist ist ein widerstandsfähiges Geschöpf, das sich den Umständen so gut wie möglich anpasst, um nicht jede Hoffnung zu verlieren. Dazu kommt die Solidarität angesichts von Entbehrungen, die erklärt, warum die Geschichten, die man sich in der Sowjetunion über den Überfluss im Westen erzählte, eine so große subversive Wirkung hatten. Es fällt uns sehr viel schwerer, Widrigkeiten stoisch zu ertragen, wenn wir wissen, dass es unseren Nachbarn viel besser geht als uns. Das ist Teil der menschlichen Natur als Grundlage der freien Marktwirtschaft und erklärt, warum der Kommunismus ein so abwegiges und unmenschliches System ist.

Als im Sommer 1989 jenes Interview im *Playboy* erschien, legte ich eine Kühnheit an den Tag, die das Produkt meiner Jugend, meines Erfolgs, meiner Reisen und eines Lebens in gesunder Entfernung von Moskau war. Ich war 26 Jahre alt und seit 1985 Schachweltmeister. In der schachverrückten Sowjetunion war ich ein gefeierter Sportheld, und ich lebte immer noch in meiner Heimatstadt Baku, der Hauptstadt von Aserbaidschan, einer der transkaukasischen Republiken, die gemeinsam mit Armenien und Georgien am Rand des sowjetischen Riesenreichs lagen. In Baku am Kaspischen Meer, etwa zweitausend Kilometer südlich von Moskau, fühlte es sich an, als sei man an einem abgelegenen kolonialen Außenposten. Und genau das war es. In meinem Trainingslager am Meer scheute ich nicht davor zurück, gegenüber dem Journalisten zu erklären:

> Alle Menschen eint ein ähnliches Bestreben. Heute gibt es zwei politische Sphären in der Welt, aber ein normales Leben kann man nur in einer von ihnen führen – und das ist nicht die Sowjetunion. Das Leben hier kann man als Verzerrung eines normalen Lebens beschreiben. Es ist, als lebte man in einem Spiegelkabinett. Um hinauszukommen, muss man die Spiegel zerschlagen. Ich hatte seit Jahren das Gefühl, dass hier in der Sowjetunion etwas nicht stimmte, und als ich in den Westen reiste, wurde dieses Gefühl noch stärker. Ich möchte dasselbe wie jeder Mensch: ein normales Leben. Ich möchte ein Mensch sein, der gut leben und sagen kann, was er denkt. Ich will unbedingt versuchen, meinem Volk ein normales Leben zu bringen. Das Tageslicht.[1]

Ich bin stolz darauf, diese Worte damals gesagt zu haben, denn sie zeigen, dass ich an meinen Überzeugungen festgehalten habe. 26 Jahre später kämpfe ich weiterhin dafür, den

Menschen, die im Spiegelkabinett der Diktatur leben, ein normales Leben zu ermöglichen. Das Bedrückende ist, dass dieser Kampf in Russland auch Jahrzehnte nach dem Zusammenbruch der Sowjetunion weiterhin geführt werden muss.

* * *

Um die Auflösung der Sowjetunion rankten sich seinerzeit zahlreiche Mythen und Missverständnisse, aber das konnte nicht überraschen. Dieselben westlichen Experten, Politiker und Gelehrten, die den Fall der Berliner Mauer nicht vorhergesehen hatten, ahnten auch nicht, wie rasch Gorbatschow die Kontrolle über die Kräfte verlieren würde, die er mit seinen Reformen freigesetzt hatte.

Dank meiner Bekanntheit und meiner Freimütigkeit hatte ich häufig Gelegenheit, politische Fragen mit Menschen zu diskutieren, die in diesen Dingen als sehr viel kenntnisreicher galten als ich. Es überraschte mich immer wieder, wie sehr sie die Stabilität des Kommunismus in Osteuropa und in der Sowjetunion überschätzten. Anscheinend hatten sie vergessen, dass eine von Menschen errichtete Mauer auch von Menschen niedergerissen werden kann.

An einige Begebenheiten erinnere ich mich noch sehr gut. Im Oktober 1989 war ich zu einer Feier eingeladen, bei der ich mich mit Henry Kissinger und Jonathan Bush, dem Bruder des damaligen US-Präsidenten, über die Zukunft Europas unterhielt. Die beiden fanden es sehr amüsant, dass ich der Meinung war, bis zum Jahresende werde es in Europa keine kommunistischen Regimes mehr geben. Sie durchschauten mich als typischen jungen Besserwisser, dessen haarsträubende Vorstellungen nicht auf jahrelangen Studien und gründlicher Analyse, sondern auf überschäumendem Optimismus beruhten. Mag sein, dass sie mich richtig einschätzten. Aber ich schätzte die Entwicklung richtig ein.

Anfang des Jahres 1990 führte ich mit der Redaktionsleitung des *Wall Street Journal* ein vielversprechendes Gespräch, das der Anfang einer langjährigen Zusammenarbeit werden sollte. Anschließend organisierte der Redakteur Bob Bartley für mich einen Vortrag bei der RAND Corporation in Los Angeles. Dort schlug mir der Leiter der Denkfabrik ein Treffen mit seinem Freund Brent Scowcroft vor, dem Nationalen Sicherheitsberater von US-Präsident Bush, der diesen Posten schon in den siebziger Jahren unter Gerald Ford bekleidet hatte. Im Weißen Haus lernte ich auch die Russlandexpertin Condoleezza Rice kennen, die damals im Nationalen Sicherheitsrat für die Sowjetunion zuständig war. Scowcroft und Rice fragten mich nach Boris Jelzin, der zu Gorbatschows wichtigstem Kritiker und Rivalen geworden war. Sie hielten Jelzin für einen unberechenbaren Rabauken und Trinker. Ich fragte sie, ob sie sich für den Charakter oder für die politische Zukunft des Mannes interessierten. Ich war schockiert darüber, dass diese Experten die politische Situation in Russland nicht zu kennen schienen. Jelzin war eindeutig auf dem Vormarsch, während Gorbatschow zusehends an Macht verlor. Es war klar, dass die Amerikaner nur mit ihrem guten Freund Gorbatschow und anderen Leuten im Kreml sprachen – schließlich war dort die Schaltzentrale der Macht und des Atomwaffenarsenals.

Bei diesem offiziellen Anlass gelang es mir, meine Zunge im Zaum zu halten, aber es verblüffte mich, wie gelassen die amerikanische Regierung eine Entwicklung verfolgte, die in meinen Augen eine Umwälzung in Osteuropa und der Sowjetunion ankündigte. Die Funktionsweise von Gorbatschows Reformen interessierte sie sehr viel mehr als die Tatsache, dass die Menschen hinter dem Eisernen Vorhang, von Ost-Berlin bis

Wladiwostok, zu der Überzeugung gelangt waren, sich endlich offen über ihre politischen Führer beklagen zu können. Ich sagte Scowcroft, dass Jelzin ohne Zweifel im Mai zum Vorsitzenden des russischen Obersten Sowjets gewählt werden würde und dass er dieses Amt nutzen würde, um Gorbatschow weiter unter Druck zu setzen. Vermutlich glaubte mir Scowcroft nicht, und ich nahm an, dass eine gute Beziehung zu Gorbatschow für das Weiße Haus absoluten Vorrang hatte.

Da sich die amerikanische Regierung auf den Kreml und Gorbatschows Pläne fixierte, übersah sie die destabilisierende Wirkung des von Jelzin angeführten Kampfes »Russlands gegen die Sowjetunion«, wie Scowcroft später in dem Buch einräumte, das er im Jahr 1998 gemeinsam mit Präsident Bush schrieb: »Im Rückblick ist klar, dass Jelzin die Grundfesten des sowjetischen Staates angriff und die politischen Strukturen bis ins Mark erschütterte, als er begann, die Autorität der Union und der Partei zu negieren und die eigene Kontrolle über die politischen und wirtschaftlichen Angelegenheiten der russischen Republik wieder geltend zu machen.«[2] Genauso war es, und Jelzin hatte damit Erfolg. Nicht schlecht für einen unberechenbaren Rabauken.

* * *

Im April 1990 war ich in Frankreich zu Gast. Während eines Ausflugs aufs Land gab ich dem Journalisten Fred Waitzkin, der später eine Biographie über mich schrieb, ein Interview. »Der Kommunismus ist tot«, erklärte ich. »Nächstes Jahr wird es die Sowjetunion nicht mehr geben. Da bin ich sicher. Merken Sie sich meine Worte. Nächstes Jahr wird es das Reich des Bösen nicht mehr geben. In meinem Land wird es Privateigentum geben. Viele Sowjetrepubliken werden unabhängig sein.«[3] In seinem Buch *Mortal Games* gab Waitzkin dieses Gespräch wieder und fügte hinzu, dass er meine Vorhersagen für »unbegründet, ja leichtfertig« gehalten habe, da sie so überhaupt nicht zur herrschenden Meinung passten.

Zu jener Zeit begann ich, eine Immunität gegen die zweifelnden Blicke von Journalisten, Experten und Politikern zu entwickeln, und diese Immunität leistet mir bis heute gute Dienste. Natürlich trafen meine Prognosen nicht immer zu, aber ich sagte lieber offen meine Meinung, als aus Angst vor dem, was andere von mir halten könnten, Selbstzensur zu üben. Das galt insbesondere für wichtige Themen. Ich zögerte nicht, bei jeder Gelegenheit den bevorstehenden Untergang des Kommunismus anzukündigen und zu fordern, dass der Westen nachdrücklicher auf demokratische Reformen in der Sowjetunion drängte.

Besonders ärgerte mich, dass Gorbatschow in Westeuropa und den Vereinigten Staaten als Verfechter der Freiheit gefeiert wurde. An jenem Abend in Frankreich sagte ich zu Waitzkin: »Gorbatschow hat es geschafft, den Westen davon zu überzeugen, dass er ein redlicher Mann ist, der für eine bessere Zukunft kämpft. Das ist eine Lüge. Er ist der letzte Führer eines kommunistischen Staates und versucht, so viel wie möglich davon zu retten.«[4] So war es, und daran haben auch ein Friedensnobelpreis und zwei Jahrzehnte der Geschichtsfälschung durch Gorbatschow nichts geändert. Aber ich hatte auch persönliche Gründe für meine Feindschaft gegenüber dem Mann, der der erste und letzte Staatspräsident der Sowjetunion werden sollte.

Die Beziehung zwischen Aserbaidschan und Armenien war stets gespannt, aber in sowjetischer Zeit gab es keine großen Ausbrüche ethnisch motivierter Gewalt. Als die regionalen Unabhängigkeitsbewegungen wachsenden Zulauf fanden, nahmen auch die Protestkundgebungen und die gewalttätige

Rhetorik zu. Die sowjetische Hegemonie unterdrückte den Konflikt zwischen den beiden Völkern, aber als Moskau wegschaute, versank die Region in Gewalt. Ein Pogrom gegen die Armenier in Sumgait im Februar 1988 löste Kämpfe aus, die zwei Jahre andauerten, und zwang die Armenier, massenhaft auszuwandern. So wie später in Baku blieb eine Reaktion des Kreml zunächst aus, und erst sehr spät griff er entschlossen ein. Wie ein Autor damals düster scherzte, waren die britischen Streitkräfte schneller auf den Falklandinseln als die sowjetischen Sicherheitskräfte in Sumgait.

Im Jahr 1988 lebte etwa eine Viertelmillion Armenier in meiner Heimatstadt Baku. Im Januar 1990 gab es nur noch Armenier aus ethnisch gemischten Familien wie meiner eigenen in der Stadt. Dann brach die Gewalt aus, und in Baku und Umgebung begann eine siebentägige Terrorherrschaft von Gruppen, die sämtliche Armenier vertreiben wollten. Mehr als hundert Menschen wurden getötet, fast tausend erlitten Verletzungen. Ich hatte das Glück, ein Flugzeug chartern zu können, mit dem ich meine Familie, meine Freunde und möglichst viele weitere Menschen im Schutz der Nacht in Sicherheit bringen konnte.

Die Tragödie hätte leicht vermieden werden können. In Baku war eine 11 000 Mann starke paramilitärische Einheit stationiert, aber die Truppen erhielten keinen Einsatzbefehl. Erst etwa eine Woche nachdem den Mörderbanden die Angriffsziele ausgegangen waren, besetzten sowjetische Truppen unter dem Kommando von General Alexander Lebed die Stadt, und das Kriegsrecht wurde verhängt. Zu diesem Zeitpunkt waren die meisten der 50 000 Armenier, die noch in Baku ausgeharrt hatten, geflohen. In einer großen Stadt wie Baku hätten die Angriffe ohne genaue Informationen aus dem Sicherheitsapparat und ohne umfassende Koordinierung unmöglich so gezielt durchgeführt werden können.

Ich bin davon überzeugt, dass Gorbatschow mit diesen Gewaltausbrüchen die direkte Kontrolle über die Konfliktgebiete im sowjetischen Imperium erlangen wollte. Er ließ zu, dass die Gewalt ihren Lauf nahm, und schickte anschließend Truppen, um die abtrünnige Republik zu unterwerfen und eine moskautreue Führung zu installieren. Das Pogrom in Baku führte zu meiner einzigen Begegnung mit Gorbatschow, die einige Tage nach dem Einmarsch von Lebeds Truppen am 20. Januar stattfand. Ich wollte mit ihm über die 120 ermordeten Menschen und zehntausenden Vertriebenen sprechen. Was würde er gegen die militärische Konfrontation zwischen Aseris und Armeniern tun? Aber Gorbatschow war nicht bereit, über diese Fragen zu sprechen. Stattdessen wollte er wissen, wer meiner Meinung nach der beste Kandidat für das neu zu besetzende Amt des Ersten Sekretärs der Kommunistischen Partei von Aserbaidschan war.

Ich bemühte mich weiter nach Kräften, die Aufmerksamkeit der Welt auf die Vorgänge in der Sowjetunion zu lenken. Ich gab bekannt, dass ich im Fall eines Sieges über Karpow im Weltmeisterschaftskampf 1990 die Trophäe verkaufen und den Erlös zur Einrichtung eines Fonds zur Unterstützung armenischer Flüchtlinge aus Baku spenden würde, und genau das tat ich. Die Trophäe brachte etwa 10 Millionen Rubel ein, was damals 300 000 US-Dollar entsprach. Meine Mutter und ich verwalteten den Fonds von unserem Haus in Moskau aus. So kam ich mit ungezählten Flüchtlingen in Kontakt – ihre Leidensgeschichten vertieften meine Abneigung gegenüber Gorbatschow.

Bei jenem Weltmeisterschaftskampf 1990, der meine fünfte Auseinandersetzung in Folge mit Karpow war und teils in Lyon, teils in New York ausgetragen wurde, kam es zu einem Streit über die Frage, welche Flagge bei den Partien neben meinem Namen gezeigt werden sollte: die sowjetische mit Hammer und

Sichel oder die wieder aufgetauchte vorrevolutionäre russische Trikolore. Ich weiß, dass dies vermutlich wie eine Nebensächlichkeit wirkt. Aber für mich und für eine von Symbolik, Politik und Schach besessene sowjetische Kultur war es eine wichtige Frage. Die Sowjetunion sollte sich erst ein Jahr später auflösen, und die Organisatoren in New York wollten eine Politisierung der Veranstaltung unbedingt vermeiden und die sowjetische Regierung nicht vor den Kopf stoßen. Schließlich war dies kein *Rocky*-Film, in dem ein amerikanischer Außenseiter gegen einen übermächtigen Russen antrat – es kämpften zwei Russen gegeneinander um die Schachkrone. (Insbesondere die Amerikaner neigten dazu, sämtliche Einwohner der Sowjetunion als Russen zu bezeichnen. Der amerikanische Schachweltmeister Bobby Fischer kündigte einmal bei einem Turnier an, er werde »sämtliche Russen schlagen«, aber diese »russischen« Gegner kamen aus Estland, Lettland, der Ukraine und Armenien!)

Natürlich war eine Politisierung dieses Kampfs genau, was ich wollte. Ich hielt an meiner Forderung fest und setzte mich durch – zumindest für eine Weile. Nach der vierten Partie wurden beide Flaggen entfernt, weil die sowjetische Delegation protestiert hatte. Daraufhin trug ich während des restlichen Kampfs eine auffällige Anstecknadel mit der russischen Fahne am Revers. So sehr ich den Schachsport liebte und so viel er für mich getan hatte, mir war stets bewusst, dass es wichtigere Dinge im Leben gab. Ich hatte Glück, dass ich für meine »Treulosigkeit« gegenüber der Schachgöttin Caissa nur selten bestraft wurde. Obwohl mich das Trauma von Baku und die russische Politik sehr in Anspruch nahmen und die Vorbereitung auf die Auseinandersetzung mit Karpow beeinträchtigten, gelang es mir, erneut die Oberhand zu behalten. Ich besiegte Karpow unter der weiß-blau-roten Flagge von Demokratie und Rebellion.

Selbst westliche Kritiker, die einräumen, dass Gorbatschow nie das Ende des Kommunismus oder der Sowjetunion gewollt hatte, halten ihm zugute, dass er darauf verzichtete, »Panzer zu schicken«, als der Eiserne Vorhang fiel und sich die Sowjetrepubliken von Moskau lossagten. Aber ich gestehe Gorbatschow nicht einmal so viel Redlichkeit zu. Zunächst einmal wandte er sehr wohl Militärgewalt an, vor allem im Baltikum. Sodann stellt sich die Frage, was geschehen wäre, wenn er sowjetische Truppen geschickt hätte, um Wahlen zu unterbinden, Oppositionsführer zu verhaften und auf Demonstranten zu schießen. Hätten die Truppen gehorcht? Selbst wenn ein Teil von ihnen die Befehle aus Moskau befolgt und tausende massakriert hätte, so wäre lediglich Gorbatschows eigenes gewaltsames Ende besiegelt gewesen. Aber dieser Mann war vor allem eines: ein Überlebenskünstler.

Auch wäre es dumm von Gorbatschow gewesen, riskante Militäraktionen in Ungarn oder der Tschechoslowakei zu befehlen, während die innere Stabilität der Sowjetunion auf dem Spiel stand. Wenn dein eigenes Haus in Flammen steht, schickst du die Feuerwehr nicht zum Haus deines Nachbarn. Überall in der Sowjetunion kam es zu Lebensmittelknappheit, in den nichtrussischen Republiken tauchten Unabhängigkeitsbewegungen auf. Gorbatschow schickte die Panzer nicht los, um das Imperium gewaltsam zusammenzuhalten, weil er wusste, dass es zu spät war und ihn den Kopf kosten würde. Und als sich die Entwicklung Mitte des Jahres 1991 verselbständigte, hatte er bereits einen schweren Rückschlag hinnehmen müssen, nachdem sowjetische Truppen im Januar in einem Fernsehsender in Vilnius dutzende Menschen getötet und hunderte verletzt hatten, weil die Litauer ihre Unabhängigkeitserklärung nicht widerrufen wollten. (Litauen hatte im März 1990 als erste Sowjetrepublik seine Unabhängigkeit erklärt.) Boris Jelzin, der mittlerweile Präsident der Russischen Föderation war, verurteilte die Gewalt sofort und forderte den Abzug aller sowjetischen Soldaten aus dem Baltikum. Auch ausländische Regierungen kritisierten den Militäreinsatz. Gorbatschow wusste, dass er die Sympathie des Westens und die Milliarden an Hilfsgeldern riskierte, die er unbedingt brauchte, um sich an der Macht halten zu können.

Die Sowjetunion hatte bereits keine Mitglieder mehr, als sie sich am 25. Dezember 1991 offiziell auflöste. Jelzin hatte Gorbatschow mit Erfolg Schritt für Schritt die Machtbasis entzogen und dessen Befugnisse auf die Russische Republik übertragen. Die drei baltischen Länder sowie Armenien und Georgien hatten längst ihre Unabhängigkeit erklärt und waren in die Vereinten Nationen aufgenommen worden. Der misslungene Putschversuch zwischen dem 19. und 21. August stieß das Tor auf, durch das die restlichen Sowjetrepubliken Reißaus nahmen.

Gorbatschows Hoffnung auf die Gründung einer neuen Union zerschlug sich, als bekannt wurde, dass die Hardliner in seiner Regierung den Notstand ausgerufen hatten. Sie wollten die Unterzeichnung des neuen Unionsvertrags am 20. August verhindern, mit dem die Sowjetunion offiziell in eine Föderation unabhängiger Staaten verwandelt werden sollte. Während des Staatsstreichs wurde Gorbatschow angeblich in seiner Datscha auf der Krim festgehalten und von der Außenwelt abgeschnitten, aber ich bin überzeugt, dass er den Putsch selbst geplant hatte oder sich zumindest freiwillig daran beteiligte. Anstatt den fortschreitenden Verlust seiner Autorität hinzunehmen, hoffte Gorbatschow vermutlich, nach »Verhandlungen« mit den Hardlinern, die für ihn die Schmutzarbeit erledigen und politische Widersacher wie Jelzin aus dem Weg räumen würden, in eine gefestigte Machtposition zurückkehren zu können. Wie ich zu Beginn erklärt habe, fand der Putsch weder in der Bevölkerung noch beim Militär Unterstützung und fand sein Ende nach gerade einmal 72 Stunden. Nach diesem Debakel folgten sogar die zentralasiatischen Republiken, die zuvor bereit gewesen waren, sich der neuen Union anzuschließen, rasch dem Beispiel der Ukraine und Weißrusslands und sagten sich von Moskau los. Russland selbst erklärte am 12. Dezember seine Unabhängigkeit.

Erfreulich für Gorbatschow war, dass der Westen lange Zeit nicht hören wollte, was eigentlich eine ausgezeichnete Neuigkeit war. Nach den enttäuschenden Diskussionen, die ich mit amerikanischen Experten über mein Heimatland geführt hatte, überraschte es mich nicht, dass die Aussicht auf einen Zerfall der Sowjetunion Präsident Bush eher beunruhigte als erfreute. Die Sowjetunion war der Bösewicht, aber zumindest kannten die Amerikaner diesen Bösewicht gut. Bush glaubte außerdem, sich auf Gorbatschow verlassen zu können, selbst wenn dieser die Rückendeckung des KGB genoss und sich nie einer freien Wahl gestellt hatte. Gorbatschow schien der amerikanischen Regierung verlässlicher als der unberechenbare Populist Boris Jelzin, obwohl dieser vom Volk gewählt worden war.

Die bizarren Versuche, einen altbekannten Feind wieder aufzupäppeln, waren keine bloße Rhetorik. Die Sowjetunion wurde mit Hilfen in Milliardenhöhe und Kreditgarantien am Leben erhalten. Deutschland allein stellte im Rahmen der Vereinbarung zur Wiedervereinigung acht Milliarden US-Dollar (beziehungsweise fünf Milliarden DM) bereit. Die finanziellen Zusagen Deutschlands an Russland stiegen bis 1992 deutlich an, erhebliche Summen wurden für den Abzug der russischen Streitkräfte und sogar für den Bau von Wohnungen für die Soldaten in ihrer Heimat aufgewendet.

Die Vereinigten Staaten leisteten ebenfalls Wirtschaftshilfe, lange bevor klar war, ob die demokratischen Reformen in Russland Erfolg haben würden. Am 12. Dezember 1990 kündigte Präsident Bush ein Hilfspaket im Wert von mehr als 1,3 Milliarden US-Dollar an Krediten und Kreditgarantien an und setzte das Jackson-Vanik Amendment von 1974 außer Kraft, mit dem Geschäftsbeziehungen zur Sowjetunion strengen Kontrollen unterworfen worden waren. Vier Monate später gab Bush weitere 1,5 Milliarden US-Dollar an Kreditgarantien für die Landwirtschaft frei. Die USA schickten auch medizinische Hilfe in die baltischen Länder, nachdem die Sowjetunion dort gewaltsam gegen die Unabhängigkeitsbewegungen vorgegangen war, und halfen den Opfern der Katastrophe im ukrainischen Tschernobyl.

In den folgenden Jahren griffen die G7-Staaten Russland und anderen ehemaligen Sowjetrepubliken weiter mit Wirtschaftshilfe und Krediten unter die Arme, wobei Russland mit Abstand die meiste Unterstützung erhielt. Im März 1993 schnürte die G7 ein Hilfspaket in Höhe von 43 Milliarden US-Dollar, um Boris Jelzins Regierung, die im Parlament unter Druck geraten war, Rückendeckung zu geben. Japan beugte sich dem Votum der anderen G7-Mitglieder und verzichtete darauf, seine Hilfe von fast zwei Milliarden US-Dollar an eine Beilegung des Streits um die Kurilen zu koppeln. Der Internationale Währungsfonds und die Weltbank zückten ebenfalls das Scheckbuch: Die Weltbank gewährte den höchsten Projektkredit ihrer Geschichte und beteiligte sich mit 610 Millionen US-Dollar am Wiederaufbau der maroden russischen Erdölindustrie. Russland konnte indes nicht die gesamte angebotene Hilfe nutzen, da es ihm nicht gelang, einige der erforderlichen Wirtschaftsreformen durchzuführen. Zum Glück kam das Geld, das ohnehin nicht genügt hätte, viel zu spät, um die Sowjetunion zu retten.

Darüber hinaus flossen in den neunziger Jahren Milliarden in die Sicherung der sowjetischen Atomwaffen und damit verbundene Programme in Russland, der Ukraine, Weißrussland und Kasachstan. Dies war zweifellos eine kluge Investition, denn niemand konnte an einer mangelnden Aufsicht über die Atomraketen und das radioaktive Material oder an einer Diaspora arbeitsloser sowjetischer Atomwissenschaftler interessiert sein.

Die Aufzählung dieser Summen mag ermüdend sein, aber sie ist nötig, um den russischen Opfermythos zu widerlegen, der von Putins Propagandamaschine und seinen antiamerikanischen, der NATO feindlich gesinnten Sympathisanten in aller Welt verbreitet wird. Die russische Propaganda will uns weismachen, der Westen habe das Land nach dem Zusammenbruch der Sowjetunion gedemütigt und damit bei den Russen Feindseligkeit und Misstrauen geweckt. Es wird erzählt, die Sieger im Kalten Krieg hätten Russland »verloren«, indem sie ihm zuerst nicht genug geholfen und anschließend die NATO zu aggressiv erweitert hätten. Beide Vorwürfe sind nachweislich falsch. Wie ich an späterer Stelle genauer erklären werde, zeigte der Westen eher eine zu große Bereitschaft, die Verbrechen der Sowjetunion zu vergeben und zu vergessen und das Bedrohungspotenzial seines alten Feindes zu ignorieren.

Tatsächlich glaubten viele westliche Führer, Russland sei »zu groß, um es aufzugeben«, und müsse um jeden Preis unterstützt werden. Dabei war klar, dass die westlichen Länder schlechtem Geld gutes hinterherwarfen, das nun in einem Loch aus postsowjetischer Korruption und Missmanagement verschwand. Man hielt die Gefahr für zu groß, dass die Hardliner Gorbatschow entmachten oder dass die Kommunisten zurückkehren und Jelzin zu Fall bringen würden. Der Putschversuch gegen Gorbatschow im August 1991 – ob er nun real oder von Gorbatschow selbst inszeniert war – hatte prompt einen Anstieg der amerikanischen Hilfszahlungen zur Folge. Als die russische Duma im Jahr 1993 Jelzins Reformen zu Fall zu bringen drohte, reagierte der US-Senat augenblicklich und winkte ein Hilfsprogramm im Wert von 2,5 Milliarden US-Dollar durch, das er bis dahin aufgehalten hatte.[5]

In seinem Buch *Anatomie des Faschismus* erklärt der Historiker Robert Paxton, diese Ideologie beinhalte die Überzeugung, die eigene Gruppe sei ein Opfer, und dieses Gefühl der Bedrohung rechtfertige jedes Vorgehen gegen innere und äußere Feinde, ohne rechtliche oder moralische Grenzen.[6] Der Mythos der Demütigung Russlands durch den Westen und insbesondere die Amerikaner passt perfekt zu dieser Opferrolle. Die falsche Behauptung, Russland sei von Feinden umgeben, die seine Entwicklung behindern wollten, liefert Putin den Stoff für seine zusehends faschistische Propaganda. Aus ähnlichen Gründen ist das Putin-Regime ebenso besessen wie einst die Sowjetunion vom Leiden und Triumph während des Zweiten Weltkriegs. Neben der (in diesem Fall zutreffenden) Behauptung, Russland sei ein Opfer des Krieges gewesen, macht es die Fixierung auf den »Großen Vaterländischen Krieg« dem Kreml leichter, seine Feinde trotz gegenteiliger Beweise als Faschisten darzustellen. Die bizarre Logik: »Wir haben im Zweiten Weltkrieg die Faschisten besiegt. Deshalb ist jeder, der gegen uns ist, ein Faschist.«

Komisch ist, dass der Rückfall Russlands in den Totalitarismus darauf zurückgeführt werden kann, dass sich der Westen nicht zu wenig, sondern *zu sehr* bemühte, das Vermächtnis der Sowjetunion als Großmacht zu respektieren. Russland durfte den Platz der Sowjetunion im Sicherheitsrat der Vereinten Nationen einnehmen, obwohl die Organisation, die darauf ausgerichtet war, den Status quo im Kalten Krieg zu erhalten, eigentlich hätte reformiert werden müssen, um der neuen Vormachtstellung der freien Welt gerecht zu werden. Es wurde keine Forderung nach einer Lustration erhoben, also nach einer Untersuchung, Strafverfolgung oder zumindest Entlassung sowjetischer Amtsträger, die sich Verbrechen zuschulden hatten kommen lassen. Stattdessen wurde Gorbatschow im Westen praktisch kanonisiert.

Das kann man kaum als Demütigung bezeichnen, es sei denn, man betrachtet es als demütigend, dass Russland Milliardenhilfen von seinem früheren Gegner brauchte, der von der sowjetischen Propaganda jahrzehntelang als herzloser und zerstörerischer Feind dargestellt worden war. Die Sowjetunion verlor den Kalten Krieg, und die Niederlage war schmerzhaft. Das Gefühl, Verlierer zu sein, war die Folge der Unfähigkeit Russlands, sich von der Nation zu lösen, die sich unter unseren Füßen aufgelöst hatte. Die Sowjetunion verlor den Kalten Krieg, aber dies war nicht nur für die USA und den Westen ein Sieg, sondern auch für die Russen, für alle sowjetischen Bürger und die Osteuropäer hinter dem Eisernen Vorhang. Wir waren endlich frei, wir durften unser eigenes Leben führen, selbst denken und für uns selbst sprechen. Die eigentliche Niederlage erlitten wir, als es uns nicht gelang, das KGB-System zu zerschlagen und uns rasch von der falschen Erinnerung an glorreiche Tage zu lösen – etwas, das den meisten anderen ehemaligen Ostblockländern sehr wohl gelang. So blieben Russland und andere ehemalige Sowjetrepubliken empfänglich für den Mythos der Demütigung und lieferten sich Führern wie Putin aus, die diesen Mythos mit Freuden für ihre Zwecke nutzten.

2 Das verlorene Jahrzehnt

Viele Menschen scheinen mittlerweile vergessen zu haben, dass der Fall des Eisernen Vorhangs, das Ende des Kalten Kriegs und der Zusammenbruch der Sowjetunion unterschiedliche Vorgänge waren. Natürlich hingen sie eng zusammen, aber als die Sowjetunion offiziell aufgelöst wurde, gab es die Berliner Mauer schon seit mehr als zwei Jahren nicht mehr. Im Jahr 1989 breiteten sich beginnend mit dem Aufstieg der polnischen Gewerkschaft Solidarność im April überall in Mittel- und Osteuropa antikommunistische Revolutionen und verschiedenartige sezessionistische Bewegungen aus. Die revolutionäre Welle rollte über Ungarn, die DDR, die Tschechoslowakei, Bulgarien, Rumänien und Albanien hinweg.

Ich erinnere mich daran, dass die sowjetischen Medien diese unglaublichen Geschehnisse mit der für die Glasnost-Periode typischen Schizophrenie behandelten. Theoretisch gab es zu diesem Zeitpunkt Pressefreiheit in der Sowjetunion, aber insbesondere das Fernsehen wurde weiterhin vom Kreml kontrolliert. So kam es, dass Sendungen, in denen die Aufstände im Baltikum nicht kritisch genug dargestellt wurden, plötzlich vom Bildschirm verschwanden. In Reaktion auf diese politischen Umwälzungen wurden im sowjetischen Fernsehen nichtssagende Nachrichten und leichte Unterhaltung durch eine aggressivere Form von Propaganda ersetzt. Die Presselandschaft hatte sich seit den Tagen des Parteiorgans *Prawda* vor 1985 sehr verändert, und es gab Zeitungen, die es wagten, wahrheitsgemäß darüber zu berichten, wie sich in Osteuropa ein kommunistisches Regime nach dem anderen auflöste. Der Wandel verlief bemerkenswert friedlich, sieht man einmal vom Fall Rumäniens ab, wo im Verlauf der Revolution schätzungsweise 1100 Menschen getötet wurden und der niederträchtige Diktator Nicolae Ceauşescu, der seinen Sicherheitskräften befohlen hatte, auf die Demonstranten zu schießen, hingerichtet wurde.

Wer den »Geist von 1989« zu beschreiben versucht, darf auch die Proteste und das Massaker auf dem Tian'anmen in Peking nicht vergessen, insbesondere, da Gorbatschow die chinesische Hauptstadt im Mai – auf dem Höhepunkt der Proteste – besuchte. Drei Wochen später rollten Panzer auf den Platz des Himmlischen Friedens, um die Revolution niederzuschlagen. Diktatoren scheinen übrigens sehr viel mehr aus der Geschichte zu lernen als Demokraten: Die Putins dieser Welt sind zu dem Urteil gelangt, dass Gorbatschow zu schwach war, um die Sowjetunion zusammenzuhalten, und nehmen sich ein Beispiel am brutalen Gewalteinsatz auf dem Tian'anmen.

Sehr viel mehr Blut sollte bald dort fließen, wo man es bedauerlicherweise hatte vorhersehen können: in Jugoslawien, das, obschon kommunistisch regiert, jahrzehntelang nicht dem Sowjetblock angehört hatte. Als der Diktator Josip Tito, der den Vielvölkerstaat mit harter Hand geführt hatte, 1980 starb, wurden die zahlreichen ethnischen und territorialen Konflikte auf dem Balkan neu entfacht. Die Kontrolle der Zentralregierung war bereits sehr geschwächt, als die antikommunistische europäische Befreiungsbewegung Jugoslawien erreichte und die erste Wahl mit konkurrierenden Parteien durchsetzte. Aber die Wahl beruhigte die Lage nicht, sondern förderte die unüberbrückbaren Gegensätze zwischen den ethnisch und religiös durchmischten Republiken zutage. Die albanische Bevölkerungsmehrheit des Kosovo lehnte die serbische Dominanz ab, und die separatistischen Parteien in Slowenien und Kroatien versprachen ihren Republiken die Unabhängigkeit, während der serbische Führer Slobodan Milošević die von ihm kontrollierte Bundesregierung zu stärken versuchte. Dies waren die Zutaten für eine Katastrophe, die bald die nach dem Kalten Krieg entstehende Sicherheitsordnung erstmals auf die Probe stellen sollte.

Die NATO und die westlichen Mächte, die aufgrund der osteuropäischen Revolutionen bereits mit zahlreichen Herausforderungen konfrontiert waren, versuchten, die erste Phase des Kriegs auf dem Balkan zu ignorieren und als innere Angelegenheit Jugoslawiens abzutun. Europa musste einen Weg finden, mit 130 Millionen neuen Freunden im Osten und ihren neuen demokratischen Regierungen umzugehen. Die Regierung Bush konzentrierte sich auf die Sowjetunion und wurde obendrein von August 1990 bis Februar 1991 vom Zweiten Golfkrieg und seinen Nachwehen in Anspruch genommen. In der von den USA angeführten Koalition zogen die beiden Supermächte zum ersten Mal seit dem Zweiten Weltkrieg gemeinsam in den Kampf, um Saddam Husseins Truppen aus Kuwait zu vertreiben.[1] Die Sowjetunion war Saddams wichtigster Verbündeter gewesen, weshalb die gemeinsame Erklärung, in der Washington und Moskau die irakische Invasion Kuwaits verurteilten, als weiterer Hinweis darauf gedeutet wurde, dass der Kalte Krieg der Vergangenheit angehörte. (Später kam heraus, dass sich Gorbatschow abgesichert hatte: Er überließ es seinem Außenminister Eduard Schewardnadse, die Erklärung alleine durchzusetzen.)

Die moralische Klarheit und Halsstarrigkeit Ronald Reagans hatte schließlich ihr Ziel erfüllt. Im Jahr 1976 hatte Reagan bei den Vorwahlen der Republikanischen Partei Gerald Ford den Vortritt lassen müssen, aber es war ihm gelungen, den Grundsatz der »moralischen Außenpolitik« ins republikanische

Wahlprogramm zu schreiben. Diese bescheidene Leistung sollte die Welt und auch mein persönliches Schicksal verändern. Die Mauer wurde niedergerissen, wie Reagan verlangt hatte, und das Reich des Bösen zerfiel. Geringere Probleme blieben geringeren Männern überlassen.

Ich bin kein Bewunderer von George Bush senior, der eine übertriebene Loyalität gegenüber Gorbatschow an den Tag legte, und seinerzeit bezeichnete ich ihn als untauglichen Präsidenten. Dennoch leistete seine Regierung durchaus gute Arbeit, als es darum ging, nach der Auflösung der Sowjetunion die Scherben aufzukehren. Bush hatte sich mit einem erfahrenen und kompetenten außenpolitischen Team umgeben, dessen Mangel an Weitsicht und Mut vor und während des Zusammenbruchs der Sowjetunion kein großer Nachteil war, als es darum ging, die Nachwirkungen der Umwälzung unter Kontrolle zu bringen. Bush, James Baker, Brent Scowcroft, Dick Cheney und die übrigen Außenpolitiker begannen widerwillig, mit dem »Rabauken« Boris Jelzin zusammenzuarbeiten, um praktische Fragen wie die Sicherheit des sowjetischen Atomwaffenarsenals und die Wirtschaftsreformen in Angriff zu nehmen.

Bis heute bin ich nicht damit einverstanden, wie diese Wirtschaftsreformen und Hilfspakete gehandhabt wurden, obwohl dies zweifelsohne eine ungemein schwierige Aufgabe war. Die Geschichte des Übergangs sozialistischer Diktaturen zu Demokratie und Marktwirtschaft ist eine Sammlung von Horrorgeschichten. Der Kommunismus kann mit einer Autoimmunkrankheit verglichen werden: Er tötet den Organismus nicht selbst, sondern schwächt ihn derart, dass er die Fähigkeit verliert, Krankheitserreger zu bekämpfen. Der Kommunismus zerstört den individuellen menschlichen Geist und stellt die Werte einer freien, entwicklungsfähigen Gesellschaft auf den Kopf.

Es ist kein Zufall, dass rechte autokratische Regimes den Übergang von politischer Repression zu demokratischem und wirtschaftlichem Erfolg sehr viel besser bewältigen. Chile, Portugal, Spanien, Südkorea, Taiwan – all diese Länder wurden von rechten Regimes geführt, die die Macht um der Macht willen ausübten, ohne eine tiefere Ideologie zu vertreten. Als diese Regimes verschwanden – in den meisten Fällen wurden sie mit freien Wahlen abgewickelt –, waren die Wurzeln der individuellen Freiheitsrechte noch so gesund, dass die menschlichen Werte neu wieder erblühen konnten. Die kommunistische Ideologie hingegen greift nicht nur die Pflanze, sondern auch die Wurzeln an und vergiftet den Boden. Viele osteuropäische Länder kämpfen immer noch mit diesem Vermächtnis, obwohl die Europäische Union seit mehr als zwei Jahrzehnten einen stabilisierenden Einfluss ausübt und massive finanzielle Unterstützung gewährt. Für einige Länder war es psychologisch einfacher, den Kommunismus abzuschütteln, weil die Bevölkerung ihn als Nebenprodukt der verhassten sowjetischen Besatzung betrachtete und alles, was damit zu tun hatte, unbedingt loswerden wollte.

Selbstverständlich ist das keine Rechtfertigung für irgendeine Form von Diktatur. Ich halte es mit Churchill: »Die Demokratie ist die schlechteste Regierungsform, wenn man von allen anderen absieht, die ausprobiert worden sind.« Aber es erklärt zum Teil, warum die früheren Sowjetrepubliken so große Schwierigkeiten beim Aufbau der Demokratie haben und warum sich die Regimes Kubas und Nordkoreas so hartnäckig behaupten. Es ist ein Unterschied, ob Menschen wütend sind, weil sie nicht frei sind, oder ob sie glauben, die Freiheit nicht verdient zu haben.

Im Jahr 1992 begann eine Debatte über die Frage, wie die neue Ordnung in einer Welt aussehen sollte, die nicht länger in die Einflusssphären zweier Supermächte unterteilt war. War sie nun eine unipolare Welt, in der die Vereinigten Staaten mit dem Großteil Europas im Schlepptau die Richtung vorgeben würden? Oder war sie eine multipolare oder nichtpolare Welt ohne moralischen Bezugspunkt? Die Vereinigten Staaten mit ihrer schlagkräftigen Streitmacht, ihrer riesigen Volkswirtschaft und ihrer unangefochtenen politischen Führungsrolle waren de facto ein globaler Hegemon, ob sie diese Rolle nun ausfüllen wollten oder nicht. Die eigentliche Frage war, wie sie ihren Einfluss zu nutzen gedachten.

Seitdem haben die USA zwei kostspielige und schlecht geführte Kriege sowie eine demütigende Finanzkrise durchgemacht. China hat einen rasanten Aufstieg erlebt, und die Vereinigten Staaten sind anscheinend nicht imstande, an verschiedenen Konfliktherden rund um den Erdball ihren Einfluss geltend zu machen. So kann man leicht vergessen, wie dominant dieses Land in den neunziger Jahren war. 1992 war die amerikanische Volkswirtschaft mit einem Bruttoinlandsprodukt von 6,5 Billionen US-Dollar fast doppelt so groß wie die Japans, dreimal so groß wie die Deutschlands und 13-mal so groß wie die Chinas. Russland schaffte es mit Müh und Not unter die zwanzig größten Wirtschaftsnationen, und erst mit dem deutlichen Anstieg des Ölpreises gelang ihm der Vorstoß unter die Top Ten. Was die Verteidigungsausgaben und die militärische Schlagkraft anbelangte, konnte sich Russland in den neunziger Jahren nicht mit den USA und der NATO messen. Wie sich herausstellte, war die gefürchtete sowjetische Militärmaschine ebenso marode wie die Wirtschaft des Landes. Ganz anders China, dessen relativ geringe Verteidigungsausgaben bis zur Jahrtausendwende rasant stiegen.

Noch wichtiger war, dass der Sieg im Kalten Krieg die ideologische Überlegenheit der Vereinigten Staaten und der freien Welt bewies. Demokratie und Kapitalismus hatten triumphiert, Totalitarismus und Sozialismus waren unterlegen. Heute scheint uns all das offensichtlich und unvermeidlich, aber die kommunistische Ideologie war überall in der Welt jahrzehntelang eine ernste Bedrohung für die politische Ordnung. Mit dem Zusammenbruch der Sowjetunion war die Auseinandersetzung beendet. Noch 25 Jahre später bedienen sich fast nur populistische Möchtegernautokraten, die stagnierende und von Rohstoffvorkommen abhängige Länder führen, der sozialistischen Rhetorik, um den Wohlstand ungestört unter ihren Parteigängern verteilen zu können.

Die Regierung Bush hatte bereits rhetorisch abgerüstet, um sich von Reagans unverhohlener Forderung nach einer Ausnahmestellung und moralischen Führungsrolle für die Vereinigten Staaten zu lösen. Im Zweiten Golfkrieg blitzte die Macht der USA kurz auf, obwohl Bush auch in diesem Konflikt alles tat, um den Versuch, Saddam Husseins Amoklauf zu stoppen, als pragmatisches Vorgehen einer breiten Koalition darzustellen. Nichtsdestotrotz sprach Bush kühn und eloquent über die Bedeutung der amerikanischen Führungsrolle. Er schrieb später von einem »neuen demokratischen Konsens über die Rolle Amerikas in der Welt«, um Isolationismus und Protektionismus entgegenzuwirken:

> Die gegenwärtige internationale Lage, obwohl sehr turbulent, ist wie am Anfang jeder Epoche ein unbeschriebenes Blatt im Buch der Geschichte, und die Bedeutung des amerikanischen Engagements war nie größer. Wenn die Vereinigten Staaten die Führung nicht übernehmen, dann gibt es keine Führung. Es ist unsere große Herausforderung, aus diesem blutigsten Jahrhundert der Geschichte etwas gelernt zu haben. Wenn wir unserer Verantwortung nicht gerecht werden, wenn wir uns vor der

Rolle drücken, die nur wir spielen können, wenn wir, statt unsere Verpflichtung für die Welt anzunehmen, in Gleichgültigkeit verfallen – dann werden wir eines Tages wieder den höchsten Preis für unsere Versäumnisse und unsere Kurzsichtigkeit bezahlen müssen.[2]

Bravo! Mit diesen Worten kam Bush der Eindringlichkeit und Klarheit Reagans nahe, wenn er auch kein vergleichbares Charisma besaß. Bedauerlicherweise äußerte er sich während seiner Amtszeit nicht vergleichbar inspirierend und vorausschauend. Die Zeilen entstammen seinem 1998 erschienenen Buch *Eine neue Welt,* dessen Schlussteil beweist, wie sehr Bush bedauerte, sich als Präsident nicht entschlossener um diese Führungsrolle bemüht zu haben. Er hatte sich die große Chance entgehen lassen, Saddam Hussein zu entmachten und für den Überfall auf Kuwait zu bestrafen. Abgesehen davon, dass diese Unentschlossenheit die Iraker zu einem weiteren Jahrzehnt von Terror und Unterdrückung verurteilte, sandten die Vereinigten Staaten damit eine eindeutige Botschaft an andere Regimes, die Lust auf Eroberungsfeldzüge hatten. Im Sommer 1992 verlangten westliche Politiker, den jugoslawischen Diktator Slobodan Milošević wegen der brutalen ethnischen Säuberungen in Kroatien und Bosnien vor ein internationales Strafgericht zu stellen. Aber wie war das zu begründen, wenn Saddam immer noch das Kommando im Irak hatte?

In Jugoslawien schien die Situation bei oberflächlicher Betrachtung klar: Da die amerikanischen Interessen nicht direkt betroffen waren, gab es keinen Grund, militärisch einzugreifen. Aber Präsident Bush, der mit seiner blinden Unterstützung der territorialen Integrität Jugoslawiens die serbische Führung in Belgrad in der Überzeugung bestärkte, dass sie ein militärisches Vorgehen gegen die nach Unabhängigkeit strebenden Republiken riskieren konnte, ließ außer Acht, dass jedes unschuldige Kriegsopfer der Demokratie schadete und dem geschwächten Totalitarismus neue Kraft verlieh. Wenn wir in einer Ära der globalen militärischen Vormachtstellung einer demokratischen Supermacht passiv zusahen, wie erneut faschistische Praktiken wie Konzentrationslager und ethnische Säuberungen angewandt wurden, dann waren Bushs Auslassungen über eine »neue Weltordnung« nur leeres Gerede, bestimmt für ein naives heimisches Publikum.

Um die Abneigung der Amerikaner gegen eine Intervention in Jugoslawien zu schüren, weckte Bush die Furcht vor einem langwierigen Militäreinsatz wie seinerzeit in Vietnam. Doch dabei ließ er eine grundlegende Veränderung der globalen Kräfteverhältnisse unter den Tisch fallen: Da die Führung in Belgrad nicht auf militärische Unterstützung aus Moskau hoffen konnte, hätten die Amerikaner den Verlauf des Balkankriegs rasch mit sehr viel geringerem Aufwand als in der Vergangenheit beeinflussen können. Tatsächlich genügten einige Jahre später Luftschläge der NATO, um den Kampfeswillen der serbischen Truppen zu brechen – allerdings waren bis dahin zehntausende Menschen getötet worden. Nachdem das schwere Gerät der Serben aus der Luft zerstört worden war, sahen sie sich plötzlich Bosniern und Kroaten gegenüber, die nicht mehr mit hoffnungslos unterlegenen Waffen kämpften. Bush hatte indes gezeigt, dass ihm die routinemäßige Unterstützung der »Politik der Vereinten Nationen« mehr bedeutete als zehntausende Menschenleben und ein entschlossenes Vorgehen gegen aggressive Regimes.

Die Geschehnisse in Jugoslawien zeigten auch, dass die Politik nach dem Ende des Kalten Kriegs neu definiert werden musste und dass es der Regierung Bush nicht gelungen war, eine solche Politik zu entwickeln. Als der stellvertretende Außenminister Lawrence Eagleburger im Februar 1990 seinen alten Freund Milošević in Belgrad besuchte, stellte er zu seinem Entsetzen fest, dass er keine Gesprächsbasis mit dem serbischen Führer finden konnte. Aus Europa kamen zu dieser Zeit so viele gute Nachrichten, dass sich niemand große Sorgen über das Pulverfass auf dem Balkan machte, obwohl Eagleburger nach seiner Rückkehr aus Belgrad warnte: »Es ist viel schlimmer, als wir gedacht haben, und es wird viel blutiger werden, als wir uns vorstellen können.«[3]

Bush bekam keine Chance mehr, den Kurs in einer zweiten Amtszeit zu korrigieren, denn die amerikanischen Wähler kehrten einer aktiven Außenpolitik den Rücken. Bush unterlag einem Mann, der keinerlei außenpolitische Erfahrung besaß und solche Themen mit dem Wahlspruch »Es geht um die Wirtschaft, Dummkopf« wirksam aus dem Wahlkampf verbannte. (Obendrein verlor Bush Stimmen an den parteiunabhängigen Kandidaten Ross Perot.) George Bush senior war ohne Frage kein Winston Churchill, aber seine Abwahl nach dem Ende des Kalten Kriegs hatte Ähnlichkeit mit der Abkehr der britischen Wähler von Churchill, nachdem dieser das Land im Zweiten Weltkrieg zum Sieg geführt hatte.

Ich setzte mich damals genau wie heute dafür ein, alle verfügbaren Mittel einschließlich militärischer Gewalt einzusetzen, um Aggressoren wie Saddam Hussein und Milošević aufzuhalten. Ich stehe auf der Seite jener, die unter Gewalt leiden, und kämpfe gegen jene, die als Erste Blut vergießen, egal welchem Volk oder welcher Religion sie angehören. Daher galt meine Sympathie in jener Zeit den bedrängten Bosniern und Kroaten, obwohl Russland seit langem den serbischen Nationalismus unterstützte. In den Jahren 1993 bis 1995 organisierte ich eine Reihe von Spendenveranstaltungen, um Geld für kroatische und bosnische Flüchtlinge zu sammeln; unter anderem organisierte ich im Juli 1994 eine Ausstellung in der belagerten bosnischen Hauptstadt Sarajewo.

Während des gesamten Jahres 1992 ermordeten paramilitärische serbische Einheiten ungestraft Zivilisten und terrorisierten die muslimische Bevölkerung Bosniens. Aber Präsident Bush bestand auf einer Konfliktlösung in den Vereinten Nationen. Das führte zu vorhersehbar absurden und tragischen Ergebnissen: Beispielsweise hinderte das über die Region verhängte Waffenembargo in erster Linie die Bosnier daran, sich gegen die bereits bis an die Zähne bewaffneten Serben zu verteidigen.

Am 4. November 1992, dem Tag nach der amerikanischen Präsidentenwahl, erschien im *Wall Street Journal* ein Leitartikel von mir, der im Grunde ein offener Brief an den alten oder neuen Präsidenten war. Ich schrieb, dass eine ernste Warnung George Bushs meiner Meinung nach genügt hätte, um der serbischen Aggression und dem blutigen ethnischen Krieg in Jugoslawien Einhalt zu gebieten. Die ganze Welt hatte die Bilder aus Kuwait und dem Irak gesehen und wusste, mit welcher Härte das amerikanische Militär zuschlagen konnte. Jedermann hatte verstanden, dass die Amerikaner große militärische Leistungen vollbringen konnten, wenn sie nur wollten.

Ich rief die Amerikaner dazu auf, sich wieder auf ihre moralische Führungsrolle zu besinnen und eine heuchlerische Politik zu beenden, in der Stabilität Vorrang vor Demokratie und Freiheit hatte.

> Der bevorstehende globale Wandel macht eine starke moralische Führung erforderlich, und nur die Vereinigten Staaten besitzen die nötige Macht und die politische Glaubwürdigkeit, um die Entscheidungen zu fällen und die Schritte zu tun, die unverzichtbar sind, um eine neue Weltordnung zu errichten. [...] Reiner

Idealismus, sagen Sie? Mag sein, aber ich möchte glauben, dass Amerika gestern den Führer der Welt gewählt hat.[4]

Wie wir wissen, wählte Amerika leider Bill Clinton. In seinem Wahlkampf hatte er die andauernde Rezession und das Ende des Kalten Kriegs genutzt, um seine mangelnde Tauglichkeit für die internationale Politik zu übertünchen. Clinton hatte sich als Angehörigen einer neuen Generation präsentiert, die mit der Vergangenheit und den mühsamen Verpflichtungen gegenüber der Welt brechen wollte, und das amerikanische Volk schien ihm zuzustimmen. Seine Botschaft untermauerte Clinton mit Wahlkampfsongs, die Zeilen wie »Don't stop thinking about tomorrow« und »Yesterday's gone, yesterday's gone« enthielten.

Zu der Zeit, als Clinton ins Weiße Haus einzog, tauchten in den Medien erste Berichte über die entsetzlichen Verbrechen in Jugoslawien auf. Fotos aus Lagern, in denen die bosnischen Serben ausgemergelte Gefangene festhielten, riefen der Öffentlichkeit die Bilder in Erinnerung, die nach der Befreiung der Konzentrationslager Dachau und Buchenwald um die Welt gegangen waren. Im Herzen Europas fand erneut eine ethnische Säuberung statt. Clinton bemühte sich weiter um die Unterstützung der Vereinten Nationen und der europäischen Regierungen und schaffte es nicht, den französischen Staatspräsidenten François Mitterrand und den britischen Premierminister John Major zur Aufhebung des Waffenembargos zu bewegen. Der neue Präsident war nicht bereit, ohne Rückendeckung seiner europäischen NATO-Partner militärisch einzugreifen.

Als die NATO mehr als zwei Jahre später endlich auf dem Balkan intervenierte und zum ersten Mal in ihrer Geschichte an Kampfhandlungen teilnahm, hatten in Jugoslawien geschätzte 140 000 Menschen ihr Leben und mehrere Millionen ihre Heimat verloren. Unter den Augen von UN-Friedenstruppen fanden auf dem Balkan ein organisierter Genozid und koordinierte Vergewaltigungsfeldzüge statt. Vielleicht erinnert sich der Leser noch an die Artillerieangriffe auf einen Markt in der Altstadt von Sarajewo im Februar 1994 und August 1995, bei denen mehr als hundert Zivilisten starben und viele weitere verletzt wurden. Die Bilder vom zweiten brutalen Angriff überzeugten die NATO schließlich davon, dass sie eingreifen und Luftangriffe gegen die serbischen Bodentruppen fliegen musste. Gemeinsam mit der Juli-Offensive der bosnischen und kroatischen Streitkräfte, denen die Befreiung von Knin und Bihać gelang, halfen die NATO-Luftangriffe, Milošević schließlich zu zwingen, das Abkommen von Dayton zu unterschreiben und den Krieg zu beenden.

Russland stand in diesem Konflikt auf der Seite seiner »serbischen Brüder« und half, ein Eingreifen der Staatengemeinschaft hinauszuzögern. Ebenso verhielt sich das Land im Jahr 1999, als die NATO gegen die serbischen Streitkräfte vorgehen wollte, um die Albaner im Kosovo zu schützen. Im Fall des Kosovo entschloss sich Clinton sehr viel schneller zur Gewaltanwendung. Am 24. März 1999 wandte er sich sogar in einer eindringlichen Fernsehansprache an das amerikanische Volk, um zu erklären, warum die NATO eine Luftoffensive gegen die serbischen Truppen begonnen hatte. Es ist verblüffend, wie gut seine damaligen Worte zu den gegenwärtigen Geschehnissen in der Ukraine passen.

Es lohnt sich, den gesamten Text dieser Ansprache zu lesen. An dieser Stelle kann ich nur einige zentrale Aussagen Clintons zitieren:

> Wir handeln, um tausende unschuldige Menschen im Kosovo gegen eine anschwellende militärische Offensive zu verteidigen. Wir handeln, um eine Ausweitung des Kriegs zu verhindern,

um ein Pulverfass im Herzen Europas, das in diesem Jahrhundert schon zweimal mit katastrophalen Folgen explodiert ist, zu entschärfen. Und wir handeln, um gemeinsam mit unseren Verbündeten für den Frieden einzutreten. Indem wir jetzt handeln, vertreten wir unsere Wertvorstellungen, schützen wir unsere Interessen und dienen wir der Sache des Friedens.[5]

Clinton erklärte den Amerikanern – er war stets sehr gut darin, Dinge zu erklären –, warum das Kosovo wichtig war, warum dieses ferne Land, von dem viele Amerikaner noch nie gehört hatten, wichtig für die amerikanischen Interessen war und warum rasch gehandelt werden musste, bevor sich die Lage verschlechterte. Im Kosovo war – so wie in der Ukraine, die gegenwärtig von Putins Streitkräften angegriffen wird – kein NATO-Mitgliedsland bedroht. Doch Clinton erklärte:

Würden wir und unsere Verbündeten tatenlos zusehen, wie dieser Krieg fortgesetzt wird, so würde Präsident Milošević unser Zögern als Freibrief zum Töten deuten. [...] Stellen Sie sich vor, was geschähe, wenn wir und unsere Verbündeten stattdessen einfach wegschauen würden, während diese Menschen vor der Haustür der NATO massakriert werden. Das würde die NATO diskreditieren, auf der seit mittlerweile 50 Jahren unsere Sicherheit beruht. [...] Wenn wir etwas aus den Geschehnissen in diesem Jahrhundert gelernt haben, so dies: Damit Amerika in Sicherheit gedeihen kann, braucht es ein wohlhabendes, sicheres, ungeteiltes und freies Europa.

Ersetzte man »Kosovo« durch »Ukraine« und »Milošević« durch »Putin«, so könnte Präsident Obama diese Erklärung Clintons heute fast wortgetreu wiederholen – ich würde ihm vollkommen zustimmen. Im Jahr 1999 kam dieses eindringliche

Bekenntnis zur moralischen Führungsrolle der Vereinigten Staaten und zum Einsatz der militärischen Macht von USA und NATO zum Schutz unschuldiger Menschen einmal mehr unentschuldbar spät.

Der zuvor zitierte Absatz aus dem Buch von George Bush senior, in dem er bedauerte, dass sein Land seiner Verantwortung nicht gerecht werde und sich in die Gleichgültigkeit zurückgezogen habe, war zweifellos eine Botschaft an seinen Nachfolger, der die Hälfte seiner zweiten Amtszeit hinter sich hatte, als *Eine neue Welt* erschien. Und Clinton, der im Fall Bosniens gezögert und den Völkermord an mehr als 800 000 Menschen in Ruanda im Jahr 1994 ignoriert hatte, war im vorletzten Jahr seiner achtjährigen Präsidentschaft endlich bereit, die unangefochtene Macht der Vereinigten Staaten einzusetzen, um das Richtige zu tun.

79 Tage nach Beginn der NATO-Luftoffensive zogen sich die serbischen Truppen aus dem Kosovo zurück, und fast eine Million Menschen konnten in ihre Häuser zurückkehren. Denken Sie an das Kosovo, wenn Sie die Behauptung hören, Waffenlieferungen an die Ukraine würden lediglich »zu einer Eskalation des Konflikts« führen oder »den Dritten Weltkrieg« heraufbeschwören. Dies ist das bevorzugte Argument der Putin-Strohmänner. Selbstverständlich sind die Umstände und die Konfliktparteien andere: Russland ist nicht Serbien, und Putin ist nicht Milošević. Aber wir können aus dem Vergleich lernen, dass ein entschlossener Machteinsatz sowohl einen positiven augenblicklichen Effekt als auch eine langfristige Abschreckungswirkung haben kann. Und wir können daraus lernen, dass derjenige, der schwankt, lediglich die Aggressoren ermutigt.

Der Zyklus der historischen Jahreszeiten bestimmt das Handeln in der Politik und wird umgekehrt von ihm geprägt. Die harten Strategien der Isolation und Eindämmung, die im

Kalten Krieg angewandt wurden, wichen nach dessen Ende der Kooperation und übermäßiger Vorsicht. Der Rückzug verhinderte die Eindämmung von Bedrohungen und machte es möglich, dass auf verschiedenen Kontinenten Genozide stattfanden, während die mächtige freie Welt tatenlos zusah. Eine dieser unkontrollierten Bedrohungen bewies ihr Zerstörungspotenzial am 11. September 2001 – und das Pendel schlug wieder zur Interventionspolitik und unvermeidlich zur Überreaktion aus. Die beiden zermürbenden Kriege, die in Reaktion auf diesen Angriff geführt wurden, trugen dazu bei, einen amerikanischen Präsidenten an die Macht zu bringen, der – wie könnte es anders sein – ein Mandat zum Rückzug und zur Einbindung erhielt. Obama hat sich wie fast alle seine Amtsvorgänger strikt an sein Mandat gehalten. Europa ruht sich seit so langer Zeit auf seinen Lorbeeren aus, dass es ihm schon schwerfällt, Stellung zu beziehen, wenn es mit Fremdenhass und Terror im Inneren und einem aggressiven Russland vor seiner Tür konfrontiert wird. Die nächste Jahreszeit beginnt, und neue Bedrohungen können sich entfalten und ihre Grenzen sprengen.

3 Unsichtbare Kriege

Die meisten europäischen Länder werden seit Jahrhunderten im Wesentlichen von denselben ethnischen Gruppen bewohnt. Jahrzehnte der Zuwanderung, die infolge der EU-Erweiterung und offener Grenzen in den letzten Jahren zugenommen hat, haben nichts daran geändert, dass Frankreich weiterhin voll von Franzosen und Deutschland immer noch voll von Deutschen ist. Hingegen wurden die Grenzen vieler mittel- und osteuropäischer Länder im Lauf des 20. Jahrhunderts immer wieder gewaltsam verschoben, und obwohl viele ethnische Gruppen in den neunziger Jahren schließlich die Erlaubnis erhielten, ihren eigenen Weg zu gehen, gibt es immer noch einige eigenartige und umstrittene territoriale Gebilde – in denen heute jedoch zumeist Frieden herrscht.

In Konfliktsituationen gelangen befreundete Länder in der Regel zu dem Einvernehmen, dass eine Einigung unmöglich ist (*agreement to disagree*). In stabilen Demokratien werden Unabhängigkeitsbestrebungen entweder in einer öffentlichen Debatte verhandelt oder der Konflikt wird an der Wahlurne gelöst. Wie zufriedenstellend dieses Vorgehen ist, darüber mögen viele Katalanen in Spanien und viele Schotten im Vereinigten Königreich streiten.

In einer ganz anderen Situation befinden sich die Vereinigten Staaten, eine Nation, die von Millionen Einwanderern aus aller Welt auf den Gräbern der indigenen Bevölkerung errichtet wurde. (Eine ähnliche Geschichte hat Argentinien.) Wie ich festgestellt habe, ist die brutale Behandlung der Indianer in den USA aus naheliegenden Gründen kein populäres Diskussionsthema, sondern ist für die meisten Amerikaner ebenso schmerzhaft und peinlich wie die Sklaverei. Aus eben diesem Grund waren die amerikanischen Ureinwohner ein beliebtes Unterrichtsthema in der Sowjetunion. Dem Regime war es sehr wichtig zu zeigen, dass der Kommunismus in jeder Hinsicht, also auch moralisch, überlegen war. (Um seine intellektuelle Überlegenheit zu beweisen, wurde der Schachsport so nachdrücklich gefördert, was ein Glück für mich war.)

Die sowjetische Propaganda bediente sich auch sehr geschickt des »Whataboutism«,[1] einer Taktik, die Regimevertreter anwenden sollten, um Kritik an sowjetischen Massakern, Deportationen und Straflagern zum Beispiel mit Fragen nach der Behandlung der Indianer und der Sklaven durch die Amerikaner zu beantworten – ein leicht durchschaubares und schäbiges Ablenkungsmanöver. Unter Putin, der so viele sowjetische Methoden und Traditionen wiederbelebt hat, erfreut sich der Whataboutism wieder großer Beliebtheit und wird von einem Heer eigens geschulter Internet-Trolle angewandt. Fast jeder kritische Tweet, den ich über Russland absetze, wird augenblicklich von russischen Propagandaexperten beantwortet, die erklären, die Vereinigten Staaten (oder Israel) hätten etwas Ähnliches oder Schlimmeres getan. Autokratische Regimes und ihre Anhänger bedienen sich stets mit Vorliebe dieser Technik, da sie ihre eigenen Verbrechen nicht anders begründen können. Beispielsweise tun arabische Staaten oft so, als rechtfertigte der Umgang Israels mit den Palästinensern die Existenz ihrer repressiven Regimes.

Die Sowjets hatten zahlreiche gute Gründe, mit dem Finger auf andere zu zeigen. Tatsächlich waren es viele Millionen Gründe, die offenkundig wurden, als die Sowjetunion zu zerfallen begann. Alexander Solschenizyn hatte die grauenhaften Geschehnisse unter Lenin und Stalin bereits Mitte des 20. Jahrhunderts zu dokumentieren begonnen. Dass er ins Exil geschickt wurde und seine Bücher in der Sowjetunion verboten waren, lag nicht nur daran, dass Solschenizyn diese Männer entlarvt hatte. Es lag auch an den Schlüssen, die er zog, zeigte er doch deutlich, dass das ganze sowjetische System nur funktionieren konnte, indem die Herrschenden Zwang ausübten, mit dem Gefängnis drohten und sich der kostenlosen Zwangsarbeiter in den Gulags bedienten. Was Stalin getan hatte, um sein zusammengeflicktes Imperium zusammenzuhalten, ging noch weit darüber hinaus – und seine Verbrechen sollten zurückkehren, um Russland und die Welt zu verfolgen.

Die Vereinigten Staaten werden als Schmelztiegel bezeichnet, da Wellen von Einwanderern aus verschiedenen Teilen der Welt ins Land strömten, sich vermischten und zu stolzen Amerikanern wurden. Eine amüsante Tradition, die vermutlich mit dem ersten Schiff begann, das nach der Mayflower beim Plymouth Rock vor Anker ging, besteht darin, dass sich jede Generation beklagt, die nach ihr ins Land gekommenen Einwanderer seien schlechter als sie selbst: Diese Leute seien faul, wollten sich nicht anpassen oder seien auf andere Art minderwertig. Doch obwohl diese Nation aus der Eroberung hervorgegangen ist und trotz all des Zanks entwickeln sich die Vereinigten Staaten weiter und nehmen jede neue Einwandererzutat in ihr Rezept für den nationalen Apfelkuchen auf. Da ich selbst ein Neuankömmling bin, weiß ich diese Eigenschaft sehr zu schätzen und bin glücklich darüber, eine Green Card zu haben, obwohl ich als 13. Schachweltmeister und Demokratieaktivist einen eher zweifelhaften beruflichen Werdegang vorzuweisen habe.

Die Sowjetunion war eine Schöpfung ganz anderer Art. Sie war ein Frankenstein-Monster, dessen nicht zusammenpassende Körperteile stümperhaft an einen russischen Kopf genäht wurden. Anstatt den verschiedenartigen Republiken eine gemeinsame Identität zu geben, unterwarfen die Kommunisten sie mithilfe totalitärer Bürokratie und totalitärer Medien einer gemeinsamen »sowjetischen Kultur« (so unpassend diese Bezeichnung auch sein mag). Trotz all des Geredes der Bolschewiki über die Überlegenheit des Marxismus-Leninismus waren staatlicher Terror und militärische Macht die wichtigsten Werkzeuge für den Aufbau und die Erhaltung des sowjetischen Imperiums.

Das Unvermögen der Sowjetunion, dieses Vermächtnis von Invasionen und 70 Jahre währender Repression hinter sich zu lassen, wird durch die Begeisterung belegt, mit der sich die verschiedenen Republiken vom verrotteten Kopf des Kreml lösten, sobald sie eine Gelegenheit dazu erhielten. Selbst die Ukraine, die als Geburtsort des ersten ostslawischen protorussischen Nationalstaats so viel mit Russland gemein hatte, suchte unverzüglich das Weite und zerstörte damit Gorbatschows Hoffnung auf die Bildung einer neuen Union.

In vielen Fällen spielte auch die Aussicht auf Macht eine Rolle. Regionale Bürokraten und Parteichefs träumten davon, sich in Autokraten zu verwandeln, und begriffen, dass sie in einem unabhängigen Staat mehr Einfluss und Möglichkeiten zur persönlichen Bereicherung haben würden, selbst wenn ihre Wirtschaft und ihr Regime weiterhin von Moskau abhängen würden. Sogar die zentralasiatischen Republiken, die sich zunächst bereiterklärt hatten, es mit Gorbatschows neuer Light-Version der Sowjetunion zu versuchen, kehrten ihm schließlich den Rücken.

Aber wie sich herausstellte, waren die fünfzehn früheren Sowjetrepubliken, die von den Vereinten Nationen rasch als unabhängige Nationen reorganisiert wurden, Russlands geringstes Problem. Fünf weitere Republiken erklärten etwa zur selben

Zeit ihre Unabhängigkeit, konnten sie jedoch nicht durchsetzen. Die halbautonomen Regionen Abchasien und Südossetien versuchten sich als eigenständige Staaten zu konstituieren, blieben jedoch Teile Georgiens, nachdem wiederholt Konflikte aufgeflammt waren. 2008 bediente Putin sich ihres ungeklärten Status, um einen Krieg mit Georgien zu provozieren. Beide sind mittlerweile de facto von Russland besetzte Gebiete, obwohl die Vereinten Nationen sie immer noch als Teile Georgiens betrachten.

Transnistrien und Gagausien machten mit der Sowjetunion und dem unabhängigen Moldawien ähnliche Erfahrungen. (Der Leser möge mir die Vereinfachung aus Gründen der Zweckmäßigkeit verzeihen.) Wie immer hat sich Putins Russland in diesen autonomen Gebieten eingemischt, um jedes Machtvakuum in seiner Nähe auszufüllen. Bergkarabach, ein seit langem von Aserbaidschan und Armenien beanspruchtes Gebiet, erklärte im Jahr 1991 ebenfalls seine Unabhängigkeit. Derzeit gehört es offiziell zu Aserbaidschan, obwohl es überwiegend von Armeniern bewohnt wird.

Das Schlimmste habe ich mir für den Schluss aufbewahrt. Vermutlich kennen nur die wenigsten Leser den Namen Itschkerien. Er wird kaum noch verwendet, und meines Wissens wurde er auch zu jener Zeit kaum benutzt, als sein vollständiger Name – Tschetschenische Republik Itschkerien – noch Gültigkeit besaß – sofern dies je der Fall war. Der Streit über diese Frage führte zu zwei Kriegen, tausenden Terroranschlägen und hunderttausenden Toten, von denen die meisten Zivilisten waren, die fast alle auf russischem Territorium starben.

Die meisten Leute haben schon von Tschetschenien gehört, wenn auch kaum etwas Gutes. Der Name steht für den Export brutaler Mafiosi, Radikaler und Terroristen. Im Jahr 2013 machte die Region wieder einmal Schlagzeilen, als sich herausstellte, dass die Terroristen, die einen Bombenanschlag auf den Boston-Marathon verübt hatten – zwei Brüder namens Tsarnaev – tschetschenische Einwanderer waren. Das winzige Tschetschenien, das etwa eine Million vorwiegend muslimische Einwohner hatte, versuchte in zwei brutalen Kriegen, seine Unabhängigkeit von Moskau durchzusetzen. Zum ersten Mal marschierten die Russen 1994 in Tschetschenien ein, weil Boris Jelzin nicht dulden wollte, dass der antirussische tschetschenische Präsident Dschochar Dudajew seine Macht in der von Moskau nicht anerkannten Republik festigte. Der Einmarsch der russischen Truppen hatte einen zwanzig Monate währenden Krieg zur Folge, dem etwa 100 000 Zivilisten und fast 20 000 russische Soldaten zum Opfer fielen. Menschenrechtsverstöße der russischen Einheiten waren an der Tagesordnung, und die tschetschenischen Kämpfer gingen dazu über, außerhalb Tschetscheniens Geiseln zu nehmen.

Die Brutalität des Krieges und die furchtbaren Zerstörungen, die die Russen in der Hauptstadt Grosny anrichteten, trugen zur Radikalisierung einer ganzen Generation von Tschetschenen bei, aber auch die älteren Einwohner des Landes hatten nie viel für Russland übrig gehabt. Tschetschenien und seine Nachbarländer Inguschetien im Westen und Dagestan im Osten hatten sich im Jahr 1917 als gemeinsame Republik von Russland unabhängig gemacht, waren jedoch vier Jahre später gewaltsam in die Sowjetunion eingegliedert worden. Obwohl die Einwohner der Region im Zweiten Weltkrieg für die Sowjetunion in den Krieg gegen Hitler-Deutschland gezogen waren, ließ Stalin 1944 fast die gesamte Bevölkerung – etwa eine halbe Million Menschen – zusammentreiben und nach Kasachstan deportieren. Im Jahr 1957 durften sie im Zuge der Entstalinisierung heimkehren, aber ein großer Teil von ihnen hatte die brutale Deportation nicht überlebt.

Es ist kein Zufall, dass die meisten dieser umstrittenen und konfliktträchtigen Regionen im Kaukasus liegen. Der kaukasische Flickenteppich leidet unter ungezählten alten und neuen blutigen Rivalitäten. Er ist die Heimat von mehr als fünfzig ethnischen Gruppen, die dutzende verschiedene Sprachen sprechen und so ziemlich jede bekannte Religion praktizieren.

Die Vorstellung, Tschetschenien und seine gewalttätigen Nachbarn in die Unabhängigkeit zu entlassen, konnte der russischen Führung nicht gefallen. Die kaukasischen Völker waren geeignete Feindbilder, um den russischen Nationalismus anzufachen, aber das war nicht ausschlaggebend. Über nennenswerte Bodenschätze verfügten diese Länder ebenfalls nicht. Das Problem war vielmehr, dass sie als unabhängige Nationen augenblicklich bestimmte Rechte genießen würden: Sie würden ungehindert Bündnisse schließen, Verträge unterzeichnen und sich bei den Vereinten Nationen beschweren können – und diese gescheiterten Staaten hätten keine Möglichkeit, die Gewalt unter Kontrolle zu bringen. Sich mit einem gescheiterten russischen Staat auseinandersetzen zu müssen, war keine schöne Aussicht. Sich mit einem gescheiterten Nachbarstaat auseinanderzusetzen, war sehr viel schlimmer – das hatten die Sowjets in Afghanistan gelernt.

Ich will Jelzin nicht verteidigen, aber es gab noch einen weiteren Faktor, der eine Trennung praktisch unmöglich machte: Es existierten keine klaren Grenzen. Die Grenzen zwischen den Sowjetrepubliken waren festgelegt, und als sich die UdSSR auflöste, kam es zwischen den neuen Staaten kaum zu territorialen Streitigkeiten. Aber innerhalb Russlands waren die Grenzen nie so klar gezogen worden, da sie in der weitläufigen Republik keine allzu große Bedeutung hatten. Daher war im Jahr 1991, als die Region von Tschetschenien und Inguschetien ihre Unabhängigkeit erklärte, niemandem klar, welches Territorium eigentlich gemeint war. Die Separatistenführer bestanden darauf, dass sich ihre neue Nation bis nach Stawropol erstrecke, das 200 Kilometer westlich von Grosny liegt, und es war schwierig, ihren Anspruch zu leugnen oder einen alternativen Grenzverlauf vorzuschlagen, der irgendeine konkrete Grundlage gehabt hätte. Wo begann Tschetschenien, wo endete es? Und was war mit dem benachbarten Dagestan? Hier wurde die Büchse der Pandora geöffnet. Tschetschenien war zudem ein Sonderfall, weil seine Rebellion gegen die russische Herrschaft nicht von außen beeinflusst wurde. Alle anderen aufrührerischen Regionen hatten Nachbarn, die ihre Vorhaben unterstützten oder bekämpften, aber die tschetschenische Revolte wurde ausschließlich von innen angetrieben.

Die Versuchung ist groß, zum zweiten Tschetschenienkrieg zu springen, der einen wenig bekannten Ministerpräsidenten namens Wladimir Putin ins Präsidentenamt beförderte. Aber der erste Krieg schuf nicht nur die Voraussetzungen für den zweiten, sondern er ist auch ein gutes Beispiel dafür, wie nachgiebig der Westen in den neunziger Jahren gegenüber Russland war. In seiner mehr als tausendseitigen Autobiographie *Mein Leben* erwähnt Bill Clinton Tschetschenien genau viermal. Selbst wenn man die erste Hälfte des Buches, in der er sein Leben vor der Präsidentschaft behandelt, außer Acht lässt, ist das erstaunlich wenig. Es zeigt sehr deutlich, welche Bedeutung Tschetschenien und andere globale Krisenherde insbesondere in der ersten Amtszeit für Präsident Clinton hatten. (Den Genozid in Ruanda erwähnte er ein wenig öfter, zumeist, um sein Bedauern darüber zu bekunden, dass er nichts unternommen hatte, das Blutbad zu beenden.)

Es ist keineswegs so, dass der erste Tschetschenienkrieg seinerzeit weitgehend ignoriert wurde. Menschenrechtsgruppen und westliche Medien verfolgten die schrecklichen Geschehnisse aufmerksam. Die Unfähigkeit des russischen Militärs, die Region wie versprochen rasch zu befrieden, brachte Boris Jelzin im Vorfeld der Präsidentenwahl 1996 in Erklärungsnot und zwang ihn, bei öffentlichen Auftritten über dieses peinliche Thema zu sprechen. (Vergessen wir nicht, dass Russland zu jener Zeit noch eine freie Presse hatte. Bald nach Putins Machtübernahme sollte das Wort Tschetschenien praktisch aus den russischen Medien verschwinden.) Es gab in dieser Zeit einige Pressekonferenzen, in denen Jelzin neben Clinton stand und sich in der unangenehmen Situation wiederfand, Fragen nach Tschetschenien beantworten zu müssen. Dabei bemühte er sich, Menschenrechtsverstöße zu leugnen, obwohl es massenhaft Berichte über Kriegsverbrechen gab.

Es ist faszinierend, die Abschriften dieser Pressekonferenzen heute zu lesen. Ein russischer Präsident sah sich gezwungen, bohrende Fragen der russischen Presse zu beantworten! Dass es einen solchen Moment in der russischen Geschichte jemals gab, könnte leicht vergessen werden. Bei der gemeinsamen Pressekonferenz der beiden Präsidenten in Moskau am 10. Mai 1995 kam ein Journalist direkt auf den Punkt, nachdem Jelzin dem Thema wie gewohnt ausgewichen war.

> *Journalist:* »Präsident Clinton, Sie haben Präsident Jelzins Beschreibung der Situation in Tschetschenien gehört. Diese Beschreibung widerspricht den Medienberichten über ein Massaker in jenem Landesteil. Und ich frage mich, ob … wie Sie seine Darstellung einschätzen, ob Sie damit einverstanden sind. Und wenn Sie es nicht sind, warum? Und welche Wirkung können die Berichte über die schrecklichen Geschehnisse dort auf die Länder haben, die sich um den NATO-Beitritt bemühen? Und was haben Sie ihm darüber zu sagen?«[2]

Clinton antwortete, die zivilen Opfer und die andauernden Kämpfe in Tschetschenien hätten »die übrige Welt zutiefst schockiert und sich darauf ausgewirkt, wie viele europäische Länder die Ereignisse und die zukünftigen Beziehungen einschätzen«. Er erklärte, er habe Jelzin aufgefordert, einen Waffenstillstand zu schließen und »rasch eine Lösung für diese Angelegenheit zu finden«, wobei er darauf hinwies, dass »auch sie [die russische Regierung] in einer schwierigen Lage ist«.

Was konnten der amerikanische Präsident oder die OSZE also tun, um zur Beendigung eines blutigen Bürgerkriegs in Russland beizutragen, in dem zehntausende Zivilisten vertrieben, gefoltert und ermordet wurden? Einen Hinweis gab die Clinton gestellte Frage, wie er auf die fortgesetzte russische Unterstützung des iranischen Atomprogramms zu reagieren beabsichtige.

> *Journalist:* »Werden Sie sich der Forderung der Republikaner nach einem Ende der Wirtschaftshilfe für Russland widersetzen?«

Genau 20 Jahre später ist das von Russland aufgebaute Atomprogramm wieder in den Schlagzeilen, und zwar aus demselben Grund wie damals: Die Welt hat Angst vor der iranischen Atombombe. Das Programm der Iraner begann, während die Vereinigten Staaten Russland Wirtschaftshilfe gewährten, um einen Zusammenbruch des Landes zu verhindern (und Jelzin die Wiederwahl zu sichern). Zweifellos hätte man darüber sprechen sollen, diese Hilfe von einem Ende der russischen Unterstützung für das iranische Atomprogramm oder einem Ende des Massakers in Tschetschenien abhängig zu machen. Tatsächlich wurde in den Jahren 1995 und 1996 in beiden

Kammern des amerikanischen Kongresses über solche Bedingungen diskutiert.

Die russische Atombehörde MinAtom (die im Jahr 2007 von RosAtom abgelöst wurde) beschaffte sich dringend benötigte Fremdwährungen und arbeitete mit einem alarmierenden Maß an Autonomie. Ihr Leiter Viktor Michailow hatte mit dem Iran eine geheime Vereinbarung über die Lieferung von Gaszentrifugen geschlossen, mit denen die Iraner waffentaugliches Uran erzeugen konnten – und hatte darauf verzichtet, Jelzin darüber zu informieren.[3] Die »Schurken-Behörde« genoss auch die Unterstützung von Außenminister Jewgeni Primakow, der für enge politische und wirtschaftliche Beziehungen zum Iran warb.

Clinton berichtet in seinen Memoiren, er habe sich bei jenem Besuch in Moskau mit Jelzin »per Handschlag« darauf geeinigt, dass sich dieser öffentlich zu der Verpflichtung bekennen werde, dem Iran keinerlei für militärische Zwecke nutzbare Atomtechnologie zur Verfügung zu stellen. Tatsächlich gab Jelzin in der Pressekonferenz eine entsprechende Erklärung ab, aber ein offizielles Verbot von Lieferungen waffentauglichen Materials erging erst über ein Jahr später, im August 1996.

Viele Kongressmitglieder reagierten empört und setzten Bedingungen durch, um die Wirtschaftshilfe für Russland zu beschränken, sollte das Land die Unterstützung des iranischen Atomprogramms und den Krieg gegen die tschetschenische Zivilbevölkerung fortsetzen. Aber es gelang der Regierung Clinton, in den Gesetzentwurf über die Wirtschaftshilfe eine Regelung aufzunehmen, die es dem Präsidenten »erlaubte, diese Beschränkung auszusetzen, sofern ihm dies im Interesse der nationalen Sicherheit der Vereinigten Staaten notwendig schien. Die Regierung erklärte, es sei unangemessen, die Hilfe für Russland von einem bestimmten wünschenswerten Verhalten gegenüber dem Iran oder Tschetschenien abhängig zu machen, da der Zweck des Hilfsprogramms darin bestehe, die reformwilligen Elemente in Russland und einen Wandel zu unterstützen, der eine kooperativere Beziehung in der Zukunft ermöglichen werde.«[4]

Dieser Absatz macht deutlich, warum es falsch ist, in der Außenpolitik auf das moralische Element zu verzichten. Für die vage Hoffnung auf eine »kooperativere Beziehung in der Zukunft« verschloss die Regierung Clinton die Augen vor dem iranischen Atomprogramm und dem Massaker in Tschetschenien. Es war keine Frage des Geldes: Ein paar Milliarden US-Dollar hätten keines der Länder ruiniert, obwohl Jelzin auf dem Weg zu seiner Wiederwahl, für die ich mich übrigens ebenfalls einsetzte, zweifellos jede Hilfe gebrauchen konnte. Anstatt sein außenpolitisches Vorgehen an ein Ende des unmoralischen Gemetzels an der tschetschenischen Zivilbevölkerung zu koppeln, äußerte Clinton seine Sorge und wies vage darauf hin, dass das russische Vorgehen andere Länder dazu bewegen könne, Schutz in der NATO zu suchen (was tatsächlich geschah), bezeichnete den Konflikt im Übrigen jedoch als innere Angelegenheit Russlands.

Clinton und Europa versäumten es, Russland Grenzen zu setzen – zumindest machten sie bei den baltischen Staaten Halt. In Zentralasien und den verschiedenen Konfliktgebieten im Kaukasus unterstützte der Westen stillschweigend die Festigung einer russischen Einflusssphäre. Wie die *New York Times* im Oktober 1994 berichtete, hatten sich die westlichen Regierungen zwei Monate vor dem russischen Einmarsch in Tschetschenien geweigert, Friedenstruppen in die neu entstandenen Staaten zu entsenden, womit sie es den Russen überließen, Konflikte beizulegen, die sie selbst provoziert hatten.[5]

Ronald Reagan hatte seinen Nachfolgern mit seiner moralischen Außenpolitik den Weg gewiesen, aber sie hatten sich entschlossen, nicht auf diesem Weg weiterzugehen. Es ging nicht um unilaterale Maßnahmen der amerikanischen Regierung. Beispielsweise wäre niemand auf die Idee gekommen, dass die Vereinigten Staaten oder die NATO die tschetschenischen Separatisten direkt unterstützen könnten. Aber der Westen hätte die Menschenrechte verteidigen und unmissverständlich zeigen können, dass Menschenleben in Tschetschenien einen Wert hatten. Aber Clinton war derart gefangen im Bemühen um eine »kooperative Beziehung«, dass von ihm kein eindeutiges Statement zu bekommen war.

Die Geschichte der unmoralischen Passivität der amerikanischen Regierung ist ein weiterer Beweis dafür, dass der Mythos von der Demütigung Russlands vollkommen unbegründet ist. Clinton verhandelte stets in gutem Glauben mit Jelzin, stellte den Russen nachrichtendienstliche Informationen über den Iran zur Verfügung, begann eine massive Entmilitarisierung Europas und half sogar dabei, andere ehemalige Sowjetrepubliken zu entwaffnen, womit er die russische Vormachtstellung garantierte.

Im Jahr 1994 setzten sich die Regierungen Russlands, der Ukraine, der USA und Großbritanniens in Ungarn an einen Tisch, um das Budapester Memorandum zu unterzeichnen. Dieses kurze Dokument kann nicht als umfassendes Abkommen oder auch nur als Sicherheitsgarantie betrachtet werden, aber es ist klar, welchem Zweck es diente: Die Ukraine gab unter massivem Druck Russlands und der USA das drittgrößte Atomwaffenarsenal der Welt auf. Im Gegenzug verlangte der ukrainische Präsident Leonid Kutschma von Clinton, Jelzin und dem britischen Premierminister John Major ein öffentliches Bekenntnis zum »Respekt für die Unabhängigkeit und Souveränität der Ukraine in ihren bestehenden Grenzen« und einen »Verzicht auf die Drohung mit Gewaltanwendung oder die Gewaltanwendung gegen die territoriale Unversehrtheit oder die politische Unabhängigkeit der Ukraine«.[6]

Offenkundig verstieß Russland gegen dieses Abkommen, als es im März 2014 Invasionstruppen auf die Krim entsandte und die Halbinsel annektierte. Allerdings waren im Budapester Memorandum keine Instrumente für die Durchsetzung der Vereinbarung vorgesehen. Sollte die Ukraine »Opfer einer Aggression oder einer Aggressionsdrohung mit Atomwaffen« werden, wurde ihr lediglich versprochen, dass der UN-Sicherheitsrat eingeschaltet würde.

Als ich Ende 2014 zum ersten Mal Leonid Krawtschuk traf, der von 1991 bis 1994 als Vorgänger Kutschmas ukrainischer Präsident gewesen war, bezichtigte er die Vereinigten Staaten des Verrats. Die Amerikaner hätten die Verpflichtungen, die Clinton in Budapest eingegangen sei, missachtet und die Ukraine Putin ausgeliefert. Krawtschuk sagte, Clinton habe seinerzeit noch größeren Druck als Jelzin auf ihn und die Präsidenten Kasachstans und Weißrusslands ausgeübt, damit sie sich von ihren Atomwaffenarsenalen trennten. Zweifellos war das zu jener Zeit ein wichtiges Ziel und eine große Leistung. Aber welche Schlüsse müssen wir aus der Tatsache ziehen, dass die Ukraine 20 Jahre später der übermächtigen, mit Atomwaffen bestückten Kriegsmaschine Wladimir Putins praktisch hilflos ausgeliefert ist und die Vereinigten Staaten den Ukrainern sagen, sie hätten in Budapest das Kleingedruckte besser lesen sollen?

Meine Antwort auf diese Frage: Wir müssen daraus schließen, dass amerikanische (und auch britische) Sicherheitsgarantien wertlos sind. Das Budapester Memorandum hatte nur einen Zweck: Es sollte einem potenziellen Aggressor, nämlich Russland, zeigen, dass die Vereinigten Staaten die Ukraine unter ihren atomaren Schutzschild nahmen. Doch wenn solche Zusagen am Ende wertlos sind und der Besitz eigener

Atomwaffen den einzigen wirksamen Schutz vor einer Aggression darstellt, wird es nicht lange dauern, bis sich andere Länder ebenfalls solche Waffen beschaffen. Japan und Taiwan verlassen sich darauf, dass die Vereinigten Staaten China in Schach halten. Südkorea verlässt sich darauf, dass die Vereinigten Staaten Nordkorea abschrecken. Und ob sie es nun zugeben oder nicht, die Hälfte der Länder im Nahen Osten hat angesichts des israelischen Atomwaffenarsenals nur auf ihre eigene Bombe verzichtet, weil Amerikas langer Schatten auf die Region fällt. Es ist absehbar, dass all diese Länder ihre Zurückhaltung bald ablegen werden, wenn Präsident Obama militärische Aggressionen Russlands weiter mit zögerlichen Sanktionen, nutzlosen Verhandlungen und Bekundungen seiner tiefen Besorgnis beantwortet.

Bill Clinton ist in den USA nach wie vor eine Person des öffentlichen Lebens, daher sollte man ihn fragen, was er von Obamas Gleichgültigkeit gegenüber dem von ihm in Budapest unterzeichneten Abkommen hält – vor allem, da die beiden derselben Partei angehören und Hillary Clinton Außenministerin in Obamas Kabinett war. Vermutlich kam kein Journalist in Budapest auf den Gedanken, Clinton zu fragen, was seine Regierung tun würde, sollten russische Panzer über die ukrainische Grenze rollen. Doch nachdem genau das nun geschehen ist, würde es mich sehr interessieren, heute seine Antwort zu hören.

* * *

Die Versuchung ist groß, nur nach den bedeutenden Momenten in der Geschichte zu suchen. Es gibt solche Momente, aber normalerweise sind die langfristigen Entwicklungen und wiederkehrenden Muster wichtiger als einzelne Entscheidungen oder Ereignisse. Wenn wir über den Zusammenbruch der russischen Demokratie und die westliche Appeasement-Politik sprechen, die diesen Zusammenbruch ermöglicht hat, müssen wir uns ansehen, wie die einzelnen Momente in ein übergeordnetes Muster passen.

George Bush senior unterstützte Michail Gorbatschow unerschütterlich und bis zum bitteren Ende. Bill Clintons Regierung zeigte eine ähnliche Zuneigung zu Boris Jelzin und verzichtete darauf, kohärent und konsequent auf wirtschaftliche Reformen und die Entwicklung der Demokratie in Russland zu drängen, weil sie Jelzin unbedingt im Amt halten wollte. Wie wir im nächsten Kapitel sehen werden, wiederholte George Bush junior denselben Fehler mit Putin, indem er sein Vertrauen in einen einzelnen Mann setzte, anstatt die demokratischen Institutionen, Maßnahmen und Prinzipien zu unterstützen, die Russland bitter nötig hatte. Der Westen fand stets eine Person, die er mochte oder mit der er zusammenarbeiten zu können glaubte, und setzte alles auf diese Person. Als die Ergebnisse zwangsläufig den unrealistischen Erwartungen nicht entsprachen, war es schwierig oder unmöglich, einen Rückzieher zu machen.

Gleichzeitig nahmen Autorität und Glaubwürdigkeit der Vereinigten Staaten auf der Weltbühne in den neunziger Jahren schweren Schaden. Am Ende des Kalten Kriegs wirkte die Macht des Landes unantastbar. Die USA hatten Ähnlichkeit mit dem Zauberer von Oz: Schließlich schaute jemand hinter den Vorhang. Als Präsident Clinton 1999 im Kosovo endlich das Richtige tat, war der Vorhang bereits heruntergerissen und verbrannt worden. Die Black-Hawk-Katastrophe in Somalia, die Völkermorde in Jugoslawien und Ruanda, die Nachgiebigkeit gegenüber der russischen Aggression in Tschetschenien und die Begrenzung der NATO-Osterweiterung untergruben die globale Stabilität und die Stellung ihrer angeblichen westlichen Garantiemächte.

Weit davon entfernt, Großmachtträume zu verwirklichen und eine weltweite Hegemonie anzustreben, vor der Russland und China immer wieder warnten, zogen sich die Vereinigten Staaten zurück. Hinzu kam, dass Clintons Ruf durch den Lewinsky-Skandal im Januar 1998 sehr beschädigt war. Der Medienrummel und das Amtsenthebungsverfahren nahmen Regierung und Öffentlichkeit vollkommen in Anspruch. Im selben Jahr musste sich Clinton vorwerfen lassen, durch außenpolitischen Aktionismus von innenpolitischen Problemen abzulenken, als er einen Luftangriff auf eine Chemiewaffenfabrik im Sudan befahl, in der, wie sich später herausstellte, lediglich Medikamente erzeugt worden waren.

So verlockend es sein mag, die Schuld für den Zusammenbruch der russischen Demokratie nur bei Wladimir Putin zu suchen: Die Wahrheit ist komplexer. Russlands Rückfall in die Diktatur war kein plötzlicher Absturz. Viele kleine Schritte in dieselbe Richtung können wie ein reibungsloses Gleiten wirken. So wie bei der Analyse einer abgeschlossenen Schachpartie – beim sogenannten Post-mortem – begeht man normalerweise einen für die zutreffende Analyse abträglichen Fehler, wenn man sich einredet, bis zu diesem oder jenem Ereignis sei alles gut gelaufen. Selbstverständlich kommen gewaltige, isolierte Fehler in einer an sich guten Position vor, aber in der Weltpolitik sind solche Ereignisse seltener als im Finale einer Schachweltmeisterschaft.

Dies ist der Streitpunkt in vielen meiner Diskussionen mit diplomatischeren Freunden. Sie blicken auf die russisch-amerikanischen Beziehungen in den vergangenen 20 Jahren zurück und gelangen zu dem Schluss, die Dinge hätten sich nicht unbedingt schlecht entwickelt. Daher wirkt die Katastrophe im Jahr 2014 auf ebendiese Freunde wie ein plötzlicher Schock. Aber wie ich seit mindestens 15 Jahren immer wieder gewarnt habe, hat sich der jüngste Ausbruch von Repression und Gewalt in Russland in all diesen Jahren stetig aufgebaut und wurde durch die jahrelangen Zugeständnisse des Westens und sein Bedürfnis, sich in Sicherheit zu wiegen, nur verschärft. Es gab keinen wesentlichen Kurswechsel Obamas, der Putin provoziert hätte. Es gab keinen dramatischen Wendepunkt in Putins Denkweise oder in der Entwicklung Russlands, der die Invasion der Ukraine erforderlich gemacht hätte. Russland bewegte sich die ganze Zeit in diese Richtung, und die einzige Frage war, ob die westlichen Regierungen ihre Vorgehensweise ändern würden, um dem etwas entgegenzusetzen. Wie wir mittlerweile wissen, ist eine solche Kurskorrektur leider ausgeblieben.

Wenn der Weg in die Hölle mit guten Absichten gepflastert ist, sind Kompromisse, mit denen man von seinen Prinzipien abrückt, die Laternen am Rand dieses Weges. Ich habe bereits gestanden, dass ich mich 1996 für Boris Jelzins Wiederwahl einsetzte, obwohl er eine zunehmend undemokratische Haltung gegenüber den russischen Institutionen und freien Wahlen einnahm. Jelzin missbrauchte die Staatsmacht, um die Bedrohung durch die Kommunistische Partei abzuwehren, die immer noch der Schrecken der Reformer war und bei den Parlamentswahlen 1995 die Kontrolle über die Duma erlangt hatte. Jelzin hingegen war sehr unpopulär: Nur sechs Monate vor der Präsidentenwahl im Juni erzielte er in den Meinungsumfragen nur 10 Prozent der Stimmen.

Die Taktik der Regierung Jelzin, jeden Kritiker und Oppositionspolitiker zu beschuldigen, er versuche Russland in die dunkle Vergangenheit zurückzuführen, funktionierte während der Wirtschaftskrise immer weniger. Auch die Außenwelt hatte Jelzin praktisch aufgegeben. Im Februar 1996 wurde KP-Chef Gennadi Sjuganow ausgerechnet beim Weltwirtschaftsforum in Davos, in der Höhle der kapitalistischen Bestie, wie ein

Rockstar gefeiert. Natürlich hatte Sjuganow keine Zukunftsstrategie und wäre als Präsident eine Katastrophe gewesen, aber es sah tatsächlich so aus, als würde er Jelzin beerben. Es war nicht einfach so, dass die Bürger in einer schwierigen Zeit ihre Wahlentscheidung davon abhängig machten, wie gut gefüllt ihre Geldbörsen waren. Vielmehr war die russische Gesellschaft verwirrt und fühlte sich betrogen. Und das naheliegende Ziel ihrer Wut war der Präsident.

Womit wir bei einem Grund für die russische Ablehnung der Demokratie angelangt sind, der Außenstehenden besonders schwer zu erklären ist. Als die sowjetischen Bürger Zeugen des Zusammenbruchs ihres Landes wurden und darüber nachdachten, was ihnen die Zukunft bringen würde, war die Demokratie ein unklares Konzept, das die meisten Menschen kaum verstanden. Ja, wir wollten Freiheit, individuelle Rechte und all die Segnungen einer offenen Gesellschaft, aber für die meisten Sowjetbürger waren das abstrakte Begriffe. Was wir am Westen wirklich beneideten, waren die Chancen, vor allem die Chance, unsere wirtschaftliche Lage zu verbessern. In der freien Welt gab es anders als bei uns Wahlen und Geld. Diese beiden Dinge gehörten also offenkundig zusammen, sie kamen im Paket.

Als wir also 1991 zuversichtlich in die Wahllokale strömten, um Boris Jelzin unsere Stimmen zu geben, war es ein wenig so, als würden viele Russen erwarten, die Wahlurnen funktionierten wie Bankautomaten: Man steckte seinen Wahlzettel hinein, und es kam Geld heraus! Dieses Missverständnis erleichterte es später einem autoritären Führer wie Putin, die Bürgerrechte mit der Behauptung zu beschneiden, die Demokratie habe versagt, sie sei nur ein Trick des Westens gewesen, um Russland auszubeuten, und ähnliches mehr. Die Wirtschaftslage half auch nicht: Wenn es etwas Schlimmeres als leere Regale gibt, so sind das Regale voller teurer neuer Produkte, die man sich nicht leisten kann.

Wir waren bereits einigermaßen ernüchtert, als wir 1993 wieder zu den Urnen gerufen wurden, da die Verfassungskrise, die beinahe die Regierung zu Fall gebracht hätte, vorgezogene Parlamentswahlen erforderlich gemacht hatte. Im September versuchte Jelzin, den Obersten Sowjet aufzulösen, was ihm die Verfassung jedoch untersagte. Das Parlament leitete daraufhin ein Amtsenthebungsverfahren gegen den Präsidenten ein, der diesem Akt des Ungehorsams natürlich die Anerkennung verweigerte. Nach wochenlangen, teilweise gewalttätigen Kundgebungen der Anhänger beider Seiten rief Jelzin die Sonderpolizei zur Hilfe, die das Parlamentsgebäude abriegelte. Der Ausgang des Konflikts war ungewiss. In den Straßen rund um das Parlament fanden erbitterte Kämpfe statt, bei denen fast zweihundert Menschen getötet und hunderte verletzt wurden.

So wie viele Menschen in aller Welt verfolgte ich die Geschehnisse aus der Ferne auf CNN. Ab dem 7. September verteidigte ich in London den Weltmeistertitel gegen Nigel Short. (Zu jener Zeit dauerten die Titelkämpfe noch sechs Wochen.) Wie schon 1990 fiel es mir auch diesmal schwer, mich auf das Schachspiel zu konzentrieren, während in meiner Heimat eine Revolution stattfand. Zum Glück ging ich rasch deutlich in Führung, womit der psychische Druck nachließ. Ich war locker genug, um ein paar Interviews zur Lage in Moskau zu geben und zu erklären, Jelzin kämpfe für eine Zukunft in Freiheit.

Nach tagelanger Gewalt und hektischen Verhandlungen gab die Jelzin treu ergebene russische Armee den Ausschlag. Am 4. Oktober nahmen Panzer das Weiße Haus (das Parlamentsgebäude in Moskau) unter Beschuss und setzten die obersten Stockwerke in Brand. Armeeeinheiten stürmten das Gebäude und schlugen die Proteste auf der Straße nieder. Kaum hatte Jelzin die Kontrolle wiedererlangt, drückte er die Verfassungsreform durch, schränkte die Befugnisse des Parlaments ein und schuf eben jene starke russische Präsidentschaft, unter der wir heute leiden.

1996 genoss Jelzin kaum Unterstützung in der Bevölkerung, aber er konnte sich auf viele der Oligarchen, deren Reichtum er möglich gemacht hatte, und auf die finanzielle Unterstützung des Westens verlassen. Obwohl die Wahlkampfausgaben auf drei Millionen US-Dollar beschränkt waren – ein Betrag, von dem die meisten Parteien nur träumen konnten –, investierte Jelzin etwa ein bis zwei *Milliarden* US-Dollar in seine Wiederwahl. Noch wichtiger war, dass der Internationale Währungsfonds Russland im Februar einen massiven Kredit in Höhe von 10,2 Milliarden US-Dollar gewährte, der es Jelzins Regierung ermöglichte, überfällige Gehälter und Renten zu zahlen.

Wäre es bei dubiosen Finanzierungspraktiken und überzogenen Wahlgeschenken geblieben, so wäre der Schaden möglicherweise auf Jelzins Amtszeit beschränkt geblieben. Aber dazu kamen eine massive Einflussnahme auf die Medien und unverhohlener Wahlbetrug – Waffen, die man nur schwer wieder in der Kammer verschwinden lassen kann, nachdem sie einmal eingesetzt worden sind. Die Manipulationen genügten, um Jelzin im ersten Wahlgang einen knappen Sieg über Sjuganow mit 35 gegenüber 32 Prozent der Stimmen zu sichern. Wie erst später bekannt wurde, hatte Jelzin zwischen dem Urnengang am 16. Juni und der Stichwahl am 3. Juli einen schweren Herzinfarkt erlitten, der dank der Komplizenschaft von Regierung und Medien geheim gehalten wurde. Seinen Sieg über Sjuganow (54 zu 40 Prozent) verdankte Jelzin, wie sich später herausstellte, nicht zuletzt einem massiven Wahlbetrug.

Selbst wenn ich gewusst hätte, was in Moskau vor sich ging, wäre es mir damals sehr schwer gefallen, mir etwas anderes als Jelzins Sieg zu wünschen. Im Jahr 1996 war Gennadi Sjuganow noch nicht der handzahme Kommunist, der er heute für Putin ist. Er war ein kommunistischer Revanchist, der sich liberalen Reformen hartnäckig widersetzt hatte, und im Präsidentenpalast wäre er ein gefährlicher Mann gewesen. Wäre er aus dieser Wahl als Sieger hervorgegangen, es hätte für lange Zeit die letzte freie Wahl in Russland sein können. Dennoch lautet die Lehre aus den damaligen Ereignissen, dass die Institutionen Vorrang vor den Personen haben müssen. Jelzins Wahlkampf untergrub fast alle Aspekte der demokratischen Gesellschaft, und die Demokratie erholte sich nicht mehr von diesen Verletzungen. Sein Nachfolger griff rasch Jelzins Wahlkampftechniken der Repression und Korruption auf, um sie auf den Regierungsalltag anzuwenden. Putin war kein Kommunist, aber er war durch und durch ein sowjetischer Revanchist.

* * *

Ich denke, ich muss die Maßstäbe, an denen ich regelmäßig die Führer der freien Welt messe, auch bei mir selbst anlegen. Politiker geben der Zweckmäßigkeit und der persönlichen Affinität oft den Vorzug vor dem Aufbau demokratischer Institutionen. Die Furcht vor dem Unbekannten, vor dem Verlust eines zuverlässigen Verbündeten, veranlasst demokratische Politiker oft zu einem heuchlerischen Vorgehen: Sie unterstützen »befreundete« Diktatoren im Kampf gegen ihr Volk, wie wir zuletzt an der halbherzigen Reaktion der USA und vieler europäischer Staaten auf den Arabischen Frühling sehen konnten. Ich kämpfe seit langem dagegen, wie Putin bei den G8-Gipfeln hofiert wurde, obwohl er die bürgerlichen Freiheitsrechte mit Füßen trat, aber das Problem betrifft keineswegs nur Russland.

Meine Position ist noch klarer geworden, seit ich als Vorsitzender der Human Rights Foundation und deren Oslo Freedom Forum tätig bin. Die von Thor Halvorssen gegründete

Stiftung lädt Dissidenten aus aller Welt zu Vorträgen über ihre Bewegungen und ihren Kampf für die Freiheit ein. Es hat sich gezeigt, dass es für die sogenannten Führer der freien Welt gefährlich und demoralisierend sein kann, die Notlage dieser Oppositionsbewegungen herunterzuspielen, zu ignorieren oder sogar, was oft geschieht, die für ihre Unterdrückung Verantwortlichen offen zu unterstützen. Europäische und amerikanische Besucher stellten oft zu ihrer Überraschung fest, dass ihre Regierungen einige der repressivsten Regimes der Welt aktiv unterstützten.

Mag sein, dass ich idealistisch bin, aber naiv bin ich nicht. Es ist mir klar, dass jedes demokratisch gewählte Staatsoberhaupt alles Nötige tun wird, um die Interessen seines Landes zu wahren. In der Außenpolitik hat das manchmal zur Folge, dass man eine Hand schütteln muss, an der Blut klebt, oder mit einem Land Handel treiben muss, in dem Arbeitskräfte rücksichtslos ausgebeutet werden. Aber wir können Transparenz verlangen und Politiker für solche Beziehungen zur Rechenschaft ziehen. Wenn uns eine solche Politik nicht gefällt, können wir unsere Politiker wissen lassen, dass sie den Kurs korrigieren müssen.

Die Diktatoren rund um den Erdball wissen sehr gut, welche Macht die freie Welt heute ausübt. Deshalb versuchen sie fast ausnahmslos, der Welt vorzumachen, sie seien demokratisch: Sie veranstalten Scheinwahlen und versuchen auf andere Art, sich bei den größten Volkswirtschaften und Militärmächten der Welt anzubiedern. Leider ist die freie Welt zu uninformiert, gleichgültig oder apathisch, um ihren Einfluss zu nutzen. Sie profitiert von den Beziehungen zu Diktatoren – bezieht billiges Erdöl aus dem Nahen Osten, billiges Gas aus Russland, billiges Alles aus China –, und die Diktatoren verwenden das so eingenommene Geld, um die Repression zu finanzieren. Aber nicht alle Diktaturen sind gleich.

Die Kundgebungen der Demokratiebewegung in Hongkong, die im September 2014 begannen, lösten Spekulationen über die Frage aus, warum es in Russland bisher nicht gelungen ist, eine solche Bewegung gegen Wladimir Putin zu organisieren. Aber der Vergleich hinkt: Die jungen Bürger Hongkongs, die sich kaum an die Rückgabe der britischen Kronkolonie an China im Jahr 1997 erinnern können, sind daran gewöhnt, größere demokratische Rechte als der Rest Chinas zu genießen. In Russland hingegen erlebte die Demokratie nur eine kurze Blüte, bevor Putin sie wieder erstickte, und die meisten Russen haben keine schönen Erinnerungen an das Chaos und die Korruption der neunziger Jahre. Eine konkretere Antwort ist, dass die kommunistische Diktatur in China ihr Volk und insbesondere ihre jungen und gebildeten Menschen braucht. Hongkong ist immer noch ein großer und strategisch wichtiger Teil der chinesischen Wirtschaft. Und diese Wirtschaft hängt fast vollkommen von den Konsumenten in der freien Welt ab, von Konsumenten, die sehr viel besser über die Proteste informiert sind als die Bevölkerung Chinas, dessen Regime strenge Zensur übt. Ein über Millionen iPhones aus chinesischer Herstellung in alle Welt übertragenes Massaker nach Art des Tian'anmen in Hongkong könnte »Made in China« zu einer blutigen Herkunftsbezeichnung machen. Boykotte im Westen könnten die chinesische Wirtschaft so schwer treffen, dass schwere Unruhen ausgelöst würden.

Wladimir Putin hingegen hat keine Verwendung für das russische Volk, vor allem nicht für die Jungen und Gebildeten. Seine Junta verwandelt das Land in einen Petrostaat, und um Rohstoffe auf einem unersättlichen Weltmarkt zu verkaufen, braucht man keine Unternehmensgründer oder Programmierer, geschweige denn Autoren und Professoren. Um Öl- und Gaslieferanten zu boykottieren, bedarf es außerdem des koordinierten politischen Willens, und Putin weiß mittlerweile, dass diese Substanz in der freien Welt seltener ist als Platin und Diamanten in Sibirien.

Der Plan war, dass mehrere Jahrzehnte einer engen wirtschaftlichen und politischen Verflechtung mit dem Westen und ein Anstieg des Lebensstandards zu einer Liberalisierung der Diktaturen führen und der freien Welt Druckmittel gegen diese Regimes in die Hand geben würden. Aber solche Druckmittel sind nur nützlich, wenn sie tatsächlich eingesetzt werden, und sie sind ein zweischneidiges Schwert. Europa kauft vier Fünftel der russischen Energieexporte, womit es erheblichen wirtschaftlichen Druck auf Putin ausüben kann, der die russische Wirtschaft vollkommen abhängig von Erdöl und Erdgas gemacht hat. Aber anstatt entschlossen alternative Versorgungsrouten zu entwickeln, um dieses Machtmittel in einem Konflikt mit Russland einsetzen zu können, kann sich Europa kaum durchringen, geradeheraus von Fehlverhalten zu sprechen, wenn Putin Osteuropa wieder einmal mit einer Drosselung der Gaslieferungen im Winter erpresst.

In China und Russland gilt gleichermaßen: Für wirtschaftliche Stabilität werden die Bürgerrechte geopfert. In beiden Ländern gibt es statt Nachrichten staatliche Propaganda und eine strenge Zensur, Scheinwahlen und gerade mal ein Mindestmaß an Meinungs- und Versammlungsfreiheit. Der rasante Anstieg des Ölpreises nach der Jahrtausendwende ermöglichte es dem Putin-Regime, das Versprechen zuverlässiger Gehalts- und Rentenzahlungen zu halten, wenn diese Leistungen auch in erster Linie auf Moskau und Sankt Petersburg beschränkt waren. Um den Ölpreis hochzuhalten, schürt Putin die Instabilität im Nahen Osten. Das chinesische Regime schaffte es ausgehend von einem sehr viel niedrigeren Niveau, eine Milliarde Menschen aus der Armut zu befreien, indem es das ganze

Land in die »Fabrik der Welt« verwandelte. Die Globalisierung und die Verflechtung mit den Volkswirtschaften der reichen freien Welt machten sowohl die russische als auch die chinesische Lösung möglich. Tatsache ist, dass die meisten Konsumenten in der entwickelten Welt nicht unbedingt wissen möchten, wo ihre Handys und ihr Erdgas herkommen, solange die Preise niedrig sind. Wer im Bilde ist, muss handeln – also ist man besser nicht im Bilde. Hin und wieder lösen menschenunwürdige Arbeitsbedingungen in chinesischen Fabriken (oder die Missachtung der Rechte der Frauen in Saudi-Arabien) einen Skandal aus. Manche Progressive fühlen sich besser, wenn Nike oder Apple eine Untersuchung ankündigen. Doch die ist längst wieder vergessen, wenn der nächste Schuh oder das nächste elektronische Spielzeug auf den Markt kommt.

Nun fragen Sie sich vielleicht, ob die Dinge in China wirklich so schlecht stehen. Hätten wir diese Milliarde Menschen aus politischer Prinzipientreue zu Armut und Hunger verurteilen sollen? Das ist das Mitgefühl der Unschuldigen, aber die Autokraten lieben es, die Welt vor diese falsche Wahl zu stellen. Es ist die falsche Wahl zwischen Freiheit und Brot, zwischen Repression und Stabilität. Es gibt keinen Grund dafür, dass China mit einer freiheitlichen politischen Ordnung nicht einen vergleichbaren oder sogar größeren wirtschaftlichen Erfolg hätte feiern können. Tatsächlich gibt es zahlreiche Belege dafür, dass demokratische Länder leistungsfähiger sind. Wir dürfen uns nicht auf die falsche Wahl einlassen. Die Repression mag als Mittel zum Zweck beginnen, aber sie endet immer als Selbstzweck.

Die Proteste in Hongkong haben auch widerlegt, was ich ironisch als »genetische Theorie der Demokratie« bezeichne. Seit Jahren bekomme ich zu hören, die Russen (oder die Araber, oder die Chinesen) seien einfach nicht für die Demokratie geschaffen. Sie brauchten eine »harte Hand« und »liebten starke Führer«. Es ist nur eine von vielen Theorien, mit denen die in der freien Welt Geborenen ihre privilegierte Stellung, ihre Untätigkeit und ihre Scham zu verdecken versuchen. Wie kann diese Theorie zutreffen, wenn Taiwan von Chinesen bewohnt ist, aber eine funktionierende Demokratie hat? Was war mit Ost- und Westdeutschland, was ist mit Nord- und Südkorea?

Dass die Demokratie in manchen Gesellschaften keine Wurzeln schlagen kann, hat verschiedenste Gründe, doch keiner hat etwas mit der Ethnie oder der geographischen Lage zu tun. So wie unsere Traditionen und Überzeugungen sind unsere Regierungen von Menschen geschaffene Gebilde. Wie Milton Friedman sagte: »Die Gesellschaft hat keine Werte. Die Menschen haben Werte.« Wir müssen uns entscheiden, welchen Dingen wir Wert beimessen wollen und wofür es sich zu kämpfen lohnt, und dann müssen wir das Entscheidende tun: Wir müssen tatsächlich auch dafür kämpfen. Tun wir es nicht, so werden wir denen unterliegen, die an andere Dinge glauben, an schlechtere Dinge. Wir werden denen unterliegen, die nicht an den Wert des menschlichen Lebens oder der Freiheit glauben und die bereit sind, in den Kampf zu ziehen, um anderen ihre düstere Vision für die Menschheit aufzuzwingen.

Wir mögen die Rechte, die uns am Herzen liegen, als unveräußerlich oder universell bezeichnen, aber das ist nicht dasselbe wie ein Anspruch auf Demokratie oder auch nur auf grundlegende Menschenrechte. Es gibt keinen solchen Anspruch. Wir müssen für diese Rechte kämpfen. Und wenn mutige Studenten in Hongkong die Welt daran erinnern, dann ist ihr Protest, so kurzlebig er gewesen sein mag, ein Erfolg.

4 Blutige Geburt

Im Jahr 1999 wurden in Europa zwei Kriege geführt, die beide Nachwehen von Kriegen waren, die wenige Jahre früher stattgefunden hatten. Beide sollten erhebliche Auswirkungen auf die Zukunft Russlands haben. Der zweite Krieg jenes Jahres, der in Tschetschenien geführt wurde, spielte eine Schlüsselrolle beim Aufstieg von Wladimir Putin. Mit dem ersten habe ich mich bereits befasst: Er brach aus, als die albanische Bevölkerungsmehrheit des Kosovo versuchte, sich von der serbisch dominierten Zentralregierung Jugoslawiens loszusagen. Die Luftangriffe der NATO hatten Slobodan Milošević 1995 schließlich gezwungen, das Abkommen von Dayton zu unterzeichnen, das den Krieg in Bosnien beendete. Aber die Kosovo-Albaner litten immer noch unter der Repression und wollten nicht länger auf die Unabhängigkeit warten.

Im Jahr 1998 begann die Kosovo-Befreiungsarmee (UÇK), die serbischen Sicherheitskräfte zu attackieren. Die Serben reagierten mit demselben brutalen und unterschiedslosen Gewalteinsatz wie zuvor in Bosnien. Im September hatten eine Viertelmillion Albaner ihre Heimat verloren. Der UN-Sicherheitsrat verabschiedete eine Resolution, welche die berühmteste Phrase aus dem Wörterbuch der diplomatischen Machtlosigkeit enthielt: »Ernste Sorge«. Im Oktober wurde eine NATO-Friedenstruppe entsandt, die jedoch nicht viel erreichte, da beide Seiten den vereinbarten Waffenstillstand umgehend brachen.

Wie seinerzeit in Bosnien war auch im Kosovo ein Massaker an Zivilisten nötig, um die Großmächte zum Handeln zu bewegen. Im Januar 1999 wurden in der Ortschaft Račak 45 albanische Dorfbewohner zusammengetrieben und ermordet. Präsident Clinton wandte sich umgehend an das amerikanische Volk, und die NATO flog drei Monate lang Luftangriffe auf serbische Truppen und griff strategische Ziele mit Marschflugkörpern an. (Bei einem spektakulären Zwischenfall wurde die chinesische Botschaft in Belgrad getroffen; drei Menschen starben. Die NATO erklärte, es sei eine veraltete Karte für die Zielerfassung verwendet worden.)

Im April diskutierte die NATO-Führung über den Einsatz von Bodentruppen, der vieles geändert hätte. Moskau stellte sich offen auf die Seite Belgrads. Bilder von NATO-Truppen, insbesondere von amerikanischen Soldaten im Kosovo, hätten in Russland für große Empörung gesorgt. Die Russen schickten Waffen und Versorgungsgüter an die Serben. Später stellte sich heraus, dass Milošević vor allem deshalb so lange ausgehalten hatte, weil er auf ein militärisches Eingreifen Russlands an seiner Seite hoffte.

Miloševićs heimtückisches Kalkül beruhte auf der Überzeugung, der Konflikt mit dem Westen werde seine Macht in Serbien festigen, während die verzweifelten Flüchtlinge die Nachbarstaaten Albanien, Mazedonien, Montenegro und wahrscheinlich sogar Bosnien destabilisieren würden. Der Balkan werde einmal mehr in Brand geraten, und die westliche Öffentlichkeit werde eine Entsendung von Bodentruppen ins Kosovo verhindern. Anschließend werde das serbische Militär das Chaos beenden und die Ernte einfahren.

Zum Glück kam es anders, als er gehofft hatte. Die großen demokratischen Mächte handelten geschlossen und retteten das Ansehen der freien Welt. Mit einer massiven Luftoffensive und einer effizienten Organisation der Flüchtlingslager signalisierte der Westen der übrigen Welt deutlich, dass er in der Lage war, seine moralischen Ansprüche mit fortschrittlicher Logistik zu unterstützen, die den totalitären Regimes einfach fehlt.

Der Einsatz im Kosovo hat auch gezeigt, dass die Vereinten Nationen in ihrer gegenwärtigen Form nicht zur Beilegung solcher Krisen beitragen können. Man muss nicht Nostradamus sein, um vorhersagen zu können, welches Schicksal die Kosovaren erlitten hätten, wären die Verhandlungen mit Milošević den Vereinten Nationen überlassen worden – wo Russland und China ein Vetorecht haben.

Damit sind wir wieder bei der Rolle Russlands auf dem Balkan. Anscheinend fühlten sich die westlichen Regierungen verpflichtet, Boris Jelzin und seinem Sondergesandten Viktor Tschernomyrdin das Verdienst zuzusprechen, Milošević zur Anerkennung der von der NATO diktierten Bedingungen bewegt zu haben. (Die Tatsache, dass sich die G7 so rasch in die G8 verwandelten, zeigte deutlich, dass hier ein Tauschgeschäft stattgefunden hatte.)

In meinen Augen war diese öffentliche Anerkennung ein schwerer Fehler. Hätte Milošević den Frieden akzeptiert, der ihm einige Monate früher in Rambouillet angeboten worden war, so hätte er verhindern können, dass über eine Million Menschen zu Flüchtlingen gemacht, tausende unschuldige Zivilisten getötet und Serbien zerstört wurde. Milošević torpedierte den westlichen Vorschlag mit unverhohlener Rückendeckung Russlands, das die Stationierung einer internationalen Polizeitruppe im Kosovo kategorisch ablehnte.

Als der serbische Widerstand unter den Luftschlägen der NATO zu bröckeln begann, änderte Russland seine Meinung über ausländische Friedenstruppen im Kosovo und entschloss sich, in die Rolle eines »unparteiischen« Vermittlers zu schlüpfen. Es verhielt sich wie jemand, der wenige Sekunden vor der Abfahrt auf einen Zug aufspringt und mit dem Zugführer über den Fahrpreis zu diskutieren beginnt.

Wenn man annimmt, dass Russland tatsächlich Einfluss auf die Entscheidungen Serbiens nehmen konnte, muss man Jelzins Regierung eine Mitschuld an Miloševićs halsstarrigem Festhalten an der mörderischen Politik der ethnischen Säuberung geben. Wurde Russlands Einfluss hingegen überschätzt, so muss man sich fragen, welchen Sinn die hektische Shuttle-Diplomatie des stellvertretenden US-Außenministers Strobe Talbott hatte.

Einmal mehr bemühten sich die Regierungen Europas und der Vereinigten Staaten, Russlands Selbstwertgefühl als »Großmacht« nicht zu verletzen und ihm die Angst zu nehmen, es könne auf der Weltbühne in eine Nebenrolle gedrängt werden. Und welchen Nutzen hatte das? Es war ein typisches Beispiel dafür, wie einem Aggressor in die Karten gespielt wurde – selbst wenn sich der Übeltäter Jelzin keine schweren Straftaten, sondern eher kleine Verstöße zuschulden kommen ließ. Hätten die Westmächte Entschlossenheit bewiesen und Russland deutlich gemacht, was sein wirklicher Status war, so hätten sie die Regierung Jelzin zu Transparenz und Reformen bewegen können und wir befänden uns heute alle in einer besseren Lage.

Stattdessen mussten die Regierung in Moskau und die russischen Medien erkennen, dass ihr serbischer Verbündeter am Boden lag. Also machten sie sich verzweifelt auf die Suche nach einer vorteilhaften Interpretation des Konflikts, um ihr Gesicht zu wahren. Während sich die Russen im fernen Osten und Norden des Landes Sorgen über die Versorgung mit Lebensmitteln und Treibstoff im bevorstehenden Winter machten, bemühte sich die russische Regierung, 10 000 Soldaten für eine Friedensmission im Kosovo auszurüsten.

In einem Diskussionsbeitrag für das *Wall Street Journal* fand ich ausnahmsweise lobende Worte für die westlichen Regierungen, die im Kosovo Entschlossenheit bewiesen hatten. Ich wies darauf hin, dass dies nicht die letzte Intervention bleiben würde, sollte der Westen seinen Einfluss nicht geltend machen, um eine stabilere Weltordnung zu errichten. Die Vereinten Nationen waren 1945 gegründet worden, um nach dem Sieg der Alliierten eine neue politische Ordnung zu etablieren. Aber die Organisation verwandelte sich rasch in eine Kompromissgemeinschaft, in der die Supermächte jede Resolution verhindern konnten, die den Interessen ihrer Klientel widersprach. Nach dem Zusammenbruch der Sowjetunion erfüllte dieses System nicht länger den Zweck, für Frieden und Stabilität in der Welt zu sorgen.

In den Vereinten Nationen ausgehandelte Kompromisse waren nicht mehr nötig, und obendrein waren sie oft gefährlich. Saddam Hussein verdankte der Tatsache, dass sich Präsident Bush 1991 strikt an die UN-Resolutionen hielt, seinen Machterhalt – die Folge war, dass sich die Krise in der Golfregion fortsetzte. Slobodan Milošević versuchte ein ähnliches Spiel, indem er Russland als Vermittler einband (komischerweise fiel die Wahl wie seinerzeit im Irak auf Jewgeni Primakow) und eine Friedensmission von der Zustimmung der Vereinten Nationen abhängig machte.

All das zeigte deutlich, dass die Welt einen internationalen Entscheidungsmechanismus brauchte, der frei war vom ideologischen Ballast des Kalten Kriegs. Das Ziel der Vereinten Nationen, den Status quo zwischen zwei atomaren Supermächten einzufrieren, war obsolet. Die Demokratie war auf dem Vormarsch, und es war an der Zeit, dies festzuschreiben und den Vorteil zu nutzen. Es war ein ausgezeichneter erster Schritt zu einer neuen Weltordnung, dass Milošević vor ein Kriegsverbrechertribunal gebracht wurde; leider folgten kaum weitere Schritte in dieser Richtung.

In seinem Buch über die Balkankriege analysierte der amerikanische Journalist David Halberstam scharfsinnig, wie es zu Miloševićs Sturz kam. (Er starb 2006 während seines Prozesses in Den Haag im Gefängnis.)

> Milošević sah die Welt wie viele totalitäre Figuren vor ihm. Er hielt die langsame Reaktion der Demokratien für ein Zeichen der Schwäche: Sie waren wohlhabend, aber auch dekadent. Und man konnte sie in die Ecke drängen, weil ihre Politiker und Bürger den Preis des Krieges nicht zu zahlen bereit waren. Einmal sagte er zum deutschen Außenminister Joschka Fischer: »Ich kann mit Toten – mit vielen Toten – leben. Sie können es nicht.«[1]

Am Ende täuschte er sich, aber vorher mussten hunderttausende Menschen sterben, Millionen waren verwundet und traumatisiert worden. Bedauerlicherweise lässt sich Halberstams Urteil ergänzen: Milošević sah die Welt wie viele totalitäre Figuren vor ihm – und wie viele nach ihm. Putin ging im Umgang mit der freien Welt von demselben rücksichtslosen Kalkül aus, als er seine Invasionstruppen 2008 nach Georgien schickte, und er tut es heute im Konflikt mit der Ukraine. Terroristen jeder Couleur denken so. Sie glauben, dass die Demokratien – die trägen, wohlhabenden, furchtsamen Demokratien – Selbstmordattentätern und blutigen Massakern wehrlos ausgeliefert sind. In den Werten der modernen Welt sehen sie sowohl deren Schwäche als auch eine Bedrohung für ihr eigenes Überleben, und beides sehen sie richtig. Die Herausforderung für uns besteht darin, unsere Schwächen zu überwinden, ohne die Werte einzubüßen, vor denen sich unsere Feinde derart fürchten.

* * *

Die Art des Bösen, die Milošević verkörperte, ist schwer zu verstehen. Er war intelligent, weltgewandt und verstand es, sehr unterschiedlichen Menschen auf eine Art zu begegnen, die ihnen schmeichelte und ihr Vertrauen weckte. Das außenpolitische Team von George Bush senior war Berichten zufolge fassungslos darüber, wie sich »unser Freund« Milošević von einem umgänglichen Bankier und Bürokraten in einen feuerspeienden serbischen Nationalisten verwandelte, der zur ethnischen Säuberung seines Landes aufrief. Dies führt uns zu einer Schlüsselfrage für unsere gegenwärtige Weltordnung: Werden Ungeheuer geboren oder gemacht?

Ich habe nicht vor, an dieser Stelle eine Debatte über angeborene und erworbene Eigenschaften zu beginnen. Es geht mir nicht darum, ob Psychopathen als solche geboren oder durch eine schwierige Kindheit dazu gemacht werden. Ich habe viel zu viel Zeit damit verbracht, Fragen zu den Ursprüngen meines Erfolgs als Schachspieler zu beantworten, und der einzige sichere Schluss ist, dass ich das Glück hatte, zu einem frühen Zeitpunkt in meinem Leben ein Spiel zu finden, das sehr gut zu meinen Talenten passte. Die Theorien überlasse ich gerne den Psychologen und Genetikern.

Mir geht es um die Frage nach potenziellem und Realität gewordenem Bösen und darum, wie die Gesellschaft verhindern kann, dass sich das erste in das zweite verwandelt. An welchem Punkt muss die Gemeinschaft einen Teil der Verantwortung für die Verbrechen eines Mörders auf sich nehmen? Hätte sie diese Verbrechen verhindern können? Damit will ich selbstverständlich nicht sagen, dass ein Mörder nicht für seine Taten verantwortlich ist. Es werden bereits viel zu viele Entschuldigungen für Kriminelle jeder Art vorgebracht, so als könnte die persönliche Verantwortung aufgehoben werden, solange es möglich ist, sich ein Motiv zurechtzulegen. Selbst wenn man glaubt, Putin habe sich durch die Erweiterung der NATO bedroht gefühlt, wird die Invasion der Ukraine nicht leichter hinnehmbar. Den Ukrainern zu sagen, sie hätten Putin provoziert, indem sie sich von ihm distanzierten und sich Europa zuwandten, ist so, als würde man einer Frau, die sexuell belästigt wird, sagen, sie solle längere Röcke tragen. Wir dürfen nicht aus den Augen verlieren, wer der Täter und wer das Opfer ist! Wenn wir das moralische Gleichgewicht und die Fähigkeit verlieren, klar zwischen Richtig und Falsch zu unterscheiden, werden wir zu leichten Opfern der Propaganda.

Die Warnung bezieht sich auf die praktische Seite der Angelegenheit: Es ist dumm, auf eine Verteidigung gegen einen Angriff zu verzichten, nur weil man moralisch im Recht sein wird, sollte dieser Angriff erfolgen. Es ist vollkommen richtig, Übeltäter zu verfolgen und zu bestrafen, aber besser ist es, ihre Verbrechen von vornherein zu erschweren. Orson Welles' moderne Fabel vom Skorpion und dem Frosch enthält eine wichtige Lektion: Der Frosch trägt den Skorpion auf seinem Rücken über einen Fluss, nachdem der Skorpion ihn davon überzeugt hat, dass er ihn nicht stechen wird, weil sie in diesem Fall beide sterben würden. Aber auf halbem Weg sticht er den Frosch, der hervorstößt: »Warum hast du das getan?« Der Skorpion antwortet: »Ich kann nicht anders. Das ist mein Wesen.«[2]

Die Moral der Geschichte ist, dass man dem Skorpion nicht vertrauen darf, weil uns Vernunft und die Gewissheit, im Recht zu sein, nicht viel nutzen werden, wenn wir tot sind. Die Fabel lehrt uns außerdem, dass nicht jeder im Interesse aller Beteiligten und manchmal nicht einmal in seinem eigenen Interesse handelt und dass sich die wahre Natur eines Menschen gegen die Logik und den Wunsch zur Selbsterhaltung durchsetzen kann. Daran denke ich jedes Mal, wenn ich europäische Diplomaten darüber sprechen höre, wie man mit Putin in der Frage der Ukraine zu einer »für beide Seiten vorteilhaften Lösung« gelangen könne.

Diese Haltung ist in mancher Hinsicht durchaus bewundernswert, und die Diplomatie hat die Aufgabe, für beide Seiten vorteilhafte Lösungen zumindest zum Ziel zu erklären. Es wäre wunderbar, wenn es für jede Krise und jeden Konflikt eine für alle Beteiligten vorteilhafte Lösung gäbe. Aber wer glaubt, das sei mit Putin oder dem »Islamischen Staat« möglich, der versteht die wahre Natur des Feindes nicht. Putins einziges Ziel ist, an der Macht zu bleiben, und das wird er durch Kooperation mit der freien Welt nicht mehr erreichen. Mittlerweile braucht er den Konflikt und den Hass, und wie können westliche Politiker auf dieser Basis verhandeln, ohne ihre Ideale und ihre Völker zu verraten? Al-Qaida und der »Islamische Staat« wollen die Rechte und Freiheiten der modernen Welt zerstören. Wie kann eine pluralistische, freiheitliche Gesellschaft zum beiderseitigen Vorteil mit jemandem verhandeln, der ein solches Weltbild vertritt? Sie kann es nicht.

Wenn die Logik des vermuteten beiderseitigen Nutzens versagt, ist es an der Zeit, etwas anderes auszuprobieren. Wir sind nicht dazu verdammt, den Skorpionen dieser Welt immer wieder unseren Rücken anzubieten und zu hoffen, dass sie uns beim nächsten Mal vielleicht nicht stechen werden.

Nur wenige Menschen sind wirkliche Skorpione, das heißt richtige Psychopathen. Seit dem Ende des Zeitalters der Monarchien erfordert der Aufstieg auf die höchsten Ebenen der politischen Macht zumindest ein gewisses Maß an Einfühlungsvermögen und Intuition. (Nordkorea ist eine der wenigen zeitgenössischen Ausnahmen, und wozu das geführt hat, liegt auf der Hand.) Entscheidend für die Frage nach angeborenen und erworbenen Eigenschaften ist, dass das Potenzial eine Gelegenheit zur Entfaltung vorfinden muss. Slobodan Milošević wäre vermutlich einer von vielen Parteichefs geblieben, hätten ihm die Revolutionen von 1989 nicht die Chance eröffnet, größere Macht anzustreben, indem er den Hass schürte. Milošević konnte sich in dieser Rolle lange genug entfalten, um den ersten Genozid auf europäischem Boden seit dem Zweiten Weltkrieg zu organisieren. Man hätte ihn 1995 gewaltsam stürzen müssen, aber er bekam eine zweite Chance – was er natürlich als Schwäche seiner Widersacher deutete – und schlug wenige Jahre später erneut zu.

Wie am Anfang dieses Kapitels erwähnt, tobten im Jahr 1999 zwei Kriege in Europa. Beide waren Bürgerkriege, beide wurden zwischen ethnischen und religiösen Gruppen ausgefochten, und beide brachten furchtbare Kriegsverbrechen und Terror gegen die Zivilbevölkerung mit sich. Und sowohl im Kosovo als auch in Tschetschenien war der Krieg Teil des Machtkampfs in einer fernen Hauptstadt.

* * *

Im Sommer 1999 blickte die westliche Welt mit neuer Zuversicht nach Moskau: Die Regierung Clinton und die internationalen Finanzinstitutionen waren zu dem Schluss gelangt, dass man mit der Regierung von Ministerpräsident Sergej Stepaschin »ins Geschäft kommen« könne.

Russland war es anscheinend nicht nur gelungen, den umfassenden wirtschaftlichen Zusammenbruch zu vermeiden, den viele während der Finanzkrise befürchtet hatten, sondern seine

Wirtschaftsleistung hatte sich erholt und wieder das vor dem August 1998 beobachtete Niveau erreicht. Die internationalen Geldgeber kehrten zurück. Aber als die vierte Regierung innerhalb von weniger als anderthalb Jahren entlassen wurde, war klar, dass diese oberflächlichen Anzeichen für eine Erholung nur eine Schimäre gewesen waren.

Die Entwicklung zeigte auch, dass die Politik des Westens gegenüber Russland ein Irrtum war. Da sie oberflächliche Indikatoren mit echtem Fortschritt verwechselten und unangebrachtes Vertrauen in die verbrauchte politische Elite des Landes setzten, betrieben die westlichen Regierungen eine Politik, die Reformverweigerung belohnte, die Verfestigung eines korrupten und undemokratischen Systems begünstigte und das russische Volk – wenn auch unbeabsichtigt – bestrafte.

Das Ende der Regierung Stepaschin hatte kaum Bedeutung. Wie ihre Vorgängerregierungen war sie nicht imstande gewesen, jene strukturellen Probleme in Angriff zu nehmen, die wirkliches Wachstum und Investitionen verhinderten, von denen das Land insgesamt hätte profitieren können. Die einzige Leistung, die Stepaschin für sich in Anspruch nehmen konnte, war, dass er einen weiteren Wertverlust des Rubels hatte verhindern können.

Acht Jahre sogenannter Reformen hatten einer kleinen Elite phantastischen Reichtum beschert, während ein gefährlich großer Teil der russischen Bevölkerung weiter in Armut lebte. Der Kommunismus war in der Sowjetunion zusammengebrochen, als die große Mehrheit der Bürger begriffen hatte, wie sehr das System ihrem Wohlergehen schadete. Angesichts der anhaltenden Not bestand die reale Gefahr, dass die russische Gesellschaft erneut erwachte.

Der Wunsch nach Veränderungen, der in den Jahren 1989 bis 1991 Millionen sowjetische Bürger auf die Straße getrieben hatte, beruhte auf der Überzeugung, dass es im Westen eine attraktivere Alternative gab. Viele meiner Landsleute hielten westliche Hilfe für unerlässlich. Aber diese Unterstützung führte nicht zu dem großen Sprung in die Moderne, den sich die Russen erhofft hatten. Die Hauptschuld daran trug natürlich die russische Führung, und zwar sowohl die sogenannten Reformer als auch jene, die ganz unverhohlen versuchten, eine neue russische Elite aufzubauen, die ähnlich große Macht und Privilegien genießen sollte wie die sowjetische Nomenklatura.

Der Westen begriff jedoch nicht, dass die russischen Durchschnittsbürger versucht sein würden, den ausländischen Finanzinstitutionen und Regierungen die Schuld an der Errichtung einer neuen Ordnung zu geben, die in den Augen vieler Russen ein korruptes und dysfunktionales kapitalistisches System war. Sie verstanden nicht, dass dieses System wenig mit dem Kapitalismus zu tun hatte. Vertieft wurde dieses Ressentiment gegenüber dem Westen dadurch, dass sich Jelzin (und später Putin) und andere führende Regierungsvertreter gerne einer antiwestlichen Rhetorik bedienten, um die Verantwortung für die schlechte Wirtschaftsentwicklung abzuwälzen. All das trug zu einer reformfeindlichen Stimmung bei, die die Errichtung eines tatsächlich marktwirtschaftlichen Systems weiter erschwerte.

Die Reformer und die mit ihnen zusammenarbeitenden westlichen Regierungen reagierten vollkommen falsch auf die Kritik. Anstatt Jelzin und die russische Öffentlichkeit mit der Korruption und den wirklichen Gründen für das Stocken des Fortschritts zu konfrontieren, versuchten sie so zu tun, als wäre alles in Ordnung. Anstelle von Transparenz und der bitteren Medizin, die Russland brauchte, verabreichten sie den Menschen Placebos und sagten ihnen, dass sich bald alles zum Besseren wenden werde. An diese Behandlung waren wir aus sowjetischen Tagen gewöhnt. Einmal mehr wurde der Unterschied zwischen der Klarheit der Regierung Reagan und der Unentschlossenheit ihrer Nachfolger deutlich. Es wäre nicht nötig gewesen, von Prinzipien abzuweichen, um mit dem russischen Regime »ins Geschäft zu kommen«. Statt sich wie im Kalten Krieg in Wort und Tat um Klarheit gegenüber dem russischen Volk zu bemühen, arbeitete der Westen mit einem zunehmend korrupten Regime zusammen, und das auch noch, als längst klar war, dass diese Führung das Volk nicht repräsentierte. In den neunziger Jahren erhielten die Russen Zugang zu einer Vielzahl nicht zensierter Medien; sie hätten zugehört und an der Debatte teilgenommen. Stattdessen widersprach niemand Jelzins und später Putins antiwestlicher Rhetorik und ihren Lügen über die Gründe für das Scheitern der Reformen.

Die westlichen Regierungen hätten klarstellen sollen, dass es für Kredite und Investitionen privatwirtschaftlicher Einrichtungen in Russland keine vom Steuerzahler bezahlten Garantien mehr geben würde. Sie hätten laut und deutlich sagen müssen, dass die russische Regierung keine Anweisungen dazu erhalten werde, wie sie die öffentlichen Gelder ausgeben sollte. Was auch immer die russischen Eliten mit dem Geld der Allgemeinheit machten (wenn sie es zum Beispiel stahlen und auf ausländische Bankkonten verschoben): Am Ende der Party hätte das enttäuschte Volk sie zur Rechenschaft gezogen. Stattdessen benutzten die Vertreter des russischen Regimes jegliche Bedingungen, die der IWF, die USA oder die EU an die Vergabe von Hilfsmitteln knüpften, um dem Westen die Schuld an den Fehlentwicklungen in die Schuhe zu schieben. Hätte man öffentlich auf die Bedingungen verzichtet, so hätte man die gestörte Kommunikation zwischen der russischen Gesellschaft und der freien Welt wiederherstellen können.

Der Zerfall der Sowjetunion wurde nicht dadurch herbeigeführt, dass der Westen Nachgiebigkeit gegenüber der sowjetischen Führung zeigte, sondern dadurch, dass er beharrlich und prinzipientreu für die demokratischen Werte eintrat. Nachgiebigkeit gegenüber den Forderungen alternder sowjetischer Führer führte nie zu positiven Resultaten. Wirklich bewegt wurde nur etwas, indem man sich hartnäckig bemühte, die russische Bevölkerung zu erreichen, zum Beispiel durch Radiokanäle wie Free Europe/Radio Liberty und Voice of America, die für viele Sowjetbürger die zuverlässigsten Informationsquellen über ihr eigenes Land waren.

Im August 1991, zu Beginn von Boris Jelzins Regierung, war die Mehrheit der Russen willens, eine Partnerschaft mit der zivilisierten Welt einzugehen. Acht Jahre später war von dieser Bereitschaft kaum noch etwas zu spüren. Sie war den unablässigen nationalistischen Kampagnen der russischen Führung zum Opfer gefallen, und es war unmöglich, eine gute Beziehung wiederherzustellen, indem man die Personen, die gerade an der Spitze des Regimes standen, mit rituellem Lob überhäufte. Der Westen konnte wenig tun, um Einfluss auf die Machtkämpfe in der russischen Herrschaftselite Ende der neunziger Jahre zu nehmen. Aber er hatte die Möglichkeit, das Vertrauen der gewöhnlichen Russen zurückzugewinnen, die letzten Endes über die Zukunft des Landes entscheiden würden. Und diese Chance ließ er sich entgehen.

Die gespannte und vergiftete Atmosphäre, die im August 1999 in Russland herrschte, ebnete den Weg für die traumatischen Geschehnisse im September. Es war mittlerweile drei Jahre her, dass der erste Krieg in Tschetschenien geendet hatte, aber in der Region herrschten weiter Chaos und Gewalt. De facto tobte seit dem Frühjahr ein innerer Krieg in dem kleinen Land. Verschiedene Kriegsherren kontrollierten den Großteil des Gebiets rund um die Hauptstadt Grosny, Entführung und Lösegelderpressung waren zu einer wichtigen Einnahmequelle geworden. Die Entführung und Ermordung von vier ausländischen Ingenieuren (drei Briten und ein Neuseeländer) hatte im Jahr davor für weltweites Aufsehen gesorgt. Der Zwischenfall trug dazu bei, dass das tschetschenische Volk in der bevorstehenden Schreckenszeit kaum auf internationale Sympathie hoffen durfte.

Gelegentlich meldeten sich russische Politiker zu Wort, die die Kriegstrommel rührten und forderten, »den Tschetschenen eine Lektion zu erteilen«. Wie sich später herausstellte, hatte bereits die Regierung Stepaschin einen Invasionsplan ausgearbeitet. Doch eskalieren sollte die Situation erst Ende August, als der tschetschenische Rebellenführer Schamil Bassajew eine kleine Streitmacht, der auch ausländische Kämpfer angehörten, ins benachbarte Dagestan führte. Anschließend wurden innerhalb von zwölf Tagen im September vier Bombenanschläge auf Wohnhäuser in mehreren russischen Städten verübt, denen fast dreihundert Menschen zum Opfer fielen. Es hatte zuvor kleinere Anschläge gegeben, aber diese professionell durchgeführten Attentate waren praktisch identisch und hatten keine Ähnlichkeit mit früheren oder späteren Angriffen der Tschetschenen.

Die verängstigte russische Öffentlichkeit reagierte erwartungsgemäß mit Wut. Der Geheimdienst FSB, die wichtigste Nachfolgeorganisation des KGB, machte die Tschetschenen für die Anschläge verantwortlich, und Jelzin wandte sich an den kurz zuvor ernannten Ministerpräsidenten Wladimir Putin, um Vergeltungsmaßnahmen zu fordern. Putin war noch ein Jahr vor seiner plötzlichen Beförderung zum Regierungschef Leiter des KGB gewesen. Davor hatte er in Jelzins Stab den unauffälligen Posten eines stellvertretenden Leiters der Kreml-Liegenschaftsverwaltung bekleidet und dem Stab des Bürgermeisters von Sankt Petersburg angehört. Bis zum Fall der Berliner Mauer war er als KGB-Agent in der DDR tätig gewesen.

Am 9. August 1999 wurde der weitgehend unbekannte Putin zur großen Überraschung aller Experten mit der Leitung der russischen Regierung betraut. Aber das war nicht die einzige Überraschung: Zur selben Zeit gab Jelzin bekannt, er hoffe, Putin werde im Jahr 2000 sein Nachfolger im Präsidentenamt werden, und Putin kündigte seine Kandidatur an. Damit nahm er eine Sonderstellung im Vergleich zu den anderen vier Ministerpräsidenten ein, die Jelzin in den vergangenen anderthalb Jahren ernannt und geschasst hatte. Russland hatte zu jener Zeit mit zahlreichen Problemen zu kämpfen, aber der neuen Regierung war nichts wichtiger als die Positionierung Putins als unangefochtenen Nachfolgers des Präsidenten.

Nun nahmen die Dinge rasch ihren Lauf. Wie viele Regierungschefs festgestellt haben, kann man seine Chancen auf eine Wiederwahl deutlich erhöhen, indem man einen Krieg gewinnt oder auch nur führt. Das war der Plan für Putins Aufstieg. Obwohl er Jelzins Amt erben sollte und die Regierung leitete, war er der russischen Öffentlichkeit immer noch vollkommen unbekannt. Konnte es einen besseren Weg geben, das zu ändern, als ihn zum Protagonisten eines neuen Kriegs in Tschetschenien und einer Jagd auf die Terroristen zu machen, die hinter den Bombenanschlägen auf russische Wohnhäuser steckten? In den folgenden Monaten verschwand Jelzin praktisch von der Bildfläche (was in Anbetracht seiner gravierenden gesundheitlichen Probleme nicht verwundern konnte), während Putin plötzlich allgegenwärtig war.

Obwohl die russische Offensive in Tschetschenien vordergründig der Jagd auf die Radikalen diente, die im August in Dagestan eingedrungen waren, begann das Militär, das kleine Land massiv und unterschiedslos zu bombardieren. Innerhalb weniger Wochen wurden hunderttausende Tschetschenen aus ihrer Heimat vertrieben. Im Oktober kündigte Putin eine

Bodenoffensive an, und zehntausende russische Soldaten rückten auf Grosny vor. Mit Streubomben und schwerer Artillerie wurden tausende weitere Zivilisten getötet und unzählige Menschen zur Flucht gezwungen. Der angebliche Antiterroreinsatz hatte sich in einen Feldzug der verbrannten Erde verwandelt.

Der Tschetschenienkrieg hatte die vorhersehbare Wirkung auf den Präsidentschaftswahlkampf. Das zu bestreiten hieße, das Offenkundige nicht sehen zu wollen. So grauenhaft der Krieg auch sein mochte, er wurde von den Russen befürwortet, und sogar Reformer wie Anatoli Tschubais wechselten ins patriotische Lager und unterstützten die Militärintervention. Einen kurzen Augenblick lang sympathisierte ich selbst ebenfalls mit der Vorgehensweise der Regierung.

Zwar litten unschuldige Menschen und bereits damals wurde der Verdacht laut, das russische Militär wende exzessive Gewalt an und begehe Kriegsverbrechen. Doch die russischen Medien stellten die Ereignisse in einem für die Regierung sehr vorteilhaften Licht dar. Man könnte sagen, die Medien der mit Jelzin verbündeten Oligarchen schufen Putin. Die russische Öffentlichkeit glaubte auch die offizielle Darstellung, der zufolge Tschetschenen hinter den Anschlägen auf russische Wohnhäuser steckten, obwohl es dafür keinen Beweis gab (mehr dazu später).

Aber trotz all der Dinge, die wir heute wissen, gebe ich zu, dass die überwältigende Unterstützung der Russen für ihre Soldaten in Tschetschenien nicht das Ergebnis einer Gehirnwäsche war. Viele der tschetschenischen Rebellen waren Verbrecher, die auf russischem Territorium ihrem Geschäft nachgingen und Methoden anwandten, die nur als mittelalterlich bezeichnet werden konnten. Ihre Aktivitäten waren auch nicht auf den Kaukasus und gelegentliche Terroranschläge in Russland beschränkt. Sie waren im ganzen Land aktiv, und es war klar, dass sie ohne die Unterstützung verlässlicher »Geschäftspartner« in Moskau nie so mächtig und gefährlich geworden wären, wie sie mittlerweile waren. Die meisten Russen begrüßten die militärische Aufräumaktion in Tschetschenien, weil sie sich nach einem Ende der epidemischen Korruption und Kriminalität in ihren Heimatstädten sehnten.

Die hart um ihren Lebensunterhalt kämpfenden russischen Durchschnittsbürger lasen jeden Tag über die neuen Milliardäre, die ihren Reichtum engen Beziehungen zum Machtapparat verdankten. Man musste nicht verstehen, wie Coupon-Privatisierungen, Darlehen-gegen-Anteile-Geschäfte und manipulierte Auktionen funktionierten, um zu begreifen, dass hier ein gewaltiger Betrug stattfand. Aus Angst, die Reformen könnten rückgängig gemacht werden, hatte das von Jegor Gaidar und Tschubais geleitete Reformteam Jelzins begonnen, absurd niedrig bewerteten Staatsbesitz in einem atemberaubenden Tempo zu veräußern. Michail Chodorkowski und Boris Beresowski, die bereits zu den reichsten und einflussreichsten Oligarchen zählten, erwarben ihre riesigen Energieunternehmen Jukos und Sibneft für weniger als 10 Prozent des realen Werts.

Natürlich setzte sich diese vom Staat abgesegnete Plünderung unter Putin fort und geht auch heute weiter. Der Unterschied ist: In den neunziger Jahren erfuhren die Russen noch davon. Die verschiedenen politischen Fraktionen betrieben jeweils eigene Medien, die einen erbitterten Krieg gegeneinander führten, und obwohl die Skandalpresse nicht vor parteilicher Berichterstattung zurückschreckte, bekamen die Bürger zumindest viele verschiedene Versionen der Wahrheit zu hören und konnten sich ihr eigenes Bild machen.

Ob Putin unvermeidlich war, lässt sich nur beurteilen, wenn man sich die zehn Jahre vor 1999 ansieht, eine Zeit, in der noch niemand seinen Namen kannte. Zu der Zeit, als Präsident Jelzin ihn zu seinem designierten Nachfolger machte, wünschten sich die Russen Stabilität und einen starken Mann, der den Kriminellen die Stirn bot und den westlichen Einfluss zurückdrängte, da dieser, wie man ihnen erzählte, dem Land und ihren Einkommen schadete. Um die Machtergreifung Putins – oder »eines Putins« – zu verhindern, hätte in den neunziger Jahren eine ganz andere Politik betrieben werden müssen: Statt der Beschwichtigungspolitik gegenüber Jelzin und seinem Gefolge hätte der Westen die demokratischen Institutionen entschiedener unterstützen müssen.

Als der Wahltermin näher rückte, war ich der Meinung, ein gesichtsloser Technokrat wie Putin sei möglicherweise genau das, was Russland in diesem Augenblick brauchte. Ich glaubte, die russische Regierung müsse Stärke und Selbstvertrauen ausstrahlen, um sich die Unterstützung der Bevölkerung für die Fortsetzung der schmerzhaften Wirtschaftsreformen zu sichern. Nachdem das Land jahrelang ausgeplündert worden war und das Kapital ins Ausland floh, wurde es immer schwieriger, den Westen für die schlechte Entwicklung verantwortlich zu machen. Einmal mehr waren Jelzins Umfragewerte miserabel – womit er und die Oligarchen, die hinter ihm standen, einen Grund mehr hatten, dem enttäuschten russischen Volk ein frisches Gesicht vorzusetzen.

Die Anschläge auf Wohnhäuser, die Russland im September in Angst und Schrecken versetzten, ließen selbst bei denen, die bis dahin gedacht hatten, man hätte Tschetschenien 1991 in die Unabhängigkeit entlassen sollen, die Überzeugung reifen, dass die Tschetschenen ihr Schicksal verdient hätten. Die Belagerung eines Krankenhauses und Bombenterror gegen die Familien von Soldaten waren unmenschliche Akte, die ein hartes Vorgehen nötig machten. Die Öffentlichkeit bejubelte Putin als neuen Gladiator und erfreute sich an der groben und teilweise sogar brutalen Sprache, derer er sich gelegentlich bediente. »Wir werden die Terroristen überall finden«, erklärte er einmal, »und wenn wir sie in ihren Scheißhäusern finden, werden wir sie in ihren Scheißhäusern ausradieren.«[3] Putin war nicht länger der langweilige Hinterzimmerbürokrat. Der Wandel seines öffentlichen Images wurde durch eine eilig für den Wahlkampf produzierte Biographie gefördert, in der kaum von Eigenschaften die Rede war, die ihn zum politischen Reformer prädestinierten; stattdessen wurden seine schwierige, von Entbehrungen geprägte Kindheit und all jene Referenzen ausgebreitet, die ihn als harten Typ auswiesen. Das war kein Zufall. Der Vorteil seiner Gesichtslosigkeit war, dass Jelzins Hauptsponsor, der Meisterverschwörer Boris Beresowski, Putin jedes Gesicht geben konnte, das gebraucht wurde.

Wie weit Jelzin, Putin und ihre Hintermänner gehen würden, um Putins Wahlsieg zu garantieren, wurde in der Nacht des 22. September auf furchtbare Art deutlich, als die Polizei in der Stadt Rjasan einen fünften Bombenanschlag auf ein Wohnhaus in diesem Monat vereitelte. Von einem der Bewohner alarmiert, kam die Polizei zu spät, um die Täter zu fassen, fand im Keller des Hauses jedoch drei Säcke, die mit je einem Zentner weißen Pulvers gefüllt und an einen Zünder angeschlossen waren. Eine chemische Analyse am nächsten Morgen zeigte, dass die Säcke den gleichen militärischen Hexogen-Sprengstoff enthielten, der auch bei den anderen Anschlägen verwendet worden war.

Am nächsten Abend lobte Putin in einer im Fernsehen übertragenen Stellungnahme die örtlichen Sicherheitsbehörden und die wachsamen Bürger, die eine Katastrophe verhindert hatten. Er sprach auch kurz über die laufenden Luftangriffe auf Grosny. Es gab nichts, was der dramatischen Nachricht widersprochen hätte, dass in Rjasan ein Terroranschlag vereitelt worden war.

Aber am Tag darauf geschah etwas Unglaubliches: FSB-Direktor Nikolai Patruschew gab eine Erklärung heraus, in der es hieß, der vereitelte Bombenanschlag auf das Wohnhaus in Rjasan sei lediglich eine »Übung« gewesen, in der es darum gegangen sei, die Wachsamkeit der örtlichen Sicherheitskräfte und der Bevölkerung zu testen! Er behauptete, es habe überhaupt keinen Sprengstoff gegeben: Die Säcke seien nicht mit Hexogen, sondern mit Zucker gefüllt gewesen.

Diese phantastische Geschichte hatten sich die Verantwortlichen ausdenken müssen, weil die Ermittlungsbehörden und das örtliche Büro des FSB bereits herausgefunden hatten, dass der Geheimdienst tief in den Anschlagsversuch verwickelt war. In der Nacht waren verdächtige Telefongespräche abgefangen worden, die zur FSB-Zentrale in Moskau zurückverfolgt wurden. Zwei in Rjasan verhaftete Männer hatten FSB-Ausweise bei sich getragen und waren von einem hochrangigen Geheimdienstoffizier aus Moskau abgeholt worden. Offensichtlich versuchte Patruschew, die Spur des FSB zu verwischen, aber seine Geschichte enthielt viel zu viele eklatante Widersprüche.

Um nur den offenkundigsten dieser Widersprüche zu nennen: Wenn die Säcke Zucker enthielten, warum wurde ihr Inhalt dann bei einer Analyse am Tatort als Sprengstoff identifiziert? Und warum brachte der Geheimdienst die Säcke rasch zu weiteren Tests nach Moskau, wenn man wusste, dass sie nur Zucker enthielten? Es tauchten mehr und mehr Beweise und Unstimmigkeiten auf, genug, um eine albtraumhafte Verschwörungstheorie in einen plausiblen Vorwurf zu verwandeln, der angesichts der Faktenlage kaum zu widerlegen war: Agenten der russischen Regierung ermordeten massenhaft eigene Bürger, damit Putin politisches Kapital daraus schlagen konnte. Beispielsweise stellte sich heraus, dass Soldaten auf einem nahe gelegenen Militärstützpunkt über mit einer »sonderbaren

Substanz« gefüllte Zuckersäcke gestolpert waren; diese Substanz hatte sich als Hexogen erwiesen.

Alexander Litwinenko, ein ehemaliger FSB-Agent, der sich in einen erbitterten Gegner Putins verwandelt hatte, veröffentlichte seine Analyse der Ereignisse in einem vernichtenden Buch, *Eiszeit im Kreml: Das Komplott der russischen Geheimdienste*. 2006 wurde er in London mit Polonium-210 ermordet. Ein unabhängiger FSB-Ermittler namens Michail Trepaschkin, der sich mit dem Fall beschäftigte, wurde eine Woche vor Beginn der Anhörungen verhaftet und für vier Jahre ins Gefängnis gesteckt. Im Jahr 2000 lehnte die Duma zwei Anträge auf Einrichtung einer parlamentarischen Untersuchungskommission zu den Vorgängen in Rjasan ab. Sämtliche Beweise und internen Dokumente in Zusammenhang mit dem Fall wurden mit der Begründung, sie beträfen Staatsgeheimnisse, für 75 Jahre versiegelt. Ich gebe zu, dass ich wie die meisten Leute, die in einem totalitären Staat aufgewachsen sind, unter einer gesunden Paranoia leide, aber das scheint mir eine etwas übertriebene Reaktion auf den Fund von drei Säcken Zucker zu sein.

Selbstverständlich wies die Regierung den Verdacht zurück, die Bombenanschläge seien eine vom russischen Geheimdienst »unter falscher Flagge« durchgeführte Operation gewesen, um in der Bevölkerung Empörung und Furcht zu schüren. Zu jener Zeit wurde diese Theorie von den Medien nicht aufgegriffen – ein so entsetzliches Verbrechen war einfach undenkbar. Doch nur zwei Jahre später glaubten 40 Prozent der Russen, die Sicherheitskräfte seien an den Anschlägen auf die Wohnhäuser beteiligt gewesen.[4] Zu diesem Zeitpunkt war mehr über Rjasan bekannt geworden, aber vor allem wussten wir mehr über Wladimir Putin. Der Verdacht, sein Regime schrecke nicht davor zurück, russische Bürger zu opfern, wurde durch Enthüllungen über das Ausmaß des Vernichtungskriegs in Tschetschenien und durch das brutale Vorgehen der Sicherheitskräfte in den Geiseldramen im Dubrowka-Theater (2002) und in der Schule von Beslan (2004) bestätigt.

Auch im Westen wollte niemand die Wahrheit hören, obwohl über eklatante Widersprüche in der offiziellen Darstellung der Geschehnisse in Rjasan berichtet wurde. Hier haben wir es mit einem typischen Beispiel für bequemliche Feigheit zu tun: Würde man die schreckliche Wahrheit akzeptieren, so müsste man handeln, doch ist es leichter, die Fakten zu ignorieren und so zu tun, als wären sie »umstritten«. Dann kann man sich darauf beschränken, »Besorgnis über die Vorwürfe« zu äußern. Diese Scharade wird vor allem dann nötig, wenn man sich verpflichtet fühlt, den Täter als Verbündeten zu betrachten, der in gutem Glauben handelt. So wollen die europäischen Regierungen immer noch nicht zugeben, dass Putin der Ukraine den Krieg erklärt hat. Selbst nachdem die russischen Streitkräfte über der von ihnen besetzten Ostukraine ein Passagierflugzeug der Malaysia-Airlines abgeschossen hatten, schienen die EU-Vertreter ebenso bemüht wie die Russen, die Verantwortung Moskaus zu leugnen. Denn hätten sie die Wahrheit eingestanden, hätten sie handeln müssen, und das wollten sie unbedingt vermeiden.

So wuchs Putins Popularität. Im Oktober 1999 lag er in den Umfragen bereits vor dem Oppositionskandidaten Jewgeni Primakow, einem der erfolgreicheren unter Jelzins ehemaligen Ministerpräsidenten, der die Rückendeckung der Kommunistischen Partei und des mächtigen Moskauer Bürgermeisters Juri Luschkow hatte. Die Wahl sollte im Juni stattfinden, aber Putin würde nicht so lange auf seinen Einzug in den Präsidentenpalast warten müssen.

* * *

Im Dezember 1998 fanden jedoch erst einmal die Parlamentswahlen statt, und zu jener Zeit hatte es den Anschein, als könnten die Russen zum ersten Mal wie die Bürger demokratischer Länder zu den Urnen gehen, um einfach den Kandidaten ihre Stimme zu geben, von denen sie sich am besten vertreten fühlten. Alle früheren Wahlen hatten in Krisenzeiten stattgefunden, insbesondere Jelzins verzweifelter Überlebenskampf 1996. Der neue Parteienblock »Einheit«, den die Regierung erst drei Monate früher mit Putins Segen aus der Taufe gehoben hatte, schnitt gut genug ab, um eine kommunistische Mehrheit in der Duma zu verhindern.

Der relativ normale Verlauf der Wahl stimmte mich zuversichtlich. Die Wahlkampagnen waren effizient und teuer, prominente Persönlichkeiten prägten das Bild, die bestehenden Mitglieder der Duma beherrschten die Umfragen, und die Öffentlichkeit legte einen gesunden Konservatismus an den Tag, indem sie sich an die vertrauten Halunken hielt. Wie ich zu jener Zeit scherzte, bewiesen aggressive Wahlsendungen im Fernsehen und Schmutzkampagnen gegen konkurrierende Kandidaten, dass sich Russland rasch dem Niveau amerikanischer Wahlkämpfe näherte.

Sorge machte mir, dass der Westen weiterhin keine Anstalten machte, eine langfristige Strategie für Russland zu entwickeln. Würden die westlichen Regierungen die russischen Bürger wie Erwachsene behandeln, denen die schmerzhafte Wahrheit gesagt werden konnte, oder würden sie weiter über unseren Kopf hinweg mit dem Regime sprechen? Die Wirtschaftshilfe und eine Verständigung über Tschetschenien waren wichtig, aber im Bemühen um gute Beziehungen zur russischen Führung durfte man nicht über antidemokratische Praktiken und eine ausufernde Korruption hinwegsehen. Die gravierenden Probleme des Landes würden nicht über Nacht verschwinden.

Wie die meisten Beobachter innerhalb und außerhalb Russlands war ich vor allem über die gewohnten Übel der Korruption, der Ineffizienz und der ausufernden Bürokratie besorgt, die es jeder Regierung erschwert hätten, nennenswerte Fortschritte zu erzielen. Obwohl ich hoffte, dass die bedrohlichsten ideologischen Herausforderungen hinter uns lagen, äußerte ich wenige Tage nach der Wahl im *Wall Street Journal* meine Zweifel: »Es gibt keine Garantie dafür, dass der Nationalismus unter Kontrolle gebracht und die liberalen Reformen fortgesetzt werden. Putins KGB-Vergangenheit und seine Machtbasis im Militär könnten sich durchaus als ein unüberwindliches Hindernis erweisen.«[5]

Wie sich herausstellte, lag ich in beiden Punkten halb richtig. Putin machte den liberalen Reformen sofort ein Ende, aber den Nationalismus als politisches Werkzeug kramte er erst später wieder hervor, als er seinen Zwecken diente. Die Armee erhielt keinen so großen Einfluss auf die Politik mehr wie in der Vergangenheit, aber Putins KGB-Vergangenheit sollte seine Politik und die Zukunft Russlands bestimmen.

Die Bombenanschläge auf Wohnhäuser in mehreren russischen Städten schürten die Rachsucht, und der Feldzug in Tschetschenien wurde ausgeweitet. Im Dezember begann die zweimonatige Belagerung Grosnys. Als sie vorüber war, fanden Journalisten eine Stadt vor, die schlimmer aussah als Berlin im Jahr 1945. Kein einziges Gebäude war unversehrt geblieben. Die Vereinten Nationen verliehen Grosny im Jahr 2003 den zweifelhaften Ehrentitel der »am schlimmsten zerstörten Stadt auf der Erde«.[6]

Dazu kam unfassbares menschliches Leid. Die tschetschenische Bevölkerung wurde über die ganze Region verstreut. Die Flüchtlinge vegetierten unter furchtbaren Bedingungen in den Lagern. Die russischen Truppen trieben wahllos Menschen zusammen, Folter und Morde wurden alltäglich. Die unglaublich tapfere russische Journalistin Anna Politkowskaja, die Tschetschenien im Verlauf des zweiten Krieges jeden Monat besuchte, beschrieb die Geschehnisse als »offenkundigen und unbegreiflichen weltweiten Verrat an den menschlichen Werten. Die allgemeine Menschenrechtserklärung, die kaum ein halbes Jahrhundert alt ist, ist im Zweiten Tschetschenienkrieg gestorben.«[7]

Wenn Politkowskaja nicht in Tschetschenien war, um die Berichte von Familien aufzunehmen, die durch Gewalt und Kriegsverbrechen der russischen Armee zerrissen worden waren, oder um ihre Berichte für die *Nowaja Gaseta* zu schreiben, reiste sie durch die Welt, um für eine internationale humanitäre Intervention zu werben, die niemals kam. Nachdem sie jahrelang in den Bergen des Kaukasus dem Tod ausgewichen und aus allen möglichen Richtungen bedrängt und bedroht worden war, wurde Politkowskaja am 7. Oktober 2006 im Treppenaufgang ihres Wohnhauses in Moskau erschossen. Es war Wladimir Putins Geburtstag.

Die Regierung Tschetscheniens wurde im Mai 2000 abgeschafft, Putin ernannte Achmat Kadyrow zum Leiter der Lokalregierung. Der Guerillakrieg dauerte noch Jahre an. Tschetschenische Rebellengruppen verübten überall in Russland große und kleine Terroranschläge. Und auch als die Gewalt auf ein »akzeptables« Maß verringert worden war, wirkte sich das russische Vorgehen in Tschetschenien weiter auf die Welt aus: Das wichtigste Exportprodukt des kleinen Landes wurden gut ausgebildete und radikale Kämpfer und Terroristen.

Nachdem Jelzin am 31. Dezember 1999 unerwartet zurückgetreten war, konnte Putin die vorgezogene Präsidentschaftswahl am 26. März 2000 für sich entscheiden und wurde am 7. Mai vereidigt. Er nahm unverzüglich die wichtigste Aufgabe in Angriff und garantierte die Unantastbarkeit und das Vermögen von Boris Jelzin und dessen Familie. Noch am Tag seines Amtsantritts unterzeichnete Putin ein Dekret, das dem ehemaligen Präsidenten und allen seinen Verwandten Straffreiheit gewährte. Damit war klar, warum Jelzin diesen Mann zu seinem Nachfolger erkoren hatte: Er hatte seinem Selbsterhaltungstrieb gehorcht.

5 Präsident auf Lebenszeit

Putins plötzliche Beförderung zum Interimspräsidenten beseitigte alle verbliebenen Zweifel am Ausgang der Wahl vom 26. März. Er würde nicht nur drei Monate lang gestützt auf den Staatsapparat ständig im öffentlichen Leben präsent sein und mehr Macht haben als jede andere Person im Land, sondern die Präsidentenwahl würde drei Monate früher stattfinden, als seine Konkurrenten erwartet hatten. In den drei Monaten vor der Wahl am 26. März war Putin unentwegt im Fernsehen zu sehen. Nur eine Gelegenheit, sich der Öffentlichkeit zu präsentieren, ließ er sich entgehen: Wie sein Vorgänger Jelzin lehnte er es ab, an Debatten mit anderen Kandidaten teilzunehmen.

Putin siegte im ersten Wahlgang mit 53,4 Prozent der Stimmen, womit er eine Stichwahl vermied. Er hatte fast doppelt so viele Stimmen erhalten wie Sjuganow. In der Wahlnacht verfolgte ich gemeinsam mit einigen Gästen vor dem Fernsehgerät die Auszählung der Stimmen. Einer dieser Gäste war der Kongressabgeordnete Chris Cox aus Kalifornien, der sich sehr für die Demokratie in Russland einsetzte und mir ein Freund geworden war. Andere Gäste an diesem Abend waren James Woolsey, Direktor der CIA unter Bill Clinton, und Alexander Haig, Ronald Reagans Außenminister. Ich erinnere mich noch deutlich daran, dass ich die Entwicklung von Putins Stimmenanteil in jener Nacht aufmerksam verfolgte. Er stagnierte bei etwa 47 Prozent, sprang dann jedoch in weniger als einer Stunde auf 53 Prozent, wo er bis zum Ende der Auszählung blieb. Ein zweiter

Wahlgang wäre peinlich für Putin gewesen. Er war der Auserwählte, und die Zeit der Ungewissheit war vorüber.

Damit will ich nicht sagen, dass Putin zu jener Zeit nicht auch eine vollkommen faire Wahl für sich entschieden hätte. Er hätte gesiegt. Die Bevölkerung war nervös und sehnte sich nach Stabilität und Stärke, und genau das versprach Putin. Verschiedene liberale Reformgruppen, darunter vor allem die Partei Jabloko (»Apfel«) von Grigori Jawlinski – der ich meine Stimme gab – wurden zu Randerscheinungen degradiert. Die meisten Russen kamen nicht auf den Gedanken, dass eine Bündelung der Macht in der Hand des Präsidenten zu einer Einschränkung der Bürgerrechte führen könnte. Wir hatten immer noch weitgehend freie Medien, die unsere Politiker und ihre Vorhaben offen kritisierten. In der herausragenden satirischen Puppenshow *Kukli* auf NTV war Jelzin jahrelang mit beißendem Spott überhäuft worden. Die Regierung war noch nicht die heilige Kuh, die sie bald werden sollte.

Der Terrorismus und die persönliche Sicherheit waren nicht die einzige Sorge der Wähler. Die Finanzkrise von 1998 war den Leuten noch in frischer Erinnerung. Obwohl die Wirtschaft nach einem kurzen Einbruch im Jahr 2000 stärker wuchs als je zuvor – das Bruttoinlandsprodukt stieg um mehr als 10 Prozent –, waren die Russen nicht sicher, ob sie den Banken und anderen Finanzeinrichtungen und vor allem deren Eigentümern vertrauen konnten.

Die Oligarchen, die in den neunziger Jahren an der Seite Jelzins unvorstellbare Reichtümer angehäuft hatten, waren die Gesichter der Korruption, die den russischen Durchschnittsbürger empörten. Wir sahen im Fernsehen und in den Zeitungen, wie sie ihren Reichtum zur Schau stellten, während sich ihre Gangster und Leibwächter auf den Straßen Moskaus regelrechte Schlachten lieferten. Kampagnen für »Recht und Ordnung« sind eine abgenutzte Taktik für den Stimmenfang, aber in Russland fiel dieses Versprechen im Jahr 2000 auf fruchtbaren Boden.

Ein weiteres Element, das die Stimmung auf den Straßen Russlands prägte, war eine wachsende Sowjetnostalgie. Die Leute sehnten sich nicht nach dem Kommunismus zurück, aber sie hatten das unbestimmte Gefühl, etwas verloren zu haben. Es ist schwer zu erklären, aber die neunziger Jahre vermittelten den Menschen keinen Sinn, der die Lücke hätte füllen können, und schufen nicht genug Wohlstand, um die Russen von der Beschäftigung mit der Vergangenheit abzulenken. Daher konnten sich die Wähler mit Putin und seinem Bedauern über den Zusammenbruch der Sowjetunion identifizieren. Die Unterscheidung ist subtil, aber bedeutsam: Die Menschen wollten nicht in die sowjetische Zeit zurückkehren, aber sie wollten sich nicht schuldig fühlen müssen, weil sie an diese Zeit zurückdachten.

Die Korruption und der finanzielle Niedergang unter Jelzin schadeten Putin praktisch nicht. Die Finanzkrise im Jahr 1998 hatte Jelzin gezwungen, in seiner Regierung aufzuräumen, und er hatte mit den schlechten auch die guten Elemente weggespült. Das von Anatoli Tschubais geführte Wirtschaftsteam wurde teils zu Recht und teils zu Unrecht verteufelt. Die Säuberung erfasste auch Boris Nemzow, einen jungen Jelzin-Schützling in Tschubais' Team. Nemzow, in dem Jelzin eine Zeitlang einen potenziellen Nachfolger gesehen hatte, verwandelte sich in einen der einflussreichsten Kritiker der von Putin vorangetriebenen Demontage der russischen Demokratie. Ich arbeitete jahrelang in der »externen« (außerparlamentarischen) Opposition mit Boris zusammen und war entsetzt, wenn auch nicht überrascht, als er am 27. Februar 2015 in Moskau auf offener Straße ermordet wurde.

Boris Jelzin ging es vor allem um sein persönliches Wohlergehen. Es wurden immer neue Korruptionsvorwürfe gegen ihn und seine Familie erhoben, und damit war nicht nur »die Familie« gemeint, wie der Kreis der mit ihm verbündeten Oligarchen und Berater genannt wurde, sondern auch seine Verwandten. Die Regierungskrise im Jahr 1998 schwächte Jelzin und machte ihm klar, wie verwundbar er geworden war. In der Duma wurden Forderungen nach einer Amtsenthebung laut, und schließlich gab der Präsident nach und ersetzte Ministerpräsident Tschernomyrdin durch Primakow. Der Präsident brauchte einen loyalen Nachfolger, der ihm zu Dank verpflichtet war, keine eigene Anhängerschaft hatte und stark genug war, um Jelzins Feinden die Stirn zu bieten, sollten sie Jagd auf ihn machen.

Jelzins jüngere Tochter Tatjana war auch seine enge Beraterin und in den letzten Jahren seiner Amtszeit eine Macht im Hintergrund. Sie soll die Entscheidung ihres Vaters für Putin beeinflusst haben. Es gibt eine historische Parallele zum Jahr 1933, als sich der altersschwache deutsche Reichspräsident Paul von Hindenburg von seinem Sohn Oskar überreden ließ, Adolf Hitler zum Reichskanzler zu ernennen. Nach Hindenburgs Tod im Jahr 1934 riss Hitler innerhalb von Stunden die gesamte Macht an sich. Es ist eine Ironie der Geschichte, dass Tatjana Jumaschewa (so ihr Ehename) im Jahr 2010 in ihrem Blog einige schüchterne Versuche unternahm, ihren Vater und sein Erbe gegen die Versuche des Putin-Regimes zu verteidigen, die Geschichte der neunziger Jahre umzuschreiben.

Abgesehen von diesem Konflikt hielt der Nichtangriffspakt zwischen Putin und der »Familie«. Tatsächlich glaube ich, dass Putin bis zu Jelzins Tod davor zurückschreckte, die russische Demokratie vollkommen zu zerschlagen. Jelzin beging schwere Fehler und fiel während seiner Amtszeit in Ungnade, aber er kämpfte tatsächlich für die Freiheit. Hätte er sich öffentlich zu Putins Streben nach diktatorischer Macht geäußert, so hätte dies erhebliche Auswirkungen auf die Wahlen im Jahr 2008 haben können. Aber nach seinem Tod am 23. April 2007 gelangte Putin offensichtlich zu der Überzeugung, dass er sich keinen Zwang mehr antun musste.

Jelzin hat es verdient, nicht nur dafür in Erinnerung zu bleiben, dass er trinkfest war und während des Augustputschs auf einen Panzer kletterte. Im Dezember 1991 sah die westliche Welt mit dunklen Vorahnungen zu, wie Michail Gorbatschow zum Rücktritt gezwungen wurde. Jelzin erhielt wenig Anerkennung dafür, dass er die Revolution anführte, die schließlich die kommunistischen Institutionen hinwegfegte und das sowjetische Imperium zerschlug. Nicht Gorbatschow, sondern Jelzin war derjenige, der Russland hinter dem Spiegel hervorholte und ins Sonnenlicht hinausführte. In der schmerzhaften Übergangsphase verloren die Russen ihre Illusionen von einer glänzenden Zukunft, die gleich um die Ecke lag. Korruption, Armut, Kriminalität und der Krieg im Nordkaukasus erschwerten das Alltagsleben in Russland sehr, und als Hauptverantwortlicher für die Misere wurde Boris Jelzin ausgemacht.

Aber wer hätte Ende 1991, als die Sowjetunion zusammengebrochen war und das Überleben des russischen Staates und seiner Bevölkerung das Einzige war, das zählte, einen angenehmen Weg aus der Sackgasse finden können? Die Wucht des Rammbocks Jelzin genügte, um das Gefängnis der Vergangenheit niederzureißen, aber es mangelte ihm an Vorbereitung und Kreativität, um den Palast der Zukunft zu errichten.

Trotz all der Probleme lebten die Russen im Jahr 2000 in derselben Dimension wie die zivilisierte Welt, und wir maßen Erfolg und Misserfolg in unserem Leben an denselben Maßstäben wie die Menschen im Westen. Wie viele meiner Landsleute gab ich meine Stimme immer Jelzin: mit großen Hoffnungen von 1989 bis 1993 und mit gemischten Gefühlen von 1994 bis 1996, als sein einziger Vorzug war, dass er sich dem kommunistischen Revanchismus entgegenstellte.

Dass seine letzten beiden Jahre im Amt so enttäuschend verliefen, lag daran, dass Jelzin unfähig war, die notwendigen Reformen voranzutreiben und die Korruption im politischen und wirtschaftlichen Leben Russlands zu bekämpfen. Aber wir hatten kaum eine echte Alternative. Bei der Beurteilung des Für und Wider von Jelzins Herrschaft kann man feststellen, dass es ihm nicht gelang, die Wurzeln des Kommunismus und des KGB auszureißen. Aber zumindest ließ er nicht zu, dass sie unter seinen Augen neue Blüten trieben.

Lenin liegt immer noch im Mausoleum am Roten Platz, und die beiden (1991 und 1993 verhängten) Verbote für die Kommunistische Partei, unter dem Banner von Lenin und Stalin zu marschieren, waren nur von kurzer Dauer. Als leidenschaftlicher Antikommunist bin ich der Letzte, der die Nachgiebigkeit gegenüber den Anhängern des verbrecherischen Sowjetstaats entschuldigen würde. Aber ich verstehe, dass es Jelzin schwerfiel, das Regime, das ihm den Aufstieg an die Spitze der Nomenklatura ermöglicht hatte, endgültig zu begraben.

Die vielleicht bedeutsamste Leistung Jelzins war etwas, das er *nicht* tat, als er an die Macht kam. Nachdem im Oktober 1993 die dunkelste Zeit der postkommunistischen Ära in Russland beendet worden war, verzichtete Jelzin nach mehreren blutigen Tagen in Moskau darauf, das zu tun, was seine Gegner mit einiger Sicherheit getan hätten: die andere Seite auszulöschen. Zum ersten Mal überhaupt in der russischen Geschichte beseitigte der neue Herrscher seine unterlegenen Gegner nicht, um seine Macht zu festigen. Obendrein wurden Jelzins Feinde im Lauf der Zeit in den politischen Prozess integriert. Jelzin kündigte sofort Wahlen an und akzeptierte ein unabhängiges Parlament.

Wie aus dem Nichts setzte sich dieser Karrierebürokrat, der die instinktive Fähigkeit besaß, Hindernisse niederzureißen und seit langem verschlossene Türen aufzustoßen, an die Spitze der Veränderungsbewegung. Aber Jelzins Unbeständigkeit kannte keine Grenzen. Er gestand den regionalen Regierungen größere Befugnisse zu, nur um sich kurz darauf in den tragischen Krieg in Tschetschenien zu stürzen. Er zog gegen die Privilegien der Eliten ins Feld, öffnete später jedoch den Oligarchen die Tür, damit sie das Land ausplündern konnten. Er setzte sich für freie und faire Wahlen ein, konnte sich am Ende jedoch nicht damit abfinden, die Besetzung der höchsten Machtpositionen vom Willen des Volkes abhängig zu machen.

Es war klar, dass Jelzin mit fairen Wahlen nicht an der Macht bleiben konnte. Bald häuften sich die undemokratischen Manipulationen. Damit waren die Weichen für die Entstehung des putinschen Polizeistaats gestellt. Putin musste nur seinem Instinkt gehorchen und vollenden, was bereits auf den Weg gebracht worden war. Die letzte und entscheidende Prüfung bestand Boris Jelzin nicht. Die fragilen demokratischen Strukturen, deren Entstehung er gefördert hatte, überstanden sein Bedürfnis nach Macht und Sicherheit nicht. Er scheiterte an der Aufgabe, stabile Institutionen zu errichten. Die Struktur hing von seiner Führung ab, und die Freiheitsrechte existierten nur, weil er sie zugestand. Ein solches System konnte den Rückzug des Herrschers, der es geschaffen hatte, unmöglich überstehen.

Das Schlimmste war, dass der Zusammenbruch dieses Systems das russische Volk gegen eine Ordnung aufbrachte, die fälschlich als unkontrollierter Kapitalismus und schrankenlose Demokratie betrachtet wurde. Die Interessen der Oligarchen setzten sich gegen das Gemeinwohl durch. Die Russen sahen nicht, welche Vorteile freie Wahlen und der freie Markt haben sollten. Die alten Bürokraten und die neuen Technokraten bildeten eine neue, durch die Gleichgültigkeit gegenüber den Werten der freiheitlichen Demokratie geeinte Herrschaftselite. Die Auseinandersetzungen zwischen ihnen über den geeigneten Nachfolger für Jelzin Ende der neunziger Jahre hätten anders ausgehen können, aber die Demokratie hätte in jedem Fall verloren. Sie begriffen rasch, dass freie Wahlen und freie Medien ihre Macht nur schwächen konnten. Es war kein Zufall, dass Jelzins Nachfolger aus dem KGB kam.

In Anbetracht der Umwälzungen und Probleme, die Jelzin zu bewältigen hatte, war es unvermeidlich, dass Chancen ungenutzt blieben. Es ist noch zu früh, um zu beurteilen, was er besser hätte machen können, aber es ist relativ einfach, die Entwicklung während seiner Amtszeit mit der seit Putins Machtantritt im Jahr 2000 zu vergleichen. Unter Jelzin herrschte Chaos, aber er tastete die individuellen Freiheitsrechte nie an. Putins ganze Präsidentschaft ist ein Gegenentwurf zu den Jelzin-Jahren, und er hat sein Vorhaben durchgesetzt. Die gesamte parlamentarische Demokratie ist mittlerweile der direkten Kontrolle des Präsidenten unterworfen: Unter Jelzin versuchte das Parlament zweimal, den Präsidenten seines Amtes zu entheben. Unter Putin ist es nur noch ein Marionettenparlament. Die Korruption der Oligarchen ist dem Kreml unterstellt worden, hinter dessen Mauern sie ein schockierendes Ausmaß angenommen hat. Unter Jelzin konnten die Medien den Präsidenten ungehindert kritisieren; jetzt stehen sie im Dienst von Putins Regime. In der Wirtschaft sehen wir die deutlichsten Unterschiede, obwohl das im Wesentlichen an der einfachen Tatsache liegt, dass der Ölpreis unter Putins Herrschaft von 10 auf über 100 US-Dollar pro Barrel stieg. Und trotz des ungeheuren Reichtums an Bodenschätzen steigt der Lebensstandard der russischen Durchschnittsbürger kaum.

Boris Jelzin beging zahlreiche Fehler, aber er war eine Person aus Fleisch und Blut mit Tugenden und Lastern. Wir tauschten ihn gegen den Schatten eines Mannes aus, dessen einziges Ziel es ist, uns alle in ewiger Dunkelheit zu halten. Die lange Schlange trauernder Russen vor Jelzins Sarg in einer Moskauer Kathedrale zeigte, dass die Menschen trotz seiner vielen Irrtümer seinen Willen zum Guten sahen. Das unterscheidet ihn von seinem Nachfolger.

* * *

15 Jahre nach dem Beginn seiner Herrschaft zerbricht sich noch immer eine beeindruckend lange Liste von Experten den Kopf über die wahre Natur Wladimir Putins. Es darf geraten werden, da es über den Großteil seiner Kindheit und Jugend keine gesicherten Erkenntnisse gibt und widersprüchliche Berichte und biographische Darstellungen seiner Person und seiner Laufbahn existieren. Selbst seine eigenen autobiographischen Erklärungen und Interviews scheinen eher geeignet, zu verdunkeln und in die Irre zu führen, und tatsächlich ist genau das ihr Zweck.

Putins frühe Lebensgeschichte interessiert mich wenig und ist kein Gegenstand dieses Buchs. Die Auseinandersetzung mit seiner schwierigen Kindheit in Leningrad oder der Versuch, Fakten und Fiktion in seiner Biographie voneinander zu trennen, überlasse ich denen, die solche Beschäftigungen lohnenswert finden. Ich nehme an, dass es einiges zu entdecken gibt, das erst entdeckt werden kann, wenn Putin von der politischen Bühne abtritt. Daher werde ich nur wenige Autoren zitieren, deren Ansichten und Analysen ich respektiere, um mich anschließend Putins Herrschaftszeit zuzuwenden. Die amerikanisch-russische Journalistin Masha Gessen weiß so viel über Putin, wie man nur wissen kann, und hat seinen Charakter in ihrer vorzüglichen Biographie *Der Mann ohne Gesicht* (2012) mit der für sie charakteristischen Schärfe analysiert. Sie beschreibt ihn als typischen Sowjetbürger seiner Generation, als einen Mann ohne politische Ideale. Seine Eltern mögen vielleicht – vielleicht aber auch nicht – daran geglaubt haben, dass die ganze Welt eine kommunistische Zukunft hat, dass dem Proletariat zu seinem Recht verholfen wird, oder sie hingen anderen ideologischen Klischees an, die schon reichlich abgenutzt waren, als Putin aufwuchs. Er hat seine Beziehung zu diesen Idealen nie reflektiert. Wie viele in seiner Generation hat Putin den Glauben an den Kommunismus, der nicht mehr länger zwangsläufig oder auch nur möglich war, durch einen Glauben in die Institutionen ersetzt. Seine Treue galt dem KGB und dem Imperium, dem er diente und das er beschützte: der Sowjetunion.[1]

In einer neuen Biographie von Fiona Hill und Clifford Gaddy, *Mr. Putin: Operative in the Kremlin*, stach mir eine aufschlussreiche Erklärung für Putins Verhalten in der Öffentlichkeit ins Auge, die sich mit meiner Beschreibung dieses Mannes als Pokerspieler deckt, der sich darauf versteht, die Taktik seiner Gegner zu deuten. Wir sollten diese Beschreibung im Auge behalten, wenn wir uns der Frage zuwenden, welchen Eindruck Putin auf andere Staats- und Regierungschefs machte: Höchstwahrscheinlich gewannen sie genau den Eindruck von ihm, den er auf sie machen wollte.

> Es geht Putin weniger darum, eine bestimmte Version der Realität zu vermitteln. Vielmehr will er herausfinden, wie andere auf die Information reagieren. Für ihn sind andere Menschen

Teilnehmer an einem von ihm geleiteten Spiel. Er gibt Inputs, sie reagieren. Er urteilt. Ihre Reaktionen auf seine Inputs verraten ihm, was sie über ihn denken – aber indem sie reagieren, sagen sie ihm auch, wer sie sind, was sie wollen und was ihnen wichtig ist. Putin seinerseits gibt sehr wenig preis. Tatsächlich gibt er sich große Mühe, sein Gegenüber auf eine falsche Spur zu führen. Als Präsident und Ministerpräsident hat er zahllose verschiedene Persönlichkeiten zum Besten gegeben. Seit dem Jahr 2000 ist Putin der größte Performancekünstler in der internationalen Politik.[2]

Ich würde jedoch hinzufügen, dass Putins Charakter und seine Darbietungen in den letzten Jahren unter Druck zur Deckung gekommen sind. Als er sich gezwungen sah, seine Bemühungen um die Gunst der führenden demokratischen Länder durch wütende Angriffe auf sie zu ersetzen, um sich die Unterstützung der heimischen Öffentlichkeit zu sichern, kam der wahre Putin zum Vorschein und ließ seine in Schichten übereinanderliegenden Masken fallen. Abgesehen davon, dass er nun seiner wahren Natur gehorchte wie der Skorpion auf dem Rücken des Froschs, erhielt er die Möglichkeit, diese Natur zu entfalten und auszuleben.

Hier haben wir die Antwort auf die Frage, ob Diktatoren geboren oder gemacht werden. Wie bei den meisten Fragen nach Anlage und Prägung lautet die Antwort, dass sich beide Faktoren in wechselndem Verhältnis auswirken. Im Jahr 2000 wusste Putin nicht, dass er ein Diktator werden wollte. (Damit unterschied er sich von Hitler und Stalin, aus deren frühen Schriften und Erklärungen deutlich hervorging, wovon sie träumten.) Insiderberichte aus dem Jahr 1999 deuten sogar darauf hin, dass Putin anfangs keinen Gefallen an Jelzins Vorschlag fand, ihn vorzeitig ins Präsidentenamt zu hieven.[3]

Putin folgte seinem Instinkt und suchte Anschluss an mächtige Personen, um selbst Macht zu erlangen. Was er nicht kontrollieren konnte, dem konnte er nicht vertrauen. Seine Lösung bestand in dem Versuch, alles zu kontrollieren. Anders als im sowjetischen Totalitarismus, in dem die gesamte Kontrolle dem System überlassen wurde, strebte Putin totalitäre Macht für seine eigene Person an.

Als er im Jahr 2000 das Präsidentenamt übernahm, war er von zahlreichen anderen mächtigen Kräften umgeben. Verschiedene Berater Jelzins (darunter seine Tochter) und Oligarchen übten weiterhin innerhalb und außerhalb der Kremlmauern Macht aus. Unter diesen Figuren waren Boris Beresowki, die langjährige graue Eminenz der Regierung Jelzin, und seine Kollegen Alexander Woloschin und Roman Abramowitsch. Vieles deutet darauf hin, dass Beresowski, der seit Jahren mit Putin bekannt war, den weitgehend unbekannten Bürokraten auf den Posten des Ministerpräsidenten gesetzt hatte.

Während Jelzins Reformen eine deutliche Machtverschiebung von der Duma zum Präsidentenpalast ermöglicht hatten, konnte das Parlament noch nicht vollkommen ignoriert werden. Die Medien standen unter dem Einfluss der Regierung, aber es gab immer noch zahlreiche Informationsquellen, und die politische Berichterstattung war, obwohl parteilich und gehässig, weiterhin frei.

Da ich gerne meinen Weitblick zur Schau stelle, sollte ich auch meine Fehleinschätzungen nicht verschweigen. Zwei Tage nach Putins Amtsantritt pries ich Jelzins Amtszeit und äußerte mich zuversichtlich über die Zukunft unter Putin. In einem Kommentar im *Wall Street Journal* am 3. Januar 2000 ließ ich Putins Vergangenheit im KGB und die von ihm zu verantwortenden entsetzlichen Menschenrechtsverstöße in Tschetschenien unerwähnt. Ich konzentrierte mich auf Jelzins Hinterlassenschaft und verzichtete auf Voraussagen, weil Putin immer noch weitgehend unbekannt war. Und wie jeder Patriot wollte ich das Beste für mein Land. Als ich mich im *Wall Street Journal* an die amerikanische Öffentlichkeit wandte, hatte ich im Hinterkopf, wie wichtig ausländische Unterstützung und Investitionen für Russland waren:

> Ich bin überzeugt, dass Jelzin aufrichtig von der Notwendigkeit überzeugt war, Russland zu einer vollwertigen Demokratie zu machen. Er wünschte sich einen neuen starken Mann im Kreml, der die kostbaren demokratischen Reformen verteidigen konnte. Die Zukunft wird zeigen, ob Putin ein guter Präsident sein kann. Aber heute können wir festhalten, dass Jelzin unter den gegebenen Umständen auf das richtige Pferd gesetzt hat. [...] Die Frage ist natürlich, ob Putins Team die wachsenden wirtschaftlichen Probleme Russlands bewältigen kann, aber zweifellos wird die neue Regierung im von Jelzin entworfenen konstitutionellen Rahmen eine Lösung suchen. So wird diese Regierung zum endgültigen historischen Triumph des ersten russischen Präsidenten beitragen.[4]

Wie sich herausstellte, wollte Jelzin einen starken Mann im Kreml, der nicht die demokratischen Reformen, sondern den Reichtum seiner Familie und seiner Verbündeten verteidigte. Und ich konnte mir einfach nicht vorstellen, dass Putin den konstitutionellen Rahmen derart rasch und brutal zerschlagen würde. Wie die meisten Beobachter dachte ich, dass Putin seine eigenen Freunde bevorzugen und disziplinierter als Jelzin sein würde, nicht jedoch, dass er sofort beginnen würde, das Land in den Totalitarismus zurückzuführen.

Wenden wir uns den Kräften außerhalb Russlands zu, den westlichen Regierungen und Investoren, die das Land am Ende des Jahrs praktisch aufgegeben hatten. Anstatt ihre beträchtlichen Mittel einzusetzen, um die Reformen und die demokratischen Institutionen zu unterstützen, beschränkten die führenden Nationen der freien Welt ihre Investitionen auf die atomare Abrüstung und andere Bereiche, in denen die Kooperation relativ einfach war. Mittlerweile dürfte klar sein, was ich über den Mythos von der Demütigung Russlands denke, aber es ist eine Tatsache, dass der Westen sehr viel mehr hätte tun können, wenn er sich wirklich für die Zukunft Russlands interessiert hätte.

George Soros wurde Zeuge vieler Bemühungen um eine Erneuerung und einen Wiederaufbau der russischen Wirtschaft in den Jahren nach dem Zusammenbruch des Kommunismus. Sein Investmentfonds leistete in mehrerlei Hinsicht ebenso große Beiträge zu diesem Wiederaufbau wie der IWF. Soros war enttäuscht über das halbherzige und heuchlerische Engagement des Westens Ende der neunziger Jahre. Als Putin das Präsidentenamt übernahm, sah Soros die Zeichen an der Wand. Sehr viel früher als die meisten Beobachter begriff er, wohin Putin das Land führen würde. Im Februar 2000 erschien in *Moskowski Nowosti* ein Artikel, in dem sich der legendäre Investor mit dem erbitterten Kampf beschäftigte, den sich Tschubais und Beresowski hinter den Kulissen lieferten. Soros kritisierte den Westen für seine Unfähigkeit, Russland angemessen zu unterstützen. Die Zukunft des neuen Putin-Regimes sah er so:

> Der Staat, den Putin errichtet, wird kaum auf den Prinzipien der offenen Gesellschaft beruhen. Er wird weiter versuchen, das Gefühl der Furcht zu nutzen, das die Gesellschaft nach den Explosionen in den Wohnhäusern erfasste. Dieser Staat wird versuchen, seine Kontrolle über das Privatleben auszuweiten und Russland eine globale Vormachtstellung zu sichern. Er

wird autoritär und nationalistisch sein. Es ist unmöglich, die Entwicklung vorauszusagen, aber es ist klar, dass dies die Richtung ist, die Putin einschlagen will, etwas, das die westliche freie Gesellschaft hätte vermeiden können, hätte sie den Prinzipien der freien Gesellschaft die Treue gehalten.[5]

Ein Mann, der Putin frühzeitig richtig einschätzte, ist Andrej Piontkowski, einer der scharfsinnigsten und scharfzüngigsten politischen Analysten Russlands. Im Januar 2000 bezeichnete er den Putinismus als »höchste und letzte Stufe des Banditenkapitalismus« und als »Gnadenschuss« für die russische Nation. Der Artikel, den er im Februar 2000 im *Russia Journal* veröffentlichte, hat ewige Gültigkeit, denn Piontkowski sah sehr deutlich, was die meisten von uns lediglich dunkel ahnten. Der Ausgangspunkt seines Artikels war das Weltwirtschaftsforum in Davos im Januar, wo er amüsiert verfolgt hatte, wie sich russische Regierungsvertreter abgemüht hatten, die Frage »Wer ist Putin?« zu beantworten:

> Die distinguierten Herren, die auf den Fluren aggressiv für ihr Produkt geworben hatten, das den Markennamen »Wladimir Putin, kommender Präsident Russlands« trug, waren ratlos: Keiner von ihnen wollte sich öffentlich äußern, oder sie wagten es nicht, sich öffentlich zu äußern. Es war, als spräche man über einen Verstorbenen: »Entweder man spricht gut über ihn oder man sagt gar nichts.« Nur dass sich Putin bester Gesundheit erfreut und politisch lebendig ist.

Dann erzählte Piontkowski, wie er die Frage am nächsten Tag in seiner eigenen Gesprächsrunde beantwortete. Wie gewohnt nahm er kein Blatt vor den Mund:

Tut nicht so, als wüsstet ihr nicht, wer Putin ist, war meine Antwort. Ihr seid nur nicht bereit, euch der Wahrheit zu stellen. Ich weiß nicht mehr über Putin als ihr. Aber was ich weiß, genügt, um mir als russischer Wähler mein persönliches Urteil über diesen Bewerber für das Präsidentenamt zu bilden: Dieser Mann ist gefährlich für mein Land und für die Welt.

Dieser Mann hat eine vollkommene Gleichgültigkeit für das menschliche Leben, Zynismus und Heuchelei sowie die Bereitschaft gezeigt, den Krieg und den Tod tausender russischer Soldaten und unschuldiger Zivilisten als PR-Instrument in seinem Wahlkampf zu benutzen. Dieser Mann hat an Stalins Geburtstag einen Toast ausgebracht, er hat die Gedenktafel zu Ehren des ehemaligen KGB-Chefs Juri Andropow wieder an der Mauer der Lubjanka – der Zentrale des Geheimdiensts FSB – anbringen lassen, und er träumt davon, die Statue des Schlächters Felix Dserschinski, des Gründers der sowjetischen Geheimpolizei, wieder im Zentrum von Moskau aufzustellen.

Anschließend kam Piontkowski auf die Notlage des Journalisten Andrej Babizki zu sprechen, der von den russischen Streitkräften in Tschetschenien entführt worden war und später von Putin des Hochverrats bezichtigt wurde, weil er in seiner Berichterstattung nach Meinung des Präsidenten zu viel Sympathie mit den tschetschenischen Rebellen gezeigt hatte. Piontkowski schloss seinen Artikel mit folgender Prognose:

Dieses Spiel hat auch große politische Bedeutung. Babizki ist nicht der Einzige, der in den Filtrationslagern gefoltert wird. Wir sind alle Gefangene in einem riesigen Filtrationslager vor den Toren der schönen neuen Putin-Stasi-Welt. Sie testen unsere Eignung für diese Welt. Wie viel können wir schweigend herunterschlucken? Wie schnell und wie leicht lassen wir uns brechen? Wer den Test nicht besteht, wird rücksichtlos als Ausschuss aussortiert.

Fragt mich nicht, wer Putin ist. Und fragt mich nicht, für wen Putin die Glocke läutet. Er läutet sie für euch.[6]

Im Jahr 2005 kehrte eine Büste von Felix Dserschinski an ihren alten Platz im Hof des Gebäudes der Moskauer Polizei in der Petrowka Nr. 38 zurück. Seine Statue, die im Jahr 1991 vom Lubjanka-Platz entfernt wurde, wartet noch auf ihre Heimkehr.

* * *

Als Putin am 7. Mai 2000 das Präsidentenamt antrat, war er mit zahlreichen äußeren Einflüssen, einer siechenden Wirtschaft und einem andauernden Krieg in Tschetschenien konfrontiert. Sofort machte er sich mit beeindruckender Zielstrebigkeit daran, alles und jeden, das oder der seine Macht beschränken konnte, unter Kontrolle zu bringen oder zu beseitigen. Mit seinem ersten Dekret hatte er Jelzin Schutz gewährt – zweifellos hatte er ein entsprechendes Versprechen gegeben. In den folgenden Tagen folgten in rascher Abfolge mehrere Erlasse, deren Zweck es war, das Militär zu stärken und demokratische Einrichtungen zu zerschlagen.

Die Oligarchen, die im Machtkampf auf der falschen Seite gestanden hatten, stellten rasch fest, was eine Niederlage gegen Putin bedeutete. Wladimir Gussinski, der Medienmagnat, dessen NTV der erste unabhängige Fernsehsender in Russland gewesen war, stand nach Meinung Putins dem Moskauer Bürgermeister Juri Luschkow zu nahe und hatte dessen Präsidentschaftskandidatur finanziert, weshalb er wenig vertrauenswürdig und potenziell gefährlich war. Putin machte kurzen Prozess mit ihm. Wenige Tage nach Putins Amtsantritt fand eine Polizeirazzia in Gussinkis Unternehmen statt. Im Juni wurde er unter einem bizarren Vorwand verhaftet und verschwand für drei Tage im Gefängnis. Nachdem er auf Kaution entlassen worden war, reiste er nach Spanien aus, wo er noch im selben Jahr aufgrund eines von der russischen Regierung bei Interpol beantragten Haftbefehls festgenommen wurde. (Dies war ein frühes Beispiel für Putins Taktik, internationale Institutionen für die Verfolgung seiner politischen Gegner einzuspannen.) Gussinskis Medien wurden schließlich von den Behörden beschlagnahmt – auch diese Form der Verstaatlichung zur Bestrafung politischer Gegner sollte bald ein vertrautes Muster werden.

Auch Putins Gönner Beresowski erging es nicht besser. Als Mitglied der Duma schrieb er einen offenen Brief, in dem er gegen ein Gesetzesvorhaben Putins protestierte, dessen Zweck es war, die Befugnisse der regionalen Gouverneure einzuschränken und sie der Zentralregierung zu unterstellen. Beresowski sah in dem Gesetz eine Bedrohung für die russische Demokratie, was es auch war. Sechs Wochen später, am 17. Juli, legte Beresowski aus Protest gegen Putins antidemokratisches Gesetzesvorhaben sein Abgeordnetenmandat nieder. Nachdem die beiden in den Medien Kritik und Drohungen ausgetauscht hatten, griffen die Behörden im Oktober einen alten Betrugsvorwurf gegen Beresowski wieder auf. Diese Drohung genügte, um ihn zum Verlassen des Landes zu bewegen; er ging schließlich nach London. So wie Gussinski verlor auch Beresowski sein verbliebenes russisches Vermögen durch Beschlagnahme oder musste an putintreue Oligarchen wie Abramowitsch verkaufen.

Möglicherweise hielt Putin Beresowski einfach für zu mächtig und zu gut informiert, um ihn dulden zu können. Er kontrollierte auch mehrere wertvolle Unternehmen wie den Ölkonzern Sibneft und den Fernsehsender ORT (der später als Kanal Eins bekannt wurde). Putin erkannte rasch, dass es wirkungsvoller war, die Medien vollkommen zu kontrollieren, anstatt sie nur zu zensieren. Also beseitigte er die Mittelsmänner.

Die Medien wurden von Putin wohlgesinnten Kräften oder von engen Vertrauten übernommen. Diese »Übernahmezensur« wurde durch die herkömmliche Methode der Zensur ergänzt, durch Listen in Ungnade gefallener Namen und verbotener Themen. Die Medienmacht wurde auf dieselbe Art und mit demselben Zweck wie die politische Macht zentralisiert: Man wollte das Land ausplündern, ohne einen Volksaufstand zu riskieren. Die Korruption der Jelzin-Ära ist nur deshalb ins kollektive Gedächtnis Russlands eingebrannt, weil wir seinerzeit aus der Presse davon erfuhren. In den neunziger Jahren führten die Oligarchen mit ihren Medien Krieg gegeneinander. Es war ein schmutziger Kampf, aber in dieser Auseinandersetzung kamen die Tatsachen ans Licht, und tausende ehrliche Journalisten versuchten, die russische Öffentlichkeit über die Wahrheit aufzuklären.

Putins Besessenheit von der Kontrolle der Medien erreichte einen neuen Höhepunkt, als im August das Atom-U-Boot *Kursk* in der Barentssee sank und 118 Besatzungsmitglieder den Tod fanden. Aber nicht alle Seeleute wurden durch die von einem defekten Torpedo verursachte Explosion an Bord getötet. 23 Männer überlebten Stunden und vielleicht länger in einer isolierten Kammer und warteten auf die Retter – die jedoch erst Tage später eintrafen. Die *Kursk* war der Stolz der russischen Flotte; das 1994 vom Stapel gelassene U-Boot galt wie einst die *Titanic* als »unsinkbar«. Aufgrund von Budgetkürzungen war das U-Boot nur selten im Einsatz gewesen und wie die gesamte russische Militärausrüstung kaum gewartet worden. Die schlechte Ausbildung der Mannschaft und die verwahrloste Ausrüstung führten zur Katastrophe; das U-Boot sank im eisigen Wasser 100 Meter tief auf den Grund.

Putin war zum Zeitpunkt des Unglücks im Urlaub in Sotschi und entschloss sich, in der folgenden Krise nicht nach Moskau zurückzukehren. Vermutlich hätte er nichts tun können, um die in der *Kursk* gefangenen Männer zu retten, aber zu jenem Zeitpunkt konnte er das nicht wissen. Er akzeptierte die Erklärung der Marine, eine Rettungsaktion sei in Gang. Später gab er zu, es habe einen sehr unvorteilhaften Eindruck gemacht, dass er sich am Schwarzen Meer entspannte, während die Tragödie ihren Lauf nahm. Fast eine Woche lang wusste niemand, ob es Überlebende gab. Im Fernsehen waren abwechselnd Bilder verzweifelter Familien auf dem Marinestützpunkt Widjaewo und von Grillfesten des Präsidenten in Sotschi zu sehen. Die russische Kriegsmarine lehnte unterdessen Hilfsangebote der USA, Frankreichs, Deutschlands, Norwegens und anderer Länder ab.

Erst nach fünf Tagen und mehreren gescheiterten Rettungsversuchen akzeptierte Putin internationale Hilfe. Am 19. August, eine Woche nach der Katastrophe, traf ein norwegisches Bergungsschiff an der Unglücksstelle ein. Zwei Tage später gelang es den norwegischen Tauchern, in das U-Boot einzusteigen. Sie fanden keine Überlebenden. Die Führung der russischen Kriegsmarine setzte sofort falsche Berichte über die Unfallursache in die Welt. Ihre bevorzugte Version lautete, die *Kursk* sei von einem U-Boot der NATO gerammt worden (es gab keinerlei Beleg für diese Verschwörungstheorie). Selbst als zweifelsfrei festgestellt worden war, dass an Bord zwei Explosionen stattgefunden hatten, hielten russische Vertreter an der Kollisionstheorie fest. (Die vom russischen Staat kontrollierten Medien verbreiten diese Theorie noch heute, obwohl der amtliche Untersuchungsbericht im Jahr 2002 bestätigte, dass ein defekter Torpedo die Ursache gewesen war.)

Die russischen Medien und insbesondere Beresowskis Fernsehsender kritisierten die Reaktion der Regierung scharf und warfen ihr zu Recht Hartherzigkeit und Stümperei vor. Fernsehbilder von Putin und anderen gleichgültigen Regierungsvertretern, die sich Vorwürfe von trauernden Angehörigen anhören mussten, machten dem Präsidenten klar, wie gefährlich die Medien für seine Popularität werden konnten. Nun zeigte er, dass sein totalitärer Instinkt sehr viel ausgeprägter war als seine Neigung zu Reformen: Anstatt die für den furchtbaren Unfall und die verpfuschte Rettungsaktion verantwortliche Militärführung auszutauschen oder die inkompetenten Offiziere öffentlich zu bestrafen, blies er zur Jagd auf die Medien, die kritisch über die Reaktion auf das Unglück berichtet hatten.

Weniger als sechs Monate nach seinem Amtsantritt hatte Putin also zwei der einflussreichsten Oligarchen ins Exil gezwungen, die konstitutionelle Machtstruktur des Landes zugunsten der Zentralregierung verschoben und reihenweise unabhängige Medien mundtot gemacht. Innerhalb von sechs Monaten! Und aus dieser Säuberung machte das Regime den Mythos, Putin räume wie ein guter Sheriff in der Stadt auf. Die Bevölkerung verabscheute die Oligarchen, in denen sie nur Kriminelle sah, die über dem Gesetz standen. Und nun war Putin gekommen, ein starker Mann, der aus dem Sicherheitsapparat stammte und deutlich zeigte, dass es so nicht weitergehen würde. Nicht schlecht! Gut, er legte das Gesetz sehr großzügig aus, aber was hätte er sonst tun sollen?

Niemand kümmerte sich darum, dass Putin das Vermögen Gussinskis und Beresowskis einfach anderen, loyaleren Oligarchen wie Abramowitsch zuschanzte oder direkt verstaatlichte. Die Regierung Putin bekämpfte die Korruption nicht, sondern segnete sie ab. Es war eine eigenwillige Methode, in der Stadt aufzuräumen: Man machte Jagd auf eine Gruppe von Gaunern und ernannte eine andere zu Hilfssheriffs.

Um das klarzustellen: Ich habe nichts für die erste Generation von Oligarchen übrig, die Russland nach dem Zusammenbruch der Sowjetunion ausplünderten. Gemeinsam mit ihren Komplizen in Politik und organisiertem Verbrechen nutzten sie Jelzins Nachgiebigkeit aus und beraubten das Land der Chance auf Marktwirtschaft und Demokratie. Die ausufernde Korruption machte die ohnehin schwierigen Reformen unmöglich und senkte den Lebensstandard unter das für wirtschaftliche Stabilität unerlässliche Maß – bis es schließlich so weit war, dass Putin oder eine ähnliche Figur mit offenen Armen begrüßt wurde.

Aber ich lehne die Mythenbildung ab, die von jenen betrieben wird, die behaupten, Putin habe mehr gegen die Korruption, für institutionelle Wirtschaftsreformen und für das Wachstum getan als Jelzin. Ich glaube nicht, dass man es als Fortschritt bezeichnen kann, dass Putin erst den Diebstahl legalisierte und sich dann einer geringeren Zahl von Diebstahlsdelikten rühmte. Tatsächlich stieg die Verbrechensrate in Russland bis 2002, als die Einnahmen dank des stark steigenden Ölpreises zu sprudeln begannen. Eine ähnliche Befriedungsstrategie verfolgte Putin in Tschetschenien, als er dem dominanten Kriegsherrn Achmat Kadirow den Segen des russischen Staates gab und ihm gewaltige Gewinne zugestand.

Man kann praktische Argumente für diese Befriedungsmaßnahmen vorbringen, aber in meinen Augen sind diese Argumente zynisch und unmoralisch – und sie schaden langfristig den nationalen Interessen. Die Strategie, die Gewalt auf den Straßen und die Konflikte einzudämmen, indem man einen Mafiaclan adoptierte und andere auslöschte, hatte einen hohen Preis. Ohne freie Medien, ohne Justizwesen, das Schwierigkeiten machen konnte, und ohne Konkurrenz verhielten sich die von Putin bevorzugten Oligarchen wie Ungeziefer, dessen natürliche Fressfeinde ausgerottet worden sind. Die Gewinner hatten die Staatsmacht hinter sich und konnten das Tor zur russischen Schatzkammer aufbrechen.

Hätte Putin gedroht, dasselbe, was er selektiv mit einigen wenigen tat, mit allen zu tun – hätte er die Prinzipien der Rechtsstaatlichkeit konsequent angewandt –, so hätten sich die Dinge ganz anders entwickelt. Er hätte dem Plündern ein Ende machen und Freunden wie Feinden klarmachen können, dass die Party auf Kosten des russischen Volks vorüber war. Anfangs hatte es den Anschein, als wollte er an Gussinski und Beresowski ein Exempel statuieren, um genau das zu tun: Wenn er zwei der reichsten und mächtigsten Oligarchen so schnell entmachtete, würden die anderen rasch klein beigeben. Stattdessen stellte sich heraus, dass Putin einfach ein Mafiapate für die übrigen Oligarchen sein wollte: Entweder sie gelobten dem Paten Treue und stahlen innerhalb seines Systems, oder sie konnten über Nacht ihre Freiheit und ihr Vermögen verlieren. In Putins erstem Jahr im Amt zeigte sich, dass das Wohlergehen des Präsidenten und seiner Freunde Vorrang vor dem Wohl Russlands hatte. Und so ist es auch heute noch.

Die zahlreichen verabschiedeten Wirtschaftsreformen wurden nie umgesetzt. Die Behauptung, ab dem Jahr 2000 seien erfolgreiche institutionelle Reformen durchgeführt worden, ist inhärent falsch, obwohl die systemischen Liberalen – bemerkenswert ist, dass viele von ihnen immer noch der Regierung angehören – an dieser Gründungslegende festhalten. Sie sagen uns, es seien wichtige Gesetze erlassen worden, mit denen man die Steuern gesenkt, Unternehmensgründungen erleichtert und Ähnliches bewirkt habe. Aber meiner Meinung nach können »institutionelle Reformen« nicht auf die Verabschiedung von Dokumenten beschränkt werden: Die Duma segnete alle Entscheidungen ab, die von oben kamen. In einer Diktatur wirkt sich der formale Inhalt der Gesetze nicht aus, denn entscheidend ist, wie die Gesetze angewandt werden. Reformen werden nur institutionalisiert, wenn sie sich tatsächlich auf das Leben der Menschen auswirken.

Wenn an diesem Punkt noch nicht vollkommen klar ist, wohin Putin das Land steuerte, können wir uns einen jener symbolischen Momente ansehen, die genauso aufschlussreich sind wie die Gesetzgebung und die Anwendung der Gesetze. Im Herbst 2000 führte Putin – angeblich in Reaktion auf die Klagen einiger russischer Sportler, denen die neue russische Nationalhymne aus dem Jahr 1990 peinlich war, weil sie keinen Text hatte – die alte Hymne der Sowjetunion wieder ein. Natürlich nicht mit dem alten stalinistischen Text und auch nicht mit dem aktualisierten aus dem Jahr 1977, an den ich mich nur allzu gut erinnere. Anstatt einen Text für die russische Nationalhymne in Auftrag zu geben, wurde die alte sowjetische Hymne wiederbelebt – und diese erhielt einen neuen Text. Geschrieben wurde er vom Autor des alten Textes. Zwar ist »Unsere Treue zum Mutterland gibt uns Kraft« zweifellos dem Text aus dem Jahr 1944 (»Wir werden die barbarischen Invasoren rasch vernichten«) und dem aus dem Jahr 1977 (»Der Sieg des unsterblichen Ideals des Kommunismus«) vorzuziehen, aber die Symbolwirkung der Rückkehr zur sowjetischen Hymne war eindeutig und schockierend.[7] Die Worte ändern sich, aber das Lied bleibt dasselbe.

6 Auf der Suche nach Putins Seele

Wer heute noch behauptet, Wladimir Putins wahre Natur nicht zu kennen, muss ein Witzbold, ein Dummkopf oder ein Scharlatan sein. Es gibt keinen Grund, Zeit mit Witzbolden oder Dummköpfen zu vergeuden, so nützlich sie auch für den Falschspieler Putin sein mögen, aber die Scharlatane sollten wir uns genauer ansehen. Seit mittlerweile fast einem Jahrzehnt wird Putin von Leuten verteidigt, die entweder von seiner Herrschaft profitieren oder gefährliche Ignoranten sind. Es ist verzeihlich, wenn man eine Weile blind für Putins Charakter und seine Vorhaben war, weil man Hoffnung brauchte oder diplomatisch sein wollte. Eine der Stärken – und zugleich eine der Schwächen – der freiheitlichen demokratischen Gesellschaften ist, dass sie sogar ihren Feinden im Zweifelsfall einen Vertrauensvorschuss geben. Wenn Putin tatsächlich ein antidemokratischer Schurke war, würde er es also beweisen müssen.

Und das tat er, Jahr für Jahr, und unter seinen Fürsprechern im Westen fanden sich immer weniger »Unwissende« – solange, bis schließlich nur noch jene übrig waren, die etwas zu gewinnen hatten, indem sie ihn unterstützten. Tatsächlich fiel es Putin nicht schwer, seinen internationalen Fanclub zu vergrößern, während er seine Diktatur festigte: Zu seinen Verbündeten zählten Energiekonzerne, die vom russischen Erdöl und Erdgas profitieren wollten, und europäische Ministerpräsidenten und Kanzler, die bereit waren, für ein paar Nebengeschäfte die strategischen Interessen ihrer Länder zu opfern.

Kaum war Putin auf der internationalen Bühne aufgetaucht, da fühlten sich alle Regierungschefs und ausländischen Russlandexperten verpflichtet, sich eine Meinung über ihn zu bilden. Aus dem Studium von Nachrichten und Memoiren kann man viel über die Kunst lernen, etwas Nettes zu sagen, ohne etwas zu sagen – und gleichzeitig die wichtigste aller politischen Künste zu praktizieren, die darin besteht, sich selbst den Rücken freizuhalten. Es erübrigt sich zu sagen, dass Putin in den im Rückblick geschriebenen Memoiren sehr viel kritischer beurteilt wird als in den Kommentaren, die dieselben Leute als Zeitgenossen über ihn abgaben. Nur sehr wenige sind so ehrlich zu gestehen, sich in Putin getäuscht zu haben oder, was noch schlimmer ist, von ihm getäuscht worden zu sein.

Alles in allem gewinnt man beim Studium dieser Meinungsäußerungen den Eindruck, dass alle Welt wusste, dass Putin Besorgnis erregende autokratische Neigungen hatte, wobei es jedoch niemand für nötig hielt, diesen Neigungen frühzeitig entgegenzutreten, als man noch etwas hätte ändern können. Schließlich, so ihre Begründung, war die Beziehung zwischen Russland und dem Westen bereits unterkühlt, und die Russen suchten ohnehin nach einem starken Mann. Da konnte man nicht viel mehr tun, als auf einen Neubeginn mit dem neuen Mann zu hoffen.

Die westlichen Regierungen befanden sich in einer misslichen Lage: Putin sprach von Reformen und machte glaubhaft, dass Russland in der postsowjetischen Ära mit vielen Schwierigkeiten zu kämpfen hatte. Er war nicht belastet wie Jelzin und kam ohne dessen Gepolter aus. Aber wenn man seine Handlungen betrachtete, sah das Bild ganz anders aus. Vor kurzem fragte ich meinen Freund Steve Sestanovich, einen langjährigen Mitarbeiter des amerikanischen Außenministeriums, was ihn an Putin in jenen Tagen am meisten überrascht oder beunruhigt habe.[1] Seine Antwort verrät viel darüber, wie schwer es dem Westen fiel, den neuen russischen Führer zu verstehen, und was das für Russland bedeutete.

Der »Putinismus« war von Anfang an eine heikle Aufgabe für uns, und wir wussten nicht, wie wir damit umgehen sollten. Auf der einen Seite hatte er im Wahlkampf viel über Reformen geredet und deutlich ausgesprochen, dass Russland weit hinter den Westen zurückgefallen war. All das schien ermutigend. Auf der anderen Seite wurden unablässig unabhängige Medien geschlossen – und dann war da der Feldzug der verbrannten Erde in Tschetschenien. Das war verwirrend. Wer war dieser Mann?

> Ich erinnere mich an ein Gespräch, das Madeleine Albright im Frühjahr 2000 in ihrem Büro mit einem russischen Besucher führte, der in der Jelzin-Zeit zu den einflussreichsten Figuren gezählt hatte. Sie bat mich, mich zu ihnen zu gesellen. Der Russe sagte: »Sie sollen wissen, dass Russland den besten Nachfolger für Boris Jelzin hat, den wir uns erhoffen konnten. Dieser Präsident wird auch einige unserer demokratischen Errungenschaften rückgängig machen. Als erstes wird er die Pressefreiheit attackieren. Hier verlassen sich seine Unterstützer darauf, dass Sie ihm entgegentreten werden.« Als ich aus dieser Besprechung kam, dachte ich: Wie sollen wir das jemals richtig machen?[2]

Ich könnte ein paar Vermutungen dazu anstellen, wer jener russische Besucher bei Außenministerin Albright war, aber das hätte wenig Sinn. Der Gast schätzte Putins Pläne gut ein und beurteilte richtig, wie die Vereinigten Staaten auf die kommenden Ereignisse reagieren sollten. Es ist leicht zu sehen, mit welchem Dilemma Sestanovich und die amerikanische Regierung konfrontiert waren, vor allem, wenn man bedenkt, dass zu jener Zeit noch Bill Clinton im Weißen Haus saß.

Clintons letztes Jahr im Amt war bereits schwierig genug. Er hatte gerade erst ein Amtsenthebungsverfahren infolge der Lewinsky-Affäre überstanden, das ihn den Großteil seiner Energie und Glaubwürdigkeit gekostet hatte. Im Februar platzte die Internetblase, was den überschäumenden Optimismus in der amerikanischen Volkswirtschaft deutlich abkühlte. Obendrein war es ein Wahljahr, und Vizepräsident Al Gore trat gegen George W. Bush um die Nachfolge Clintons an.

Auch die Außenpolitik machte Clinton Kopfzerbrechen. Jeder amerikanische Präsident versucht im letzten Jahr seiner Amtszeit, den Nahostkonflikt zu beenden, und Clinton war keine Ausnahme. Die Ermordung Jitzchak Rabins im Jahr 1995 hatte den Oslo-Friedensprozess zum Stillstand gebracht. Seit damals hatte sich Clinton in der Nahostpolitik zurückgehalten, aber im Juli 2000 brachte er Ehud Barak und Jassir Arafat in Camp David zusammen. Zur Überraschung all derer, die nichts über Geschichte wissen, kam keine Einigung zustande. Wenige Monate später begann nach Ariel Scharons Besuch auf dem Tempelberg die zweite Intifada. Zu jener Zeit war es nur eine Randnotiz, dass Selbstmordattentäter des Terrornetzes al-Qaida im jemenitischen Hafen Aden den Zerstörer *USS Cole* angriffen und 17 amerikanische Seeleute töteten.

Präsident Clinton befand sich also nicht in einer guten Ausgangslage, um einem harten und schwierigen neuen russischen Staatschef Paroli zu bieten. Das Weiße Haus gab weiterhin Lippenbekenntnisse zur Unterstützung des gequälten tschetschenischen Volks ab, wobei die Amerikaner immer wieder betonten, dass Tschetschenien nicht das Kosovo sei. Ein berüchtigter Satz, den ursprünglich Tony Blair geäußert hatte.[3] Russland hatte noch immer nicht verwunden, dass die Vereinigten Staaten und die NATO trotz des russischen Bündnisses mit den Serben im Jahr 1999 im Kosovo interveniert hatten – ein Affront, auf den Putin wieder und wieder zu sprechen kam.

Bei Clintons letztem Staatsbesuch in Moskau am 3. Juni 2000 sprach er mit Putin über die üblichen politischen Fragen, darunter die atomare Sicherheit, den Handel und den amerikanischen Raketenabwehrschirm, der sich in den folgenden Jahren in eines von Putins Steckenpferden verwandeln sollte. Es muss Clinton zugutegehalten werden, dass er die Bürgerrechte zumindest erwähnte. Madeleine Albright besuchte Radio Liberty, dessen Mitarbeiter Andrej Babizki wegen seiner schonungslosen Berichterstattung aus Tschetschenien von russischen Sicherheitskräften entführt worden war.

Clinton gab dem Radiosender *Echo Moskaus* ein einstündiges Interview. Der Sender gehörte zur Media-MOST-Gruppe von Wladimir Gussinski, der Putin im Wahlkampf die Gefolgschaft verweigert hatte. Clinton klang überrascht, als er gefragt wurde, ob er je die Staatgewalt gegen Kritiker oder die Medien eingesetzt habe. »So etwas habe ich nie getan. Das wäre illegal!«[4] Höflich wie er war, ließ Putin nach Clintons Abreise eine Woche verstreichen, bevor er Gussinskis Verhaftung befahl.

Auch die meisten europäischen Regierungen wollten die Sorge über das blutige Chaos in Tschetschenien lieber verdrängen, um die Beziehung zu Putin nicht zu belasten. Zwei wichtige Regierungschefs, der britische Premierminister Tony Blair und der deutsche Kanzler Gerhard Schröder, waren einer Konfrontation von Haus aus abgeneigt, vor allem, wenn Geschäfte gemacht werden konnten und derart viel russisches Geld in die Märkte floss. (Silvio Berlusconi, der sich in Putins willigsten Partner und hartnäckigsten Fürsprecher verwandeln sollte, kehrte im Jahr 2001 als Ministerpräsident Italiens an die Macht zurück.) Ein wenig Lob verdient Jacques Chirac, denn die französische Regierung protestierte unverblümt gegen die Gräuel in Tschetschenien; ein Abgesandter des tschetschenischen Präsidenten sprach sogar vor der französischen Nationalversammlung. Aber die Franzosen hielten nicht lange an ihrer entschlossenen Haltung fest, und als Putin im Oktober Paris besuchte, prostete Chirac dem russischen Gast und seiner Frau Ludmilla zu: »Es ist an uns, eine neue Seite in den französisch-russischen Beziehungen aufzuschlagen.« Wie sagt man »den Reset-Schalter drücken« auf Französisch?

Blair hatte im März 2000 neue Maßstäbe im Anbiedern gesetzt, indem er Putin kurz vor der russischen Präsidentenwahl überraschend einen privaten Besuch in Sankt Petersburg abstattete. Menschenrechtsorganisationen und die britische Presse attackierten Blair, weil er Putin Wahlkampfhilfe leistete, während auf dessen Befehl »Massenexekutionen von Zivilisten, willkürliche Verhaftungen tschetschenischer Männer, systematische Misshandlung, Folter und gelegentlich Vergewaltigungen« stattfanden.[5] Aber über diese Dinge wollte der britische Premierminister nicht sprechen. Stattdessen besuchte er mit seiner Frau die Eremitage und das Sommerpalais Peters des Großen, und die beiden verbrachten eine Nacht in der Oper, wo sie sich gemeinsam mit den Putins Sergej Prokofjews *Krieg und Frieden* ansahen. Blair lehnte es ab, sich bei diesem Besuch mit anderen Kandidaten oder Oppositionspolitikern zu treffen.

Das Jahr 2000 war auch nicht mein bestes Jahr. Ich hatte den Großteil der zweiten Jahreshälfte 1999 mit dem Aufbau einer großen Website mit Namen Kasparov Chess Online verbracht, die just in dem Moment in Betrieb ging, als die Dotcom-Blase platzte. Obwohl ich stolz auf einige der Projekte bin, an denen wir in dieser spannenden Zeit arbeiteten, ging meiner Site wie so vielen anderen Internetunternehmen nach wenigen Jahren die Luft aus. Im Oktober verteidigte ich nach fünf Jahren wieder einmal meinen Weltmeistertitel. Mein Gegner war mein Landsmann Wladimir Kramnik. Ich reiste in ausgezeichneter Verfassung, mit zahlreichen Ideen und voll Selbstvertrauen nach London. Einen Monat später hatte ich zum ersten Mal einen Titelkampf verloren, und das ohne einen einzigen Sieg. Kramnik war besser vorbereitet als ich und spielte mich an die Wand. Nach 15 Jahren an der Spitze war ich meiner Selbstzufriedenheit zum Opfer gefallen. Es war eine niederschmetternde Erfahrung, und im Alter von 37 Jahren dachte ich erstmals an Rücktritt. Aber ich wollte unbedingt beweisen, dass ich immer noch der beste Schachspieler der Welt war. Bis zu meinem Rücktritt im Jahr 2005 hielt ich mich an der Spitze der Weltrangliste.

Während ich meine Wunden leckte und mich auf mein Comeback vorbereitete, hatte ich Zeit, mich eingehend mit den Ergebnissen von Putins erstem Amtsjahr zu beschäftigen. Viele der folgenden Überlegungen veröffentlichte ich am 4. Januar 2001 im *Wall Street Journal* unter dem Titel »The Russian President Trades in Fear« (Das Geschäft des russischen Präsidenten: die Angst). Es ist erschreckend, dass vieles von dem, was ich in jenem Zeitungsbeitrag schrieb, noch heute gilt. Mit diesem Artikel hätte ich mich sehr viel lieber geirrt als mit dem optimistischen Kommentar, den ich ein Jahr früher veröffentlicht hatte. Es gelingt Putin, mich zu einem sehr guten Propheten, aber zu einem zutiefst enttäuschten Russen zu machen.

Boris Jelzins plötzlicher Rücktritt am 31. Dezember 1999 hatte mich dazu bewegt, den Neujahrstag damit zu verbringen, einige Gedanken über seine Rolle in der russischen Geschichte zu Papier zu bringen. Da der scheidende Präsident seinen Nachfolger benannt hatte (was in der russischen Politik die Wahl garantiert), versuchte ich die Parameter von Wladimir Putins

Politik vorauszusagen. Leider erwies sich meine Prognose, die auf der Annahme beruhte, dass ein junger, pragmatischer politischer Führer den demokratischen Prozess innerhalb Russlands stärken, die Korruption bekämpfen und Boris Jelzins unstete Außenpolitik stabilisieren würde, als Wunschdenken.

Nach einem Jahr erlaubte mir der Rückblick ein klareres Urteil. Putin hatte sämtliche Vorteile gehabt, die sich ein neuer Präsident wünschen konnte. Seine Zustimmungsrate erinnerte an die euphorischen Tage zu Beginn der Jelzin-Zeit – und anders als heute waren die Ergebnisse der Meinungsumfragen in Russland zu jener Zeit noch bis zu einem gewissen Grad glaubwürdig. Die massive Abwertung des Rubels nach dem Zahlungsausfall im August 1998 gab der exportabhängigen russischen Wirtschaft neuen Auftrieb. Und dank des hohen Ölpreises konnte der russische Staat höhere Währungsreserven anhäufen als unter jeder anderen postkommunistischen Regierung.

Aber Putin verspielte diesen Kredit. Seine KGB-Vergangenheit schlug sich in einem Regierungsstil nieder, der weder reformistisch noch demokratisch war. Der gemeinsame Nenner seiner Innen- und Außenpolitik war das Bemühen, sich die Angst zunutze zu machen – die Angst der Russen, ihr Land werde von feindseligen ausländischen Kräften (den Tschetschenen, der NATO, den Anhängern des freien Marktes) angegriffen, und die Angst des Westens, ohne einen starken, pragmatischen Führer werde Russland erneut renitent, instabil und potenziell aggressiv werden. 15 Jahre später lebt Putin weiterhin von der Angst, und er lebt gut davon.

Anstatt die wahren Feinde Russlands – die Korruption, die Unwissenheit und einen aufgeblasenen Staat – zu bekämpfen, änderte der gerissene Taktiker Putin einfach die Spielregeln. Unter der Oberfläche scheinbarer wirtschaftlicher Erfolge blieben strukturelle Veränderungen aus. Trotz einiger Änderungen am Steuersystem wurden die schmerzhaften Wirtschaftsreformen von der mächtigen Nomenklatura blockiert, jener Bürokraten- und Funktionärskaste, die den Schutz mächtiger Schutzherren genoss. Die Korruption wucherte, und das Justizsystem war weiterhin zu ineffizient, um die Gesellschaft stabilisieren zu können. Tausende russische Soldaten starben in Tschetschenien in einem Krieg, der ungezählte Zivilisten tötete, tschetschenische Städte und Dörfer in Ruinenlandschaften verwandelte und hunderttausende Menschen zu Flüchtlingen machte, die um das nackte Überleben kämpfen mussten. Der Krieg, den Putin der Öffentlichkeit als Antiterroreinsatz verkauft hatte, war ein gutes Geschäft für die russischen Generäle und ihre tschetschenischen Gegenstücke.

Putins neue Politik gegenüber den russischen Regionen stellte eine sonderbare Mischung aus der Kommandopolitik des sowjetischen Politbüros und der zaristischen Herrschaft über das Russische Reich dar. Um ihre mit der Macht verbundenen Privilegien zu retten, unterwarfen sich die Provinzgouverneure der Zentralregierung, die ihnen im Gegenzug zusätzliche Macht über die traditionell mit geringen Befugnissen ausgestatteten Gemeinden zugestand. Fast alle politischen Führungskräfte folgten ihrem Beispiel und schlossen sich jeder Initiative des Präsidenten an. Ein Beispiel: Mehr als 80 Prozent der Parlamentsabgeordneten unterstützten Putins Idee, die alte sowjetische Nationalhymne wieder einzuführen. (Wie üblich tat Putin so, als richte er sich nach dem Willen des Volkes. »Das Volk und ich können Fehler machen«, antwortete er auf die Frage, ob es ratsam sei, die sowjetische Hymne wiederzubeleben.)

Putins außenpolitische Doktrin war im Wesentlichen eine Erweiterung der innenpolitischen Strategie und schuf die Grundlage für sein opportunistisches Vorgehen in den nächsten

15 Jahren. Eine geeignete Bezeichnung für das von ihm entwickelte System ist »Schurkenstaat-Betriebsgesellschaft mBH«. Wann immer es irgendwo auf der Welt zu einer Krise kam oder die Position Russlands »bedroht« war – der neue Präsident war mit einer Lösung zur Stelle. Er war überall! Die Welt machte sich Sorgen über Nordkoreas Atomwaffenprogramm? Der russische Präsident hatte bereits persönlichen Kontakt zu Kim Jong-il aufgenommen und war bereit, eine Vermittlerrolle zu übernehmen. Es gab Probleme mit Saddam Hussein, Muammar al-Gaddafi oder Baschar al-Assad? Putin bot großzügig an, sich mit diesen illustren Figuren zusammenzusetzen. Ob er dabei je irgendeinen nützlichen Beitrag leistete, steht auf einem anderen Blatt.

Auf dem vertrauten Terrain Afghanistans bot Putin die russische Militärmaschinerie an, um bei der Jagd auf Osama bin Laden zu helfen. Es ist kaum der Rede wert, dass diese Militärpräsenz den russischen Generälen die Kontrolle über die wichtigsten Drogenrouten sicherte, die von Afghanistan durch die zentralasiatischen Staaten nach Europa führen. Als Irans Hauptlieferant von konventionellen Waffen und Nukleartechnologie hatte Russland die Schlüssel zu den militärischen Ambitionen der Mullahs in der Hand, und diese Schlüssel hielt Putin den amerikanischen und europäischen Unterhändlern wiederholt vor die Nase.

Putins Strategie in seinen ersten Jahren an der Macht beruhte auf seiner Deutung der Geschichte. Die blauäugige Reaktion des Westens auf den Russischen Bürgerkrieg im Jahr 1919 und das Münchner Abkommen, mit dem die Briten im Jahr 1938 Hitler beschwichtigen wollten, hatten den Weg zu zwei der furchtbarsten Tragödien im 20. Jahrhundert geebnet. Im Jahr 1961 rief Präsident John F. Kennedy die Flugzeuge zurück, die die gegen Fidel Castro kämpfende Streitmacht unterstützen sollte, so dass die von der Sowjetunion unterstützte kubanische Armee die Aufständischen massakrieren konnte. Durch diese Demonstration der Schwäche ermutigt, verlegte die sowjetische Führung Atomraketen nach Kuba. Die folgende Raketenkrise im Oktober 1962 brachte die Menschheit an den Rand der atomaren Katastrophe.

Es gab auch in jüngerer Zeit Beispiele dafür, dass der Westen in Krisensituationen in entscheidenden Momenten vor einem Engagement zurückschreckte, darunter die anfängliche Passivität gegenüber Saddam Husseins aggressivem Vorgehen im Jahr 1990 und das Bekenntnis zur territorialen Integrität Jugoslawiens im Jahr 1991. In beiden Fällen war die Moral der Geschichte dieselbe: Eine rechtzeitige Reaktion auf die gefährlichen Machtspiele der Feinde der Demokratie hätte die Kosten der Abschreckung deutlich gesenkt.

Putins Kubareise im Dezember 2000, deren Zweck es war, die Freundschaft Russlands mit der Castro-Diktatur wiederzubeleben, zeigte deutlich, welche geopolitische Strategie er verfolgte und wie viel taktisches Geschick er besaß. Ein Jahr nach diesem Besuch, der in Washington Besorgnis geweckt hatte, kündigte Putin die Schließung der kubanischen Spionagebasis Lourdes an, des größten russischen Militärstützpunkts im Ausland. Er nutzte die Chance, eine ohnehin unvermeidliche Maßnahme – Russland musste unbedingt seine Militärausgaben kürzen – als Geste zu verkaufen, mit der er bei der neuen Regierung Bush punkten konnte. Ähnliches Geschick bewies Putin mit der Schließung des Marinestützpunkts Cam Ranh Bay in Vietnam im Jahr 2002. Der Stützpunkt war sowohl den Vereinigten Staaten als auch China, das sich bald in Russlands wichtigsten Partner verwandeln sollte, ein Dorn im Auge. (Als Putin einen Weg suchte, um die Vereinigten Staaten wegen ihrer Unterstützung für die Ukraine unter Druck zu setzen, kehrte er im Juli 2014 nach Kuba zurück, um dem Land 90 Prozent der bei der Sowjetunion angehäuften Schulden zu erlassen und die Wiederinbetriebnahme des Stützpunkts Lourdes anzukündigen.)

Trotz der unübersehbaren Schwächen Russlands gelang es Putin, seinen Finger in alte Wunden zu legen und Schwachpunkte seiner Gegner auszunutzen. Er stieß regelmäßig Drohungen aus und machte Versprechungen, wobei unklar war, ob er sie tatsächlich würde halten können. Russland hatte immer noch einen Sitz im Sicherheitsrat der Vereinten Nationen und suchte oft den Schulterschluss mit China, um amerikanische Initiativen zu vereiteln. Ich glaube, es war Andrew Ryvkin vom *Guardian*, der diese Technik Putins treffend als außenpolitisches *photobombing* beschrieb.

Einige der frühen Manöver Putins konnte man getrost als gelungene Bluffs mit einem schwachen Blatt betrachten, aber sie zeigten, wo in den ersten Jahren an der Macht seine wirklichen Prioritäten lagen. Die Außenpolitik war zweitrangig, ja beinahe irrelevant im Bemühen um die Festigung seiner Macht in Russland. Putin konnte es sich nicht erlauben, Zeit oder Einfluss zu verlieren, indem er sich mit äußerem Druck auseinandersetzte. Freundliche Gesten gegenüber den mächtigen Regierungschefs verschafften ihm die Zeit, die er brauchte. Er tauschte realen außenpolitischen Einfluss gegen größeren Spielraum zur Unterdrückung der innenpolitischen Opposition. Die Schließung ausländischer Militärstützpunkte verärgerte die russischen Nationalisten, die jedoch zu jener Zeit kaum politischen Einfluss hatten – und bald darauf lockte Putin viele von ihnen in sein Lager. Mit einer schwachen Wirtschaft und einem verrotteten Militär hatte er nicht viel mehr Spielraum, aber es gelang ihm, den Eindruck zu erwecken, Russland habe wieder Einfluss in der Weltpolitik.

Ärgernisse, die nicht in Angriff genommen werden, wachsen sich zu richtigen Problemen aus. Der Anstieg des Ölpreises setzte sich sieben Jahre lang fort und spülte Billionen US-Dollar in Putins Kasse. Er verwendete das Geld, um die innere Opposition zu zerschlagen, Einfluss im Ausland zu kaufen und die Streitkräfte aufzurüsten. Durch seine guten Beziehungen zu den Regierungen der großen Demokratien gestärkt, verwandelte sich Wladimir Putin de facto in den Führer der Länder, die in den neunziger Jahren unter der unangefochtenen Vormachtstellung der USA gelitten hatten. Die Gelegenheit, die Weltordnung neu zu gestalten und der Demokratie global zum Durchbruch zu verhelfen, drohte ungenutzt zu verstreichen. Da die Welt Putin keine Grenzen setzte, festigte er seine Macht daheim und ersetzte schließlich das *photobombing* durch den Abwurf echter Bomben.

* * *

Die beiden bedeutsamsten Telefonanrufe des 21. Jahrhunderts wurden am 11. und 12. September 2001 gemacht. Der Anrufer war in beiden Fällen Wladimir Putin, der nach den Terrorangriffen auf das World Trade Center und das Pentagon mit George W. Bush sprechen wollte. Den ersten Anruf wenige Stunden nach den Anschlägen nahm Bushs Sicherheitsberaterin Condoleezza Rice in einem Bunker unter dem Weißen Haus entgegen, da der Präsident an Bord der Air Force One unerreichbar war. Rice beschrieb das Gespräch in ihren 2011 unter dem Titel *No Higher Honor* erschienenen Memoiren so:

> Ich bat darum, mit Sergej Iwanow zu sprechen, aber Putin meldete sich. »Herr Präsident«, sagte ich, »der Präsident kann im Augenblick nicht mit Ihnen sprechen, weil er an einen anderen

Ort gebracht wird. Ich möchte, dass Sie wissen, dass die amerikanischen Streitkräfte in erhöhte Alarmbereitschaft versetzt worden sind.« Er antwortete: »Das wissen wir bereits. Wir haben unsere Übungen abgebrochen und unser Bereitschaftsniveau gesenkt. Gibt es noch etwas anderes, das wir tun können?« Ich dankte ihm, und mir schoss folgender Gedanke durch den Kopf: *Der Kalte Krieg ist wirklich vorüber.*[6]

Am Tag darauf erreichte Putin den amerikanischen Präsidenten. Bush gibt den Inhalt des Gesprächs in seinem Buch *Decision Points* (2010) so wieder:

> Als ich am nächsten Tag mit Wladimir sprach, teilte er mir mit, dass er ein Dekret über eine Schweigeminute unterzeichnet habe, um Solidarität mit den Vereinigten Staaten zu zeigen. Er schloss mit folgenden Worten: »Das Gute wird über das Böse triumphieren. Ich möchte, dass Sie wissen, dass wir in diesem Kampf Seite an Seite stehen.«[7]

Mit zwei Telefonanrufen, die vermutlich nicht mehr als 60 Sekunden dauerten und ihn nichts kosteten, hatte sich Putin als Freund und Verbündeter der Regierung von George Bush junior positioniert. Drei Monate später erklärte Bush, er habe Putin in die Augen geschaut und einen Blick in seine Seele geworfen, eine Aussage, mit der er sich in eine unangenehme Lage brachte. Aber das war echte Solidarität – zumindest wurde sie als echt wahrgenommen, und dank dieser Wahrnehmung war sie bedeutsam, bedeutsamer als jede tatsächliche Kooperation je sein konnte.

Putin wusste genau, welche Gelegenheit sich ihm da bot. Der erste Anruf war der entscheidende, obwohl er Bush nicht erreichte. Er verschaffte Putin einen Platz in diesem Augenblick, in Bushs Gedanken, und machte ihn zum »ersten ausländischen Staatschef, der Bush am 11. September anrief«. Beim zweiten Anruf fand der für seine Kälte berühmte KGB-Mann auch Worte, die der emotionale und empfindsame Bush in diesem traumatischen Augenblick zu schätzen wusste. Solidarität, Kampf, eine Schweigeminute, Gut und Böse … es war der perfekte Auftritt, und er sollte sich in den folgenden sieben Jahren mehr als bezahlt machen.

Aus den zeitgenössischen Berichten über die beiden Telefongespräche und ihre angebliche Bedeutung für die neue Weltordnung spricht große Begeisterung. Es bestand Einigkeit darüber: Der Kalte Krieg war wirklich beendet, und die historischen Feinde würden nun Seite an Seite in den großen Krieg gegen den Terror ziehen. Putin begriff als erster, welche Möglichkeiten ihm ein schlecht definierter, unendlicher Krieg eröffnete – obwohl rasch auch andere diese Chance erkannten.

Putin nutzte die Gelegenheit, den 11. September als die Eröffnung einer neuen Front im Krieg gegen den Terror darzustellen, den Russland bereits seit vielen Jahren in Tschetschenien führte. Die Tatsache, dass es nie einen Beleg dafür gab, dass die Tschetschenen an einem globalen Dschihad teilnahmen, hinderte den Kreml nicht daran, genau das immer wieder zu behaupten. Bush und Rice hatten die Menschenrechtsverstöße in Tschetschenien bis dahin offen verurteilt, aber nach dem 11. September 2001 schwiegen sie dazu. Michail Kasjanow, zu jener Zeit Putins Ministerpräsident, erklärte später, jede Kritik sei wie durch Zauberei plötzlich verstummt.

Putins Hilfszusage war in diesem Fall real: Russland kannte die Situation in Afghanistan und hatte Verbindungen, die den Amerikanern im Kampf gegen die Taliban helfen konnten. Dasselbe galt für mehrere zentralasiatische Autokraten, die fast genauso schnell wie Putin begriffen, dass sich hier eine Chance bot, den Druck zu verringern, den Washington auf sie ausübte, weil sie die Menschenrechte mit Füßen traten. Als al-Qaida und die Taliban in Afghanistan zusammenschmolzen und die Regierung Bush ihre Aufmerksamkeit auf Saddam Hussein und den Irak verlagerte, kehrte Putin zu seiner gewohnten Obstruktionspolitik zurück.

* * *

Was ist falsch daran, nach einer furchtbaren Katastrophe Solidarität zu zeigen und zusammen gegen einen gemeinsamen Feind vorzugehen? Selbstverständlich ist nichts dagegen zu sagen. Ich glaube auch nicht, dass die amerikanische Regierung derart naiv war, dass sie nicht begriff, dass Putin immer seinen eigenen Vorteil im Sinn hatte. Wie die Regierung zu jener Zeit erklärte – und ihre Mitglieder später in ihren Memoiren bekräftigten –, war es eine Frage der Prioritäten. Wenn Putin bereit war, in Afghanistan zu helfen und nachrichtendienstliche Informationen bereitzustellen, die amerikanischen Soldaten das Leben retten konnten, dann war dies sehr viel wichtiger, als ihn wegen der Bürgerrechte in Russland zur Rede zu stellen.

Kaum jemand dürfte dieser Haltung widersprechen, und hätte es keine andere Wahl gegeben, so würde ich ihr ebenfalls zustimmen. Aber es gibt ein Problem: Es ist abwegig zu behaupten, jegliche Zusammenarbeit mit despotischen Regimes erfordere, dass man die Menschenrechte ignorierte. Auch schließt eine moralische Außenpolitik ein pragmatisches Vorgehen in Krisenzeiten nicht aus. Eine moralische Außenpolitik zu betreiben bedeutet, dass der eigene Standpunkt in bestimmten Fragen unabhängig von den Umständen klar ist und dass man ihn nicht aufgeben wird, nur weil es zweckmäßig ist. Ansonsten verwandeln sich die Menschenrechte und moralische Fragen einfach in Chips auf dem geopolitischen Spieltisch. Es ist kein Zufall, dass Putin und andere Diktatoren die Menschenrechte genau so behandeln. Sie ergreifen jede Gelegenheit, sich einen Vorteil zu verschaffen und kurzfristig Kooperationsbereitschaft zu signalisieren, um ihre repressiven Regimes zu konsolidieren und internationaler Kritik zu entgehen. Die freie Welt muss sich an höheren Maßstäben messen, wenn sie andere dazu bewegen will, dasselbe zu tun.

Ein weiterer Trugschluss besteht darin, dass eine Regierung ihre außenpolitische Position schwächt oder sogar die nationale Sicherheit beeinträchtigt, indem sie die Menschenrechte vom Verhandlungstisch nimmt. Sehen wir uns zunächst das größere Bild an und einigen wir uns darauf, dass die Welt umso sicherer wird, je mehr freiheitliche Demokratien es gibt. Das Wort »nie« ist in jedem Streit ein riskantes Wort, aber man darf davon ausgehen, dass gesunde Demokratien fast nie Krieg gegeneinander führen. Langfristig erhöht eine Politik, die der Entstehung und dem Erfolg von mehr Demokratien dient, die nationale Sicherheit. Es ist vollkommen falsch zu glauben, man könne die Ziele einer moralischen Politik mit dem Mittel moralischer Kompromisse erreichen. Wir werden nicht in den Norden gelangen, wenn wir Schritte in südlicher Richtung tun – gleichgültig, wie klein diese Schritte sind.

Im Jahr 2014 jährte sich zum 25. Mal der Todestag des sowjetischen Physikers Andrej Sacharow, eines Helden des Kampfs für die Menschenrechte. Bei der Lektüre einiger seiner Reden und Artikel war ich beeindruckt von der Klarheit seines Denkens über dieses verwirrende Thema. Natürlich wusste ich, dass Sacharow ein sehr tapferer Mann gewesen war, der einige der schwierigsten moralischen Kämpfe ausgefochten hatte, mit denen ein Mensch konfrontiert werden kann. Der »Vater der sowjetischen Wasserstoffbombe« hatte sich in einen Atomwaffengegner verwandelt. Der Held der Sowjetunion war ihr Gefangener und ihr einflussreichster Kritiker geworden. Sein verfrühter Tod im Jahr 1989 änderte den Lauf der Geschichte: Ich bin fest davon überzeugt, dass Russland mit Sacharow einen besseren Weg eingeschlagen hätte. Sacharow war unser Nelson Mandela, und ohne ihn fiel es uns zu leicht, so zu tun, als könnten wir die Verbrechen der Sowjetunion hinter uns lassen, ohne uns wirklich damit auseinandergesetzt zu haben.

Die drei Jahre in Freiheit, die Sacharow vor seinem Tod genoss, verdankte er jener Art von moralischer Haltung, für die er sich einsetzte. Im Oktober 1986 enttäuschte Präsident Ronald Reagan beim Gipfeltreffen in Reykjavik Michail Gorbatschow, indem er an der Strategischen Verteidigungsinitiative (SDI) festhielt. Eine Reihe kühner Vorschläge und Gegenvorschläge zur drastischen Verringerung und sogar völligen Beseitigung der Atomwaffenarsenale scheiterte. Reagan sah sich seinerzeit heftiger Kritik ausgesetzt und war selbst vom Ergebnis des Gipfels enttäuscht, aber wie wir heute wissen, versetzte er mit seiner Weigerung, auch nur eine Handbreit nachzugeben, Gorbatschows Hoffnung auf eine Rettung der Sowjetunion einen schweren Schlag. Da Reagan ihm keinen Rettungsring zuwarf, kehrte Gorbatschow in der Gewissheit nach Moskau zurück, dass umwälzende Reformen nötig sein würden, wenn das kommunistische System überleben sollte. Die Perestroika wurde eingeleitet. Eine symbolträchtige Maßnahme Gorbatschows bestand darin, Andrej Sacharow nach sechsjähriger Verbannung und schlimmster Schikane freizulassen. Sacharow wurde im März 1989 in das neue Parlament gewählt, starb jedoch nur neun Monate später an Herzversagen.

Sacharow war kein weltfremder Idealist. Er setzte sich für universelle moralische Prinzipien ein, wusste jedoch, wie schwer es war, das sowjetische Regime zu beeinflussen. Als er den US-Kongress im Jahr 1973 in einem offenen Brief aufforderte, einen Gesetzeszusatz zu verabschieden, der schließlich als Jackson-Vanik Amendment bekannt wurde, beschränkte er sich auf eine konkrete Frage – die jüdische Emigration aus der Sowjetunion –, anstatt große Reden zu halten. Er war ein geschickter rhetorischer Taktiker. In dem Wissen, dass er sich nicht offen für ein Gesetz aussprechen konnte, das sein Heimatland bestrafen würde, schrieb Sacharow, die Sowjetunion habe sich »unter Bedingungen unannehmbarer Isolation entwickelt«, weshalb es tatsächlich vorteilhaft für sie sei, dieser Isolation durch das Gesetz zu begegnen.[8]

Dies war ein geschicktes und ironisches Manöver, denn das Jackson-Vanik Amendment diente dazu, die Sowjetunion zur Lockerung ihrer Auswanderungsbeschränkungen zu bewegen, indem bessere Handelsbeziehungen an großzügigere Ausreiseregelungen geknüpft wurden. Die Klausel war offenkundig dazu bestimmt, das sowjetische *Regime* zu isolieren, anstatt es einzubinden. Aber das sowjetische *Volk* wurde eingebunden; ihm boten die Vereinigten Staaten direkt ihre Freundschaft und die Freiheit an. Die Unterscheidung war sehr bedeutsam. Gab es eine wirksamere Kritik an der Sowjetunion als die Tatsache, dass sich Millionen ihrer Einwohner nach der Freiheit sehnten? Der sowjetische Botschafter Anatoli Dobrynin schrieb in seinen Memoiren, jeder Auswanderungsantrag sei »ein Tadel für unser sozialistisches Paradies« gewesen: »Es wurde als grobe Beleidigung aufgefasst, dass es jemand wagen konnte, sich die Ausreise zu wünschen.«

Sacharow bediente sich in seinem Brief an den Kongress auch der Dissidententaktik des »zivilen Gehorsams« und verlangte von der sowjetischen Regierung, ihre eigenen und die internationalen Gesetze zu respektieren. »Der Gesetzeszusatz stellt keine Einmischung in die inneren Angelegenheiten der sozialistischen Länder dar, sondern dient einfach der Verteidigung des internationalen Rechts, ohne das kein gegenseitiges Vertrauen möglich ist.« Die Anti-Putin-Bewegung wendet diese Taktik ebenfalls an. Unsere Proteste beruhen oft auf der Forderung, die Regierung solle sich an die russische Verfassung halten, die theoretisch die vom Putin-Regime regelmäßig missachtete Versammlungs- und Meinungsfreiheit garantiert.

Sacharows Aufruf wurde einige Tage später von der *Washington Post* veröffentlicht, die ihm eine ganze Seite widmete, was den wütenden Parteichef Leonid Breschnew zu der bizarren Behauptung verleitete, Sacharows Aufruf sei »nicht nur staats- und sowjetfeindlich, sondern durchweg als trotzkistisch zu bewerten«.[9] Ironischerweise war die Regierung Nixon ebenso erbost darüber.

Sacharow lehnte die Détente ab, da er wie andere Dissidenten darin zu Recht einen Euphemismus für die Appeasement-Politik sah. Das von Außenminister Henry Kissinger angeführte »realistische« Lager der Regierung Nixon wollte mit den sowjetischen Dissidenten nichts zu tun haben, weil Kissinger in diesen Störenfrieden eine Bedrohung für seine kunstvoll gestaltete Realpolitik sah. Sacharows Weggefährte Natan Scharanski charakterisierte diese Ablehnung so: »Kissinger sah in Jacksons Gesetzesinitiative einen Versuch, den Plan zur reibungslosen Aufteilung des geopolitischen Kuchens zwischen den Supermächten zu hintertreiben. Und so war es auch. Jackson glaubte, dass man die Sowjets nicht beschwichtigen, sondern ihnen entgegentreten müsse.«[10]

Scharanski, der selbst eloquent und kenntnisreich über moralische Politik gesprochen und geschrieben hat, zitierte seinen Freund: »Eine Botschaft, die Sacharow diesen Ausländern immer wieder vermittelte, lautete, dass die Menschenrechte nie nur als humanitäre Frage betrachtet werden durften. Für ihn waren sie auch eine Frage der internationalen Sicherheit. Wie er treffend sagte: ›Ein Land, das die Rechte seines eigenen Volkes nicht respektiert, wird auch die Rechte seiner Nachbarn nicht respektieren.‹« Putins Russland ist ein ausgezeichnetes Beispiel dafür.

Ein weiterer bekannter Dissident dachte ähnlich über die moralische Politik. Der exilierte Autor Alexander Solschenizyn verwendete das Beispiel der amerikanischen Gründerväter, um das Konzept zu verdeutlichen. In einem Vortrag in New York am 9. Juli 1975 sagte er: »Die Männer, die Ihr Land schufen, verloren ihre moralischen Bezugspunkte nie aus den Augen. Sie lachten nicht über die absolute Natur von Konzepten wie Gut und Böse. Sie maßen ihre praktische Politik an diesen moralischen Maßstäben. Und überraschenderweise erwies sich eine praktische Politik, die sich an moralischen Überlegungen orientierte, als die weitblickendste und gesündeste.«

Ich bin so frei, Solschenizyns Prosa zu einem Aphorismus zu verdichten: Die moralischste Politik ist auch die wirksamste. Wer das nicht glaubt, lässt sich auf Kompromisse ein, welche die Freiheit beschränken, ohne die Sicherheit zu erhöhen.

Als die Vereinigten Staaten das Jackson-Vanik Amendment nach jahrelanger Diskussion im Jahr 2011 aufhoben, kritisierte ich den Zeitpunkt, den man für diesen Schritt gewählt hatte. Die Grenzen Russlands waren offen, womit das Gesetz ohnehin keinen Zweck mehr erfüllte. Aber dass man diese bahnbrechende Regelung zum Schutz der Menschenrechte ausgerechnet aufhob, während Wladimir Putin Russland in die Dunkelheit des Totalitarismus zurückführte, war sehr unklug. Dieses Gesetz hatte nicht der Beschwichtigung der Sowjetunion gedient, sondern das klare Signal ausgesandt, dass die individuelle Freiheit wichtig war. Das Jackson-Vanik Amendment war ein Relikt aus einer vergangenen Zeit, aber es war ein wirkungsvolles Symbol. Indem man es beseitigte, ohne es durch etwas anderes zu ersetzten, sandte man die Botschaft aus, dass die Vereinigten Staaten das Interesse an den universellen Menschenrechten verloren hatten oder dass sie Putins Regime nicht als autoritär betrachteten.

Im Jahr 2011 schloss ich mich Bill Browders globaler Kampagne für den Magnitsky Act an, der teilweise dazu diente, die vom Jackson-Vanic Amendment hinterlassene Lücke zu füllen und die Menschenrechtsverstöße in Russland wieder zum Gegenstand der amerikanischen (und in der Folge auch der europäischen) Außenpolitik zu machen. Ich hielt verschiedene Vorträge in Washington und rief den Kongress und die Regierung Obama in Meinungsartikeln dazu auf, Putin nicht für die Zerstörung der russischen Zivilgesellschaft und dafür zu belohnen, dass er jene verfolgte, die seine Verbrechen aufdeckten.

Bei der Arbeit an diesen Reden wurde ich ein Bewunderer von Henry »Scoop« Jackson, einem Senator aus dem Staat Washington, der in den siebziger Jahren der wichtigste Fürsprecher einer moralischen Außenpolitik gewesen war. Ich könnte mehrere Seiten mit Jacksons eindringlichen Erklärungen dazu füllen, warum die Vereinigten Staaten die Ideale von Freiheit und Demokratie verwirklichen mussten, indem sie sie auch im Ausland aktiv verteidigten. Meine Lieblingsstelle sind die Worte, mit denen er am 27. September 1972 in einer leidenschaftlichen Rede im Senat für den Gesetzeszusatz warb, der seinen Namen erhalten sollte: »Wir können und müssen den Glauben an unsere edelsten Traditionen bewahren. Wir dürfen uns nicht mit der Tyrannei abfinden, (…) während es Menschen gibt, die größere Gefahren als wir auf sich nehmen, um ihr zu widerstehen.«[11] Jackson zitierte auch aus Solschenizyns Nobelpreisrede aus dem Jahr 1972: »Auf unserer übervölkerten Erde gibt es keine inneren Angelegenheiten mehr!«[12]

Im Jahr 2013 hatte ich Gelegenheit, am Hillsdale College in Jacksons Heimatstaat Washington eine Rede über Russland zu halten. Hillsdale ist eine politisch konservative Institution, die auch als »das konservative Harvard« bezeichnet wird. Ich hatte Spaß daran, den Contrarian zu spielen, und berief mich in meinem Vortrag auf Jackson und seinen demokratischen Parteikollegen Harry Truman. Beide hatten sich stets dafür eingesetzt, die Macht und die moralische Autorität der Vereinigten Staaten einzusetzen, um Menschen in aller Welt gegen die Diktatur zu verteidigen. Leider hat die gegenwärtige Generation von Demokraten abgesehen von einigen wenigen bemerkenswerten Ausnahmen diese Haltung vollkommen aufgegeben.

Die Regierung von George Bush junior warb offen für eine »Freiheitsagenda« (die Bush-Doktrin), auf die Scoop Jackson stolz gewesen wäre. Sie empfahl einen aktiven Einsatz für die Freiheit im Ausland – ich unterstützte übrigens fast alle Ziele dieser Agenda. Aber in Bezug auf Russland ging die Regierung Bush in die Falle der Widersprüchlichkeit und der Kompromissbereitschaft. Dass Rice nach dem Telefongespräch mit Putin am 11. September 2001 glaubte, der Kalte Krieg sei nun wirklich vorbei, spricht Bände. Der Kalte Krieg war seit mehr als einem Jahrzehnt beendet!

Dieser Kommentar bestätigt etwas, was Rice in der *Charlie Rose Show* sagte (ich glaube, es war im Jahr 2009): Sie erklärte, den Russen gehe es heute »besser als in der Sowjetunion«. Einmal mehr tat sie so, als hätte es die neunziger Jahre nicht gegeben. Es ist eine Sache, in einer theoretischen oder historischen Debatte über verschiedene Abstufungen der Repression zu sprechen. Aber diese Art der Relativierung ist unmoralisch, wenn Menschen wegen ihrer Überzeugungen eingesperrt und getötet werden. Man kann auch bei Niedrigwasser ertrinken, vor allem, wenn einem die Hände gebunden sind.[13]

Ja, der Kalte Krieg war vorüber, aber Putin führte bereits den nächsten Krieg – und zwar nicht in Tschetschenien oder gegen den Terror. Putin hatte der russischen Demokratie und all jenen den Krieg erklärt, die ihn daran hindern wollten, sie zu zerstören. Die Anrufe bei Bush am 11. und 12. September 2001 waren Präventivschläge, mit denen Putin amerikanischem Widerstand gegen seine Repressionskampagne daheim zuvorkommen wollte.

Leider funktionierte diese Taktik gut, und erst als Putin im Jahr 2008 den Befehl zum Einmarsch in Georgien gab, gestand sich die Regierung Bush ihren Irrtum ein und wählte eine härtere Gangart gegenüber Russland. Zu diesem Zeitpunkt neigte sich Bushs Amtszeit dem Ende zu, und die russische Demokratie lag im Sterben. Zu Beginn des Jahrtausends war Putin noch verwundbar gewesen, aber mittlerweile war es zu spät, diese Demokratie durch Druck von außen zu retten.

* * *

Ein Blick auf die Geschehnisse in Russland nach dem 11. September 2001 verdeutlicht eines der wesentlichen Muster in Putins Herrschaft: Je geringer der Druck von außen, desto härter seine Diktatur. Trotz seines harten Auftretens und seiner aggressiven Rhetorik war Putin in den ersten Jahren im Amt empfänglich für internationale Kritik an der Einschränkung der Bürgerrechte und anderen Übergriffen. Erst später, als die Petrodollar zu sprudeln begannen und alle potenziellen Rivalen ausgeschaltet waren, trug Putin seine Immunität gegen äußeren Druck zur Schau.

In der dunklen Zeit der Sowjetunion verstand die Welt, dass Menschen wie Andrej Sacharow, Sergej Kowaljow und Natan Scharanski, die gewaltlosen Widerstand leisteten, Helden waren. Die moderne Unterdrückung putinscher Prägung unterscheidet sich von jener des Sowjetregimes und hat viele Fürsprecher im Westen, die sich weigern, zwischen Putins Regime und dem von ihm unterdrückten russischen Volk zu unterscheiden. Ein Beispiel: Nachdem ich im Jahr 2006 in der BBC an einer Diskussionsrunde teilgenommen hatte, die in Moskau aufgezeichnet worden war, aber natürlich nicht in Russland ausgestrahlt werden durfte, äußerte ein britischer Zuschauer seine Verblüffung darüber, dass wir frei Meinungen hätten äußern dürfen, die seiner Meinung nach vor nicht allzu langer Zeit noch zu unserer Hinrichtung geführt hätten. Diese Vorstellung, die Russen seien »heute besser dran« und sollten sich glücklich schätzen, hat unserer Demokratie schweren Schaden zugefügt. Dieser abwegige Relativismus segnet die Repression ab.

Der Kalte Krieg und die Gefahr der atomaren Zerstörung lenkten die Aufmerksamkeit auf jede Bewegung Russlands. Kaum war diese Gefahr gebannt, steckten die westlichen Regierungen den Kopf in den Sand und taten so, als wäre alles in bester Ordnung, vor allem, als sie nach 9/11 mit dringenderen Problemen konfrontiert wurden. Es bedurfte einer Generation der existenziellen Gefahr und der realen und imaginären Bedrohung durch den Kommunismus, damit im Westen eine aktive Anhängerschaft einer moralischen Außenpolitik entstehen konnte. Doch nach dem Ende des Kalten Kriegs brauchten die westlichen Regierungen nur wenige Jahre, um die Menschenrechte auszulagern und NGOs wie Amnesty International zu übertragen. Die Regierungen betrachteten die Verteidigung der Menschenrechte nicht länger als ihre Angelegenheit.

Da er von der Außenwelt nichts mehr zu befürchten hatte, hatte Wladimir Putin freie Bahn. Er setzte die »Konsolidierung« der Medien fort, schloss unabhängige Fernsehsender und gab der Presse zu verstehen, dass bestimmte Themen jetzt wieder tabu waren. Die politische Opposition sah sich wachsendem Druck ausgesetzt. Selbst etablierte Politiker und erfolgreiche Geschäftsleute konnten sich Putins Regeln und politischen Maßnahmen nicht mehr widersetzen, ohne den Verlust ihrer Karriere, ihrer Freiheit oder ihres Lebens zu riskieren.

Die letzten Zweifel an der Bereitschaft des Putin-Regimes, das Blut seiner eigenen Bürger zu vergießen, wurden während des Geiseldramas im Moskauer Dubrowka-Theater im Jahr 2002 beseitigt. Am 23. Oktober nahm eine kleine Streitmacht tschetschenischer Kämpfer in dem Theater fast 850 Menschen als Geiseln, und es begann die viertägige »Nord-Ost«-Belagerung, benannt nach dem russischen Musical, das an jenem Abend im Dubrowka aufgeführt wurde.

Es ist nicht nötig, die Belagerung des Theaters in ihren grauenhaften Details zu schildern, vor allem, weil fast alle Details umstritten sind. Obwohl ich mich auf die Reaktion der Regierung konzentriere, möchte ich jeden Anschein der Sympathie für die Geiselnehmer vermeiden. Terroristen sind Skorpione: Wir kennen ihren Charakter und verurteilen ihn guten Gewissens. Die wahre Natur des Putin-Regimes war zu jener Zeit jedoch noch nicht vollkommen klar. Daher will ich mich damit befassen.

Die Geiselnehmer forderten den sofortigen Abzug aller russischen Truppen aus Tschetschenien und erklärten, sie wollten »der Bevölkerung Moskaus eine Vorstellung davon vermitteln, was in Tschetschenien jeden Tag geschieht«. Sie waren mit Maschinengewehren, Granaten und improvisierten Sprengsätzen bewaffnet. In der ersten Nacht ließen sie eine große Gruppe von 150 bis 200 Geiseln frei, darunter vor allem Kinder, Frauen, Muslime und Ausländer. Am Tag darauf erklärten sie sich zu Verhandlungen mit einigen prominenten Personen bereit, darunter der Oppositionspolitiker Boris Nemzow und die durch ihre Kriegsberichte aus Tschetschenien berühmt gewordene Journalistin Anna Politkowskaja.

Obwohl die Geiselnehmer in all diesen Gesprächen lediglich bekräftigten, dass sie nach Moskau gekommen seien, um zu sterben, ließen sie eine weitere große Gruppe von Geiseln frei, die überwiegend Ausländer waren. Am 25. Oktober erlaubten sie dem Roten Kreuz, Lebensmittel, Säfte und Medikamente für die Geiseln ins Theater zu bringen. Der Anführer der Terroristen, Mowsar Barajew, gab Interviews, in denen er die Bereitschaft seiner Leute bekräftigte, im Theater zu sterben, und erklärte, sie seien »mit dem spezifischen Ziel gekommen, den Krieg zu beenden«. Angesichts der großen und gut vorbereiteten Gruppe erfahrener Kämpfer und der großen Zahl von Geiseln deutete alles auf einen langen Nervenkrieg hin.

Ich war zu jener Zeit noch Schachprofi, und Ende Oktober führte ich die russische Mannschaft bei der Schacholympiade im slowenischen Bled zum letzten Mal zur Goldmedaille. Die Nachricht vom Geiseldrama im Dubrowka-Theater war ein Schock für alle Teilnehmer, vor allem aber für jene, die in der Sowjetunion geboren worden waren und für die das Wort »Tschetschenien« mehr als eine unbekannte geographische Bezeichnung war.

Ich erinnere mich noch gut an die erhitzten Diskussionen über die tragischen Geschehnisse. Die Leute standen in den Gängen zusammen, sahen einander an und äußerten alle dieselbe Hoffnung: »Die Regierung wird keine Gewalt anwenden. Sie wird nicht zulassen, dass hunderte Menschen sterben.«

Am Morgen des 26. stürmten russische Spezialeinheiten das Theater. Gleichzeitig wurde ein giftiges Gas in das Theater gepumpt. Aus den Berichten von Überlebenden und einem panischen Telefonanruf einer der Geiseln geht hervor, dass Geiseln und Terroristen begriffen, dass Gas eingesetzt wurde. Einige der Terroristen hatten Gasmasken. Anstatt die Geiseln hinzurichten, lieferten sich die Terroristen ein Feuergefecht mit den russischen Spezialeinheiten – diese Tatsache, die sich erst später herausstellte, widersprach den amtlichen Berichten, in denen es hieß, die meisten zivilen Todesopfer seien erschossen worden.

Bei dem Sturmangriff wurden alle 40 Geiselnehmer und mehr als 130 Geiseln getötet – alle bis auf eines der zivilen Opfer waren entweder sofort durch das Gas getötet worden oder gestorben, weil sie keine medizinische Hilfe erhielten. Die örtlichen Krankenhäuser füllten sich mit vergifteten Geiseln, die nicht behandelt werden konnten, weil sich die Behörden weigerten preiszugeben, welches Gas eingesetzt worden war. Unmittelbar nach dem Sturmangriff behaupteten die Verantwortlichen, sie hätten eingreifen müssen, weil die Terroristen begonnen hätten, die Geiseln hinzurichten. Nur wenige Tage später stellte sich heraus, dass dies eine Lüge gewesen war: Andere Behördenvertreter und Kommandeure erklärten, der Angriff sei vom ersten Tag an geplant worden.

Trotz widersprüchlicher Berichte über einen der Geiselnehmer, der angeblich ein Agent des Geheimdiensts FSB war, ist es unmöglich herauszufinden, ob die Spezialeinheiten wussten, dass die meisten Sprengfallen im Theater Attrappen waren – womit ihnen klar gewesen wäre, dass der Einsatz von Gas vor dem Sturmangriff nicht nötig war. Das russische Parlament lehnte eine Untersuchung des Vorgehens der Regierung ab, weshalb bis heute zahlreiche Fragen ungeklärt sind. Die Politik der Regierung, nach der Erstürmung des Theaters die Auskunft zu verweigern oder Falschinformationen über sämtliche Facetten des Einsatzes zu verbreiten, macht es uns schwer, nicht das Schlimmste anzunehmen.

Man kann leicht die zynische Rechnung anstellen, ein paar hundert von den Sicherheitskräften getötete Unschuldige seien besser als 700 von den Terroristen getötete Menschen. Die Zahlen sind sogar im Rückblick unanfechtbar. Es ist unmöglich zu sagen, was in einem parallelen Universum geschehen wäre, in dem die Verhandlungen fortgesetzt worden wären. Man konnte nur einen einzigen klaren Schluss aus der furchtbaren Tragödie ziehen: Egal was Putin behauptete, der Krieg in Tschetschenien war nicht beendet, und dem Putin-Regime bedeuteten Menschenleben nicht mehr als den Terroristen – genau das wollte Putin der Welt anscheinend sagen.

Wenn es ein Ziel des tödlichen Einsatzes war, die Tschetschenen abzuschrecken und ihnen klarzumachen, dass Russland nicht mit ihnen verhandeln würde, so war der Sturmangriff ein Fehlschlag. Zwei Jahre später endete die Belagerung der Schule in Beslan mit einem noch brutaleren und katastrophaleren Militäreinsatz gegen tschetschenische Geiselnehmer: Fast 400 Menschen, darunter 186 Kinder, verloren das Leben. (Zweifellos war es auf die Nord-Ost-Belagerung zurückzuführen, dass der Fernsehsender NTV seine partielle Unabhängigkeit verlor, weil seine Berichterstattung über die Krise Putin missfiel.)

In Putins Russland ist der Tod von Bürgern kein ernsthaftes Verbrechen, das eine Bestrafung der Verantwortlichen erforderlich machen würde. Aber das Regime, das den Organisatoren des Sturmangriffs auf das Dubrowka-Theater freie Hand gegeben hatte, ging noch weiter und gewährleistete allen, die seine unmoralischen Anweisungen ausführten, auf Dauer Straffreiheit. Da die Gesellschaft nicht zu einem organisierten Widerstand fähig war, bildete das bis dahin zurückhaltend autoritäre Regime im folgenden Jahrzehnt Schritt für Schritt die dunklen Wesenszüge einer faschistischen Diktatur aus.

* * *

Zwischen den Geiseldramen im Dubrowka-Theater und in Beslan kam es zu einem weiteren Ereignis, das wesentlich dazu beitrug, Putins Kontrolle über den russischen Staat zu festigen. Am 25. Oktober 2003 wurde der reichste Mann Russlands, Michail Chodorkowski, unter dem Vorwurf des Betrugs verhaftet. Der Fall lieferte ein Modell für die weitere Vorgehensweise des Regimes: Chodorkowski wurde verurteilt, sein Unternehmen, der Ölkonzern Jukos, wurde zerschlagen. Die Einzelteile von Jukos gingen zu Schleuderpreisen an Unternehmen, die von Putins engsten Vertrauten geführt wurden. Als Chodorkowski im Dezember 2013 freigelassen wurde – nachdem er wegen noch abwegigerer Vorwürfe als im ersten Prozess ein zweites Mal im Gefängnis verschwunden war –, existierte Jukos nicht mehr.

Wie bereits gesagt, war es schwierig, in Russland jemanden zu finden, der Mitleid mit den Oligarchen hatte, die sich in der Frühzeit der Privatisierungen bereichert hatten. Wenn die Redensart »Hinter jedem großen Vermögen verbirgt sich ein großes Verbrechen« in den relativ transparenten Marktwirtschaften des Westens galt, so galt sie noch viel mehr im Wilden Osten, in den sich Russland und die anderen postsowjetischen Republiken in den neunziger Jahren verwandelten. Die Oligarchen galten bestenfalls als skrupellose Geschäftemacher und schlimmstenfalls als Räuber; diese Leute hatten ihre politischen Verbindungen genutzt, um unbeschreiblichen Reichtum anzuhäufen, während die einfachen Russen Mühe hatten, ihren Lebensunterhalt zu verdienen. Und dieses Urteil traf im Großen und Ganzen zu, wobei die Einschränkung angebracht ist, dass es widersinnig ist, den Gewinnern in einem Spiel, in dem es keine Regeln gibt, Regelverstöße vorzuwerfen.

Viele der verfolgten Oligarchen waren Juden, und der Antisemitismus, der von den Medien normalerweise subtil und verschlüsselt praktiziert und von den Nationalisten unverhohlen hinausposaunt wurde, erwies sich in den politischen und öffentlichen Kampagnen gegen diese Männer als nützlich. Die Tatsache, dass einige der Oligarchen, die vollkommen loyal auf Putins Seite standen, ebenfalls Juden waren, machte es schwieriger, den Antisemitismus in der Säuberung zu instrumentalisieren, aber zweifellos setzte das Regime die Religionszugehörigkeit als Waffe gegen jene ein, die es beseitigen wollte.

Diese Besinnung auf eine weitere üble sowjetische Tradition überraschte mich kaum. Obwohl ich mit meinen sportlichen Erfolgen den Ruhm des sozialistischen Mutterlandes gemehrt hatte, war meine ethnische Zugehörigkeit in den Jahren der Rivalität mit Karpow, der aus dem russischen Kernland stammte und »respektabler Herkunft« war, gelegentlich zur Sprache gekommen, wenn Zweifel an meiner Loyalität gegenüber der Sowjetunion laut wurden. Ich war eine »explosive Mischung«. Und seit ich in der Anti-Putin-Bewegung aktiv bin, erhalte ich in Artikeln sehr viel häufiger den Namen »Weinstein«: Das ist der Name meines Vaters. Er starb, als ich sieben war, und seither trage ich den armenischen Familiennamen meiner Mutter.

Ich bin nicht sicher, ob ich es als belustigend oder einfach nur als widerwärtig betrachten soll, dass der antisemitische Chor wieder über den Sumpf des russischen Internets hinaus erschallt, seit Putin im Jahr 2014 seinen Krieg gegen die Ukraine begonnen hat. Glaubt man der Kreml-Propaganda, so wimmelt es in der demokratischen Regierung in Kiew von Faschisten und Nazis, wie es sich für all jene gehört, die Russland als seine Feinde betrachtet. Russland musste also in der Ukraine intervenieren, um nicht nur die ethnischen Russen, sondern auch die armen Juden zu schützen! Der ukrainische Verband jüdischer Organisationen und Gemeinden erklärte daraufhin in einem offenen

Brief, Präsident Putins Behauptung, in der Ukraine nehme der Antisemitismus zu, entspreche nicht der Wahrheit. Putin habe möglicherweise »die Ukraine mit Russland verwechselt, wo die jüdischen Organisationen im vergangenen Jahr eine Zunahme des Antisemitismus beobachtet haben«. In der Ukraine kommt es auch zu weniger antisemitischen Zwischenfällen als in fast allen anderen europäischen Ländern, in denen entsprechende Statistiken erhoben werden, darunter Frankreich und Deutschland. Gleichzeitig sind Geschichten über jüdische Oligarchen, die »die Ukraine verwalten«, ein Bestandteil des russischen Informationskriegs: Offenbar will der Kreml die slawischen Brüder in der Ukraine dazu bewegen, sich gegen die Juden zu erheben – oder Putin diese Aufgabe zu übertragen.

Diese verdrehten Anschuldigungen sind Gegenstand eines Witzes, den ich hörte, als ich im Dezember 2014 die Ukraine besuchte: Ein Russe schaut sich die Fernsehnachrichten an und ruft in Panik einen jüdischen Freund in der Ukraine an: »Moische, stimmt es, dass euer Land von Faschisten und Ultranationalisten übernommen worden ist?« Sein Freund antwortet: »Ja, unsere Synagoge ist voll von ihnen!«

Aber kehren wir ins Jahr 2003 und zur Ausschaltung Chodorkowskis zurück. Seine Verhaftung wurde als Sieg für das Recht und die Reformer und als Vergeltung für das gemeine Volk dargestellt. In Wahrheit war genau das Gegenteil der Fall. Zu jener Zeit fragte kaum jemand, warum all das im Jahr 2003 geschah, obwohl die Vergehen, die Chodorkowski zur Last gelegt wurden, angeblich in den neunziger Jahren stattgefunden hatten. Ein Blick auf die Aktivitäten des Oligarchen sowohl innerhalb als auch außerhalb von Jukos zeigt, welches die wahren Beweggründe für seine Verhaftung waren.

Es war mittlerweile zwei Jahre her, dass Gussinski und Beresowski zu Fall gebracht worden waren. Beide Männer waren aufgrund ihrer Medienmacht und ihres politischen Einflusses offenkundig gefährlich für Putin gewesen. Chodorkowskis Ölkonzern hingegen hatte sich in den ersten Jahren von Putins Regierung ausgezeichnet entwickelt. Jukos war bereit, den rasanten Anstieg des Ölpreises zu nutzen, um die veralteten sowjetischen Anlagen, die das Unternehmen geerbt hatte, zu modernisieren und internationale Partnerschaften einzugehen, um sich in das erste wirklich multinationale Unternehmen Russlands zu verwandeln. Und das empfand Putin als Bedrohung. Er wollte die Erdöl- und Erdgasgiganten, die »nationalen Flaggschiffe«, der Kontrolle des Kreml unterstellen.

Dazu kam, dass Chodorkowski eine unverzeihliche Sünde begangen hatte: Er hatte sich politisch und in der Zivilgesellschaft engagiert, wobei er Putin weder Loyalität schwören noch direkt in einem ungleichen Wahlkampf mit ihm konkurrieren wollte. Chodorkowski gründete die Stiftung Open Russia, die dutzende Programme und gemeinnützige Organisationen im ganzen Land finanzierte – ohne jedoch die Zustimmung des Kreml zu seinen Aktivitäten zu suchen. Er ging sogar so weit, öffentlich zu erklären, er werde Oppositionskandidaten unterstützen, während andere Oligarchen mit Geldscheinen gefüllte Aktenkoffer in den Kreml trugen, um Putins politische Vorhaben zu unterstützen.

Die einflussreiche Russische Staatliche Geisteswissenschaftliche Universität in Moskau schloss einen Vertrag mit Jukos, das der Hochschule einen Zuschuss in Höhe von 100 Millionen US-Dollar gewährte. Nach Chodorkowskis Verhaftung wurde die Leitung der Universität umgehend ausgetauscht, und der neue Rektor lehnte das Geld von Jukos ab. Chodorkowski verwendete seinen Reichtum nicht, um sich wie Putins Kumpel Roman Abramowitsch einen englischen Fußballverein zu kaufen (Abramowitsch hatte im Juni jenes Jahres den FC Chelsea übernommen), sondern investierte in Russland. Auch wenn er das teilweise tat, um sein Ansehen zu festigen, machten ihn seine Aktivitäten zu einer in jeder Hinsicht legitimen Bedrohung für Putin. Er stand nicht unter Putins Kontrolle, und er war nicht korrupt.

Und Chodorkowski bewies im Jahr 2003 an Tollkühnheit grenzenden Mut. Im Juli war sein Geschäftspartner Platon Lebedew verhaftet worden, und es konnte kein Zweifel daran bestehen, wer der nächste auf Putins Liste war. Ein weiterer Partner Chodorkowskis, Leonid Newslin, war vernünftig genug, nach Israel auszuwandern. Chodorkowski hingegen entschloss sich, weder das Land zu verlassen noch zu schweigen, sondern geißelte öffentlich die staatliche und wirtschaftliche Korruption, die Russlands Entwicklung hemmte. Die Strafe folgte auf dem Fuß.

Chodorkowski wurde wegen Betrugs und Steuerhinterziehung in mehreren Fällen angeklagt – dies war die übliche Methode des Kreml. Der Prozess war der letzte Beweis dafür, dass unter dem Putin-Regime kein Beweis nötig war, um jemanden ins Gefängnis zu bringen. Es wirkt beinahe komisch, dass Jukos mehr Steuern pro Barrel Erdöl gezahlt hatte als jeder andere Ölkonzern. Ich behaupte nicht, ein Experte für die finanziellen und juristischen Machenschaften zu sein, die in den neunziger Jahren ein paar Dutzend Personen in Rekordzeit in Milliardäre verwandelte. Aber offensichtlich gab es einige Leute, die gemessen an den damaligen Standards eine weiße Weste hatten. Chodorkowski unterschied sich anfangs nicht allzu sehr von den anderen Oligarchen. Aber er hatte eine derart radikale Zukunftsvision, dass es nicht nur Putin, sondern auch den übrigen Oligarchen Angst machte. Wäre jedes dubiose Geschäft untersucht und jeder Oligarch geprüft und zur Rechenschaft gezogen worden, so hätte das Resultat für Recht und Ordnung in Russland gesund sein können.

Stattdessen bekamen wir einen Schauprozess gegen einen Mann, in dem Putin einen persönlichen Feind sah. Wenn das improvisierte Vorgehen der Ankläger nicht Beweis genug dafür ist, sollte darauf hingewiesen werden, dass viele andere Personen, die mit Jukos und dem Gerichtsverfahren zu tun hatten, ebenfalls verfolgt und angeklagt wurden. Lebedew wurde verurteilt und im Gefängnis misshandelt, obwohl er schwerkrank war. Viele andere Jukos-Mitarbeiter wurden bedrängt und von der Justiz verfolgt. Chodorkowskis Anwältin Karinna Moskalenko wurde von der Staatsanwaltschaft mit dem Entzug ihrer Zulassung bedroht. Nun war klar, was man von Putin zu erwarten hatte: Forderte ihn jemand heraus, so machte er nicht nur auf diese Person und ihr Vermögen Jagd, sondern auch auf ihre Mitarbeiter, Freunde, Verwandten und alle, die sie verteidigten.

Im Mai 2005 wurden Chodorkowski und Lebedew jeweils zu neun Jahren Haft verurteilt und verschwanden in Straflagern. Die Reaktion der Welt bestand im üblichen Gerede von der »Besorgnis« über die Unabhängigkeit der russischen Justiz und in der Aufforderung an die russische Regierung, gewisse Regeln einzuhalten. Ich bin ziemlich sicher, dass das amerikanische Außenministerium mittlerweile einen Vordruck für ein besorgtes Schreiben hatte, in den man nur die jeweiligen Namen und Daten einfügen musste. Dieses Schreiben, das normalerweise in aller Stille von einem untergeordneten Beamten vorbereitet wurde, sollte in den folgenden Jahren oft gebraucht werden, als sich Putins Verstöße gegen die Bürgerrechte häuften, während die Führer der freien Welt darauf beharrten, ihn auf der internationalen Bühne freundlich zu umarmen.

Die Verhaftung Chodorkowskis bewegte den amerikanischen Botschafter Alexander Vershbow zu einem aufschlussreichen Kommentar: »Wir hoffen, dass das Verfahren *an den russischen Rechtsstandards gemessen* fair sein wird.« Als die *Financial Times* die Praktiken der russischen Generalstaatsanwaltschaft kritisierte, wischte der russische Finanzminister und stellvertretende Ministerpräsident Alexej Kudrin die Bedenken mit dem Hinweis vom Tisch, es gebe lediglich »ein paar Unregelmäßigkeiten«.

Damit amerikanische und westeuropäische Leser verstehen, was hier mit »Unregelmäßigkeiten« gemeint war: Durchsuchung der Büros von Rechtsanwälten, die ihre Mandanten im Gefängnis besucht hatten; Durchsuchung der Büros von Parlamentsabgeordneten; Ablehnung des Ersuchens von Parlamentsmitgliedern, Chodorkowski im Gefängnis besuchen zu dürfen, was gegen das russische Gesetz verstieß. Kein westliches Gericht hätte das Verfahren zugelassen, da die Beweise auf illegale Art beschafft worden waren, aber dies waren eben die »russischen Rechtsstandards«. So wie zwei von Putins Lieblingsausdrücken – »gelenkte Demokratie« und »Diktatur des Gesetzes« – ist dies ein aufschlussreiches Oxymoron.

Abgesehen davon, dass ein Kritiker und Rivale beseitigt wurde, war Chodorkowskis Inhaftierung auch eine Warnung an die russische Unternehmenswelt: Haltet euch an die Regeln des Kreml und mischt euch nicht in die Politik ein. Es war ein Wendepunkt für Russland: Die Regierung hörte offiziell auf, Gesetzesbrecher zu verfolgen, und verwandelte sich stattdessen selbst in einen. Früher hatten gesetzlose Elemente mit guten politischen Verbindungen die Staatsmacht missbraucht, um das Land auszuplündern. Jetzt begann der Staat eine Initiative von Schikane, Inhaftierung und Plünderung, der jeder zum Opfer fallen konnte, an dessen Loyalität der Kreml zweifelte.

Der Fall von Chodorkowski und Jukos zeigte, wie das Putin-Regime Eigentumsrechte und Macht miteinander verknüpfte: Wer keine Macht hatte, verlor die Kontrolle über sein Eigentum. Dies wiederum zeigte das Ende der Demokratie an. Die Machthaber mussten die Wahlen manipulieren, denn wenn sie die politische Herrschaft verloren, würden sie auch ihr Vermögen verlieren. Als die Präsidentenwahl im Jahr 2004 näher rückte, stand für Putin und seine Kumpane derart viel auf dem Spiel, dass sie es nicht mehr riskieren würden, die Kontrolle über den Kreml durch etwas zu verlieren, das so leicht zurechtzubiegen war wie eine Wahl.

Das Ende der russischen Demokratie und die totale Zentralisierung der Macht im Kreml waren in mancher Hinsicht nur Nebenprodukte des sehr profanen vorrangigen Ziels: Diebstahl. Der Angriff auf Jukos diente dazu, Chodorkowskis Besitz unter den von Putins Handlangern kontrollierten Ölgesellschaften zu verteilen. Statt der altmodischen sozialistischen Umverteilung hielt man sich an das Motto »Nimm es von den Reichen und gib es den Reicheren«. Das ganze russische Riesenreich wurde in einen Vermögensstaubsauger verwandelt, dessen Motor die Staatsmacht war. Mit diesem Gerät wurde alles nach Moskau gesaugt, wo es unter gut vernetzten Verbündeten und Unternehmen verteilt wurde; in den Staat wurde gerade genug investiert, um soziale Proteste und einen Zerfall des Landes zu vermeiden. Im Staatshaushalt gab es immer genug Geld für Propaganda und Sicherheitskräfte.

Verglichen mit der brutalen Effizienz, mit der Jukos zerschlagen und ausgeschlachtet wurde, wirkten die manipulierten Auktionen und fingierten Übernahmen durch Strohfirmen in den neunziger Jahren geradezu amateurhaft. Und bald sollte das Putin-Regime beginnen, seine »Konsolidierungsoperation« auf die Rechte des Durchschnittsbürgers auszuweiten. In den neunziger Jahren war das russische Volk ausgeraubt worden, aber das folgende Jahrzehnt zeigte, dass das noch gar nichts gewesen war.

* * *

Als im Jahr 2009 das Ende der Haftzeit von Michail Chodorkowski nahte, erhob die Staatsanwaltschaft neue Vorwürfe gegen ihn, die noch abwegiger waren als jene, mit denen er seinerzeit ins Gefängnis gebracht worden war. Im Grunde warf ihm die Anklage vor, das Erdöl, für das er seinerzeit keine Steuern bezahlt hatte, gestohlen zu haben. Fälle wie diese sind der Grund dafür, dass die Russen und andere Völker, die unter totalitären Regimes leben, die Werke Gogols, Kafkas und Bulgakows nicht für phantastisch oder surrealistisch halten: Der Staat muss nicht folgerichtig oder vernünftig handeln, er muss lediglich seine Ziele erreichen.

Diktaturen haben das perverse Bedürfnis, sich an das Protokoll zu halten. Sie müssen Wahlen und Prozesse veranstalten, obwohl das Ergebnis von vornherein feststeht. Die freie Welt belohnt derartige Scharaden oft, indem sie ihren Unglauben bereitwillig außer Kraft setzt. Russland gibt vor, freie Wahlen und ein Justizsystem zu haben, und die freie Welt tut so, als glaube sie das: Sie drückt gelegentlich symbolische Besorgnis aus, weist auf Irregularitäten hin und versucht, die Schamlosen zu beschämen. Die Diktatoren deuten all diesen Hintergrundlärm richtigerweise als lächerliche Beschwichtigungsversuche und machen weiter wie gehabt. Der polnische Schriftsteller Stanisław Jerzy Lec, ein scharfsinniger Analytiker des totalitären Denkens, hat es so ausgedrückt: »Kann man es Fortschritt nennen, wenn ein Kannibale eine Gabel benutzt?«

Am Ende des zweiten Prozesses im November 2010 hatte Chodorkowski Gelegenheit, sich in einem beeindruckenden Schlusswort zum Zustand und zur Zukunft Russlands zu äußern. Das Dokument, das selbst eine Anklageschrift ist, ist von großer Bedeutung für den Augenblick und für die Geschichte. Ich werde nur einige wenige Sätze zitieren, lege dem Leser jedoch den ganzen Text ans Herz:[14]

Ich schäme mich für mein Land.

Ich nehme an, dass wir alle verstehen – die Bedeutung dieses Prozesses geht weit über mein Schicksal und das Platons und sogar über die Schicksale all derer hinaus, die im Verlauf des Massakers an JUKOS ohne Schuld gelitten haben, derer, die ich nicht schützen konnte, aber an die ich jeden Tag denke.

Wir sollten uns fragen: Was muss im Kopf des Unternehmensgründers, des hochrangigen Industriemanagers oder auch eines normalen gebildeten, kreativen Menschen vorgehen, der heute diesen Prozess verfolgt, dessen Resultat vollkommen vorhersehbar ist?

Der naheliegende Schluss, den ein denkender Mensch ziehen wird, ist von entsetzlicher Klarheit: die Bürokratie der Siloviki [Angehörige der Geheimdienste und der Armee] kann tun, was immer sie will. Es gibt kein Recht auf privates Eigentum. Eine Person, die mit dem »System« kollidiert, hat keinerlei Rechte.

Obwohl sie in Gesetzen festgeschrieben sind, werden die Rechte von den Gerichten nicht geschützt, denn die Gerichte fürchten sich ebenfalls oder sind selbst Teil des *»Systems«*. Kann es angesichts dessen irgendjemanden überraschen, dass sich denkende Menschen nicht hier in Russland verwirklichen wollen? (…)

Die Hoffnung treibt die großen Reformen und Transformationen voran und garantiert ihren Erfolg. Schwindet die Hoffnung, so tritt tiefe Desillusionierung an ihre Stelle – wer wird dann in der Lage sein, Russland aus der erneuten Stagnation zu führen?

Ich übertreibe nicht, wenn ich sage, dass Millionen Augen in Russland und der Welt auf das Ergebnis dieses Prozesses gerichtet sind. Sie schauen uns in der Hoffnung zu, dass Russland endlich ein Land der Freiheit und des Rechts wird, ein Land, in dem das Gesetz über dem Bürokraten steht.

Ein Land, in dem man keine Repressalien mehr fürchten muss, wenn man Oppositionsparteien unterstützt.

Ein Land, in dem die Sicherheitsdienste das Volk und das Gesetz schützen, anstatt die Bürokratie vor dem Volk und dem Gesetz zu schützen.

Ein Land, in dem die Menschenrechte nicht mehr von der Laune des Zaren abhängen werden, ob er nun gut oder böse ist.

Ein Land, in dem die Macht wirklich von den Bürgern abhängen wird, und die Gerichte nur vom Gesetz und von Gott. Oder vom Gewissen, wenn Sie das vorziehen.

Ich glaube, dass es so sein wird.

Ich bin keineswegs ein vollkommener Mensch, aber ich bin ein Mensch mit einer Idee. Wie für jeden Menschen ist es schwer für mich, im Gefängnis zu leben, und ich will nicht dort sterben.

Aber wenn es so sein muss, werde ich nicht zögern. Die Dinge, an die ich glaube, sind es wert, dafür zu sterben. Ich denke, dass ich das bewiesen habe. […]

Jedermann weiß, dass Ihr Urteil in diesem Fall, wie auch immer es ausfallen wird, Teil der Geschichte Russlands werden wird. Und es wird diese Geschichte für die kommende Generation prägen. Alle Namen – jene der Staatsanwälte und jene der Richter – werden in die Geschichte eingehen, so wie sie nach den infamen sowjetischen Prozessen in die Geschichte eingingen.

Euer Ehren, ich kann mir gut vorstellen, dass dies keineswegs leicht für Sie sein wird – und vielleicht ist es sogar beängstigend. Ich wünsche Ihnen Mut!

Dies waren die Worte eines großen Mannes, gleich welche Sünden er in der Vergangenheit begangen hatte und was er in der Zukunft tun würde. Fünf Wochen später verlängerten die Richter die Haftstrafen von Chodorkowski und Lebedew bis 2017. Später wurden sie bis 2016 und im Berufungsverfahren bis 2014 verkürzt. Aber Putin hatte natürlich noch mehr Asse im Ärmel.

Drei Jahre später überraschte Putin alle Welt einschließlich Chodorkowski, indem er dessen Freilassung ankündigte. Am 20. Dezember 2013 wurde Chodorkowski aus der Haft entlassen. Vermutlich war dies auf eine Kombination von deutschem Druck – Chodorkowski bedankte sich beim früheren Außenminister Hans-Dietrich Genscher für dessen Hilfe bei seiner Freilassung – und Putins Wunsch zurückzuführen, sich vor den Olympischen Winterspielen in Sotschi im Februar 2014 ein Ärgernis vom Hals zu schaffen. Chodorkowskis Fall erregte zu viel Aufmerksamkeit, nachdem Amnesty International ihn als politischen Häftling eingestuft hatte, und die Spiele hätten seinen Fall ins Rampenlicht gerückt. Es war auch eine Gelegenheit für Putin, seine Lieblingsrolle des »guten Zaren« zu spielen und Gnade mit einem besiegten Feind zu zeigen. Und natürlich konnte er sich für das geringe Zugeständnis, diesen Gegner elf Monate vor Ablauf seiner Haftzeit freizulassen, eine Gegenleistung sichern und sich die Mühe ersparen, einen dritten Prozess gegen Chodorkowski zu inszenieren, in dem man dem Dissidenten nicht weniger als Mord hätte vorwerfen müssen, um eine weitere Inhaftierung zu rechtfertigen.

Am Tag seiner Entlassung reiste Chodorkowski nach Deutschland aus, um seine kranke Mutter zu besuchen. Bei seiner Freilassung hielt er sich mit Erklärungen zurück, aber schon bald erhob er seine Stimme wieder gegen das Putin-Regime und nahm sein Open-Russia-Programm wieder auf.

Bisher gibt es kein Nachwort zu Chodorkowskis Geschichte. Wie bei so vielen russischen Geschichten kann es nicht geschrieben werden, solange Putin an der Macht ist. Was Chodorkowskis Ambitionen anbelangt, so sagte er mir nicht lange nach seiner Freilassung ruhig, aber selbstbewusst: »Ich an Putins Stelle hätte mich nicht gehen lassen.«

7 Sprung ins Feuer

Hätte ich meinem Großvater, einem Kommunisten und unerschütterlichen Anhänger der Sowjetunion, einige der Dinge erzählt, die ich eines Tages tun würde, so hätte er all das für absurde Hirngespinste gehalten, und mein Schachweltmeistertitel hätte es in dieser Liste nicht einmal unter die Top Ten geschafft. Eine Rede über die Bedeutung der »amerikanischen Werte« von Kapitalismus und Freiheit vor einer Gruppe von Managern in Manhattan hätte weit oben auf der Liste gestanden, ebenso wie die Vorstellung, ich könnte eines Tages in Wyoming nach einem Vortrag über die Bedrohung durch Putins Russland mit einem geborgten Cowboyhut auf dem Kopf fotografiert werden.

Das Ereignis, das es vermutlich auf den ersten Platz dieser Liste geschafft hätte, fand am 17. August 2012 vor einem Gerichtsgebäude in Moskau statt. An diesem Tag wurde ich von der Polizei festgenommen und misshandelt, als ich gegen die Verurteilung von drei Mitgliedern der Punkrock-Band Pussy Riot protestierte. Die drei jungen Frauen waren vor Gericht gestellt worden, weil sie in einer Moskauer Kirche ein Protestvideo gegen Wladimir Putin gedreht hatten. Das Verfahren fand wie jenes von Michail Chodorkowski im Chamownitscheski-Gericht statt. Ich hatte mir keinen Weg durch das Gedränge in das Gerichtsgebäude bahnen können und unterhielt mich draußen auf dem Bürgersteig mit einigen Journalisten, als sich mehrere Polizisten näherten, die mich buchstäblich wegtrugen.

Eigentlich ist die russische Polizei bei einer Festnahme verpflichtet, den betroffenen Bürger über den Grund für seine Verhaftung aufzuklären. Es gab zahlreiche Zeugen dafür, dass dies in meinem Fall nicht geschah. Stattdessen bin ich auf einem Video zu sehen, wie ich schreie: »Was wird mir vorgeworfen? Welches sind die Vorwürfe?« (Es kamen noch ein paar andere Worte aus meinem Mund, die ich meiner kleinen Tochter lieber nicht erklären möchte.) Die Polizisten hievten mich in einen Bus und warfen die Tür zu. Aber sie schlossen sie nicht ab.

Dann tat ich etwas, das ich rasch bereuen sollte: Ich öffnete die Tür und verlangte erneut zu wissen, was man mir vorwarf. Aber meine Worte wurden unterbrochen, denn mehrere Hände zogen mich aus dem Bus. Die neben dem Fahrzeug stehenden Beamten verdrehten mir die Arme und schlugen mich auf Kopf und Körper, bevor sie mich wieder in den Bus hoben. Einem niederländischen Fotografen gelang es, ein Foto zu schießen, auf dem zu sehen ist, wie mich zwei Beamte an der Rückwand des Vans fixierten, wobei einer mir den Arm hinter den Rücken drehte und der andere seinen Unterarm gegen meine Kehle presste.

Wenn ich die Geschehnisse jenes Tages beschreibe, kann ich unmöglich objektiv sein, aber ich wage zu behaupten, dass ein unbewaffneter, fast 50-jähriger Schachspieler kaum eine Bedrohung für Leib und Leben einer Armee von Sonderpolizisten darstellte. Obwohl ich einige blaue Flecken davontrug, erlitt ich zum Glück keine ernsten Verletzungen. Ich konnte sogar über eine Stellungnahme der Polizei lachen, in der es hieß, man erwäge, weitere Vorwürfe gegen mich zu erheben, weil ich angeblich einen der Beamten in den Finger gebissen hatte. Es stimmt zwar, dass ich kein Vegetarier bin, obwohl mir mein Arzt geraten hat, weniger rotes Fleisch zu essen. Aber ich kann mit Sicherheit sagen, dass ich, sollte ich eine Vorliebe für

Menschenfleisch entwickeln, wie es bengalischen Tigern nachgesagt wird, nie einen Beamten unterhalb des Generalsrangs verzehren würde.

Obwohl meine Freunde und ich wussten, dass vor einem Moskauer Gericht alle Augenzeugenberichte und Beweise der Welt bedeutungslos waren, trugen wir so viele Fotos, Videos und Aussagen wie möglich zusammen und bemühten uns, sie vor meinem Prozess zu veröffentlichen. Wenn die ganze Welt wusste, dass ich gegen kein Gesetz verstoßen hatte, bestand die Hoffnung, dass es dem Regime zu peinlich sein würde, mich wegen »Teilnahme an einer nicht genehmigten Kundgebung« zu verurteilen. Im Jahr 2012 konnte man sich noch vorstellen, dass es Dinge gab, die dem Putin-Regime peinlich sein würden.

Natürlich hatte ich das Glück, dass mir mein prominenter Name einen gewissen Schutz gewährte. Die Medien griffen die Berichte und Bilder von meiner Verhaftung und Misshandlung innerhalb von Minuten auf. Über die sozialen Medien stellten tausende Menschen Fotos und Videos zur Verfügung, die bewiesen, dass der Beamte, den ich angeblich gebissen hatte, die Verletzung an seinem Finger bereits vor meiner Verhaftung erlitten hatte. Anders als die meisten Russen, die so wie ich – oder sehr viel schlimmer – misshandelt werden, hatte ich die Möglichkeit, eine Kampagne zu meiner Verteidigung zu organisieren.

Eine Woche später wurde ich nach einer neunstündigen Gerichtsverhandlung freigesprochen, was für alle Welt und auch für mich selbst eine große Überraschung war. Dies war möglicherweise das erste Mal überhaupt in Putins Russland, dass jemand auf diese Art von solchen Vorwürfen freigesprochen wurde. Dabei hatte ich im Jahr 2007 zu den ersten Personen gehört, die nach Maßgabe der neuen drakonischen Gesetze zur Unterdrückung von Protestkundgebungen verurteilt und inhaftiert worden waren. Nach dem Freispruch dankte ich allen

Unterstützern und appellierte an jene, die sich engagiert hatten, nicht aufzugeben.

> Dieses Urteil beweist die Macht der Solidarität, die mehr bedeutet, als Geld zu spenden und die Stimme zu erheben. Es ist die geteilte Überzeugung, dass die Freiheit nicht nur in deinem eigenen Land, sondern überall und für jeden Menschen wichtig ist. Es ist unerlässlich, sich weiter zu engagieren. Je mehr Menschen aufmerksam werden, je größer der Druck der Basis wird, desto mehr Fälle werden wie meiner enden und desto weniger wie der von Pussy Riot. Findet einen Weg, um etwas zu bewirken!

Es war ein bittersüßer Augenblick. Während ich und andere Demonstranten vor dem Gerichtsgebäude verhaftet wurden, wurden drinnen drei junge Frauen zu zwei Jahren Haft in einem Straflager verurteilt: Marija Aljochina (24), Nadeschda Tolokonnikowa (22) und Jekaterina Samuzewitsch (30).

Ich werde später zu diesen tapferen Frauen und ihrer Geschichte zurückkehren, die internationales Aufsehen erregte und der Welt vor Augen führte, dass Putins Regime endgültig den Schritt zur rettungslosen Despotie getan hatte. Aber zuvor möchte ich erklären, wie es dazu kam, dass ich vor jenem Gerichtsgebäude stand und in einen Tumult verwickelt wurde, der für meinen Großvater unvorstellbar gewesen wäre. Dazu müssen wir Moskau kurz verlassen und uns nach Spanien in die andalusische Ortschaft Linares begeben.

* * *

Im Jahr 1975 nahm ich im Alter von zwölf Jahren an meinem ersten großen Schachturnier teil, der sowjetischen Nachwuchsmeisterschaft. Zehn Jahre später wurde ich in Moskau der jüngste Schachweltmeister der Geschichte. Am 10. März 2005 spielte ich in Spanien meine letzte ernsthafte Schachpartie und gewann zum neunten Mal den Titel beim Internationalen Turnier von Linares. Nach drei Jahrzehnten als professioneller Schachspieler und 20 Jahren an der Spitze der Weltrangliste entschloss ich mich, meine Karriere zu beenden.

Heutzutage ist es nicht üblich, dass sich jemand auf dem Höhepunkt zurückzieht, aber ich bin ein Mann, der ein Ziel braucht und etwas bewirken will. Es liegt an anderen, meine Leistung zu beurteilen, aber ich hatte den Eindruck gewonnen, dass ich für den Schachsport nicht länger unverzichtbar war. Aufgrund des politischen Chaos in der Schachwelt war nicht daran zu denken, noch einmal einen von allen Verbänden anerkannten Weltmeistertitel zu erringen, weshalb mir nur unbefriedigende Wiederholungen blieben.

Ich habe mir stets ehrgeizige Ziele gesteckt und das Glück gehabt, die meisten davon zu erreichen. Im Schachsport hatte ich alles erreicht, was ich erreichen konnte. Aber ich glaubte, in anderen Bereichen durchaus noch wertvolle Beiträge leisten zu können. Zu meinen Projekten zählten ein Buch über Entscheidungsfindung, das den Titel *Strategie und die Kunst zu leben* erhielt, sowie Vorträge und Seminare zu diesem Thema. Sodann setzte ich mich dafür ein, den Schachsport zu einem Bestandteil der Schulbildung zu machen, und gründete dazu die in den Vereinigten Staaten ansässige Kasparov Chess Foundation (KCF). KCF hat mittlerweile Niederlassungen in Brüssel, Johannesburg, Singapur und Mexiko-Stadt, arbeitet mit tausenden Schulen zusammen und organisiert vielfältige Veranstaltungen und Schulungsprogramme.

Aber all diese Dinge hätten warten können. Der Hauptgrund für meine Entscheidung, mich vollkommen aus dem professionellen Schachsport zurückzuziehen, war natürlich die

Politik, besser gesagt das, was in einer Autokratie als Politik gilt. Ich setzte mich seit vielen Jahren leidenschaftlich für die Demokratie in Russland ein und hatte an politischen Aktivitäten teilgenommen, als Wahlkämpfe, die Unterstützung von Kandidaten und der Kampf um Stimmen noch eine Bedeutung hatten. Im Jahr 2005 hatten diese Dinge kaum noch Einfluss auf die Machtstruktur in Russland, aber es gab noch eine Hoffnung: Da der Präsident höchstens für zwei Amtszeiten gewählt werden durfte, würde Putins Herrschaft im Jahr 2008 enden, sofern er nicht riskieren wollte, sich in einen Paria zu verwandeln, indem er die Verfassung vollkommen außer Kraft setzte. Da Putin nicht kandidieren würde, würden wir versuchen, den Wählern eine wirkliche demokratische Alternative zu bieten. Ich war nicht sicher, wie das gelingen konnte, aber ich wusste, dass wir es versuchen mussten.

Wie ich wenige Tage nach meinem Rückzug aus dem Schachsport im *Wall Street Journal* schrieb, hatte meine Hinwendung zur Politik auch persönliche Gründe:

> Beim Anblick meines achtjährigen Sohns wird mir bewusst, was auf dem Spiel steht. Viele gut situierte Russen schicken ihre Kinder ins Ausland auf die Schule, wo die von unserem autoritären Regime heraufbeschworenen Gefahren fern sind. Die meisten meiner Landsleute haben diese Möglichkeit nicht. Ich habe sie, aber ich möchte, dass mein Sohn in dem Land aufwächst, in dem er geboren wurde. Ich will nicht, dass er während seines Militärdiensts in einen illegalen Krieg geschickt wird. Ich will nicht, dass er sich vor der Unterdrückung durch eine Diktatur fürchten muss. Ich möchte, dass mein Sohn in einem freien Land leben und stolz auf sein Land und auf seinen Vater sein kann. […] In Russland gibt es Millionen Menschen, die sich wie ich nach Pressefreiheit, nach einem Rechtsstaat und nach freien

Wahlen sehnen. Meine neue Aufgabe ist es, für diese Menschen und diese Ziele zu kämpfen.[1]

Mein Sohn Wadim ist mittlerweile 18 Jahre alt und weiß nicht, wie es ist, in einem freien Russland zu leben. Was er über die Demokratie und die Bürgerrechte weiß, hat er so wie ich als Jugendlicher in der Sowjetunion gelernt: durch Reisen ins Ausland und die Lektüre ausländischer Zeitungen. Wenigstens haben er und seine Generation das Internet, das auch in Russland immer noch relativ frei ist.

Im Jahr 2005 heiratete ich auch zum dritten Mal, und meine Frau Dascha trägt wesentlich dazu bei, diese neue Phase in meinem Leben zu einer glücklichen und erfolgreichen Zeit zu machen. Unsere Tochter Aida und unser Sohn Nickolas wurden in einem freien Land geboren, in den Vereinigten Staaten. Ich hätte mir gewünscht, dass sie in einem freien Russland aufwachsen würden.

* * *

Im September 2004 hatte das Geiseldrama von Beslan die Weltöffentlichkeit erschüttert. Es war ein Ereignis, das großen Einfluss auf meine Entscheidung hatte, mich aus dem Schachsport zurückzuziehen.

Beslan liegt in Nordossetien, einer mehrheitlich von Russen bewohnten Kaukasusregion, die an Georgien angrenzt. Am 1. September 2004 nahmen tschetschenische Kämpfer in einer Schule in der Stadt mehr als 1100 Menschen als Geiseln. Es war der Tag der »ersten Glocke«, der erste Schultag, an dem die Familien ihre Kinder zum Unterricht begleiten. Dreißig schwerbewaffnete Terroristen stürmten die Schule und trieben die Anwesenden in der Turnhalle zusammen, wobei mehrere Geiseln sofort getötet wurden. Das Gebäude hatten die Tschetschenen mit improvisierten Sprengvorrichtungen vermint – im Gegensatz zu denen im Dubrowka-Theater waren es keine Attrappen.

Wie nicht anders zu erwarten, brach außerhalb der Schule Chaos aus, da verschiedene Gruppen regionaler und nationaler Armee- und Polizeieinheiten getrennte Lager mit unterschiedlichen Kommandos bildeten. Die außerhalb der Turnhalle versammelten Eltern und andere Anwohner weigerten sich, das Gelände zu verlassen. Viele blieben, weil sie einen Sturmangriff der Sicherheitskräfte vermeiden wollten. Die Erinnerung an die Tragödie im Dubrowka-Theater war noch frisch. Die Angreifer stellten ähnliche Forderungen wie das Terrorkommando im Jahr 2002: Sie verlangten den Abzug der russischen Truppen aus Tschetschenien und die Anerkennung der Unabhängigkeit ihres Landes. Anderen Berichten zufolge forderten sie auch eine Anerkennung Tschetscheniens durch die Vereinten Nationen. Sie bestanden auf der Anwesenheit mehrerer regionaler Politiker, die als Vermittler dienen sollten, darunter der nordossetische Präsident Alexander Dschasochow und der Präsident des benachbarten Inguschetien, Murat Sjasikow. Keiner von beiden begab sich nach Beslan. Dschasochow behauptete später, er sei gewaltsam zurückgehalten worden, und erklärte gegenüber dem Magazin *Time*, »ein hochrangiger General aus dem Innenministerium« habe ihm gesagt, er habe Befehl, ihn zu verhaften, sollte er versuchen, nach Beslan zu fliegen.[2]

Die Journalistin Anna Politkowskaja, eine der wenigen Personen in Russland, denen die Tschetschenen vertrauten, wurde ebenfalls aufgefordert, nach Beslan zu kommen. Sie machte sich sofort auf den Weg, traf jedoch nie in Beslan ein. Während des Flugs mischte ihr jemand Gift in den Tee. Sie fiel ins Koma und wäre beinahe in einem kleinen Krankenhaus in Rostow gestorben. Zurück in Moskau, erklärte sie, von den russischen Sicherheitskräften ausgeschaltet worden zu sein, »weil sie wussten, dass ich auf dem Weg nach Beslan war, um Verhandlungen zu beginnen«.[3]

Aslan Maschadow, der verhasste Führer der tschetschenischen Unabhängigkeitsbewegung, auf den die russische Regierung ein Kopfgeld von 10 Millionen US-Dollar ausgeschrieben hatte, verurteilte die Geiselnahme und schien entschlossen, persönlich zu intervenieren. Dschasochow erklärte später, er sei bereit gewesen, mit den Geiselnehmern zu verhandeln, ihnen freies Geleit zu gewähren und einige inhaftierte Rebellen freizulassen, um das Leben der Geiseln zu retten.

Aber während die Verhandlungen liefen, geschah das Unvorstellbare: Am 3. September, dem dritten Tag der Belagerung, erschütterten in dem Moment, als sich Sanitäter der Turnhalle näherten, um zwanzig Leichen abzutransportieren, zwei Explosionen das Gebäude. Das Dach begann zu brennen. Es ist bezeichnend, dass einmal mehr ein halbes Dutzend Theorien über die Urheber dieser ersten Explosionen und noch mehr Vermutungen über die folgenden Kämpfe verbreitet wurden. Die Hälfte dieser Theorien stammte von denselben Verantwortlichen, deren Darstellungen sich täglich änderten. In einigen Berichten hieß es, mehrere Sprengladungen der Terroristen seien unbeabsichtigt explodiert. Andere erzählten, ein russischer Scharfschütze habe einen Terroristen erschossen, der eine Bombe gezündet habe.

Gleichermaßen verwirrend sind die Berichte darüber, wer bei den Belagerern das Kommando innehatte und wer wann den Schießbefehl gab. Die entsprechenden Darstellungen wurden im Lauf der Zeit immer verwirrender. In der Sporthalle drängten sich Geiseln, von denen viele zu dehydriert und geschwächt waren, um zu fliehen. Es entbrannten Feuergefechte, an denen neben örtlichen Polizeieinheiten und Soldaten auch bewaffnete Zivilisten teilnahmen. Es war ein tödliches Chaos. Erst als Anwohner auf den Hausdächern in der Umgebung große Granathülsen fanden, stellte sich heraus, dass die Armee mit Flammenwerfern in einen mit Kindern gefüllten Saal geschossen hatte.

Kaum war die Schlacht vorüber, fuhren Bulldozer und Lastwagen vor, um die Trümmer (einschließlich von Leichenteilen) und alles andere zu beseitigen, was geeignet war, um die furchtbaren Geschehnisse zu rekonstruieren. Die Aussagen von Einheimischen, die in der Umgebung des Gebäudes ausgeharrt hatten, und von Geiseln, die mit dem Leben davongekommen waren, widersprachen der offiziellen Darstellung der Vorgänge. Die Behörden, die leicht zu widerlegende Behauptungen über die eingesetzten Waffen aufstellten, wurden derart vieler Lügen überführt, dass es unmöglich ist, irgendeine offizielle Stellungnahme in gutem Glauben zu akzeptieren.

Anders als im Fall des Geiseldramas im Dubrowka-Theater wurden nach der Tragödie von Beslan amtliche Untersuchungen eingeleitet. Im Jahr 2005 veröffentlichte ein Abgeordneter im nordossetischen Parlament, der am Tag der Geiselnahme persönlich vor Ort gewesen war, die Ergebnisse seiner Untersuchung. Das Bundesparlament legte 2006 zwei umfassende Berichte vor, aber da die Duma von Putins Partei Einiges Russland kontrolliert wurde, erhielt der von ihrem Vertreter erstellte Bericht den offiziellen Segen. Der andere Bericht stammte von Juri Saweljew, einem Mitglied der nationalistischen Partei Rodina (»Heimatland«), der zufällig auch ein anerkannter Experte für Granatwerfer und Sprengstoffe war. Saweljews Bericht deckt sich sehr viel eher mit dem, was überlebende Geiseln und Zeugen außerhalb des Gebäudes über die eingesetzten Waffen und die Abfolge der Geschehnisse berichtet hatten.

Gemeinsam mit einem weiteren Abgeordneten verweigerte er seine Zustimmung zu dem offiziellen Dokument. Im Jahr 2007 brachen die beiden ihr Schweigen und warfen der Regierung eine Vertuschungsaktion vor.[4]

Im Jahr 2006 wertete der Journalist David Satter die Beweise aus:

> Die Darstellung der Eltern von Beslan wurde durch die Ergebnisse einer Untersuchungskommission des nordossetischen Parlaments bestätigt. In ihrem am 9. November 2005 veröffentlichten Bericht gelangte die Kommission zu dem Ergebnis, dass die erste Explosion entweder von einem Flammenwerfer oder von einer von außerhalb des Gebäudes abgefeuerten Granate ausgelöst worden war.
>
> Die wichtigste Bestätigung für diese Darstellung findet man jedoch in einem Bericht von Juri Saweljew, einem Mitglied der Untersuchungskommission des Bundesparlaments und anerkannten Experten für Verbrennungsvorgänge. [...] Saweljew gelangte zu dem Schluss, dass die erste Explosion das Ergebnis eines Schusses aus einem Flammenwerfer war, der um 13.03 Uhr aus dem fünften Stock eines Gebäudes in der Umgebung der Schule abgegeben wurde. Die zweite Explosion erfolgte 22 Sekunden später und wurde durch eine hochexplosive Splittergranate mit einer Sprengkraft von 6,1 Kilogramm TNT hervorgerufen, die aus einem anderen fünfstöckigen Gebäude in derselben Straße abgefeuert wurde. Saweljew zufolge lösten die Explosionen ein verheerendes Feuer und den Einsturz des Dachs der Sporthalle aus, was die meisten Todesopfer unter den Geiseln forderte. Erst zwei Stunden später erging der Befehl, das Feuer zu löschen, was zur Folge hatte, dass Geiseln, die hätten gerettet werden können, bei lebendigem Leib verbrannten.[5]

Sogar die Opferzahlen wurden wochenlang immer wieder geändert. Interviews mit Angehörigen und überlebenden Geiseln füllten die Lücken in den offiziellen Berichten. Die endgültige Opferzahl lag bei 334 toten Geiseln, darunter 186 Kinder. Mehr als 700 Menschen wurden verwundet; viele von ihnen verloren Gliedmaßen durch Schrapnellverletzungen. Zahlreiche Menschen verbrannten bei lebendigem Leib. Wie viele Geiselnehmer getötet wurden oder überlebten, ist ebenfalls umstritten. Nach offiziellen Angaben nahmen 32 Terroristen an dem Angriff teil, von denen einer überlebte. Anderen Berichten zufolge war die Zahl der Angreifer sehr viel höher – die Rede ist von bis zu 75 Tschetschenen –, und viele sollen entkommen sein. Mindestens zehn Angehörige der Sicherheitskräfte wurden getötet, darunter alle drei Kommandeure der Spezialeinheit, die das Gebäude stürmte.

Der tschetschenische Rebellenführer Schamil Bassajew bekannte sich zu der Geiselnahme und erklärte, ursprünglich habe man eine Schule in Sankt Petersburg oder Moskau angreifen wollen. Er kündigte weitere derartige Aktionen an, die jedoch ausblieben. Bassajew starb im Jahr 2006 bei einer Explosion. Auch über die Umstände seines Todes gibt es keine gesicherten Erkenntnisse, obwohl sich in seinem Fall kaum jemand dafür interessierte; wichtig war nur, dass er tot war.

Die verzweifelten Familien in Beslan konnten sich nur an die Behörden wenden, um zu erfahren, was geschehen war. Von Terroristen oder von den Toten konnte man keine Antworten erwarten. Der einzige Geiselnehmer, der gefangen wurde, ein Mann namens Nurpaschi Kulajew, verschwand rasch im russischen Gefängnissystem. Die Bürgergruppe »Mütter von Beslan« unterstützte ein Berufungsverfahren für ihn, in der Hoffnung, im Verlauf eines öffentlichen Prozesses Informationen über den Verlauf des Geiseldramas zu erhalten. Aber während die trauernden Mütter kaum Antworten von den Behörden bekamen, wurden nach Beslan tatsächlich weitreichende Reformen durchgeführt. Leider dienten sie kaum dazu, die Sicherheit der russischen Bürger zu verbessern.

Nur zwei Wochen nach Beslan versammelte Putin sämtliche 89 Gouverneure Russlands und seine Minister zu einer mehrstündigen Sitzung. Nach einigen Worten über das Geiseldrama erklärte Putin, die Regierung und das Land müssten mit größerer Effektivität und Einheit reagieren. Diese Worte lassen bei jedem Kenner der Funktionsweise von Diktaturen die Alarmglocken schrillen, und dies hier war keine Ausnahme. Neben einigen plausiblen Maßnahmen wie strengeren Antiterrorgesetzen und einer Erweiterung der Befugnisse der Strafverfolgungsbehörden dienten die Reformen überwiegend dazu, die demokratischen Institutionen Russlands weiter zu schwächen. Von nun an ernannte der Präsident die Gouverneure direkt. Die Parlamentswahlen wurden von der direkten auf die Parteiwahl umgestellt, womit gewährleistet war, dass die bewährten Figuren ihre Sitze dauerhaft behalten konnten. Weitere »Reformen« zielten auf die Fundamente des demokratischen Systems und erschwerten die Registrierung von Parteien. Natürlich hatten diese Eingriffe nichts mit Beslan oder dem Kampf gegen den Terrorismus zu tun. Putin sah einfach eine Chance, noch mehr Macht im Kreml zu bündeln.

* * *

Als bekannte Persönlichkeit hatte ich in meiner neuen Karriere als politischer Aktivist Vorteile, aber es gab auch Hindernisse. Ich sah mich dem Vorwurf ausgesetzt, ein Dilettant zu sein, der nicht an der harten Arbeit interessiert sei, Bündnisse zu schmieden und den Menschen zuzuhören. Ich war entschlossen, diese

Vorurteile zu widerlegen, und begab mich auf eine Rundreise durch Russland, um mir anzuhören, was die Leute über den Zustand des Landes dachten, und um die Botschaft zu verbreiten, dass ein anderes Land möglich sei.

Man muss bedenken, dass die Opposition keinen Zugang zu den Massenmedien hatte: Damit uns die Leute hören konnten, mussten sie uns persönlich hören. Ein berühmter Sportler, der seine aktive Laufbahn beendete, um in die Politik einzusteigen, hätte an fast jedem anderen Ort der Welt Schlagzeilen gemacht. Aber da meine Meinung über Wladimir Putin bereits bekannt war, wurde nur unter sportlichen Gesichtspunkten über meinen Rücktritt berichtet. Im Gegensatz dazu machten die Medien großes Aufheben um mehrere berühmte Eishockeystars, darunter die Legenden Wjatscheslaw Fetissow und Wladislaw Tretjak, die sich öffentlich für Putin aussprachen. Ich hatte keine Chance, im Fernsehen über meine Vorhaben zu sprechen. Abgesehen davon, dass ich keine Einladungen erhielt, waren Livesendungen mittlerweile praktisch verboten, um unerwünschte politische Meinungsäußerungen zu verhindern.

Ich wusste, dass es nicht leicht werden würde. Wie alle prominenten Oppositionellen wurde ich vom Kreml und seinen Handlangern bereits genau beobachtet. Unter diesen Leuten waren enervierende Witzbolde und gefährliche Kriminelle, die allesamt auf den Gehaltslisten der Leute standen, die dafür zu sorgen hatten, dass jede oppositionelle Basisbewegung sofort auf heftigen Widerstand stieß. Jugendorganisationen, die wir als »Putin-Jugend« bezeichneten, schickten zu jedem meiner Auftritte Delegationen, die mich unterbrachen und mit Gegenständen bewarfen – selbstverständlich ohne jemals von der Polizei belästigt zu werden. Im April griff mich bei einer Veranstaltung in Moskau ein junger Mann an, der mich mit einem hölzernen Schachbrett am Kopf verletzte. Und natürlich wurde ich unentwegt von professionelleren Mitarbeitern der Sicherheitsdienste verfolgt und auf Video aufgenommen. Ein totalitäres System muss sich keinen Zwang antun!

Aber so schnell würde ich nicht aufgeben. Da die Opposition vor allem in Moskau und in geringerem Umfang in Sankt Petersburg aktiv war, musste ich auch durchs Land reisen. Jenseits des Großraums von Moskau, in den Regionen, in denen die wirtschaftliche Abhängigkeit vom Zentralstaat größer war und die vom Kreml kontrollierten Fernsehsender die einzige Informationsquelle darstellten, genoss Putin sehr viel mehr Unterstützung. Ich reiste ins 6200 Kilometer von Moskau entfernte Wladiwostok im Osten des Landes. Ich besuchte Rostow und reiste anschließend in den Kaukasus. Ich sprach mit Fischern, Eisenbahnarbeitern und Studenten. Dann kam ich nach Beslan.

Als erstes besuchte ich den Friedhof – die Einwohner nannten ihn den »Neuen Friedhof«. Zehn Monate nach dem Geiseldrama wurde dort immer noch gebaut. Ich legte Blumen auf jedes einzelne Grab. Die Nähe des Grauens, das die Menschen dort erlebt hatten und dem die Überlebenden Tag für Tag ausgesetzt waren, versetzte mich in einen Schockzustand. Stellen Sie sich Reihen von Grabsteinen vor, alle mit demselben Todesdatum: 3. September 2004, 3. September 2004, 3. September 2004 … 330 Steine. Die Grabsteine trugen Geburtsdaten in den neunziger Jahren und teilweise jenseits der Jahrtausendwende. Es war der schlimmste Tag in meinem Leben.

Trotzdem sollte ich eine Rede in der Stadt halten, also riss ich mich zusammen und machte mich auf den Weg zum örtlichen Haus der Kultur. Wie nicht anders zu erwarten, waren die Türen verschlossen und die Lichter ausgeschaltet. Das gehörte zur üblichen Schikane gegen Oppositionelle. Wo immer ich hinkam, traten in den Veranstaltungshallen sonderbare Probleme mit der Stromversorgung oder Rohrbrüche auf. Unser Flugzeug erhielt keine Landeerlaubnis oder der Bus traf am falschen Ort ein. Von Einheimischen erfuhr ich, dass sie mit Gewalt oder dem Verlust des Arbeitsplatzes bedroht worden waren, sollten sie bei meinem Vortrag gesehen werden. So hielt ich meine Reden zumeist auf der Straße, in Eingangshallen und Restaurants. Sogar die Hotels erhielten Anweisung, meinen Kollegen und mir keine Zimmer zu geben.

Auch in Beslan war es nicht anders, obwohl dieser Ort Frieden und Respekt verdiente. Genau deshalb hatte ich nicht kommen wollen, aber zur selben Zeit hatte ich das Gefühl, dass es meine Pflicht war. Ich war nicht gekommen, um Politik zu machen, sondern um mit eigenen Augen zu sehen, was geschehen war, und um den Familien der Opfer zu zeigen, dass sie nicht vergessen worden waren. In der Stadt warfen fast alle der Regierung vor, sie habe das Leben der Geiseln nicht retten, sondern lediglich die Geiselnehmer töten wollen.

Auf dieser Etappe meiner Reise wurde ich von der russischen Journalistin Masha Gessen begleitet, deren Berichterstattung ich herangezogen habe, um meine von den überwältigenden Emotionen jenes Tages getrübte Erinnerung aufzufrischen. Ich möchte aus ihrem Bericht direkt zitieren. Er zeigt nicht nur, dass ich in Bezug auf die Schikane durch die Putin-Jugend nicht übertreibe, sondern erspart es mir auch, das Leid dieses Tages erneut zu durchleben.

> In diesem Moment gab es einen dumpfen Knall, ganz ähnlich wie ein Schuss, und die Frauen schrien: »Garri! Garri!« Die Menge stob auseinander, und Kasparows Bodyguards versuchten unbeholfen, ihn abzuschirmen und gleichzeitig zu verhindern, dass sich die Menschen gegenseitig zertrampelten, als sie

von der Veranda flüchteten. Plötzlich zeigte sich, dass vor dem Gebäude ein junger Mann mit einer Flasche Ketchup stand, die er kräftig schüttelte, dann damit auf Kasparow zielte und öffnete. Kasparow war sofort über und über mit Ketchup bekleckert: Sein Kopf, seine Brust und die rechte Schulter seines blauen Sakkos waren klebrig rot. Die Veranda war nun leer, abgesehen von einer durchsichtigen Plastiktüte mit einigen zerbrochenen Eiern darin, die auf dem Dach der Veranda aufgeschlagen und dann am Boden gelandet war: Sie hatte das knallende Geräusch verursacht.

Eine alte Frau, die nun mit uns auf der Veranda stand, versuchte Kasparows Gesicht mit einem Taschentuch zu säubern. »Vergebt mir; vergebt mir«, flüsterte er immer wieder. Er entschuldigte sich, diesen Zwischenfall in einer Stadt verursacht zu haben, die schon so viel Leid hatte erfahren müssen. [...] Die Gruppe wurde größer, als Menschen aus am Wegesrand gelegenen Häusern und Mietskasernen kamen und sich dem Marsch anschlossen.

Sie betraten die Schule durch die riesigen Löcher in den Wänden der einstigen Turnhalle. [...]

Als sie die Sporthalle betraten, stockte Kasparow der Atem. »Oh, mein Gott, oh, mein Gott«, flüsterte er. Die Frauen gingen in verschiedene Ecken des zerstörten Raumes und begannen zu klagen; bald war die Halle angefüllt von einem gedämpften, schrillen Klang. Kasparow wirkte sichtlich mitgenommen: Seine Augen waren gerötet, der Mund halb geöffnet. Er schüttelte leicht den Kopf. Es war klar, dass man hier unmöglich reden konnte. Der Raum hatte zu viel Leid gesehen. Er bat darum, durch die Schule geführt zu werden. Als er mit der Menge umherging, die inzwischen auf etwa hundert Personen angewachsen war, redete er: »Ich gehe durch diese Schule und denke: Wie können die Leute in Moskau weiter herumlaufen, irgendetwas sagen und weiter lügen? Unter ihnen ist jemand, der den Befehl gab, das Feuer zu eröffnen. Wenn diese Person damit durchkommt, müssen wir uns das alle vorwerfen lassen![6]

Lediglich drei Amtsträger wurden für die Vorgänge in Beslan zur Rechenschaft gezogen. Es handelte sich um örtliche Polizeibeamte, denen Fahrlässigkeit vorgeworfen wurde, weil sie die Schule nicht ausreichend geschützt hatten. Vielleicht wirkte dieser Versuch, kleine Beamte zu Sündenböcken zu machen, sogar auf Putins Justizsystem zu plump, denn alle drei wurden schließlich freigesprochen. Als der Richter im Mai 2007 den Freispruch verkündete, verwüstete eine Gruppe empörter Mütter aus Beslan im Anschluss den Gerichtssaal. Diese Polizisten konnten kaum für die Katastrophe verantwortlich sein, aber sie waren die einzigen Ziele für die Wut der hilflosen Familien.

Unser Entsetzen und unsere Wut kann nicht nur den Tätern gelten – den mörderischen Terroristen, die den Angriff planten und durchführten –, sondern muss auch auf die Verantwortlichen zielen, die ihre Pflicht, das Leben der unschuldigen Geiseln zu schützen, nicht erfüllten und anschließend keinerlei Verantwortung für ihr Versagen übernahmen. Selbstverständlich kommt es auch in Demokratien zu Verwirrung, Fehlern, Entrüstung und Vertuschungsversuchen. Überall auf der Welt begehen Menschen Fehler und tun furchtbare Dinge. Leider sind wir anscheinend nicht in der Lage, solche Tragödien zu verhindern (obwohl man zweifellos sagen kann, dass verlogene Diktaturen eine größere Zahl davon verursachen). Daher zeigt sich der wahre Wert unserer Institutionen daran, ob sie in der Lage sind, solche Irrtümer und Verbrechen zu bewältigen, um das Vertrauen der Gesellschaft zu erhalten und ihre Sicherheit zu verbessern.

Die Reaktion der russischen Regierung auf die Terroranschläge auf das Dubrowka-Theater und die Schule von Beslan zeigten, dass sich Putins Regime nicht um das Vertrauen und die Sicherheit der Bevölkerung scherte. Putin brauchte das Volk und sein Vertrauen nicht. Er hatte Öl und Gas, die totale Kontrolle über die Medien und den Staat und einen wachsenden Sicherheitsapparat. Anders als eine demokratische Regierung, die rasch abgewählt wird, wenn sie das Vertrauen der Bürger verliert, muss ein Diktator nie um Verzeihung bitten, er muss sich nicht einmal mit Kritik auseinandersetzen.

* * *

Der zweite Beweggrund für meine Reise im Jahr 2005 war, dass ich mit anderen Aktivisten überall im Land Kontakt aufnehmen wollte. Es gab immer noch zahlreiche Oppositionsgruppen und NGOs, die gegen die zunehmende Marginalisierung kämpften. Egal wie klein oder ungefährlich diese Gruppen waren, sie wurden gnadenlos verfolgt, um die Zivilgesellschaft vollkommen unter Kontrolle zu bringen. Das Regime, das ständig nach »orangenen« Aktivitäten Ausschau hielt, erließ Gesetze, um den NGOs den Zugang zu ausländischer Unterstützung zu entziehen und die Strafen für Demonstranten zu verschärfen. Eine Reihe »antiextremistischer« Gesetze wurde derart umfassend und vage formuliert, dass jegliche Kritik an der Regierung als »extremistischer Akt« ausgelegt werden konnte, der mit jahrelanger Haft bestraft wurde.

In den Jahren 2005 bis 2008 war die russische Opposition ein Sammelsurium liberaler Politiker, junger Aktivisten unterschiedlichster politischer Zugehörigkeit und altgedienter Menschenrechtsaktivisten. Einige Oppositionspolitiker waren ehemalige Mitglieder des Putin-Regimes, darunter der frühere

Ministerpräsident Michail Kasjanow und der Wirtschaftsberater Andrej Illarionow. Da waren Jelzins früherer stellvertretender Ministerpräsident Boris Nemzow und Wladimir Ryschkow, einer der letzten verbliebenen unabhängigen Abgeordneten in der Duma. Georgi Satarow war ein früherer Jelzin-Mitarbeiter, der am Entwurf der neuen russischen Verfassung mitgearbeitet hatte. Es war eine Gruppe herausragender politischer Köpfe – die allerdings keinerlei Macht hatte.

In einer weiter entfernten Umlaufbahn kreisten die »respektablen« Politiker aus der Jelzin-Ära, die versuchten, ihren Einfluss zu verteidigen, während ihnen der politische Boden unter den Füßen weggezogen wurde. Diese Personen, darunter die frühere Präsidentschaftskandidatin Irina Chakamada und der Jabloko-Gründer Grigori Jawlinski, bemühten sich, innerhalb des Systems Opposition zu betreiben, ohne es sich mit Putin zu verscherzen. Schließlich mussten sie erkennen, dass Putin keine Verwendung für sie hatte; sie taugten nicht einmal zur loyalen Opposition. Einige gaben auf und beteiligten sich für ein regelmäßiges Gehalt an Putins Demokratiescharade, andere zogen sich vollkommen aus der Politik zurück. Einige wenige schlossen sich uns an, der »radikalen« oder »externen« Opposition.

Unter den Menschenrechtsaktivisten war die angesehene Ljudmila Alexejewa, ein Gründungsmitglied der Moskauer Helsinki-Gruppe und eine der wenigen sowjetischen Dissidenten, die immer noch aktiv waren. Lew Ponomarew gehörte zu den Gründern von Memorial, einer der ersten russischen Menschenrechtsorganisationen. Zur Gruppe der »Jungspunde« zählten Sergej Udalzow, der Vorsitzende der Avantgarde der Roten Jugend, und Ilja Jaschin, ein charismatischer liberaler Jugendaktivist. Einige Jahre später verwandelte sich der ehemalige Jabloko-Aktivist Alexej Nawalny dank seiner sorgfältig recherchierten und scharf formulierten Berichte über die Korruption, die im Internet eine große Leserschaft fanden, in den prominentesten Regimekritiker.

Sodann waren da die »disloyalen Nationalisten«, jene zumeist jungen Radikalen, die sich in Gruppen wie der vom Autor Eduard Limonow geführten Nationalbolschewistischen Partei zusammenschlossen, die zu Beginn des 21. Jahrhunderts nicht mehr so furchteinflößend war, wie der Name andeutete, von der respektablen demokratischen Opposition jedoch gemieden wurde. Aber diese Radikalen waren bereit, gegen Putin und für Meinungsfreiheit und faire Wahlen auf die Straße zu gehen, und in meinen Augen war das das Einzige, was zählte.

Neben den Politikern, Organisatoren und Aktivisten schlummerte im Heer russischer Autoren, Journalisten und Intellektueller, die von der Rückkehr ihres Landes in die Finsternis enttäuscht waren, beträchtliches intellektuelles Potenzial. Es gab mutige Rechtsanwälte, die kostenlos oder für ein symbolisches Honorar viele Stunden opferten, um Demonstranten und Aktivisten gegen fadenscheinige Vorwürfe zu verteidigen. Die Leiter und Mitarbeiter eines Dutzends oder mehr Oppositionsgruppen, zu denen meine Vereinigte Bürgerfront zählte, organisierten weitgehend unentgeltlich und oft unter großen persönlichen Gefahren Protestkundgebungen, Schulungsseminare und Informationskampagnen.

Und plötzlich fand ich mich inmitten von alldem wieder. Ich fühlte mich Liberalen wie Nemzow und Illarionow verbunden, die wie ich für die freie Marktwirtschaft und eine enge Bindung an Europa eintraten, aber mir war klar, dass der Widerstand gegen Putin an diesem Punkt nur noch wenig mit Ideologie zu tun hatte. Es war nicht wichtig, für welche politischen Ziele man eintrat, wenn es nicht die geringste Aussicht darauf gab, diese Politik je zu verwirklichen. Die Debatten zwischen den Oppositionellen wirkten ein wenig so, als würden ein paar

Verhungernde, die kein Geld haben, darüber streiten, was sie in einem schicken Restaurant bestellen sollen.

Ich tat, was ich konnte, um die internationale Gemeinschaft auf die Lage in Russland aufmerksam zu machen. Ich sprach in ausländischen Parlamenten und schrieb Leitartikel, um die westlichen Regierungen dazu zu bewegen, den Druck auf Putin zu erhöhen und etwas gegen die Zerstörung der russischen Demokratie zu tun. In Russland hoffte ich, die Tatsache, dass ich keinem politischen Lager angehörte, nutzen zu können, um die Gräben zwischen den unterschiedlichen Oppositionsgruppen zu überbrücken, damit wir gemeinsam das einzige wirklich bedeutsame Problem lösen konnten: Wir mussten Putins Herrschaft und dem Putinismus so rasch wie möglich ein Ende machen.

Vor meinem Rückzug aus dem Schachsport hatte ich mich im Jahr 2004 an der Gründung des Komitees Freie Wahl 2008 und des Allrussischen Bürgerkongresses beteiligt. Ich hatte die Unzufriedenheit der Aktivisten in sämtlichen Lagern gesehen. Sie waren es leid, nach Putins Pfeife zu tanzen und zuzuschauen, wie sich ihre Parteichefs für dürftige Zugeständnisse mit dem Regime arrangierten. Der Bürgerkongress sollte all diesen Gruppen eine gemeinsame Plattform bieten, aber das Vorhaben scheiterte daran, dass die Kräfte an beiden Enden des politischen Spektrums unfähig waren, die Bürgerkriegsmentalität aus der Jelzin-Zeit hinter sich zu lassen und Seite an Seite mit ihren traditionellen ideologischen Gegnern zu arbeiten.

Im Jahr 2005 bildete ich meine eigene kleine Aktionsgruppe, die Vereinigte Bürgerfront, um eine Operationsbasis und eine Ansprechadresse zu haben. Dann machte ich mich auf die Suche nach strategischen Zielen im Kalender, um das Beste aus unseren begrenzten Mitteln zu machen. Als ich begann, mich vollkommen der russischen Politik zu widmen, hatte ich das Gefühl, mich zu einem Schachspiel an den Tisch zu setzen, das bereits eine Weile lief und in dem meiner Seite in jeder Variante das Schachmatt drohte. Ich begriff, dass unser erstes Ziel als Opposition darin bestehen musste, zu überleben und der russischen Gesellschaft zu zeigen, dass es uns gab, dass wir uns dem Putin-Regime widersetzten und dass wir nicht aufgeben würden. Aber da sämtliche Fernsehsender und alle großen Zeitungen dem Staat unterworfen worden waren, können Sie sich vorstellen, dass die Aufgabe sehr schwierig war.

Die Opposition war zersplittert, aber eines hatten wir gemein: Wir wussten alle, dass uns nur die Demokratie retten konnte. Im Jahr 2006 waren sich Liberale, Menschenrechtsaktivisten und sogar Kommunisten darin einig, dass das russische Volk Putins Versuch, das Land wieder in den Totalitarismus zurückzuführen, beenden würde, wenn es in einer freien Wahl Gelegenheit dazu erhielte. Es war unerheblich, dass wir anschließend auf entgegengesetzten Seiten stehen würden. Als erstes mussten wir unsere Demokratie retten.

Das bunte Gemisch von Oppositionsgruppen hatte auch Vorteile. Jetzt, da sie aus dem politischen Prozess hinausgedrängt worden waren, begriffen die Linken und all jene, die immer noch der Sowjetunion nachweinten, wie wichtig Demokratie und politische Freiheit waren. Die Liberalen – in Russland bezeichnet der Begriff jene, die wie ich die freie Marktwirtschaft und eine offene, westlich ausgerichtete Gesellschaft anstreben – begriffen, dass die von den Linken befürworteten Programme zur sozialen und wirtschaftlichen Stabilisierung erforderlich waren. Die Einheit festigte nicht nur die Opposition gegen das Putin-Regime, sondern trug auch dazu bei, die spezifischen Ziele unserer Mitgliedsgruppen zu klären. Wir waren keine glückliche Großfamilie, aber zumindest hielten wir zusammen.

Wenn wir wirklich etwas bewegen wollten, war es meiner Meinung nach nötig, uns im Kern einig zu sein: Entweder arbeitete man mit dem Kreml zusammen oder man versuchte, das Regime zu Fall zu bringen. Mittlerweile war klar, dass es unmöglich war, das System von innen heraus zu verändern. In gewisser Weise bestand der entscheidende Schritt darin, uns etwas vom Kreml abzuschauen: eine nichtideologische Bewegung. Gruppen aus dem gesamten politischen Spektrum schlossen sich zusammen. Im Sommer 2006 hatten wir eine ausreichende Dynamik aufgebaut, um in die Offensive zu gehen und im Vorfeld des G8-Gipfels in Sankt Petersburg im Juli die Konferenz des Anderen Russland zu veranstalten.

Aktivisten aus dem ganzen Land strömten zusammen, um Ideen auszutauschen und einander Rückhalt zu geben. Wir hatten auch internationale Medien und Redner aus aller Welt eingeladen, die keine Angst davor hatten, sich im Schatten des Kreml zur Demokratie zu bekennen. Die Führung des Bürgerkongresses hatte ungezählte Einladungsschreiben verschickt, Gegenleistungen für geleistete Gefallen eingefordert und nötigenfalls nachdrücklich gedrängt. Schließlich gaben viele prominente Personen Unterstützungserklärungen ab, obwohl nur wenige G8-Regierungen den Mut hatten, uns offen zu unterstützen. Wir wählten den Namen Anderes Russland, um der Welt zu zeigen, dass die demokratische Stabilität, die Putins Regime der Welt vorspielen wollte, nicht existierte.

Die russischen Behörden gaben sich große Mühe, uns zu schikanieren. Vielleicht waren wir übermäßig optimistisch, aber wir deuteten dies als Zeichen des Fortschritts: Sie waren beunruhigt! Wenn dies tatsächlich ein Maßstab des Erfolgs war, musste ich stolz sein, als die Sicherheitskräfte wenige Tage vor unserem für den 16. Dezember 2006 angekündigten Protestmarsch in Moskau die bescheidenen Büros der Vereinigten Bürgerfront stürmten. Der Marsch war der erste in einer Reihe ähnlicher Kundgebungen, die als »Märsche der Unzufriedenen« bekannt wurden. Obwohl auf jeden Demonstranten fünf Polizisten kamen, zogen tausende Menschen mit Spruchbändern durch die Moskauer Innenstadt, auf denen »Wir sind nicht einverstanden« stand.

Am 3. März 2007 fand in Sankt Petersburg ein noch größerer und umstrittenerer Protestmarsch statt. Die Behörden hatten uns eine Genehmigung für die Kundgebung verweigert, aber mehr als sechstausend Menschen trotzten dem Verbot. Es war die bis dahin größte politische Protestkundgebung in der Putin-Ära. Es ist mir klar, dass die Teilnehmerzahl nicht beeindruckend klingt, aber dieser Protest war neu, riskant, und er gab uns viel Energie. In demokratischen Ländern sind Demonstrationen etwas ganz Normales, und manche Bürger betrachten die Teilnahme als soziale Pflicht, auch wenn sie nicht vollkommen von einem Anliegen überzeugt sind. Aber in Russland wurden Protestkundgebungen mit Aufruhr und Wirren gleichgesetzt. Für viele Teilnehmer war diese »Radikalisierung« ein großer Schritt. Es war ein Wagnis, durch die Kordons der paramilitärischen OMON-Spezialeinheiten zu marschieren und »Russland ohne Putin!« zu skandieren.

Ich genoss die Energie auf den Straßen. Als ich mich aus dem Schachsport zurückzog, hatte man mir gesagt, aufgrund meines stürmischen, undiplomatischen Wesens sei ich für die Politik ungeeignet. Am Schachbrett war ich stets ein aggressiver Angreifer und in der Schachwelt ein aufsässiger Rebell gewesen; wie sollte sich so jemand in der Welt der Bündnispolitik und der subtilen Diplomatie zurechtfinden? Ich möchte behaupten, dass ich mich der Politik teilweise anpasste. Ich hörte zu und zeigte Respekt – die Hälfte der Zeit. Ich diskutierte mit Kollegen, die mehr wussten als ich und auch mehr geleistet hatten, denn ich wollte uns alle auf eine neue Ebene der Kooperation und Konfrontation heben. Dies war der einzige Weg, um eine Koalition zu schmieden, der ehemalige Ministerpräsidenten und Möchtegern-Bolschewiken angehörten. Und wenn es auf die Straße ging, waren meine kräftige Stimme und mein Dickschädel von Vorteil.

In Sankt Petersburg wurden dutzende Demonstranten von der Sonderpolizei attackiert. Ansonsten gab es keine Gewalt. Im Verlauf zahlreicher Protestmärsche wurde kein einziges Auto umgestürzt und kein einziges Schaufenster eingeschlagen. Trotzdem stellten uns die vom Kreml kontrollierten Medien natürlich als gewalttätige Hooligans dar und zeigten Bilder von den wenigen Zusammenstößen mit der OMON, die allerdings von den Sicherheitskräften provoziert worden waren. Im Jahr 2007 wurde im ganzen Land etwa ein Dutzend Protestmärsche organisiert, obwohl die meisten in Moskau und Sankt Petersburg stattfanden.

Im November wurde ich bei einer Kundgebung in Moskau verhaftet. Diesmal wurde ich nach Maßgabe der neuen Gesetze gegen Demonstrationen zu fünf Tagen Haft verurteilt. Es war keine schöne Erfahrung, obwohl ich im Gefängnis eine verhältnismäßig angenehme Zeit verbrachte: Ich gab Wärtern und Polizisten Autogramme und erhielt von ihnen viel Zustimmung zu unserer Einschätzung der Situation im Land. Mein alter Rivale Anatoli Karpow versuchte sogar, mich zu besuchen. Die Behörden ließen ihn nicht zu mir, aber ich wusste seine Geste sehr zu schätzen, vor allem, da unsere politischen Ansichten so unterschiedlich waren wie unser Schachspiel.

Als die Differenzen zwischen dem Putin-Regime und den westlichen Regierungen immer deutlicher zutage traten, nahm der Westen in der Diplomatie langsam eine andere Haltung ein. Nachdem Europa und die Vereinigten Staaten jahrelang versucht hatten, Putin als einen der ihren aufzunehmen, begannen sie nun auf Meinungsverschiedenheiten zwischen Russland und dem Westen hinzuweisen, obwohl sie sich bemühten, die Differenzen als geringfügig darzustellen. Ein Vertreter der Europäischen Union erklärte, die Unstimmigkeiten bewegten sich »in einem akzeptablen Rahmen«.

Für mich und ein Dutzend Weggefährten, die in Russland für die Demokratie auf die Straße gingen, war der »akzeptable Rahmen« etwa drei mal vier Meter groß. Dies war die Größe der Gefängniszelle, in der wir fünf Tage verbringen mussten, weil wir bei der Kundgebung der Opposition in Moskau »die Anweisungen eines Polizeibeamten missachtet« hatten. Dieser Vorwurf wurde von einem Moskauer Bezirksgericht der Anklage hinzugefügt, obwohl er in der schriftlichen Aussage der Beamten, die uns verhaftet hatten, nicht erwähnt worden war. Es war der am wenigsten verdächtige von zahlreichen illegalen Aspekten meiner Verhaftung und des folgenden Prozesses.

Nach der Kundgebung, an der mehrere tausend Menschen teilgenommen hatten, versuchten wir, uns mit einer anderen Gruppe zu treffen, die sich unter der Führung des bekannten Menschenrechtsaktivisten Lew Ponomarew versammelt hatte. Anschließend wollten wir der Zentralen Wahlkommission eine Protestnote übergeben, wurden jedoch von der Polizei aufgehalten. Ich sprach mit dem befehlshabenden Offizier, Generalmajor Wjatscheslaw Koslow, dem ich schon bei anderen Gelegenheiten begegnet war. Er befahl uns umzukehren und erklärte, man werde uns nicht in die Nähe der Büros der Wahlkommission lassen. Ich bot an, eine kleine Delegation von zwanzig Personen mit unserer Petition loszuschicken, aber er ließ uns nicht passieren. Also machten wir kehrt.

Natürlich hatte nicht der Polizeioffizier das Kommando. Sogar auf der Polizeiwache hatten offenkundig FSB-Agenten in Zivil das Sagen, und die Verhaftung war genauso ein abgekartetes Spiel wie das folgende Gerichtsverfahren. Als sich die OMON-Einheiten ihren Weg durch die Menge bahnten, konnte jedermann den Befehl hören, der aus ihren Funkgeräten drang: »Achtet darauf, Kasparow zu erwischen.«

Selbst als uns auf der Polizeiwache die Anklage vorgelesen wurde, durften wir unsere Anwälte nicht sehen. Nach einer dreistündigen Verhandlung vertagte die Richterin das Verfahren auf den folgenden Tag. (Zehn weitere Demonstranten wurden vor der Anhörung zwei Tage lang auf der Wache festgehalten, ohne dass sie mit einem Anwalt sprechen durften, obwohl man sie auf freien Fuß hätte setzen müssen, da ihnen lediglich ein Verwaltungsvergehen vorgeworfen wurde.) Die Richterin verließ den Saal, kehrte jedoch nach kurzer Zeit zurück und erklärte, wir hätten sie missverstanden, das Verfahren werde fortgesetzt. Zweifellos handelte es sich um ein weiteres Beispiel für das, was wir in Russland »Telefonjustiz« nennen: Bevor der Richter ein Urteil fällt, zieht er sich zurück – aber nicht, um über das Urteil nachzudenken, sondern um sich telefonische Anweisungen von oben zu holen.

Wie auf der Straße und auf der Polizeiwache gaben die FSB-Agenten und OMON-Einheiten auch im Gerichtssaal den Ton an. Die Verteidigung durfte weder Zeugen aufrufen noch Entlastungsbeweise wie Videos und Fotos von der Kundgebung und den Verhaftungen vorlegen. Als der Schauprozess beendet war, wurde ich ins Polizeigefängnis in der Petrowka 38 gebracht, wo sich die Verstöße gegen die gesetzlich vorgeschriebenen Verfahren fortsetzten. Damit ist nicht meine Behandlung gemeint, die respektvoll und so gastfreundlich war, wie die Unterbringung in einer kleinen Zelle mit Metallmöbeln und einem Loch im Boden als Toilette nur sein kann. Ich durfte keinen Telefonanruf machen, und allen Personen, die mich besuchen wollten, wurde der Zutritt verwehrt. Sogar meine Anwältin Olga Michailowa und der Duma-Abgeordnete Wladimir Ryschkow durften nicht zu mir, obwohl man es ihnen von Gesetz wegen nicht hätte verwehren dürfen.

Es kam für mich nicht in Frage, etwas zu essen, was mir die Wärter brachten. (Ich flog auch nicht mit Aeroflot, es sei denn, ich hatte keine Wahl, und wenn ich es tat, nahm ich eigene Speisen und Getränke mit. Die russischen Oppositionellen wussten seit langem, dass sie nie paranoid genug sein konnten.) Schließlich bewegte wachsender Druck von außen die Verantwortlichen dazu, meiner Mutter zu erlauben, mir etwas zu essen zu bringen.

Wie nicht anders zu erwarten, wurde auch bei meiner Entlassung gegen das Gesetz verstoßen. Vor dem Gefängniseingang warteten Journalisten und Unterstützer, die teilweise selbst verhaftet und schikaniert worden waren, weil sie dort ausgeharrt hatten. Statt mich zu ihnen zu lassen, wurde ich heimlich zu der Polizeiwache zurückgebracht, auf der ich nach meiner Verhaftung gelandet war. Von dort aus fuhr man mich im Auto eines Offiziers nach Hause. Man könnte meinen, das sei ein freundlicher Service gewesen, aber den Behörden ging es eher darum, den freudigen und medienwirksamen Empfang zu vermeiden, der mir beim Verlassen des Gefängnisses bereitet worden wäre.

Als ich im vorangegangenen April verhaftet und zu einer Geldbuße von umgerechnet 40 US-Dollar verurteilt worden war, hatten sich einige Leute über den geringen Betrag lustig gemacht. Und fünf Tage in einem Moskauer Gefängnis ist kaum das schlimmste Schicksal, das ein russischer Regimekritiker erleiden kann. Einige Kommentatoren äußerten sogar den Verdacht, ich hätte meine Verhaftung wegen der Publicity provoziert – die weitblickende Strategie eines Schachspielers.

Ihnen halte ich Folgendes entgegen: Zunächst einmal war das Entscheidende nicht die Strafe, sondern das Prinzip: Würden wir in Russland einen Rechtsstaat haben oder nicht? Zweitens hatte ich nicht die Absicht, mich in einen Märtyrer zu verwandeln oder eine Oppositionsbewegung vom Gefängnis aus zu führen. Ich hatte mir vor meiner Verhaftung keine Illusionen über diesen Ort gemacht, und nachdem ich dort gewesen war, konnte ich bestätigen, dass dies selbst für einen kurzen Aufenthalt kein angenehmer Ort war.

Und das hier war keine Schachpartie, in der man nüchtern die Zugvarianten durchspielen konnte. In diesem Kampf ging es um Ehre und Moral. Ich konnte nicht von anderen Menschen verlangen, auf die Straße zu gehen, mich selbst jedoch in sicherer Entfernung halten. Bei der Kundgebung am Samstag hatte ich den Slogan »Wir müssen unsere Furcht überwinden« ausgegeben, und ich musste zu diesen Worten stehen.

Es muss auch darauf hingewiesen werden, dass diese Verhaftungen lediglich die Spitze des Eisbergs waren, jener Bruchteil der Eismasse, der für alle Welt sichtbar ist. Überall in Russland geschahen täglich solche Dinge. Oppositionsaktivisten – oder Menschen, die den Behörden schlicht im Weg waren – wurden unter falschen Vorwürfen wie Drogenbesitz, Extremismus oder in jüngster Zeit dem Besitz verbotener Software verhaftet und schikaniert.

In den fünf Tagen im Gefängnis hatte ich Gelegenheit, mich mit vielen »Durchschnittskonsumenten« der Kremlpropaganda zu unterhalten. Die meisten von ihnen zeigten Sympathie mit unserer Sache und glaubten die Lügen nicht, die das Regime und die von ihm finanzierten Jugendgruppen über die Opposition verbreiteten. Für sie war ich immer noch der sowjetische Schachweltmeister, und die Behauptung, ich sei ein »amerikanischer Agent«, schien ihnen so grotesk wie sie war.

Warum fürchtete sich Putin so sehr vor uns, wenn alles so reibungslos für ihn lief? Er ist – oder zumindest war er es zu jener Zeit – ein rationaler und pragmatischer Mann, der keinen Hang zum Melodrama hat. Er kannte die Prognosen. Wenn er wusste, dass er und Einiges Russland die Wahlen problemlos gewinnen würden, warum ging er dann so aggressiv und brutal gegen die Opposition vor?

Die Antwort ist, dass ihm klar wurde, wie brüchig seine Machtstruktur war. Er klang nicht mehr wie der Zar, der hoch über dem Volk thront, sondern wie ein ganz gewöhnlicher paranoider Autokrat, der sich von Feinden umringt sah. Um es mit George Bernard Shaw zu sagen: »Der ängstlichste Mann in einem Gefängnis ist der Direktor.«

Daher betrieb er weiter Demagogie. Eine gewalttätige Jugendorganisation namens Naschi (»Die Unseren«) hatte bereits begonnen, ein Plakat zu kleben, auf dem Putins »überwältigender Sieg« bei der Parlamentswahl am 2. Dezember gefeiert wurde. Die Gruppe warnte davor, dass die »Feinde des russischen Volkes«, zu denen auch ich gezählt wurde, versuchen würden, das Wahlergebnis anzuzweifeln. Die Wortwahl passte sehr gut zu Putins Rhetorik von Drohung und Furcht. Das Regime bereitete den Boden für eine umfassende Repression.

Neben unseren öffentlichen Protestkundgebungen versuchten wir auch, eine Kommunikationsstruktur aufzubauen, die sich dem langen Arm des Kreml entziehen konnte. Wir wollten die täglichen Verbrechen aufdecken und diese Information den richtigen Personen in den Medien und den Regierungen der freien Welt zugänglich machen. Als die Unterdrückung der Zivilgesellschaft und der Demonstrationen im Lauf der Zeit immer härter wurde, gelangte ich zu der Überzeugung, dass wir das Regime am ehesten unter Druck setzen konnten, indem wir uns an die internationale Gemeinschaft wandten. Putin profitierte derart von der wirtschaftlichen und politischen Zusammenarbeit mit dem Westen, dass er in der Heimat fast unangreifbar war. Daher mussten wir versuchen, seinen Rückhalt im Ausland zu schwächen. Leider zeigten die Regierungen der sogenannten führenden Demokratien wenig Interesse daran, ihre Politik an ihren vorgeblichen Idealen auszurichten.

* * *

Nirgends zeigte sich die mangelnde Bereitschaft, Putin die Stirn zu bieten, deutlicher als auf dem G8-Gipfel, der vom 15. bis 17. Juli 2006 in Sankt Petersburg stattfand. Im Jahr 1998 war Russland unter Boris Jelzin in den Kreis der Industrienationen aufgenommen worden, nun war das Land erstmals Gastgeber des Treffens.

Hier sind ihre Namen für die Geschichtsbücher: Stephen Harper (Kanada), Jacques Chirac (Frankreich), Angela Merkel (Deutschland), Romano Prodi (Italien), Junichiro Koizumi (Japan), Tony Blair (Großbritannien) und George W. Bush (Vereinigte Staaten) nahmen an dem Gipfeltreffen im Petersburger Konstantinpalast teil, ebenso wie der Präsident der Europäischen Kommission, José Manuel Barroso.

Es war ein großer Moment für Wladimir Putin und ein niederschmetternder für die russische Demokratie. Gemeinsame Auftritte mit den wichtigsten Vertretern der Demokratie liebte Putin ebenso sehr, wie er all das verachtete, wofür diese Demokraten angeblich standen. Es war seinerzeit eine schöne Geste gewesen, Jelzin einzuladen, da die Hoffnung bestand, die Einbindung Russlands werde für alle Seiten von Vorteil sein. Aber nun hatte sich das G8-Treffen in ein ausgezeichnetes Beispiel dafür verwandelt, welchen Schaden dies anrichten konnte. Für die Opposition war es schwer genug, dem russischen Volk die Botschaft der Demokratie zu vermitteln, ohne dass Putin auf jedem Fernsehkanal umgeben von den Führern der freien Welt zu sehen war, die ihn wie einen der ihren behandelten. Ich hatte die Hoffnung gehegt, der Westen werde Rückgrat beweisen und Russlands Teilnahme davon abhängig machen, dass das Land wirklich demokratisch wurde. Aber Putin musste erst den Befehl zur Invasion der Ukraine geben, damit Russlands Mitgliedschaft in der G8 endlich ausgesetzt wurde.

Präsident Bush traf sich in Sankt Petersburg mit einer Gruppe von NGO-Leitern und Oppositionellen – zumindest gaukelte man ihm dies vor. Es ist nicht klar, ob Bush es damals wusste, aber die Teilnehmer an dem Treffen hatte der Kreml ausgewählt. Mit Ausnahme der ehemaligen sowjetischen Dissidentin Ljudmila Alexejewa konnte keiner der Anwesenden als Vertreter der Opposition bezeichnet werden. Bush spielte bei der lächerlichen Farce mit, aber Tony Blair ließ sich nicht einmal auf eine solche symbolische Geste ein. Er überließ es seiner Frau Cherie, sich mit Vertretern einiger NGOs zu treffen.

Angesichts der versöhnlichen Haltung der westlichen Regierungen gegenüber Russland zu jener Zeit muss ich an eines meiner Lieblingszitate von Winston Churchill denken: »So schön die Strategie auch sein mag, gelegentlich sollte man sich die Resultate ansehen.« Präsident Bush sprach seit nunmehr fünf Jahren über einen offenen Dialog mit Putin und darüber, wie sehr er sich bemüht habe, den russischen Führer davon zu überzeugen, dass es in seinem eigenen Interesse sei, »die westlichen und universellen Werte zu übernehmen«.[7] Das klang durchaus vernünftig, aber mittlerweile war unübersehbar, dass die Strategie des Dialogs und der Beschwichtigung im Fall von Russland gescheitert war.

Zum Zeitpunkt des G8-Treffens hätten die westlichen Regierungen längst eine härtere Haltung gegenüber Putin einnehmen müssen, um den schönen Worten über die Förderung der Demokratie in Russland ein gewisses Maß an Glaubwürdigkeit zu verleihen. Beim Gipfel in Sankt Petersburg hatten die Staats- und Regierungschefs Gelegenheit, sich persönlich davon zu überzeugen, wie schlimm die Lage in Russland mittlerweile war. Hätten sie die Augen geöffnet, so hätten die westlichen Politiker, die so oft über »gemischte Signale« aus Russland sprachen, deutlich gesehen, dass die einzig relevante Mischung jene von Erdöl, Geld und Macht war. Doch offenbar waren sie der Meinung, es sei das Beste, diese Dinge zu ignorieren, um sich Russlands Kooperation in den Bereichen internationale Sicherheit und Energie zu sichern. Aber wie Solschenizyn vorausgesagt hatte, erwies sich diese zynische und moralisch abstoßende Haltung als vollkommen unnütz. Wie in früheren Zeiten hatte sich Moskau mit Unruhestiftern und antidemokratischen Herrschern in aller Welt verbündet. Unterstützung für das iranische Atomprogramm, Raketentechnologie für Nordkorea, Kampfflugzeuge für den Sudan, Birma und Venezuela, freundschaftliche Beziehungen zur Hamas: So belohnte Putin den Westen dafür, dass dieser acht Jahre lang zur Beseitigung der Menschenrechte in Russland geschwiegen hatte.

Und trotzdem wollten sich die Regierungen der führenden Industrienationen nicht eingestehen, dass es sinnlos war, sich um Russlands Unterstützung für ihre Politik gegenüber dem Iran, Nordkorea oder der Hamas zu bemühen. Die hohen Energiepreise, auf die das Putin-Regime angewiesen war, um sich an der Macht zu halten, hingen von der Spannung ab, die mit jedem nordkoreanischen Raketenstart und jeder iranischen Drohung atomarer Zerstörung wuchs. Russland blockierte weiterhin die UN-Sanktionen gegen diese Schurkenstaaten. Es war rätselhaft, warum der Westen es für vorteilhaft hielt, Putins Russland weiterhin wie einen Verbündeten zu behandeln.

Um ihre nationalen wirtschaftlichen Interessen verfolgen zu können, taten insbesondere die Europäer so, als wäre Putin eine Art Demokrat. Natürlich ist zu erwarten, dass Politiker bis zu einem gewissen Grad ihre nationalen Interessen vertreten. In Frankreich setzte sich Sarkozy für Renault und den Ölkonzern Total ein. In Deutschland engagierte sich Merkel für Mercedes-Benz und die Deutsche Telekom. Und Berlusconi verfocht selbstverständlich die Interessen der Unternehmen von … Berlusconi!

Die wirtschaftliche Zusammenarbeit spülte jene Milliarden in die russischen Staatskassen, die Putin brauchte, um sein Repressionsregime zu festigen. Aber diese Beziehungen trugen nicht zur Liberalisierung und Modernisierung der russischen Geschäftspraktiken bei, sondern die russische Wirtschaft beeinflusste ihrerseits die der westlichen Länder. Russlands wichtigstes Exportgut war nicht Öl oder Gas, sondern die Korruption. Putins Oligarchen boten ausländischen Investoren und Unternehmen verdächtig vorteilhafte Geschäfte in Russland an und wuschen ihr Geld durch Firmenübernahmen in London und New York, mit bereitwilliger Unterstützung westlicher Bankiers und Politiker, die sich auch ihr Stück vom Kuchen sichern wollten.

Nachdem Wladimir Putin sechs Jahre lang ungehindert die russische Opposition hatte unterdrücken können, leitete er die zweite Phase der Machtkonsolidierung ein. Sein Regime hatte seit seiner Machtübernahme im Jahr 2000 eine bemerkenswert konsequente Politik betrieben, und dennoch zeigten sich Regierungen und Öffentlichkeit im Westen immer noch perplex darüber, dass es Putin vollkommen gleichgültig war, was sie dachten. Er hatte die Unterstützung des Westens gebraucht, um seine Macht in Russland zu festigen. Als das erreicht war, musste er nicht länger so tun, als interessiere er sich für das, was der Rest der Welt dachte.

Wenn ein weiterer prominenter russischer Journalist ermordet oder ein weiterer missliebiger Unternehmer ins Gefängnis gesteckt wurde, wenn ein weiteres ausländisches Unternehmen seiner Investitionen in Russland beraubt oder wieder einmal Demonstranten verprügelt wurden, weil sie Demokratie forderten, wenn Gas und Öl als politische Waffen eingesetzt wurden oder wenn wieder einmal russische Waffen- und Raketentechnologie an Staaten geliefert wurde, die den Terrorismus unterstützten, hörten wir den Aufschrei: »Weiß Putin denn nicht, wie sehr das seinem Ansehen schadet?« Dann erklärten westliche Politiker: »Putin hat einen Fehler begangen!« Warum? Anders als Politiker in einer Demokratie musste sich Putin keine Gedanken darüber machen, welchen Eindruck sein Verhalten machte – er musste nur sicher sein können, dass ihn niemand aufhalten würde. Das Einzige, was ihn an seinem Image interessierte, war, dass er auf die russische Bevölkerung hart wirkte. Dass er die schüchternen Proteste der westlichen Regierungen einfach ignorierte, trug nur dazu bei, diesen Ruf zu festigen.

Die Frage, die man sich stellen musste, lautete: Was für eine Art von Regierung verhielt sich so, und wohin würde eine solche Regierung ihr Land führen? Putins Regime handelte amoralisch, ganz anders als die westlichen Regierungen, die verzweifelt zu verstehen versuchten, was hinter den roten Mauern der mittelalterlichen Kremlfestung geschah. Im Jahr 2007 tat ich in meinen Artikeln und Vorträgen nichts anderes mehr, als Putin zu erklären.

In der Übergangszeit, in der eine fragile Demokratie durch eine stabile Diktatur ersetzt wurde, führte Putin eine einzigartige Regierung. In diesen Jahren wurde Russland durch eine kleine, verschworene Gemeinschaft reicher Oligarchen beherrscht, und in einem Feudalsystem mit halbautonomen Lehnsgütern konnten die kleineren Lehnsherren bei den Leibeigenen, die keinerlei Rechte genossen, Geld eintreiben, um ihre Herren zu bezahlen. Und all das trug einen dünnen demokratischen Anstrich, der genügte, um Russland Zutritt zur G7 zu verschaffen, damit die Oligarchie ihr Geld in westlichen Banktresoren in Sicherheit bringen konnte.

Wenn man wirklich verstehen will, wie das Putin-Regime funktioniert, sollte man in eine Buchhandlung gehen. Aber man muss sich nicht die Werke von Karl Marx oder Adam Smith kaufen. Auch nicht Montesquieu oder Machiavelli, obwohl der Autor, nach dem man suchen muss, italienischer Herkunft ist. Mussolinis *Der Geist des Faschismus* kann man für den Augenblick auch liegen lassen (obwohl man sich dieses Buch für einen späteren Zeitpunkt merken sollte), und dasselbe gilt für sämtliche politologischen Schriften. Stattdessen sollte man in die belletristische Abteilung gehen und sich alles besorgen, was der Buchhändler von Mario Puzo auf Lager hat. *Der Pate* ist ein guter Anfang, aber ich lege Ihnen auch *Der letzte Don*, *Omerta* und *Der Sizilianer* ans Herz.

Der Aufstieg Wladimir Putins und seines Petersburger Clans ist als machiavellistisch beschrieben worden, aber man versteht ihn besser, wenn man sich die Leistungen von Don Vito Corleone vor Augen hält: das Netz des Betrugs, die Geheimniskrämerei und die unklaren Trennlinien zwischen dem, was geschäftlich, politisch und kriminell ist. In Puzos Büchern ist das System Putin anschaulich beschrieben.

Ein Historiker könnte bei einer Analyse des Kreml im Jahr 2007 Elemente von Mussolinis Ständestaat, der lateinamerikanischen Militärdiktaturen und des pseudodemokratischen mexikanischen PRI-Systems finden. Aber ein Puzo-Fan gewinnt ein zutreffenderes Bild des Putin-Systems: eine strikte Hierarchie, Erpressung, Einschüchterung, das nach außen projizierte Image des harten Burschen, die Unterdrückung der Opposition, die Beseitigung von Verrätern, der Kodex von Geheimhaltung und Loyalität und vor allem der Auftrag, für einen stetigen Einnahmestrom zu sorgen. Mit anderen Worten: eine Mafia.

Wer dem Paten die Treue hält, genießt seinen Schutz. Wer sich gegen ihn auflehnt, hat sein Leben verwirkt. Als sich der reichste Mann Russlands, Michail Chodorkowski, entschloss, den geradlinigen Weg einzuschlagen und sein Ölimperium Jukos nicht wie einen weiteren Konzernbereich von Putins KGB AG, sondern wie ein legitimes Wirtschaftsunternehmen zu führen, fand er sich rasch in einem Straflager in Sibirien wieder; sein Unternehmen wurde zerlegt und geplündert, die Einzelteile wurden vom staatlichen Mafiaapparat geschluckt, dessen Abteilungen Namen wie Rosneft und Gazprom tragen. Privatunternehmen wurden vom Staat vereinnahmt, und zur selben Zeit floss das Vermögen der Staatsunternehmen auf Privatkonten. Staatliche und Konzernmacht verschmolzen miteinander. In dieser perversen Kombination von Adam Smith und Karl Marx wurden die Einnahmen privatisiert und die Ausgaben verstaatlicht.

Alexander Litwinenko war ein KGB-Agent, der gegen den Gefolgschaftskodex verstieß und nach Großbritannien floh. Noch schlimmer war, dass er auch die Omertà, die Schweigepflicht, brach, indem er sich an die Medien wandte und sogar Bücher über die Verbrechen Putins und seiner Fußsoldaten schrieb. Aber Putins Leute luden ihn nicht nach Art des Paten zum Angeln ein, sondern ermordeten ihn im November 2006 in London mit Polonium-210. Es war der erste nachgewiesene Fall von Atomterrorismus. Der Kreml weigerte sich, den

Hauptverdächtigen auszuliefern, und Großbritannien legte den Fall zu den Akten. Aber als die russische Invasion der Ukraine die Briten endgültig davon überzeugte, dass eine Zusammenarbeit mit diesem Regime nicht mehr möglich war, wurde der Fall wieder aufgerollt.

In den mehr als sechs Jahren zwischen Putins Wahl und der Ermordung Litwinenkos versuchte der Westen, den Kreml mit freundlichen Worten und Entgegenkommen zu einem Kurswechsel zu bewegen. Die westlichen Regierungen glaubten, Putin und seine Bande in das System von fairem Handel und aufrichtiger Diplomatie einbinden zu können. Das Gegenteil geschah: Der Kreml änderte seine Maßstäbe nicht, sondern zwang sie der Außenwelt auf. Die Mafia korrumpiert jeden, der mit ihr in Berührung kommt. Abstriche bei den Menschenrechten begannen akzeptabel zu wirken. Und obendrein erhielten Putin und seine Spießgesellen von westlichen Politikern und Unternehmen ein Zeugnis der Legitimität ausgestellt, während sie diese Politiker und Unternehmen zu Komplizen bei ihren Verbrechen machten.

Je höher die Energiepreise stiegen, desto größer wurde die Versuchung, sich an den Kreml zu verkaufen. Es war ein Angebot, das man nicht ablehnen konnte. Und viele versuchten es gar nicht erst: Schröder und Berlusconi konnten nicht widerstehen und wurden in den Sumpf hineingezogen. Dann wurden wir Zeugen eines großen Spektakels, als sich Nicolas Sarkozy für die Interessen des französischen Energiekonzerns Total auf dem Gasfeld Stockman einsetzte. Auch in diesem Fall warnten wir davor, dass ausländische Unternehmen und Investoren nicht immun waren. Shell begriff das, als der Kreml das Unternehmen im Jahr 2006 aus dem Gasfeld Sachalin 2 hinausdrängte, und BP lernte es auf schmerzhafte Art, als sein Geschäftsführer im Jahr 2008 in Todesangst aus Russland fliehen musste.

Natürlich kehrten beide rasch zurück und baten um mehr. Wer in die KGB AG investieren will, muss wissen, dass ihre Aktionäre sehr fordernd sind!

Vielleicht erinnern Sie sich nicht mehr an die Geschichte von Gazprom, Gerhard Schröder und seinem Busenfreund Wladimir, aber die Details sind erinnerungswürdig. Nicht weil es irgendjemanden interessieren sollte, wie Schröder seine Tage verbringt, sondern weil jenes Geschäft der Welt die schamlosen Methoden des Kreml vor Augen führte. Was für Putin ein kleiner Schritt war, war ein großer Sprung für die Korruption im Westen. Als Putin im Jahr 2014 die Ukraine überfiel, waren es Geschäfte wie diese und tausende weitere, die es Europa fast unmöglich machten, sich von Russland zu lösen, geschweige denn einen wirksamen Boykott zu organisieren.

Wenige Tage nachdem er im November 2005 als Bundeskanzler abgewählt worden war, stellte Gerhard Schröder sicher, dass er nicht zu den vielen Arbeitslosen zählen würde, die seine Regierung hinterließ. Er nahm einen Spitzenposten beim russischen Energiegiganten Gazprom an, der eine umstrittene Gaspipeline bauen wollte, für die sich Schröder als Kanzler eingesetzt hatte. Dieser ethisch fragwürdige Schritt und die Geschwindigkeit, mit der Schröder zu Gazprom wechselte, warfen natürlich die Frage auf, ob er sein Amt missbraucht hatte, um das Geschäft durchzudrücken. Aber das Fundament für Schröders neuen Job war in einer gut organisierten Operation gelegt worden, die das Kapital vor dem Personal ins Land brachte.

Im August schloss Matthias Warnig, Chef der Dresdner Bank in Russland, ein Geschäft über den Kauf von 33 Prozent der Gazprom-Bank ab. (Die Dresdner Bank half dem Kreml auch bei der Ausschlachtung von Jukos.) Warnigs Belohnung war ein Spitzenposten in der Nordeuropäischen Gasleitungs-

Gesellschaft. Damit war alles vorbereitet für die Ankunft von Herrn Schröder.

Das Geschäft blieb in der Familie, denn Warnig war zu der Zeit, als Putin für den KGB in Dresden Spione betreute, bei der Stasi gewesen. Wie Putin selbst erklärt hat, gibt es so etwas wie einen ehemaligen KGB-Agenten nicht. Aber eigentlich ist es nur eine Randgeschichte, dass man die mächtigsten Politiker und Geschäftsleute Deutschlands genauso leicht kaufen konnte, wie ein russischer Oligarch einen bayrischen Herrensitz erwerben konnte, um sich Zugang zur besseren Gesellschaft zu verschaffen. In der wichtigeren und dunkleren Geschichte geht es darum, wie Putin die Rohstoffvorkommen der Nation zum Betätigungsfeld für seine Herrschaftsclique gemacht hat. So wurden die Grenzen zwischen öffentlichen und privaten Einflussbereichen und Vermögenswerten ausradiert.

In Russland fragten sich die Leute: »Betreibt der Staat Gazprom oder betreibt Gazprom den Staat?« Putin machte es sich zur vorrangigen Aufgabe, die unheiligen Bande zwischen den innen- und außenpolitischen Vorhaben seines Regimes und dem Unternehmen, das den Großteil des Erdgases für Mittel- und Osteuropa liefert, weiter zu festigen. Dies sind keine Staatsunternehmen. Sie sind der Staat. Vorsitzender des Gazprom-Aufsichtsrats war damals Dmitri Medwedew, der aus der Unternehmens- in die Staatsführung wechselte. Putins stellvertretender Stabschef Igor Setschin leitete den anderen russischen Energieriesen Rosneft, was jedoch nicht der einzige Grund dafür war, dass eine Untersuchung des Konzerns wegen der zwielichtigen Übernahme des wichtigsten Jukos-Unternehmens Juganskneftegas ausblieb. Hier wurde der Zusammenhalt der mafiösen *famiglia* wörtlich genommen: Setschins Tochter war mit dem Sohn des damaligen Generalstaatsanwalts Wladimir Ustinow verheiratet.

Gerhard Schröder trat also nicht einfach in ein russisches Unternehmen ein. Er trat in die Putin-Regierung ein. Mit dem Geld, das Gazprom und Putin in Schröder investierten, kauften sie sich Legitimität in den Augen des Westens. Und derartige Deals lieferten Putin unschätzbares Propagandafutter: Er konnte sich mit dem Coup brüsten, einen früheren deutschen Bundeskanzler in die Tasche gesteckt zu haben, während die staatlich kontrollierten Medien dem russischen Publikum erzählen konnten, dass es der Westen nur auf Geld und Öl abgesehen habe.

Totalitäre Regimes erzählen ihren Bürgern gerne, die Vereinigten Staaten und die westeuropäischen Länder legten Lippenbekenntnisse zu Demokratie und Menschenrechten ab, seien in Wahrheit jedoch genauso korrupt wie sie selbst. Die Sache der Demokratie in Russland – und anderswo – erleidet schweren Schaden, wenn eine Figur wie Schröder, der ehemalige Regierungschef der drittgrößten demokratischen Industrienation, bereitwillig ein Bündnis mit den Schergen eines autoritären Regimes eingeht. Der Einsatz von Rohstoffen als politische Waffe ist eine bewährte Taktik, und nachdem Gazprom Schröder auf der Gehaltsliste hatte, konnte es sich weitgehend ungehindert entfalten.

Dies war die neue Strategie des Kreml: Er band westliche Politiker und Unternehmen an sich, machte sie zu Komplizen seiner Verbrechen und zwang sie auf diese Art, Stillschweigen zu bewahren. Das Prinzip ist einfach: Wenn alle schuldig sind, ist niemand mehr schuldig. Wir hatten am Beispiel der Bürgerrechte und in Tschetschenien bereits gesehen, welches der Preis der Politik ist, nichts Böses sehen zu wollen. Die neue Taktik des Putin-Regimes brachte die politischen und wirtschaftlichen Führungskräfte im Westen nicht nur in Gewissenskonflikte, sondern zwang sie auch, dem Lockruf des Geldes zu widerstehen. Sie wurden in ein toxisches Gemenge von Öl, Gas, Politik, Einschüchterung und Repression hineingezogen.

Die russische Opposition warnte seit langem, dass Putin irgendwann nicht mehr nur Russlands Problem, sondern ein Problem für die Welt sein würde. Kaum jemand wollte uns zuhören. Als die Bedrohung nach jahrelanger Häufung der Warnsignale im Jahr 2008 greifbar wurde und russische Panzer nach Georgien rollten, traf die Aggression die Regierungen der freien Welt vollkommen unvorbereitet. Der Westen musste sich eingestehen, dass die Strategie, Russland einzubinden, gescheitert war, aber er hatte keinen Plan B. Die Ausweisung von Diplomaten und die Einschränkung der offiziellen Besuche sollten wirkungslos verpuffen. Damals machte ich denselben Vorschlag wie heute: Der Westen sollte die Einbindung Russlands drosseln und die dank der bestehenden wirtschaftlichen Vernetzung vorhandenen Druckmittel nutzen, um die russischen Nutznießer der Einbindung zur Räson zu bringen.

Komischerweise bewahren Putins Leute ihr Geld lieber dort auf, wo sie dem Rechtsstaat vertrauen können, und nach dem G8-Gipfel in Sankt Petersburg hatten sie allen Grund anzunehmen, dass ihr Geld im Westen sicher sein würde. Eine Beschränkung des Zugangs zum westlichen Bankensystem oder auch nur eine Drohung mit entsprechenden Maßnahmen hätte erhebliche Abschreckungswirkung gehabt. Stattdessen hielt der Westen an der wirtschaftlichen Zusammenarbeit und an der Beschwichtigungspolitik fest. Die Einbindung beruht auf dem Mythos, dass sie (1) zu einer Liberalisierung der unfreien Staaten führen wird und (2) als Druckmittel eingesetzt werden kann, wenn die Liberalisierung ausbleibt. Die erste Annahme hat sich als falsch erwiesen, und die zweite funktioniert nicht, weil sich die demokratischen Staaten anders als Diktaturen weigern, ihre Druckmittel einzusetzen.

Ich habe übrigens nie zu einem Boykott Russlands aufgerufen. Die freie Welt macht schließlich auch gute Geschäfte mit China, Saudi-Arabien und anderen Autokratien, ohne so zu tun, als handele es sich bei diesen Ländern um demokratische Partner. Und es ist schwer vorstellbar, dass die Eliten, die andere kriegslüsterne Schurkenstaaten beherrschen, in westlichen Hauptstädten ein Leben in Luxus führen könnten. Die Günstlinge des russischen Regimes und die Oligarchen stehen loyal zu Putin, weil er der *capo di tutti i capi* ist und ihnen Schutz gewährt. Sie können in Russland nach Lust und Laune Verbrechen begehen, und solange sie Putin treu ergeben sind, können sie sich bereichern und ihr Geld nach New York, London oder an einen anderen Ort im Westen schaffen. Deshalb forderte ich Maßnahmen zur Unterbrechung dieser Pipeline, um Putin die Fähigkeit zu nehmen, seine Bande zu schützen – und deshalb hat Russland alles getan, um derartige Maßnahmen zu verhindern.

Es gab keinen Grund, die wirtschaftlichen Beziehungen zu Russland zu beenden. Der Irrtum bestand darin zu glauben, die Beziehungen könnten jemals darüber hinausgehen. Die Mafia nimmt und nimmt, und wenn sie gibt, dann nur unter harten Bedingungen.

8 Die Operation Medwedew

Boris Jelzin starb am 23. April 2007. Ich habe bereits in Kapitel 5 sein Vermächtnis bewertet, aber an dieser Stelle möchte ich mich noch kurz mit einem Aspekt seines Endes befassen, der übersehen worden ist. Vermutlich zwangen ihn sein schlechter Gesundheitszustand und sein Abkommen mit Putin dazu, nach seinem Ausscheiden aus dem Präsidentenamt am 31. Dezember 1999 vollkommen von der öffentlichen Bühne zu verschwinden. Ich sah seinen Namen nur noch ein einziges Mal in der Presse, und zwar, als er und Michail Gorbatschow öffentlich, wenn auch zurückhaltend, die Reformen kritisierten, mit denen Putin nach Beslan seine totale Kontrolle über das Land festigte.

Anscheinend hielt sich Putin ebenfalls an die Abmachung. Kein Mitglied von Jelzins Familie und keiner seiner Verbündeten und Spießgesellen wurde je von Putins Regierung verfolgt. Obwohl sich Jelzin im Hintergrund hielt, glaube ich, dass seine Gegenwart Putin hemmte. Er war jetzt der Pate, aber Jelzin war der Gründervater der russischen Unabhängigkeit und Demokratie. Sogar für Putin konnte es riskant sein, Jelzins Vermächtnis vollkommen zu zerstören, solange dieser Mann noch lebte. Als Jelzin fort war, war eine weitere dünne Fessel durchtrennt, die Putin an der Entfaltung seiner totalitären Macht gehindert hatte. Jelzin hatte sich nach zwei Amtszeiten zurückgezogen; zweifellos hatte er erwartet, dass sein Nachfolger die Macht ebenfalls wieder abgeben würde.

Im Jahr 2007 stand Putin vor der wichtigsten Entscheidung seines Lebens. Seine zweite Amtszeit als Präsident neigte sich ihrem Ende zu, und die russische Verfassung verbot eine erneute Kandidatur. Die Wahl würde am 2. März 2008 stattfinden, doch zuvor stand die Dumawahl am 2. Dezember 2007 auf dem Programm. Es stand von vornherein fest, dass Putins Partei Einiges Russland einen unangefochtenen Sieg feiern würde, aber wir taten unser Bestes, um »Unregelmäßigkeiten« aufzudecken. Die Kunst des Wahlbetrugs besteht darin, die Wahl an sich vollkommen nutzlos zu machen. Wenn man den gesamten Prozess kontrolliert und darüber bestimmen kann, welche Parteien auf dem Wahlzettel stehen, muss man sich keine Gedanken darüber machen, wer wählen gehen und wer die Stimmen auszählen wird.

Einiges Russland mit dem amtierenden Präsidenten an der Spitze der Liste genoss alle erdenklichen legalen und illegalen Vorteile. Den Oppositionsparteien, darunter unsere Koalition Anderes Russland, wurde die Teilnahme an der Wahl auf der Grundlage eines eigens dafür eingeführten Gesetzes verweigert. Die Alternativen, die den Bürgern am Wahlsonntag blieben, waren überwiegend mit Putin verbündet oder hatten sich im Gegenzug dafür, dass man ihnen erlaubte, ins Parlament einzuziehen oder an der Wahl teilzunehmen, bereiterklärt, sich Putin nicht zu widersetzen. Der ersten Gruppe gehörte Gerechtes Russland an, eine Partei, deren erste Gesetzesinitiative nach der Wahl darin bestand, eine Verlängerung von Putins Amtszeit vorzuschlagen. Wenn das keine aktive Opposition war! Der zweiten Gruppe waren die Kommunisten zuzurechnen, die 11,6 Prozent der Stimmen erhielten – man könnte auch sagen, dieser Anteil wurde ihnen »zugestanden« (nach einer unabhängigen Zählung kamen sie auf etwa 20 Prozent). Damit erhielten sie 57 von 450 Sitzen in der Duma. Diese geringe Zahl brachte

KP-Chef Gennadi Sjuganow in Rage, dem der Kreml für seine Loyalität angeblich mindestens 90 Sitze versprochen hatte. Also begann Sjuganow der Regierung Wahlfälschung vorzuwerfen. In einem Artikel nach der Wahl scherzte ich: »So leid es mir tut, Gennadi: Ich habe es dir gesagt!« Es machte der Witz die Runde, die Demokratie unterscheide sich vom Putin-System wie ein gepolsterter Stuhl von einem elektrischen.

Es hatte keine Auswirkung auf das Ergebnis, aber an Orten wie Tschetschenien und Dagestan, wo sich keine Wahlbeobachter hintrauten, wurden verblüffende Ergebnisse gemeldet: 99,5 Prozent der tschetschenischen Wahlberechtigten drängten zu den Urnen, und natürlich wählten 99 Prozent von ihnen Einiges Russland. Die Tschetschenen sprachen also der Partei Putins ihr Vertrauen aus, der Partei jenes Mannes, der den mörderischen zweiten Tschetschenienkrieg geführt und Grosny dem Erdboden gleichgemacht hatte. Wie üblich entlarvte sich das Regime selbst, weil die Lakaien des Kreml übermäßig großen Eifer zeigten, um es ihren Herren recht zu machen. Meine Frau kommentierte düster: »Die einzigen, die in Tschetschenien nicht gewählt haben, sind diejenigen, die am Wahltag getötet wurden.«

Man kann nur Vermutungen darüber anstellen, was die Bosse von Einiges Russland wohl davon hielten, dass der venezolanische Staatspräsident Hugo Chávez am selben Tag ein Referendum mit einem mickrigen Rückstand von einem Prozentpunkt verlor. Was für ein Amateur! Aber trotz aller Täuschungsmanöver und obwohl die Bürger feststellen mussten, dass es auf dem Wahlzettel eigentlich keine Wahl gab, kam Einiges Russland in Sankt Petersburg und Moskau kaum über 50 Prozent der Stimmen hinaus. Es ist kein Zufall, dass die Einwohner dieser Städte sehr viel besseren Zugang zu nicht vom Kreml kontrollierten Informationen hatten, dank der größeren Verbreitung des Internet und der Existenz von *Echo Moskaus*, dem letzten Radiosender, in dessen Sendungen noch Meinungsvielfalt existierte.

Dass diese Wahl für Putin wichtig war, zeigte sich daran, dass er zu verschiedenen Wahlveranstaltungen eilte, um die Wähler zu motivieren. Seine bösartige Sprache konnte kaum als verschlüsselt bezeichnet werden, denn er warnte vor »inneren Feinden« und vom Westen unterstützten »Schakalen«. Er schien nicht länger Russisch zu sprechen, sondern eine Sprache, die man als »Putinesisch« bezeichnen könnte, mit einem altmodischen deutsch-österreichischen Akzent.

Warum nahm Putin diese Mühe auf sich, wo die Kontrolle des Kreml doch bereits absolut schien? Zunächst sollten wir uns vor Augen halten, dass sogar Stalin während des Großen Terrors im Jahr 1937 Wahlen veranstaltete. Auch 2007 stand das Ergebnis von vornherein fest, und es war klar, dass Russland zu einem allmächtigen Einparteienstaat zurückgekehrt war. Aber die Wahlen waren aus mehreren Gründen wichtig für Putins Regime. Da waren selbstverständlich die finanziellen Gründe, das heißt Putins finanzielle Gründe: Seine gute Beziehung zu den westlichen Regierungen garantierte seinen herrschenden Oligarchen, dass ihr Geld im Westen in Sicherheit war. Hätte er die letzten Überreste der Demokratie allzu unverhohlen beseitigt, so hätte er das Wohlwollen des Westens verlieren können, was Putin zu diesem Zeitpunkt noch nicht riskieren wollte.

Die ersten Hinweise waren besorgniserregend. Nicolas Sarkozy beeilte sich, Putin im Anschluss an die Wahl anzurufen und ihn zu seinem großen Sieg zu beglückwünschen. Der französische Präsident hatte sich einst als harter Kerl präsentiert, war jedoch nach ein paar Gläschen mit Putin offenbar in die Knie gegangen. Putin beobachtete Signale aus den westlichen Hauptstädten stets aufmerksam, um Hinweise auf wirklichen

Druck rechtzeitig zu erkennen. Vor allem in den Medien fielen die meisten Kommentare zu der unverfroren manipulierten Wahl negativ aus – aber wie groß konnte die Gefahr sein, wenn Sarkozy und Putins alter Kumpel Tony Blair anriefen, um ihn zu beglückwünschen?

Ein weiterer Zweck der Wahl bestand darin, dem Regime einen demokratischen Anstrich zu geben, der die Manipulationen verdecken sollte, mit denen Putin versuchen würde, sich auch nach der Präsidentenwahl am 2. März an der Macht zu halten. Putin hatte versprochen, die Verfassung nicht zu ändern, um sich eine neue Amtszeit zu sichern – die Frage war nur, welchen Wert man den Versprechen eines KGB-Oberstleutnants beimaß.

Nachdem das Putin-Regime acht Jahre vom hohen Ölpreis und dem Entgegenkommen des Westens profitiert hatte, der vom »Kampf gegen den Terror« abgelenkt war, war es in eine Krise geschlittert. Der Kreml musste bald seinen Präsidentschaftskandidaten nominieren. Würde es eine schwache Marionette werden, deren Amtszeit »auf Wunsch des Volkes« oder aufgrund eines gesundheitlichen Notfalls zu Putins Rückkehr führen würde? Oder konnte der Kreml jemanden finden, der dumm genug war, um in die Bresche zu springen und die Schuld auf sich zu nehmen, wenn die vernachlässigte russische Infrastruktur und die geschwächte Wirtschaft schließlich zusammenbrachen? Oder würde das Regime das System ändern und die Verfassung aushöhlen, damit Putin in einer neuen Funktion an der Macht bleiben konnte?

Nachdem Putin im Oktober 2007 den Iran besucht hatte, schrieb ich in einem Artikel, dass er vielleicht eine neue Rolle anstrebte, eine, die über die geringfügigen Befugnisse des Ministerpräsidenten hinausging. Würde er vielleicht sogar die Grandeur eines sowjetischen Parteisekretärs anstreben? Der

Titel »Oberster Führer Ajatollah Putin« schien mir wohlklingend, und ich äußerte die Überzeugung, dass er stets davon geträumt habe, im Hintergrund die Fäden zu ziehen, ohne als Präsident den demokratischen Anschein wahren und sich mit tagespolitischen Ärgernissen herumschlagen zu müssen. Ich ahnte nicht, wie nah die Realität meiner scherzhaften Anregung kommen würde.

* * *

Ich war versucht, in diesem Buch eine Art von Protest zu wiederholen, den ich im Jahr 2009 in einem Artikel über die Lage in Russland geäußert hatte. Dieser Protest bestand darin, den Namen Medwedew nicht ein einziges Mal zu erwähnen. Man wird der Bedeutung des Mannes, der von 2008 bis 2012 Präsident Russlands war und das Amt anschließend abgab wie ein gehorsamer Hund, der seinem Herrn das Stöckchen zurückbringt, am ehesten gerecht, indem man seine Existenz vollkommen ignoriert. Es hat keinen Sinn, seine Geschichte zum Zeichen des persönlichen Protests zu unterschlagen, aber ich werde mich nur kurz mit ihm befassen.

Als Person war und ist Dmitri Medwedew vollkommen irrelevant. Aber die Idee *eines* Medwedew, die Idee eines jungen, liberalen Präsidenten, der Russland wieder in die Modernität führen könnte, war sehr, sehr nützlich. Man kann sich gut vorstellen, wie Putin und sein innerer Zirkel in einem Laboratorium den idealen Medwedew bastelten. Sie brauchten ein frisches, strahlendes Gesicht; eine Person mit der Fähigkeit, für die Intelligenzija reformistische Phrasen zu dreschen und eine ernste Miene zu zeigen, während sie höflich einräumte, es sei nicht alles perfekt in Russland, aber die Lage werde sich zweifellos bessern. Der ideale Medwedew durfte keineswegs einen eigenen Kopf, Ambitionen oder eine Machtbasis haben – unliebsame Überraschungen mussten ausgeschlossen werden. Schließlich durfte der Medwedew nicht größer als Putin sein, und er musste noch weniger Charisma haben – eine Kombination, die sehr schwer zu finden war. Aber Putin hatte Glück: Zufällig hatte er genau so eine Figur in seinem Kabinett.

Am 10. Dezember 2007 kündigte Putin unter großem Tamtam an, er werde die Präsidentschaftskandidatur seines stellvertretenden Ministerpräsidenten Dmitri Medwedew unterstützen. Einiges Russland und die Marionettenparteien nominierten den Medwedew umgehend, und eine Woche nach Putins Ankündigung hatte das Regime seinen offiziellen Kandidaten. Und dieser hatte auch etwas Wichtiges anzukündigen: Sollte er das Glück haben, die Wahl zu gewinnen, werde er Wladimir Putin zu seinem Ministerpräsidenten machen. Putin war so gütig, das Angebot anzunehmen, und damit war alles geregelt. (Medwedew trat auch als Aufsichtsratsvorsitzender von Gazprom zurück, weshalb auf der Straße gescherzt wurde, er sei zum Präsidenten Russlands degradiert worden.)

Eine Reaktion aus dem Westen soll als Beispiel für das Verhalten der freien Welt genügen: Einen Tag, nachdem Putin seinen Kandidaten gekürt hatte, nahm Außenministerin Condoleezza Rice an einer Diskussion mit der Redaktion der Tageszeitung *USA Today* teil. Man sprach über den Irak und den Iran, bevor man sich Rices früherem Fachgebiet Russland zuwandte. Sie stellte fest, dass »die demokratischen Prozesse in Russland einen Schritt zurück gemacht haben« und dass dort keine Bedingungen herrschten, unter denen man von freien und fairen Wahlen sprechen könne. Doch dann kam sie auf Medwedew zu sprechen, den sie persönlich kennengelernt hatte. Sie sagte, er sei »intelligent« und gehöre »einer anderen

Generation« an,[1] so als hätte das unabhängig vom Wahrheitsgehalt irgendeine Relevanz.

Besonders aufschlussreich waren Rices Kommentare zu der Möglichkeit, Medwedew könne der nächste Präsident werden. Ich zitiere aus der Abschrift der Aufnahme:

> Ministerin Rice: »Nun, ich nehme an, dass es im März trotzdem eine Wahl geben wird.« (Gelächter)

Ich bin sicher, alle Anwesenden amüsierten sich köstlich darüber, dass Rice Medwedews unvermeidliche Versetzung auf den Präsidentenposten als Wahl bezeichnete. Und um die Wahrheit zu sagen, unsere Wahlen waren tatsächlich lächerlich. Aber warum stellte niemand Rice folgende Frage: »Wenn die russischen Wahlen ein Witz sind, warum ist Russland dann immer noch Mitglied der G8?« Oder: »Weshalb hat die Regierung Bush derart viel Zeit, Blut und Steuergelder in den Aufbau einer Demokratie im Irak und anderen Ländern investiert, wenn sie gleichzeitig ignoriert, was Putin aus dem größten erdölexportierenden Land der Welt gemacht hat, das auch das größte Atomwaffenarsenal der Welt besitzt?« Selbstverständlich wäre niemand auf die Idee gekommen, die USA sollten in Russland einmarschieren, aber durfte man von einem Mann, der so gerne von der amerikanischen »Freiheitsagenda« sprach, nicht ein wenig mehr Kohärenz erwarten?

Wenige Tage vor dem Rice-Interview hatte das Magazin *Time* Putin zur »Person des Jahres 2007« gekürt. Die Redaktion bemühte sich sehr zu erklären, dass diese Auszeichnung nicht mit Zustimmung zu Putins Politik zu verwechseln sei. Der Titel werde jener Person verliehen, die die meisten positiven oder negativen Schlagzeilen gemacht habe. Aber im Begleitartikel wurde Putin dafür gelobt, dass er seinem Land wieder zu Weltgeltung verholfen, die »Anarchie« überwunden und den Nationalstolz der Russen wiederhergestellt habe. Allerdings äußerte sich die Zeitschrift auch besorgt über die »beunruhigende« Menschenrechtslage in Russland.[2]

Genau dasselbe hätte *Time* auch im Jahr 1938 sagen können, als die Zeitschrift Adolf Hitler zum »Mann des Jahres« kürte. »Der Faschismus«, hieß es damals, »hat entdeckt, dass die Freiheit – die Presse-, Meinungs- und Versammlungsfreiheit – eine potenzielle Gefahr für seine Sicherheit ist.«[3]

Diese Worte galten genauso für den Sieger des Jahres 2007. Der Großteil der von *Time* gegen Putin gerichteten Kritik betraf »angebliche« Verstöße oder Vorwürfe, die aus dem Mund bekannter Kritiker seines Regimes kamen. In meinen Augen verleugnen Journalisten, die so vorgehen, ihre Funktion, die darin besteht, die Fakten als Fakten zu berichten. Und man betrachte den Zeitpunkt der *Time*-Auszeichnung: Sie erfolgte unmittelbar nach den manipulierten Parlamentswahlen, mit denen Putin die Auslöschung der Demokratie in Russland abgeschlossen hatte.

Natürlich deutete die Kreml-Propaganda den *Time*-Artikel als Zustimmung zu Putins Politik und versuchte den Mythos auszuschlachten, Putin habe ein »starkes Russland« aufgebaut. In Wahrheit hatten er und seine Spießgesellen den Staat von innen heraus zerstört.

Am 2. März 2008 wurde Medwedew zum König von nichts gekrönt, womit auch der Machtwechsel, das letzte verbliebene Element der russischen Demokratie, beseitigt wurde. Wie nicht anders zu erwarten, war die Wahl eine Farce, und der Kreml machte sich nicht einmal die Mühe, seine Spuren zu verwischen. Oppositionskandidaten wurden zum Rückzug genötigt. Die staatlich kontrollierten Medien warben schamlos für Medwedew, während sie die übrigen Kandidaten entweder verteufelten oder einfach nicht erwähnten. Mehrere übermäßig willfährige Wahlbezirke meldeten Ergebnisse, denen zufolge Medwedew mehr als 100 Prozent der Stimmen erhalten hatte.

Medwedews Ergebnis von 70 Prozent lag unter den 71 Prozent, die Putin im Jahr 2004 erhalten hatte, was zeigte, wer wirklich das Sagen hatte (sofern es noch eines Beweises bedurft hatte). Manch einer fragt sich vielleicht, warum sich das Regime die Mühe machte, ein ohnehin feststehendes Ergebnis noch zu fälschen. Nun, es war eine Demonstration der Loyalität: Die regionalen Politiker und Bürokraten mussten beweisen, dass sie die vom Kreml erwarteten Ergebnisse liefern konnten und liefern würden. Eine Demokratie funktioniert nicht so, aber eine Mafia sehr wohl.

Die russische Opposition wartete gespannt auf die Reaktion der Welt auf Russlands Rückkehr zur Despotie. Jetzt würden die Regierungen der freien Welt zweifellos harte Kritik dafür ernten, dass sie Russland in die G7 aufgenommen und Putin wie einen der ihren behandelt hatten. Sie würden empört sein, weil Putin sie zum Narren gehalten hatte. Vielleicht, so unsere Hoffnung, würde angesichts dieser skandalösen Machtübertragung jetzt der äußere Druck auf das Regime steigen und den Kreml zwingen, den Würgegriff zu lockern, in dem er Russland gefangen hielt.

Was geschah, war niederschmetternd: Die westlichen Regierungen standen Schlange, um Medwedew zu seinem triumphalen Wahlsieg zu gratulieren, obwohl die meisten diese widerwärtige Aufgabe ihren Regierungssprechern überließen. In ein oder zwei Erklärungen fanden sich ein paar Worte über unerfreuliche »Zwischenfälle« während der Wahl.

Der französische Staatspräsident Nicolas Sarkozy hatte keine derartigen Gewissensbisse. Er rief Medwedew an, um ihm zu gratulieren und eine Einladung nach Frankreich auszusprechen. (Dass Putins Geschäftsfreunde Silvio Berlusconi und Gerhard Schröder persönliche Glückwünsche übermittelten, versteht sich von selbst.) Der Westen erkannte Medwedew als demokratisch gewählten Amtsträger an, und damit war die letzte Hürde auf Putins Weg zur lebenslangen Macht beseitigt. Die USA und die EU würden sich mit jeder noch so absurden Farce abfinden, um eine Konfrontation zu vermeiden.

Für die russische Opposition war die Reaktion des Westens ein schwerer Schlag. Unsere Koalition von Nationalisten, Linken und Liberalen hatte wenig gemein außer dem Glauben an die Segnungen des demokratischen Prozesses. Von den Massenmedien ausgeschlossen und unentwegt von den Sicherheitsdiensten bedrängt, versuchten unsere Mitglieder, die Bedeutung der demokratischen Prinzipien durch Mundpropaganda zu verbreiten. Und dann bestätigte die freie Welt, dass die Demokratie ein Betrug war, eine Tarnung, unter der die Geschäfte weiterlaufen konnten, so wie Putin und seine Verbündeten seit jeher behaupteten.

Da er nun die Gewissheit hatte, dass er ungestraft tun konnte, was immer er wollte, schickte Putin fünf Monate später, im August 2008, eine Invasionsstreitmacht ins Nachbarland Georgien. Alles, was Putin brauchte, war ein fadenscheiniger Vorwand, den ihm Südossetien lieferte. Er hatte keinen Grund, wegen einer Lappalie wie einer Strafexpedition gegen einen persönlichen Feind (den georgischen Präsidenten Micheil Saakaschwili) eine Reaktion des Westens fürchten zu müssen. Putin hatte es stets verstanden, das Verhalten anderer Politiker zu deuten, und einmal mehr hatte er sich nicht getäuscht.

Um die Weltordnung aufrechtzuerhalten, gibt es Regeln, doch Verstöße dagegen werden selten bestraft. Putin hat gelernt, dass die brutalen Methoden des KGB auch auf globaler Ebene gut funktionieren. Die Gewalt kehrte wie auf Befehl in den Kaukasus zurück, wo Putin sich seinen Ruf als starker Mann erworben hatte, als er 1999 auf der politischen Bühne aufgetaucht war. Vielleicht war es ein Geschenk für Medwedew. Ein Krieg ist immer nützlich, um den Ruf eines neuen russischen Präsidenten bei der heimischen Bevölkerung zu festigen.

Die wirkliche Katastrophe, jene, die Putin die Gewissheit gab, dass er eine internationale Grenze verletzen und Blut vergießen konnte, ereignete sich am 3. März 2008, einen Tag nach der Präsidentschaftswahl. An diesem Tag hatte die internationale Gemeinschaft freier Nationen die Chance, die Alarmglocken zu läuten und Putins Diktatur zu verurteilen. Doch nichts dergleichen geschah. Die Demokratie war nicht wichtig. Die Reaktion der Welt war es sehr wohl.

Als die schlimmste Gewalt in der russisch-georgischen Auseinandersetzung um Südossetien abebbte, musste ich an ein Gespräch denken, das ich im Jahr 2005 in Moskau mit einem hochrangigen Vertreter der Europäischen Union geführt hatte. Damals genossen die Russen sehr viel größere Freiheit als heute, aber Putin hatte seinen Feldzug gegen die Demokratie bereits beschleunigt.

»Was müsste geschehen, damit Europa aufhört, Putin wie einen Demokraten zu behandeln?«, fragte ich den EU-Vertreter. »Wäre es soweit, wenn er alle Oppositionsparteien verböte? Oder wenn er Befehl gäbe, das Feuer auf Demonstranten zu eröffnen?«

Mein Gesprächspartner zuckte mit den Schultern und antwortete, selbst in diesem Fall könne die EU wenig tun: »Die Zusammenarbeit fortzusetzen, wird immer das Beste für die Menschen in Europa und Russland sein.« Ich vermute, dass die Menschen in Georgien und der Ukraine anderer Meinung sind. Die russische Invasion Georgiens war das Ergebnis eines knappen Jahrzehnts von westlicher Hilflosigkeit und Selbstbetrugs. Und dass der Angriff auf Georgien ungestraft blieb, verstand Putin als Einladung, sechs Jahre später die Ukraine zu überfallen.

In Reaktion auf den russischen Einmarsch in Georgien hielt die Europäische Union ihren ersten Krisengipfel seit Ausbruch des Irakkriegs ab. Die Gespräche über das Partnerschaftsabkommen mit Russland wurden solange ausgesetzt, bis der Kreml seine Truppen in die Positionen zurückzog, die sie vor dem 7. August eingenommen hatten. Die Stellungnahme der EU, die Silvio Berlusconi zu seiner großen Zufriedenheit zusätzlich abgeschwächt hatte, enthielt folgenden Satz: »Wir erwarten, dass sich Russland verantwortungsbewusst verhält und zu seinen Verpflichtungen steht.« Dazu kamen die Standardphrasen, man äußerte »ernste Besorgnis« und »verurteilte [den Einsatz] entschieden«.[4] Wie Putin und seine Milliardärsfreunde und KGB-Kumpane über diese leeren Worte gelacht haben müssen…

Am 7. Mai wurde Dmitri Medwedew hinter verschlossenen Türen als Präsident Russlands vereidigt. Putin wurde gefragt, ob er der Tradition entsprechend in seinem Büro ein Porträt des neuen Präsidenten aufhängen werde. Er zögerte, aber es machte der Witz die Runde, dass er tatsächlich ein Bild aufhängen würde: ein Foto von Medwedew, der im Präsidentenbüro ein Porträt Putins betrachtet. Nach Maßgabe der russischen Verfassung hatte Medwedew jetzt das Sagen. Aber da es keinerlei Hinweis darauf gibt, dass er je eine eigenständige Entscheidung fällte oder tatsächlich irgendwelche Befugnisse hatte, dürfen wir annehmen, dass er weiterhin Putins Erlaubnis brauchte, um die Toilette im Kreml zu benutzen. Die eigentliche »reibungslose Machtübergabe«, um die unfreiwillig zutreffende

Formulierung von Bundeskanzlerin Angela Merkel zu zitieren, bestand darin, dass die Macht mit Putin vom Präsidentenbüro in das des Ministerpräsidenten umzog.

* * *

Ich habe in den vergangenen zehn Jahren mehr als tausend Medienauftritte hinter mich gebracht, bei denen es fast immer um Russland und Putin ging. Die Produzenten fragen oft, wie man in der Sendung angesprochen werden möchte und welche Bezeichnung auf dem Fernsehbildschirm neben dem Namen eingeblendet werden soll. Aber manchmal fragen sie auch nicht. Ich habe einen langen und komplizierten Lebenslauf, weshalb ich daran gewöhnt bin, alle möglichen Dinge zu hören. Ähnliche Erfahrungen mache ich, wenn ich bei geschäftlichen oder politischen Vorträgen vorgestellt werde. Die Ankündigungen sind stets freundlich und normalerweise schmeichelhaft, aber oft enthalten sie falsche Informationen über mich, die vermutlich das Ergebnis einer eiligen Google-Suche sind. Oft muss ich einige Dinge richtigstellen und weise scherzhaft darauf hin, wie sehr mir diese Einführungen gefallen, weil ich daraus so viel Neues über mich lernen kann.

»Garri Kasparow, russischer Menschenrechtsaktivist und ehemaliger Schachweltmeister« sollte nicht zu schwierig sein, oder? Ich bin auch Vorsitzender der in New York ansässigen Human Rights Foundation und ein Gastprofessor an der Oxford Martin School, wo ich regelmäßig Vorlesungen und Seminare abhalte. Ich bin sehr stolz darauf, Vorsitzender der Kasparov Chess Foundation zu sein, und ich bin ein einigermaßen populärer Autor und Redner. Aber das ist zu viel Information für das Fernsehen.

Es gibt jedoch einen Titel, den ich oft höre und überhaupt nicht mag: »Garri Kasparow, ehemaliger russischer Präsidentschaftskandidat«. Das ist nicht nur falsch, sondern auch auf schädliche Art irreführend. Es ist richtig, dass Anderes Russland und weitere Oppositionsgruppen im Jahr 2008 interne Vorwahlen veranstalteten, um Kandidaten zu finden, und dass ich teilnahm. Es stimmt, dass wir online und vor Ort abstimmten und dass ich einer der Wahlsieger war. Und es trifft zu, dass einige von uns versuchten, sich als Kandidaten registrieren zu lassen, und dass ich eine dieser Personen war. Aber war ich tatsächlich Präsidentschaftskandidat?

Wenn Bürger demokratischer Länder mit mir über Russland sprechen wollen und sich nach Umfragen, Wahlprogrammen, Wahlkämpfen und anderen in freien Ländern normalen Bestandteilen des Wahlprozesses erkundigen, muss ich sie unterbrechen – in Russland existieren diese Dinge nicht. Es gab sie im Jahr 2008 nicht, und heute gibt es sie noch viel weniger. In Russland versucht die Opposition nicht, Wahlen zu gewinnen. Sie versucht zu erreichen, dass Wahlen *stattfinden*. Im Jahr 2004 waren wir noch zuversichtlich und hofften, das Ende von Putins Amtszeit werde die Tür zu einer wirklichen Wahl aufstoßen. Als die »Märsche der Unzufriedenen« und unsere anderen Aktivitäten im Jahr 2007 immer härter unterdrückt wurden, wurde uns klar, dass es kaum Hoffnung darauf gab. Bis zu dem kleinen Theater von Putin und Medwedew war uns nicht ganz klar, wie oder wann das Beil fallen würde, aber wir wussten, dass es sehr scharf war und genau über unseren Köpfen hing.

Putin bestimmte Medwedew mit einer Methode zu seinem Nachfolger, die ein mexikanischer Freund von mir als *el dedazo* bezeichnete: Er berührte ihn mit einem Finger, so wie Gott Adam in Michelangelos Fresko in der Sixtinischen Kapelle mit der Berührung eines Fingers zum Leben erweckt. In diesem Augenblick stand das Wahlergebnis fest. Das System musste lediglich dafür sorgen, dass der auf diese Art Auserkorene mit einem riesigen Vorsprung siegte. Einen Wahlzettel mit zu vielen Namen wollte der Kreml unbedingt verhindern. So wurden die Wahlkämpfe der Oppositionskandidaten zu einem sonderbaren Katz-und-Maus-Spiel, in dem wir die Behörden zwangen, kreative Lösungen zu finden, um uns ausschließen zu können.

Es wurden uns zahlreiche Hindernisse in den Weg gelegt. Die von Putins Handlanger Wladimir Tschurow geleitete Zentrale Wahlkommission hatte dafür zu sorgen, dass nur die vom Kreml genehmigten Kandidaten zugelassen wurden. Das größte Hindernis schien auf den ersten Blick unüberwindlich: Ein unabhängiger Kandidat musste innerhalb von fünf Wochen zwei Millionen Unterschriften von Unterstützern sammeln, wobei aus jeder Region nur jeweils 40 000 kommen durften. Man brauchte also Unterschriften aus mindestens fünfzig Regionen. Obendrein waren zwei der fünf Wochen nationale Ferien. Und sollte ein Kandidat es wirklich schaffen, diese riesige Zahl schwer zu beschaffender Unterschriften zu sammeln, konnte er maximal 2,2 Millionen einreichen – wenn aus irgendwelchen Gründen 10 Prozent nicht anerkannt wurden, war er aus dem Rennen.

Aber es würde sehr schwierig werden, überhaupt so weit zu kommen. Jeder Kandidat musste einen Nominierungskongress abhalten, zu dem sich mindestens fünfhundert Anhänger an einem Ort versammeln mussten, um eine Erklärung zu unterzeichnen. Das Verfahren hatte unter den Augen eines Vertreters des Justizministeriums stattzufinden. So wie bei meinen Reisen durch das Land musste ich jedoch feststellen, dass sich auch in Moskau niemand fand, der bereit war, mir für diesen Zweck einen Saal zu vermieten. Nun ja, das stimmt nicht ganz: Tatsächlich fanden wir einen Veranstaltungssaal für den 13. Dezember, unterschrieben einen Mietvertrag und bezahlten im Voraus. Aber zwei Tage vor dem Kongress wurde uns mitgeteilt, dass der Saal »aus technischen Gründen« nicht verfügbar sei. Natürlich waren die technischen Probleme am Tag darauf behoben, so dass im selben Saal die Nominierung der neuen Kreml-Marionette Andrej Bogdanow stattfinden konnte.

In meinem Fall wurde also schon die Nominierung unmöglich gemacht. So wurde ich der Erfahrung einiger anderer Oppositioneller beraubt, die tatsächlich soweit kamen, dass Tschurow ihre Anträge auf Zulassung zur Wahl ablehnte. Der frühere Ministerpräsident Michail Kasjanow bewies besonders große Hartnäckigkeit und rief sogar den Obersten Gerichtshof an, nachdem die Zentrale Wahlkommission entschieden hatte, zu viele der von ihm gesammelten Unterschriften seien gefälscht. Natürlich wurde sein Einspruch abgelehnt.

Am Ende standen die üblichen Verdächtigen auf dem Wahlzettel: der nationalistische Vorzeigehohlkopf Schirinowski, der kommunistische Vorzeigehöhlenmensch Sjuganow und Putins Strohmann Medwedew. Um dem Theater ein wenig Kolorit zu verleihen, ließen sie Andrej Bogdanow als fingierte liberale Alternative zu. Sie gestanden ihm sogar 1,3 Prozent der Stimmen zu, bevor sie ihn wieder in der Versenkung verschwinden ließen.

Anderes Russland und verschiedene andere Oppositionsgruppen hatten interne Vorwahlen abgehalten, um in einem Land, das die Demokratie kaum kennengelernt hatte, eine wirkliche demokratische Erfahrung möglich zu machen. Freiwillige stellten Wahltische auf, wo immer sie konnten – in Sporthallen, Bars, Privathäusern – und mussten sich oft beeilen, bevor die Polizei auftauchte und ihre Ausrüstung beschlagnahmte. Wir veröffentlichten politische Stellungnahmen, schrieben unsere Wahlprogramme und führten an Versammlungsorten und im Internet Debatten. All das fand außerhalb des offiziellen politischen Systems statt.

Unser Ziel war es, die offiziellen Wahlen möglichst klar und unüberhörbar als Schwindel zu entlarven. Wir hatten genug von westlichen Beobachtern und Außenministerien, die ohne großen Nachdruck ihr Bedauern über »Unregelmäßigkeiten« und »voreingenommene Medien« äußerten. Putin war jetzt ein richtiger Diktator, und es war an der Zeit, das deutlich auszusprechen. Er war kein Präsident oder Ministerpräsident oder bekleidete irgendein anderes Amt, das demokratische Legitimität besaß.

Wir wussten, dass die russischen Medien und die russischen Politiker das nicht sagen würden. Tragisch war, dass es auch außerhalb Russlands kaum einmal deutlich gesagt wurde: Dass die westlichen Regierungen kein Interesse an einer Konfrontation mit Putin hatten, war seit langem klar. Weniger klar war, warum die meisten wichtigen Medien in der freien Welt Putins Spiel ebenfalls mitspielten (und die Frage ist, warum sie es noch heute tun). Einmal mehr sprachen Beobachter und ausländische Medien über »Mängel des Systems« und den »ungleichen Zugang zu den Medien«. Der Europarat zeigte sich kritisch, verzichtete jedoch darauf, den Ablauf der Wahlen zu verurteilen. Der Vorsitzende einer Delegation des Europaparlaments bezeichnete die Wahl als »immer noch nicht frei und immer noch nicht fair«, fügte jedoch hinzu, das Ergebnis spiegle »im Allgemeinen den Willen des Volkes wider« Ja, den Willen eines kleinen Völkchens im Kreml.

Die Aussage über den »Willen des Volkes« ist ein guter Ausgangspunkt für einige Klarstellungen, die ich dutzende Male in den Medien vorgenommen habe. Sie betreffen das, was ich als »Mythen über Putins Russland« bezeichne. Ganz oben auf der Liste steht der Mythos »Putin ist populär«.

Heute, da Putin seit fünfzehn Jahren an der Macht ist, zum zweiten Mal innerhalb von sechs Jahren eine Invasionsarmee in ein europäisches Land geschickt hat und im Fernsehen mit Russlands Atomwaffen droht, fällt es manch einem möglicherweise schwer, sich daran zu erinnern, dass die Welt diesen Mann vor nicht allzu langer Zeit noch ganz anders einschätzte. Noch im Jahr 2010 reagierten durchaus gut informierte Konsumenten internationaler Nachrichten regelmäßig überrascht auf mein hartes Urteil über Putin.

> »Aber Russland ist eine Demokratie, und schließlich wurde er gewählt, nicht wahr?«

> »Vielleicht werden die Wahlen manipuliert, aber Putin ist sehr beliebt und würde in jedem Fall gewinnen.«

> »Na ja, die Russen haben nun einmal eine Vorliebe für den starken Mann, und er hat die Kriminalität zurückgedrängt und die Wirtschaftslage verbessert, oder?«

Über Kriminalität und Wirtschaft haben wir bereits gesprochen. Putin ging nur gegen jene Kriminellen vor, die ihm die Gefolgschaft verweigerten. Jene, die ihm Treue schworen, machte er zu Geschäftspartnern. Er ließ keinen Zweifel daran, dass man entweder gemeinsam mit ihm oder gar nicht stehlen würde.

Es ist bekanntlich äußerst schwierig, die Wirtschaftsaktivität eines Landes einzuschätzen, das langsam ein stagnierendes und korruptes sozialistisches Paradies auflöst. Aber bevor Putin an die Macht kam, stieg das Bruttoinlandsprodukt Russlands stetig, da die schmerzhaften marktwirtschaftlichen Reformen zu wirken begannen. Die sowjetische Industrie konnte unmöglich direkt mit der westlichen oder fernöstlichen Industrie in Konkurrenz treten, aber sie war durchaus aktiv. Im Jahr 2000 wuchs das Bruttoinlandsprodukt um mehr als 10 Prozent, ein Zuwachs, der noch höher war als jene in den früheren Ostblockländern, die auf dem Weg zur Marktwirtschaft waren.

Wir dürfen auch nicht vergessen, dass der Ölpreis im Jahr 1999 auf 13 US-Dollar pro Barrel gesunken war, weshalb die neue russische Exportindustrie noch weit von hohen Erträgen entfernt war. Den Grund für die Stärke der russischen Wirtschaft unter Putin findet man nicht im Bruttoinlandsprodukt, sondern im Ölpreis. Zu der Zeit, als Putin an die Macht kam, verteuerte sich das Erdöl innerhalb kürzester Zeit auf mehr als 100 US-Dollar pro Barrel.

Russland ist trotz der nur schleppenden Modernisierung der sowjetischen Infrastruktur der größte Ölproduzent der Welt. Dieser ungeheure Ölreichtum hat Putin in die Lage versetzt, Russland in einen diktatorischen Petrostaat zu verwandeln, eine Illusion der inneren Stabilität zu erzeugen und die ausländischen Kritiker zu kaufen oder einzuschüchtern. Jenen, die glauben, die Quelle des Reichtums sei unerheblich, solange Rentner und Polizisten ihre Schecks bekommen, sei gesagt, dass das genau das ist, was der Kreml anscheinend glaubte – für eine Weile.

Ohne einen wachsenden Industrie- oder Technologiesektor, ohne aktives Unternehmertum und ohne eine Mittelschicht, die für solide Steuereinnahmen sorgt, wird Russland demographisch ausgehöhlt. Jene, die keine Verbindungen haben oder über ausreichende Ressourcen verfügen, um sich im System durchzusetzen, finden sich mit einer prekären wirtschaftlichen Situation ab oder verlassen das Land. Der Kontrast zwischen den strahlenden Metropolen Sankt Petersburg und Moskau einerseits und den zusehends verarmenden abgelegenen Regionen könnte nicht krasser sein. Erweitert man die Gleichung um den völligen Mangel an politischer Rechenschaftspflicht, so hat man die Formel für eine sich verschärfende gesellschaftliche Krise.

Putin und seine Bande sträuben sich dagegen, eine funktionierende Wirtschaft zuzulassen – und versagen dort, wo sie versuchen, für die Funktionstüchtigkeit der Wirtschaft zu sorgen. Das Letzte, was sie tun werden, ist das, was wirklich nötig ist: Sie müssten die strenge Kontrolle über die Wirtschaft aufgeben, damit die russischen Unternehmen lernen könnten, sich in einem wirklichen kapitalistischen Wettbewerb zu behaupten, anstatt sich nur ihren Anteil an der Vetternwirtschaft zu sichern. Das Beispiel Chodorkowskis hat besonders deutlich gezeigt, was mit Unternehmern geschieht, die das ohne Zustimmung des Staates versuchen, aber es gibt tausende andere, die ähnliche Erfahrungen gemacht haben.

Kommen wir zu der immer wieder geäußerten Vorstellung, Putin sei populär. Wenn dem so ist, warum hat er dann so viel Zeit und Mühe darauf verwendet, die Medien unter Kontrolle zu bringen, Rivalen zu beseitigen und ein komplexes System zur Fälschung der Wahlen zu errichten? Wenn Putin so beliebt ist, warum lässt er dann keine freien und fairen Wahlen zu? Warum muss er die Medien gleichschalten? Wäre ein beliebter Machthaber wirklich gezwungen, kritische Blogger zu verfolgen und einen einsamen Demonstranten verhaften zu lassen, der ein Anti-Putin-Schild hochhält?

In einer Autokratie gelten die Maßstäbe nicht, die in Demokratien angelegt werden, um zu beurteilen, wie groß die Zustimmung zur Amtsführung eines Politikers ist und wie beliebt er ist. Wenn es im Ort nur ein einziges Restaurant gibt, das nur ein Gericht auf der Speisekarte hat, und wenn keine anderen Restaurants öffnen dürfen, kann man aus der Tatsache, dass die Leute dieses Lokal besuchen, nicht unbedingt schließen, dass es beliebt ist. Das Putin-Regime hat fünfzehn Jahre lang mit unablässiger Propaganda einen Personenkult betrieben und die Botschaft verbreitet, Putin sei der Einzige, der Russland führen und schützen könne. Jeder Kritiker Putins wird als gefährlicher Verräter verleumdet, der ins Gefängnis gesteckt oder ermordet werden sollte – was oft geschieht. Jeder potenzielle Rivale wird verteufelt und beseitigt.

Das bringt uns zu einem weiteren Mythos über Putins Russland, der besagt, die Oppositionspolitiker seien einfach nicht kompetent oder charismatisch genug gewesen, um Putin herausfordern. Das Problem ist, dass sie nie die Chance bekamen, Kompetenz oder Charisma zu zeigen. Das sage ich nicht, um mich selbst in ein gutes Licht zu rücken oder meinen Ruf zu verteidigen, sondern um zu zeigen, dass es absurd ist, so zu tun, als hätte es die russische Opposition nicht geschafft, sich in einer wirklichen Demokratie durchzusetzen. Die Oppositionellen wurden aus den Medien verbannt und nur erwähnt, um sie zu verunglimpfen. Wir durften uns nicht versammeln, wir durften nicht demonstrieren, wir wurden häufig körperlich attackiert und von der Polizei schikaniert. In unseren Büros wurden Razzien durchgeführt, und wir durften nicht an Wahlen teilnehmen. Welche brillante und überzeugende Botschaft, welcher mitreißende Parteiführer hätte uns unter diesen Umständen zur Macht führen können?

Ab dem Jahr 2008 wurde klar, dass Putin den Kreml nur mit den Füßen voran verlassen würde, sei es in einem Sarg oder hinausgeschleift von einem wütenden Mob. Solange er die Wirtschaftsbeziehungen zur freien Welt aufrechterhalten und verhindern könnte, dass eine Million Russen auf dem Roten Platz revoltierten, würde er die Macht nicht abgeben. Das erste, die Wirtschaftsbeziehungen, war Voraussetzung für das zweite: Solange Geld für die gewaltigen Bodenschätze – Erdöl, Erdgas, Metalle, Holz – ins Land strömte, konnte das Regime die Löhne und Gehälter bezahlen und Sicherheitskräfte unterhalten, um die Leute von der Straße fernzuhalten.

Was die Meinungsumfragen betrifft, so kann Russland unmöglich mit den USA oder Frankreich verglichen werden. Wenn der russische Durchschnittsbürger einen Anruf von einer unbekannten Person bekommt, die ihn fragt, was er von dem Mann hält, der das Land beherrscht, muss dieser Bürger ein sehr mutiger Mensch sein, um nicht begeisterte Zustimmung zu äußern. Tatsächlich ist es ein Beweis für den Mut vieler meiner Landsleute, dass nicht 99 Prozent von ihnen Putins Amtsführung zustimmen, wie es bei Saddam Hussein und Muammar al-Gaddafi üblich war – bis zu dem Augenblick, in dem sie nicht mehr über Leben und Tod ihrer Bürger entscheiden konnten.

Nun, da Putins Zustimmungswerte im Ukrainekrieg auf 90 Prozent gestiegen sind und der faschistische Personenkult auf die Spitze getrieben wird, frage ich mich, ob die ausländischen Medien endlich aufhören werden, diese Zahlen leichtgläubig zu übernehmen. Der kasachische Despot Nursultan Nasarbajew, der seit 1989 an der Macht ist, wurde im April 2015 mit 97,7 Prozent der Stimmen »wiedergewählt«. (Und selbstverständlich strömten 95 Prozent der Wahlberechtigten zu den Urnen.) Ein Blick auf die Schlagzeilen in den westlichen Zeitungen zeigt, dass trotz dieses bemerkenswerten Triumphs kaum ein westlicher Beobachter wirklich glaubt, dass Nasarbajew bei seinem Volk derart beliebt ist. Werden erst bei einer Zustimmungsquote von 98 Prozent Zweifel an Putins Beliebtheit laut werden?

Es lohnt sich, darüber nachzudenken, warum sich die Nasarbajews, Putins und Chameneis dieser Welt immer noch die Mühe machen, Wahlen abzuhalten. Die modernen Diktatoren haben von ihren Vorgängern gelernt und diese Lehren mit modernen Methoden der Informationslenkung und Imagegestaltung kombiniert. Sie verstehen die Symbolkraft von Wahlen, selbst wenn sie keinerlei Absicht haben, sich tatsächlich einer Wahl zu stellen. Die Tatsache, dass sie es überhaupt für nötig halten, die Bürger zu den Urnen zu rufen, und seien die Wahlergebnisse auch noch so offenkundig gefälscht, deutet auf eine gewisse Wirkung äußeren Drucks und auf ein Bedürfnis nach Legitimität hin. Auch Diktatoren wollen der Gemeinschaft der rechtmäßigen Machthaber angehören.

Den Herrschern geht es nur teilweise darum, ihren Bürgern die Illusion zu vermitteln, sie könnten Einfluss auf ihre Regierung nehmen. Allgegenwärtige Sicherheitskräfte und die Kontrolle der Massenmedien dienen den Zielen des Diktators. Nur wenige Russen nehmen die Wahlfarcen tatsächlich für bare Münze. Die Umfragen sind für die internationale Gemeinschaft und für die im Voraus feststehenden Sieger selbst bestimmt.

Ich möchte noch einmal auf das Beispiel des beschämenden – oder schamlosen – Telefonanrufs zurückkommen, in dem Sarkozy Medwedew seine »warmen Glückwünsche« zum Wahlsieg im Jahr 2008 aussprach. Die Tatsache, dass die russischen Medien diesen Anruf und die anderen Lobreden aus dem Ausland weidlich ausschlachteten, ist ein weiterer Hinweis darauf, wie wichtig diese Farce für Putin und seine Verbündeten war.

Natürlich geht es um mehr als Egomanie und Einladungen zu Gipfeltreffen. Die herrschende Oligarchie hat ihr Vermögen ins Ausland geschafft, weshalb eine Krise in der innigen Beziehung zwischen der russischen Führung und dem Westen ihren Milliardenbesitz in Gefahr bringen könnte. Sarkozy wiederum hat viel Mühe investiert, um französischen Unternehmen wie Alcatel, Total oder Renault den Sprung auf den russischen Markt zu erleichtern. Wenn man das berücksichtigt, war Sarkozys Telefonanruf vermutlich einer der lukrativsten der Geschichte.

Ich betrachte mich also nicht als ehemaligen russischen Präsidentschaftskandidaten. Unsere Versuche, uns als Kandidaten registrieren zu lassen, waren ein Bürgerrechtsprotest, eine Kampagne zur Entlarvung der Korruption und ein Versuch, den Menschen in Russland zu zeigen, wie eine richtige Demokratie funktioniert. Ohne echte Demokratie kann es keine echten Kandidaten geben.

* * *

»Wie es kommt, dass ich noch am Leben bin? Wenn ich genauer darüber nachdenke, ist es ein Wunder.« Dies waren die Worte der russischen Enthüllungsjournalistin Anna Politkowskaja, die jahrelang in die Abgründe des Tschetschenienkriegs hinabgestiegen war. Zu sehen ist sie in dem Dokumentarfilm *Brief an Anna* des schweizerischen Regisseurs Eric Bergkraut, der am 26. Juni 2008 beim Human Rights Watch Film Festival in New York uraufgeführt wurde. Politkowskaja war zweifellos nicht einfach eine Journalistin, sondern eine Besessene, die keinen Hehl daraus machte, welcher Seite ihre Sympathie galt. Ihre Leidenschaft machte ihre Arbeit nur noch wichtiger, und sie machte sie unvergesslich.

In ihren Berichten über die Gräuel in Tschetschenien ließ Politkowskaja Familien zu Wort kommen, die vom Krieg zerrissen worden waren. Sie war auch so etwas wie eine Beichtmutter für russische Soldaten (darunter auch Offiziere), die sich für das schämten, was im Namen Russlands in Tschetschenien geschah. Diese Berichte sicherten ihr den Hass einer langen Liste mächtiger Personen und Gruppen, die ihre Brutalität schon oft unter Beweis gestellt hatten. Daher war es zwar ein furchtbarer Schlag, aber keineswegs eine Überraschung, als die 48-jährige Journalistin im Oktober 2006 ermordet wurde.

Als *Brief an Anna* in Prag gezeigt wurde, erklärte der frühere tschechische Präsident Václav Havel: »Es wäre gut, wenn viele Menschen diesen Film sehen könnten. Vor allem jene Politiker, die russische Kollegen küssen und umarmen, ganz benommen vom Geruch von Öl und Gas!«[5] Es kann schwierig sein, den Film zu finden – ich habe ihn auf YouTube in deutscher und russischer Version, nicht jedoch in englischer Übersetzung gesehen –, aber es lohnt sich, danach zu suchen. Er ist ein seltenes Dokument über eine ausgestorbene Spezies. Als Anna starb, war der unabhängige Journalismus, den sie praktiziert hatte, in Russland längst zu Grabe getragen worden.

Am 11. Juni 2008 versprach Medwedew auf dem Weltzeitungskongress in Moskau, »die Medienfreiheit zu unterstützen«. Würde sich etwas ändern? Die Aussichten waren schlecht. Medwedew sprach von der Notwendigkeit eines »kyrillischen Internets« und kritisierte die Schließung russischsprachiger Medienhäuser in den früheren Sowjetrepubliken, in denen die in sowjetischer Zeit unterdrückten heimischen Sprachen wieder auf dem Vormarsch waren. Medwedew erklärte außerdem, das russische Fernsehen gehöre »zu den besten der Welt«.[6]

Zu jener Zeit hatte die Paranoia des Kreml in Bezug auf die Frage, wer und was im russischen Fernsehen gezeigt werden durfte, einen neuen Höhepunkt erreicht. Wladimir Posner, der Präsident der Russischen Fernsehakademie, gestand, dass er die Liste der Gäste, die er in seine Sendung einladen wollte, dem Management von Kanal Eins zur Genehmigung vorlegte. Die Leitung des Senders teilte ihm dann mit, wen er einladen durfte und wen nicht. Es erübrigt sich zu sagen, dass Personen wie Nemzow, Nawalny und ich nie in seiner Sendung zu Gast waren.

Die Unterwerfung der russischen Medien war gemeinsam mit dem Anstieg des Ölpreises um mehr als 700 Prozent der Hauptgrund für den vordergründigen Erfolg von Putins

Regime. Die Oligarchen der neunziger Jahre mochten Russland ausgeplündert haben, aber zumindest konnte man aus den Zeitungen etwas darüber erfahren. Diese Zeiten sind vorbei, und der kleine Kreis von Oligarchen in der Umgebung Putins besitzt Macht und Reichtümer, von denen Jelzins Hofstaat nur träumen konnte. Bei Putins Machtübernahme im Jahr 2000 gab es in der *Forbes*-Liste der reichsten Männer keine Russen. Im Jahr 2005 hatten es 36 von Putins Günstlingen in die Liste geschafft. Drei Jahre später waren es bereits 87, womit Russland mehr Milliardäre hatte als Deutschland und Japan zusammen – und das in einem Land, in dem 13 Prozent der Einwohner mit einem Monatseinkommen von weniger als 150 US-Dollar unter der Armutsgrenze leben. Putin und seine Fürsprecher im Ausland verwiesen auf das steigende Bruttoinlandsprodukt Russlands, aber das war etwa so, als würde man die Durchschnittstemperatur aller Patienten in einem Krankenhaus nehmen und erklären, keiner von ihnen habe Fieber.

Im Jahr 2015 gibt es auch nach einem Jahr westlicher Sanktionen und fallender Ölpreise immer noch 88 russische Milliardäre in der *Forbes*-Liste, wobei Putin und einige seiner engsten Verbündeten gar nicht genannt werden. Ich kann nicht glauben, dass ein Mann wie Putin, der das Leben von 88 Milliardären in der Hand hat, nicht der Reichste von ihnen allen ist. Die gelegentlich durchsickernden Informationen über geheimnisvolle Herrensitze am Schwarzen Meer und Überweisungen gigantischer Beträge an namenlose Orte liefern weitere Hinweise darauf, dass Wladimir Putin mittlerweile wahrscheinlich der reichste Mann auf dem Planeten ist.

* * *

Am 25. Oktober 2011 hielt ich in der Heritage Foundation in Washington, D.C. einen Vortrag über Russland. Zu jener Zeit übten die USA und andere Länder großen Druck auf Georgien aus, damit es der Aufnahme Russlands in die Welthandelsorganisation zustimmte, obwohl russische Truppen immer noch zwei große Teile des georgischen Hoheitsgebiets besetzt hielten. Viele Medien und sogar manche Regierungen bezeichnen Abchasien und Südossetien immer noch als »umstrittene Gebiete«, womit sie so tun, als hätte Russland sie nie mit militärischer Gewalt Georgien entrissen.

Trotz des immensen Drucks, den Russland nach der Invasion auf Georgien ausübte – es verhängte sogar einen Wirtschaftsboykott –, hatte das kleine Land unter Saakaschwili trotzig an der Demokratie und an seiner westlichen Ausrichtung festgehalten. Aber offensichtlich war die Aufnahme Russlands in die Welthandelsorganisation für Europäer und Amerikaner wichtiger als die Verteidigung der Rechte und der territorialen Integrität eines Verbündeten. Putins Regierung brüstete sich gerne damit, dass es ihr gelungen war, Georgien und die Ukraine am NATO-Beitritt zu hindern, und die Aufnahme in die Welthandelsorganisation würde ein weiterer Triumph für sie sein.

In meinem Vortrag zeigte ich meinem Publikum ein Bild, auf dem mehrere Ordner zu sehen waren, die wie KGB-Akten etikettiert waren. Da waren zunächst die Ordner für die »Operation Jukos« und die »Operation Kadyrow«. Den Fall von Jukos und Chodorkowski habe ich bereits ausführlich behandelt. Ramsan Kadyrow ist der tschetschenische Kriegsherr, der sich brüstete, im Alter von 15 Jahren seinen ersten russischen Soldaten getötet zu haben. Im Jahr 2007 setzte ihn Putin an die Spitze der Regierung des verwüsteten Landes, wo er bis heute als treuester Soldat des Kremlherrn die Zügel in der Hand hält. Seine Agenten haben Feinde Putins in russischen Städten und im Ausland ermordet.[7] Was Putin dem russischen Kaukasus angetan hat, ist kaum mit einem anderen Verbrechen vergleichbar. Er hat keinerlei Interesse daran, die Menschen in dieser Region, die schließlich Bürger Russlands sind, besser zu integrieren. Natürlich ist fraglich, wie lange Kadyrows Loyalität Bestand hätte, würde der Geldstrom aus Moskau versiegen.

Der nächste Ordner trug die Bezeichnung »Operation Medwedew«. Ich beschrieb sie als Putins größten Coup. Es war eine Abwandlung des Spiels, das schon die sowjetische Führung gerne gespielt hatte: Man macht den Westen glauben, es bestünde die Möglichkeit, dass gemäßigte Personen die Führung übernehmen oder dass im Regime ein Richtungsstreit stattfindet. Die westlichen Beobachter versuchen herauszufinden, was im Kreml vor sich geht, womit sie lediglich Zeit und Energie verschwenden. Putins unvermeidliche Ankündigung, er werde sich im Jahr 2012 wieder um die Präsidentschaft bewerben, machte der Welt klar, dass Medwedew nie etwas anderes als der Strohmann gewesen war, als den viele von uns ihn bezeichnet hatten. Dennoch hatte sich die amerikanische Regierung sehr bemüht, die imaginäre »Medwedew-Fraktion« zu stärken. Man hatte von einem Bruch zwischen Putin und Medwedew geträumt und sich trotz gegenteiliger Beweise Phantasien über liberale Reformen hingegeben.

Im September 2008 sprach ich in New York bei einem Essen, zu dem die Regierung Dissidenten aus aller Welt eingeladen hatte, kurz mit Präsident Bush. Er fand deutliche Worte für die Politik Putins, aber das war unmittelbar nach dem russischen Überfall auf Georgien im August, der Bush sehr erbost hatte. In seinen Memoiren *Decision Points* schreibt er: »Meine größte Sorge war, dass die Russen bis nach Tiflis marschieren und den demokratisch gewählten Präsidenten Saakaschwili stürzen würden. Es war klar, dass sich Russland nicht mit einem demokratischen Georgien abfinden würde, das von einem prowestlichen Präsidenten geführt wurde. Ich fragte mich, ob die Russen so aggressiv vorgegangen wären, wenn die NATO Georgien in den MAP [Aktionsplan für die NATO-Mitgliedschaft] aufgenommen hätte.«[8]

Mit großer Sicherheit hätte Putin in diesem Fall wohl keine direkte Aggression gewagt (obwohl wir das nicht sicher wissen können, da der Westen bisher noch nicht versucht hat, Putin die Stirn zu bieten). Dennoch wurde sechs Jahre später derselbe Fehler in der Ukraine wiederholt, dem anderen Land, das Putin im Visier hatte, weil der Widerstand Deutschlands und Frankreichs im Jahr 2008 seine Aufnahme in den MAP verhindert hatte. Beide Länder gaben offen zu, dass sie Russland nicht verärgern wollten. (Bushs Memoiren enthalten eine weitere denkwürdige Passage: »Bei einem Abendessen im Rahmen des G8-Gipfels in Sankt Petersburg übten die meisten Regierungschefs Kritik an Putins Umgang mit der Demokratie. Jacques Chirac war anderer Meinung. Er erklärte, Putin mache einen guten Job und es gehe uns nichts an, wie er das tue.« Der französische Präsident hielt es offensichtlich eher mit der *fraternité* als mit der *liberté*.)

An anderer Stelle in seinem Buch widmet sich Bush ausführlich der Freiheitsagenda und den damit verbundenen Enttäuschungen und Erfolgen. Er schließt dieses Kapitel mit folgenden Worten ab: »Im Lauf meiner Präsidentschaft traf ich mich mit mehr als hundert Dissidenten. Ihre Lage mag trostlos wirken, aber sie ist nicht hoffnungslos. Wie ich in meiner Rede beim Antritt meiner zweiten Amtszeit sagte, erfordert die Freiheitsagenda ›den konzentrierten Einsatz von Generationen‹.«

Das war vollkommen richtig. Leider endete die Hoffnung auf amerikanische Unterstützung für Menschenrechte und Demokratie im Ausland mit der Präsidentenwahl im Jahr 2008.

9 Gefährliche Illusionen

Berlin ist für einen amerikanischen Präsidenten und sogar für einen angehenden Präsidenten der ideale Ort, um über Freiheit und universelle Werte zu sprechen. Der Besuch des Präsidentschaftskandidaten Barack Obama am 24. Juli 2008 weckte Erinnerungen an die berühmten Reden, die seine Vorgänger John F. Kennedy und Ronald Reagan dort gehalten hatten, um die Freiheit diesseits der realen und metaphorischen Grenze gegen die Tyrannei in der Sowjetunion und Osteuropa zu verteidigen. Obwohl die Berliner Mauer gefallen und die Sowjetunion untergegangen war, stellten Diktaturen mit Atomwaffen weiterhin eine Bedrohung dar. Aber das erwähnte der Senator nicht.

Was man von Obamas Auftritt in Berlin erwarten durfte, hatte sich einige Wochen vorher abgezeichnet, als der Senator aus Illinois den Vorschlag seines republikanischen Widersachers John McCain abgelehnt hatte, Russland aus der G8 auszuschließen und China nicht mehr an den Gesprächen der G8+5 teilnehmen zu lassen. Obama antwortete, es sei unmöglich, mit Russland und China in Wirtschaftsfragen und bei der Nichtverbreitung von Atomwaffen zusammenzuarbeiten und gleichzeitig für Demokratie und Menschenrechte einzutreten.

Das ist nicht nur falsch, sondern es hat sich wiederholt gezeigt, dass exakt das Gegenteil der Fall ist. Handelsabkommen, Waffenkontrolle und andere für beide Seiten vorteilhafte Vorhaben können vorangetrieben werden, ohne stillschweigend Diktaturen anzuerkennen. Senator Obama sprach davon,

China in die Gestaltung der »internationalen Straßenverkehrsordnung« einzubinden. Dieser Vorschlag gehorchte derselben verdrehten Logik, die die Vereinten Nationen dazu bewegte, China, Kuba, Russland und Saudi-Arabien in den Menschenrechtsrat aufzunehmen. Wollen wir wirklich nach Regeln leben, die mit Zustimmung solcher Regimes aufgestellt wurden?

Während Obama über die Bedeutung der russischen Unterstützung für die Eindämmung des iranischen Atomwaffenprogramms redete, meldete Reuters, dass Russland dem Iran modernste S-300-Luftabwehrsysteme liefern werde. Wenn das die Unterstützung war, die der Westen im Gegenzug für die Aufnahme Russlands in die G8 bekam, ist schwer vorstellbar, wovor sich Obama im Fall eines Ausschlusses Russlands fürchtete. Der Zufall will es, dass das iranische Atomprogramm und die zu seinem Schutz bestimmten russischen S-300-Raketen heute wieder in den Schlagzeilen auftauchen. Besorgniserregend ist, dass sich der Präsident Obama im April 2015 anscheinend keine größeren Sorgen darüber macht als der Kandidat Obama im Jahr 2008.

In Berlin kam Obama wiederholt auf die Luftbrücke in den Jahren 1948 und 1949 zu sprechen. In einem vorhergehenden Interview hatte er erklärt, zu jener Art von Außenpolitik zurückkehren zu wollen, die einst die Regierung Truman mit ihren Vertretern Marshall, Acheson und Kennan betrieben hatte.[1] Das war eine sonderbare Aussage, denn Präsident Truman, der in meinen Augen ein Held war, hatte sich geweigert, den Kommunisten an irgendeiner Front in der Welt auch nur eine Handbreit nachzugeben. Und der Mann aus Missouri hatte es mit keinem Geringeren als dem schrecklichen Josef Stalin zu tun, der keinen Hehl aus seinem Wunsch machte, die Welt zu beherrschen. Truman rettete nicht nur West-Berlin; Südkorea, Taiwan und Westeuropa haben ihm ebenfalls viel zu verdanken. (Mit Blick auf die gegenwärtigen Geschehnisse ist auch erwähnenswert, dass Truman Stalin im Jahr 1946 zwang, die sowjetische Besatzung des Iran zu beenden.)

Man vergleiche diese entschlossene Haltung mit der von Obamas Wahlkampfberatern Madeleine Albright und William Perry, die in der Regierung Clinton die Ressorts Äußeres und Verteidigung leiteten. Sie kritisierten McCains Forderung, den Kampf gegen Menschenrechtsverstöße großer Staaten nicht auf Lippenbekenntnisse zu beschränken.

In Berlin sagte Obama auch, der Westen werde »für die Menschenrechte des Dissidenten in Burma, des Bloggers im Iran oder des Wählers in Simbabwe eintreten«. Lobenswert, aber was ist mit dem politischen Häftling in China und dem verurteilten Blogger in Russland? Medwedew kam genauso wie Robert Mugabe durch eine Wahlfarce an die Macht. Die heuchlerische Politik, schwache Diktaturen zu verurteilen und starke zu umgarnen, zerstört die Glaubwürdigkeit des Westens und untergräbt die Bemühungen der USA und Europas um eine globale Führungsrolle. Allem Anschein nach ermutigt sie sogar kleinere Autokratien, sich ehrgeizigere Ziele zu setzen. Zu einer großen Führungspersönlichkeit wird man nur, indem man große Herausforderungen annimmt. Diejenigen von uns, die hinter dem Eisernen Vorhang lebten, waren Ronald Reagan dankbar dafür, dass er im Jahr 1987 in Berlin nicht die Unfreiheit in Angola anprangerte.

Sieht man von seiner Haltung gegenüber dem Irak ab, so klang der Kandidat des Wandels so, als wolle er an der zerstörerischen Doppelmoral der Regierung von George Bush junior festhalten. Der angeblich rückwärtsgewandte John McCain war sich nicht zu schade, die altmodische Ansicht zu äußern, dass man etwas, das kaputt sei, am besten repariere. Der Lohn dafür, dass der Westen Russland und China bei den Menschenrechten freie Hand gab, um diese Staaten »am Verhandlungstisch zu halten«, sind mehr Waffen und Atomtechnologie für den Iran, eine nordkoreanische Atombombe und die destruktive Einmischung beider Länder in die Tragödien in Darfur und Simbabwe gewesen. Wären all diese Dinge auch geschehen, wenn die Vereinigten Staaten und Europa glaubwürdig mit Repressalien gedroht hätten? Wir können es nicht wissen, aber McCain wollte es zumindest herausfinden.

Heute werden der Kreml und der Nationale Volkskongress in Peking nicht von kommunistischen Ideologen, sondern von kapitalistischen und nationalistischen Geschäftemachern geführt. Diese Regimes konfrontieren die freie Welt nicht mit einer existenziellen Bedrohung wie jener, der sich Truman, Kennedy und Reagan gegenübersahen. Und trotzdem sträubt sich Obama dagegen, den Feinden der Demokratie entgegenzutreten und die Werte zu verteidigen, die er in seinen Reden so eindringlich beschwört. Das Ende des Kalten Kriegs und die Etablierung der Demokratie als globaler Standard waren der Tatsache zu verdanken, dass der Westen seine Werte nicht nur verteidigte, sondern auch entschlossen dafür eintrat.

Am 11. September 1858 erklärte Abraham Lincoln, der sich bald darauf um das Präsidentenamt bewerben sollte: »Unsere Verteidigung ist der Geist, der die Freiheit als Erbe aller Menschen in allen Ländern, überall hochhält.«[2] Nicht nur dort, wo es angenehm ist. Nicht nur in Ländern, die keine großen Bodenschätze und keine Atomwaffen besitzen. Sondern überall.

Den meisten Applaus erntete Obama in Berlin für die Zusage, er werde sich als Präsident vom unilateralen Vorgehen und den militärischen Abenteuern seines Vorgängers George Bush abwenden. An diesem Punkt im Wahlkampf bezweifelte niemand mehr, dass Obama ein ausgezeichneter Redner war. Aber die Reaktionen des Berliner Publikums – und der amerikanischen Wähler – machten deutlich, dass dies nicht zuletzt ein Anti-Bush-Wahlkampf war. Im Jahr 2008 waren die Vereinigten Staaten und die übrige Welt erschöpft nach zwei langen Kriegen in Afghanistan und im Irak, die weder klare Ziele noch ein absehbares Ende hatten.

Der Fairness halber muss gesagt werden, dass Obama seine Wähler vertrat. Selbst die hartnäckigsten Anhänger von Bushs Freiheitsagenda verstanden, dass die exorbitanten Kosten und die lange Dauer der Kriege in Afghanistan und im Irak sowie die nicht enden wollenden Versuche zum Aufbau dieser Nationen und die langwierigen Sicherheitsoperationen ihrer Sache schweren Schaden zugefügt hatten. Die Vereinigten Staaten hatten sehr viel Finanz- und Humankapital, vor allem aber viel politisches Kapital aufgezehrt.

Die ausufernde Katastrophe im Irak lenkte die einzige Supermacht der Welt von ihren übergeordneten Zielen ab und schwächte sie politisch und militärisch. Der Kongress drohte ebenfalls zu übersehen, dass der Irak nur ein Teil des Puzzles war. Es war an der Zeit für eine Rückbesinnung auf die Grundlagen der strategischen Planung.

In meiner 30-jährigen Laufbahn als Schachspieler lernte ich, wie wichtig es ist, das Gesamtbild nie aus den Augen zu verlieren. Konzentriert man sich zu sehr auf eine Zone des Schachbretts, kann rasch die gesamte Position zusammenbrechen. Die USA und ihre Verbündeten konzentrierten sich derart auf den Irak, dass sie in allen anderen Zonen des geopolitischen Schachbretts Positionen aufgaben. Nordkorea beschaffte sich die Atombombe, in Lateinamerika entbrannte ein Wettrüsten, und die Petrodiktaturen im Iran und in Venezuela profitierten vom starken Anstieg des Ölpreises. Bis 2006 waren sogar die unklaren Ziele von Bushs ehrgeizigem Krieg gegen den Terror von der Krise in Bagdad in den Hintergrund gedrängt worden.

Es war an der Zeit, das Scheitern der amerikanischen Außenpolitik nach 9/11 einzugestehen. Präventivschläge und die Absetzung von Diktatoren mochten ein guter Plan gewesen sein oder nicht, aber zumindest war es ein Plan. Wenn man den Irak angreift, muss man auch über die Möglichkeit nachdenken, im Iran und Syrien zu intervenieren. Inkohärenz ist ein strategischer Mangel, der fast nie behoben werden kann. So fanden sich die Vereinigten Staaten in einer Situation wieder, in der sie einen Bürgerkrieg beaufsichtigten und hilflos Zugeständnisse an allen Fronten machten. Diese Zwangslage war das Ergebnis des einzigen Fehlers, der schlimmer ist als eine falsche Strategie: der Unfähigkeit, das Scheitern einer Strategie einzugestehen.

Drei Jahre nach der Invasion des Irak im März 2003 testete Nordkorea eine Atombombe. Der Iran brüstete sich offen mit seinem Programm zur Urananreicherung und pumpte Geld in die Hisbollah und Hamas. In Afghanistan waren die Taliban wieder auf dem Vormarsch. Somalia verwandelte sich fast unbemerkt in ein Operationszentrum von al-Qaida. Aber das Schlimmste war, dass die amerikanische Regierung ihre wesentliche Aufgabe nicht erfüllen konnte, die all ihren Einsätzen zugrunde lag: Es gelang ihr nicht, die Sicherheit der amerikanischen Bevölkerung zu erhöhen.

Wie so oft hatte diese sich ausweitende Katastrophe ihren Ursprung im einzigen wirklichen Erfolg des Westens. Der Angriff auf die Taliban und al-Qaida in Afghanistan hatte sein ursprüngliches Ziel, al-Qaida und die mit ihr verbündeten Taliban zu zerschlagen, so umfassend erreicht, dass die USA und ihre Verbündeten nicht begriffen, dass dieser Erfolg zahlreiche Gründe hatte. Fast alle globalen Akteure profitierten vom Angriff auf Afghanistan. Der Iran war begeistert über den Schlag gegen die sunnitischen Taliban. Russland und China hatten wenig für den religiösen Extremismus in ihrem Hinterhof übrig. Indien freute sich darüber, dass die USA islamistische Terroristen angriffen.

Nur Pakistan geriet in eine unangenehme Lage, obwohl sogar Präsident Pervez Musharraf erfolgreich zwischen beiden Seiten lavieren konnte und sich dem Westen als unverzichtbarer Verbündeter präsentierte, während Terroristen und Waffen ungehindert die pakistanische Grenze überquerten. Musharraf bot sich als Bollwerk gegen den Extremismus an, um den Westen zur Duldung seiner Diktatur zu bewegen – eine Taktik, die auch viele arabische Autokraten beherrschen.

Abgesehen davon, dass die Weltöffentlichkeit Verständnis für die amerikanische Reaktion auf den 11. September 2001 zeigte, waren die sprichwörtlichen bösen Buben tatsächlich böse, und wir wussten, wo sie sich versteckten. Doch wie die folgenden Ereignisse zeigten, bietet sich nur selten eine Gelegenheit, Terroristen effektiv zu bombardieren.

Nun fiel die Allianz ihrem Erfolg zum Opfer. Die Lehren, die wir aus Niederlagen ziehen können, liegen auf der Hand, aber allzu oft sind wir nicht imstande, die Gründe für unsere Erfolge zu sehen. Wir betrachten sie als selbstverständlich. Die Vereinigten Staaten stießen in den Irak vor, ohne sich der Schwierigkeiten bewusst zu sein, die nach dem Krieg auftauchen würden, und sie sahen nicht, dass die Aufgabe durch die zunehmend ablehnende Haltung der Weltöffentlichkeit gegenüber den militärischen Abenteuern der Amerikaner erschwert werden würde. Eine Intervention, die in den Jahren 1991/92 relativ einfach gewesen wäre, war zwölf Jahre später ohne geschlossene Unterstützung der Staatengemeinschaft kaum noch möglich.

Hier haben wir es mit dem Problem der Initiative zu tun. Ein Grundsatz im Schach lautet: Wenn der Spieler, der die Initiative – also die Angriffsdynamik in der Position auf seiner Seite – hat, nicht imstande ist, sie zu nutzen, ist ein Gegenangriff der anderen Seite unvermeidlich, und dieser Gegenangriff wird massiv sein. Die freie Welt hatte nach dem Zusammenbruch der Sowjetunion in jeder Hinsicht und insbesondere psychologisch eine überwältigende Dynamik auf ihrer Seite. Hätte es die von George Bush junior propagierte Freiheitsagenda schon in den Jahren 1992 bis 1999 gegeben, als die bösen Buben in Auflösung begriffen waren, so hätte sie eine gewaltige positive Wirkung entfalten können.

Als Obama im Jahr 2008 versprach, die Truppen heimzuholen, sagte er dem amerikanischen Volk (oder zumindest der Mehrheit des Volkes) lediglich, was es hören wollte. Dies ist natürlich nur ein kleiner Teil der Aufgaben eines Politikers, aber heutzutage ist es der einzig relevante Teil seiner Stellenbeschreibung.

Zweifellos wirkte sich die Wahl Obamas zum Präsidenten erheblich auf das Bild aus, das sich die übrige Welt von den Vereinigten Staaten machte. Obama stand für eine neue Generation politischer Führer, er sah anders als seine Vorgänger aus und klang ganz anders als sie.

In Russland bekam Obamas Aussehen die meiste Aufmerksamkeit. Als erster schwarzer US-Regierungschef führte er ein Amerikabild ad absurdum, das in Russland immer noch verbreitet wurde und ein typisches Beispiel für den sowjetischen Whataboutism war: »Aber in den USA werden Schwarze gelyncht!« Nicht nur in Russland ist es ein Gemeinplatz, dass in den Vereinigten Staaten »die reichen, weißen Protestanten und Juden die armen Schwarzen und Latinos ausbeuten«. Und nun sah jedermann mit eigenen Augen, dass die Erde tatsächlich rund war.

Aber Obama hatte nur wenig Zeit, die Neugierde und das Wohlwollen der Welt zu nutzen. Die Krisen des Jahres 2008 waren zu gefährlich, als dass der neue Präsident eine lange Gnadenfrist hätte bekommen können.

Obamas Vorteil: Er war nicht George W. Bush, der teilweise zu Recht und teilweise zu Unrecht zum Inbegriff aller Probleme geworden war, die Menschen in der ganzen Welt mit den Vereinigten Staaten, den Amerikanern und der amerikanischen Weltmacht hatten. Die Klischees, die Bushs Persönlichkeit anhafteten, waren ein Potpourri amerikanischer Stereotype, die viele Leute rund um den Erdball leidenschaftlich gerne hassen: reich, unfähig, sich klar auszudrücken, nicht an der Welt interessiert, übertrieben religiös und unüberlegt in seinen Handlungen. Obama widerlegte all diese Stereotypen, aber wie ich am Tag nach seinem Wahlsieg schrieb: »Die zahlreichen Klagen der Welt über Bush werden bald an Obamas Adresse gerichtet werden, wenn er seinen inspirierenden Worten nicht entschlossene Taten folgen lässt.«[3]

Obwohl der neue Präsident mit gewaltigen Aufgaben wie der Finanzkrise, Irak, Iran und Afghanistan konfrontiert war, musste er auch die Zeit und den Mut aufbringen, sich mit einer atomar bewaffneten Autokratie auseinanderzusetzen, die einen großen Teil der Erdöl- und Erdgasvorkommen der Welt kontrollierte. In meinem Artikel forderte ich den neuen Präsidenten auf, »klarzustellen, dass er das russische Volk nicht als Feind der Vereinigten Staaten betrachtet«. Wie die meisten autoritären Regimes vertritt auch das von Wladimir Putin geführte nicht die Interessen der Bevölkerungsmehrheit. (Verträte es sie, so müsste es nicht autoritär sein, um sich an der Macht zu halten.) Die Kremlpropaganda bemüht sich sehr, die Vereinigten Staaten als Gegner Russlands darzustellen. Obama hatte die Chance, dieses Bild zu widerlegen, indem er der diktatorischen Führung Russlands die Stirn bot und sich an die Seite des von Putin unterdrückten Volks stellte.

Selbstverständlich musste Obama in seiner Beziehung zu Russlands offiziellem Präsidenten Dmitri Medwedew und dem eigentlichen Machthaber Wladimir Putin komplexe Fragen berücksichtigen. Aber auf die entscheidende Frage gab es eine klare Antwort: Obama konnte diese Politiker wie demokratische Kollegen behandeln, oder er konnte ehrlich sein. Er war in einer starken Position, denn er hatte fast 70 Millionen Stimmen erhalten, während Medwedew nur eine einzige gebraucht hatte, nämlich die Putins. Hätte Obama Putins Diktatur von Anfang an offen als solche bezeichnet, so hätte er bei einer ganz anderen Wählerschaft Hoffnung auf einen Wandel wecken können: bei 142 Millionen Russen.

Die erste internationale Krise, mit der sich Obama befassen musste, hatte wenige Monate vor seiner Wahl begonnen, als es russischen und von Russland unterstützten Truppen in der abtrünnigen georgischen Region Südossetien schließlich gelungen war, einen regelrechten Krieg mit Georgien zu provozieren. Nach monatelanger Vorbereitung blockierten russische Kriegsschiffe die georgischen Häfen, und die russischen Truppen drangen in Georgien ein, um im Handstreich mehrere Städte einzunehmen. Die Offensive hatte nichts mit der Behauptung des Kreml zu tun, seine Armee wolle lediglich den Frieden erhalten, und es sah so aus, als könnten die Russen auf die georgische Hauptstadt Tiflis vorrücken.

Die ersten Reaktionen der amerikanischen Präsidentschaftskandidaten auf die russische Aggression hätten nicht unterschiedlicher ausfallen können. Obama verurteilte die Gewalt und forderte Georgien und Russland zu Zurückhaltung auf. McCain erklärte: »Russland muss seine militärischen Operationen augenblicklich und bedingungslos beenden und alle Streitkräfte aus dem souveränen Staatsgebiet Georgiens abziehen.« Nachdem in den Medien Kritik an Obamas Zaghaftigkeit laut geworden war und weitere Belege dafür eintrafen, dass Russland der Aggressor war, gab er eilig eine weitere Stellungnahme ab, in der er den Ton verschärfte und Russlands »aggressives Vorgehen« verurteilte.

Die Unterschiede waren erheblich und sollten nur noch größer werden. Wie es am 9. August in *Politico* hieß: »Mit seiner Erklärung schwenkte Obama auf die Linie des Weißen Hauses, der Europäischen Union, der NATO und mehrerer europäischer Mächte ein, während McCains Stellungnahme … eher der moralischen Klarheit und dem amerikanischen Exzeptionalismus entsprach, die Präsident Bushs erste Amtszeit gekennzeichnet hatten.«[4]

Nur zwei Tage später war klar, dass McCains moralische Klarheit ins Schwarze getroffen hatte, während Obamas Haltung peinlich war, gleichgültig, wie gut sie mit der Europas übereinstimmte. Putin gab ähnliche Stellungnahmen ab, in denen er beide Seiten zu Zurückhaltung und zur Einstellung der Feindseligkeiten aufforderte, während seine Truppen Georgien überrollten und seinen südossetischen Verbündeten dabei halfen, die Georgier aus der Region zu vertreiben. Am 11. August gaben beide Kandidaten umfassendere Erklärungen ab. Obama räumte im Grunde ein, dass er sich zunächst getäuscht hatte, obwohl die ihm wohlgesinnten Medien es anders darstellten. Doch obwohl er jetzt Putin für die Eskalation verantwortlich machte, befasste er sich nicht mit der richtigen Vorgehensweise der Vereinigten Staaten, sondern mit der Russlands:

> Ich will ganz deutlich sein: Wir streben eine Zukunft der Zusammenarbeit mit der russischen Regierung und der Freundschaft mit dem russischen Volk an. Wir wollen, dass Russland die ihm zustehende Rolle als große Nation spielt, aber mit dieser Rolle geht die Verantwortung einher, im neuen Jahrhundert zum Fortschritt beizutragen, statt in die Konflikte der Vergangenheit zurückzufallen. Deshalb müssen sich die Vereinigten Staaten und

> die internationale Gemeinschaft deutlich gegen diese Aggression und für Frieden und Sicherheit aussprechen.

Unglaublich. Und man bedenke, dass dies seine *härtere* Stellungnahme war, nachdem er zwei Tage lang für seine Nachgiebigkeit getadelt worden war. Die Russland »zustehende Rolle als große Nation«? Putin ließ seine Panzer durch ein europäisches Land rollen, während Senator Obama in Hawaii darüber sprach, dass ein KGB-Diktator zum Fortschritt beitragen solle.

John McCain hatte sich schon seit der Rosenrevolution im Jahr 2003 für Georgiens Übergang zu einer prowestlichen Demokratie eingesetzt und sich für die Wahl des in den USA ausgebildeten Reformers Micheil Saakaschwili zum Präsidenten ausgesprochen. Der republikanische Kandidat nahm in seiner umfangreichen Stellungnahme am 11. August kein Blatt vor den Mund und nutzte die Gelegenheit, um seine außenpolitische Erfahrung zur Schau zu stellen und Obamas versöhnlichen Zugang zur Außenpolitik als Naivität zu entlarven. Es gelang McCain, Georgien in das Gesamtbild einzuordnen und zu erklären, warum dieses winzige Land im Kaukasus den Vereinigten Staaten am Herzen liegen sollte:

> Die Bedeutung des russischen Vorgehens geht über eine Bedrohung der territorialen Integrität eines demokratischen Georgien hinaus. Die russische Gewaltanwendung gegen Georgien dient auch dem Zweck, andere Nachbarländer wie die Ukraine einzuschüchtern, die sich entschlossen haben, die Nähe des Westens zu suchen und dessen politische und wirtschaftliche Werte zu übernehmen. Deshalb sollte das Schicksal Georgiens den Amerikanern und allen Völkern, die das Ende der europäischen Teilung und die Unabhängigkeit der früheren Sowjetrepubliken begrüßen, Anlass zu großer Sorge geben.[5]

McCain führte die russische Invasion auch auf das Zögern des Westens zurück: »Möglicherweise hat Russland die Entscheidung der NATO, den Aktionsplan für die Mitgliedschaft Georgiens zurückzuhalten, als grünes Licht für seinen Angriff betrachtet, und ich fordere die NATO-Verbündeten auf, diese Entscheidung dringend zu überprüfen.« McCain schloss seine Stellungnahme mit einer nachdrücklichen Forderung ab: »Wir müssen die russische Führung daran erinnern, dass die Vorteile, die sie aus der Aufnahme in die zivilisierte Welt zieht, ihren Respekt für die Werte, die Stabilität und den Frieden dieser Welt erfordern. Die Weltgeschichte wird oft an abgelegenen, unbekannten Orten geschrieben. Heute wird sie in Georgien geschrieben. Die führenden Nationen haben die Pflicht, dafür zu sorgen, dass die Geschichte weiterhin eine Geschichte des menschlichen Fortschritts auf dem Weg zum Respekt für die Werte und die Sicherheit freier Völker sein wird.«

Kann man diese Erklärungen lesen, ohne zu dem Schluss zu gelangen, dass die Welt heute ein sichererer, demokratischerer Ort wäre, wenn John McCain zum amerikanischen Präsidenten gewählt worden wäre? Kann man daran zweifeln, dass Obamas Zaudern Putin zum Angriff auf die Ukraine ermutigte? Natürlich können wir das unmöglich mit Gewissheit sagen, aber ich wäre bereit, darauf zu wetten, dass Putin in einem alternativen Universum, in dem McCain Präsident ist, keinen Überfall auf die Ukraine wagt. McCain wird in den Vereinigten Staaten oft als Kriegstreiber dargestellt, aber Freundschaftsangebote schrecken jemanden wie Wladimir Putin nicht ab, sondern ermutigen ihn. Es ist tragisch, dass heute tausende Ukrainer und viele Russen leiden müssen, weil die Regierung Obama diese Lektion nicht gelernt hat.

* * *

Obama bestand auch den Test des »Telefonanrufs um drei Uhr morgens« nicht, als die Bürger der Islamischen Republik Iran im Juni 2009 auf die Straße gingen und in der »Grünen Revolution« ihr Leben aufs Spiel setzten, um gegen die Manipulation der Präsidentschaftswahlen zu protestieren. Es war ein bemerkenswerter Augenblick. Putin und andere Mitglieder der »Achse der Autokraten« verfolgten die Ereignisse im Iran und die Reaktion des Westens aufmerksam. Sie wollten wissen, ob der Einsatz tödlicher Gewalt gegen friedliche Demonstranten irgendeine Sanktion nach sich ziehen würde. Überraschenderweise reagierten verschiedene europäische Regierungen ungewöhnlich entschlossen und verurteilten die Vorgehensweise des iranischen Regimes scharf. Doch die erste Stellungnahme von der anderen Seite des Atlantiks war nicht ermutigend.

Erst eine Woche nach Beginn des Aufstands im Iran begriff Präsident Obama, dass er sich für Gerechtigkeit und Gewaltlosigkeit aussprechen musste. Trotzdem verzichtete er auch in seiner zweiten Stellungnahme darauf, seine direkte Unterstützung für tausende Iraner auszudrücken, die bereit waren, für diese Ideale zu kämpfen. Ich verstand, dass Obama dem iranischen Regime keine Gelegenheit geben wollte, die Demonstranten als Handlanger der USA zu verunglimpfen. Aber konnte der Führer der freien Welt keine klareren Worte als die finden, dass er die Vorgänge »beobachten« werde? Offensichtlich war es Ajatollah Chamenei und Mahmud Ahmadinedschad vollkommen gleichgültig, wer ihnen zusah.

Senator Richard Lugar und der CNN-Journalist Fareed Zakaria verteidigten wie einige andere Obamas extreme Zurückhaltung. Zakaria verglich seine Reaktion sogar mit der zögerlichen Haltung, die George Bush senior angesichts des sich abzeichnenden Zusammenbruchs der Sowjetunion und der Auflösung des Ostblocks 1989 an den Tag gelegt hatte. Aber hat jemals eine

Diktatur zu gewaltsamen Repressalien gegriffen, weil ein ausländischer Regierungschef öffentliche Kritik an ihr übte? Das Kalkül von Diktatoren hängt nicht von manierlichen Protesten politischer Gegner ab, sondern von der Kräfteverteilung und ihren wahrscheinlichen Konsequenzen. Präsident Dwight D. Eisenhowers Schweigen im Jahr 1956 hielt die Sowjetunion nicht davon ab, den ungarischen Aufstand brutal niederzuschlagen. Im Jahr 1968 schwieg der Westen, was nichts daran änderte, dass die Sowjets den Prager Frühling gewaltsam beendeten. Egal was Obama oder andere westliche Politiker sagten, das iranische Regime hätte in jedem Fall alle verfügbaren Mittel eingesetzt, um sich an der Macht zu halten.

Am 7. Juli 2009 hielt Obama an der New Economics School in Moskau eine Rede. Selbstverständlich war sein Auftritt wie immer sehr überzeugend. Abgesehen von seinem natürlichen Talent als Redner hatte Obama in seinem Team einige Russlandkenner, darunter den zukünftigen Botschafter in Moskau, Michael McFaul, den ich seit einigen Jahren kannte und wegen seiner Unterstützung für die Farbrevolutionen schätzte.

Obamas Botschaft war schlüssig. Nach einem Treffen mit dem Präsidenten, an dem ich gemeinsam mit mehreren anderen Oppositionsführern teilgenommen hatte, erklärte ich in einer Pressekonferenz, seine Rede sei »weniger, als wir uns gewünscht, aber mehr, als wir erwartet haben«. Der US-Präsident hatte betont, dass die wichtige amerikanisch-russische Beziehung nicht die zwischen den Regierungen, sondern die zwischen den Völkern sei. Genau darauf hatte ich gehofft. Obama wollte direkte Kommunikationskanäle öffnen, anstatt nur mit dem offiziellen Russland zu sprechen.

Natürlich hätte er Namen nennen sollen. Obama sprach über das Versagen des Totalitarismus und erklärte, die Lösung sei die Demokratie – tatsächlich fiel sein Urteil über Putins Russland härter aus als alles, was wir von den beiden Vorgängerregierungen gehört hatten. Aber er vermied es, die Leistungen Putins und Medwedews zu kritisieren, der Architekten und Hüter des diktatorischen russischen Systems. Natürlich konnte Obama es sich kaum erlauben, seine Gastgeber vor den Kopf zu stoßen, aber es hätte genügt, auf die antidemokratische Entwicklung in den vorangegangenen neun Jahren hinzuweisen. Der Präsident verzichtete auch darauf, Michail Chodorkowski zu erwähnen, dessen Inhaftierung für all das stand, was Obama an den autoritären Staaten kritisierte.

Aber Obama verschenkte auch nichts, was mich beeindruckte – und Putin wohl überraschte. Der Kremlherr hatte vermutlich erwartet, der neue amerikanische Präsident sei darauf versessen, Geschäfte abzuschließen, um mit einem großen Erfolg aus Russland heimzukehren. Obama erstaunte auch einige Republikaner in der Heimat. Vor seinem Aufbruch hatten ihn mehrere Angehörige des konservativen Flügels in einem offenen Brief aufgefordert, die Raketenabwehr nicht mit der Atomwaffenreduktion zu verbinden, die Rechte der Ukraine und Georgiens zu verteidigen und mit der russischen Opposition zu sprechen. Nach dem zu urteilen, was ich in Moskau sah, befolgte Obama all diese Ratschläge.

In meiner Wortmeldung beim Treffen mit Obama betonte ich, dass sämtliche Mutmaßungen über die Machtverteilung in der aktuellen russischen Regierung Zeitverschwendung seien. Das einzige, was zähle, sei die Tatsache, dass Russland alles andere als eine Demokratie sei: »In der russischen Verfassung sind drei öffentliche Gewalten festgeschrieben. Leider sind alle drei mittlerweile in Putins Büro gebündelt. Zu dem Gerede Präsident Medwedews über die Liberalisierung kann ich nur sagen, dass es nichts wert ist. Wir haben im vergangenen Jahr keinerlei substanziellen politischen Veränderungen gesehen, die auf eine Kursänderung hindeuten würden.« Ich bediente mich Reagans einstiger Praxis gegenüber der sowjetischen Führung und legte dem amerikanischen Präsidenten am Ende des Treffens eine Liste russischer Opfer der staatlichen Unterdrückung vor. Aber ich machte mir keine Hoffnung, dass Obama Putin mit dieser Liste konfrontieren würde.

* * *

In der russischen Gesellschaft machte sich nach der großartigen Rede Obamas rasch Enttäuschung breit – ein Gefühl, das bald auch viele Amerikaner kennenlernen sollten. Die deutlichen Worte über Demokratie und gemeinsame Werte verloren sich in dem bürokratischen Durcheinander, das Außenministerin Clintons Treffen mit ihrem russischen Amtskollegen Sergej Lawrow begleitete, eine Begegnung, die zwar zu einem »Neuanfang« hochstilisiert wurde, aber von zahlreichen Ausrutschern geprägt war.

Ein Beispiel dafür war die erste Versammlung einer Gruppe, welche die hochtrabende Bezeichnung »Arbeitsgruppe Zivilgesellschaft der bilateralen amerikanisch-russischen Präsidentschaftskommission« trug. Das Treffen fand am 27. Januar 2010 in Washington, D. C. statt. Der erste stellvertretende Stabschef des russischen Präsidenten, Wladislaw Surkow, war Co-Vorsitzender der Arbeitsgruppe, obwohl 71 Kongressmitglieder einen Protestbrief unterschrieben hatten, in dem Surkow als »einer der Verantwortlichen für die autoritäre Ausrichtung Russlands« benannt wurde. Obama wurde aufgefordert, die Arbeitsgruppe zu boykottieren, bis Surkow ausgetauscht worden war – nach Möglichkeit durch jemanden, der seine Karriere nicht damit verbracht hatte, jene Art von Zivilgesellschaft zu zerstören, um deren Aufbau sich die Arbeitsgruppe bemühen sollte.

Für Missstimmung bei dem Treffen in Washington konnte ein Vortrag des Leiters von Transparency International sorgen, jener Einrichtung, die die Korruption in aller Welt beobachtet. In ihrer aktuellen Liste nahm Russland unter 180 Ländern zwischen Kenia und Sierra Leone den 146. Rang ein, womit es das korrupteste Land unter den Industrienationen war. Aber Surkow und der Kreml fühlten sich nicht beschämt. Möglicherweise betrachteten sie diese Einstufung sogar als Anerkennung für ihre Erfolge in dem Bemühen, Russland möglichst weit vom Pfad der Rechtsstaatlichkeit wegzuführen.

Die Tatsache, dass sich diese überflüssige Arbeitsgruppe überhaupt versammelte, zeigte, dass die Regierung Obama der Form Vorrang vor der Funktion gab. Obamas Rede in Moskau im Juli hatte die Erwartung geweckt, dass seine Regierung angesichts der brutalen Unterdrückungspolitik des Kreml im Inneren und der Aggressionen gegen andere Länder versuchen würde, sich mit dem bedrängten russischen Volk statt mit dem repressiven Regime zu verbünden. Aber statt klarer Positionen bekamen wir leere Worte. Auf Initiative des amerikanischen Präsidenten wurden dutzende Kommissionen eingerichtet, eine erbärmlicher als die andere. Und jene, die sich der Zivilgesellschaft widmen sollte, war einfach nur eine Beleidigung.

Putins Funktionäre genossen es, sich ihre Zeit in den Hauptstädten der Welt zu vertreiben, wo man sie wie Gleichgesinnte behandelte, anstatt ihnen Wahlfälschung vorzuhalten oder sie wegen der länger werdenden Liste ermordeter russischer Oppositioneller an den Pranger zu stellen. Aber welchen Grund hatten die Vereinigten Staaten, diesem Regime Anerkennung zu zollen, Legitimität zu verleihen und Wohlwollen zu zeigen, indem sie sich mit solchen Leuten an einen Tisch setzten?

In Russland hatte ein Beratergremium von Präsident Medwedew nur eine Woche vor dem Treffen in Washington einen

Bericht veröffentlicht, der zahlreiche wunderbare Ideen für die Liberalisierung enthielt. So positiv das klingen mochte, gab der Leiter des Gremiums Igor Jurgens in einem Interview zu, am Ende werde »Putin genau das tun, was er will«. Er wies außerdem darauf hin, dass freie Wahlen in Russland unmöglich seien, »weil die russische Bevölkerung politisch unwissend und passiv ist und eine Abneigung gegen die Demokratie hat«. Aus dieser Analyse zog Jurgens folgenden Schluss: Putin und Medwedew sollten den Präsidenten aussuchen![6] Dies war also Surkows Plan für eine »lebensfähige Zivilgesellschaft«: Gesucht wurde ein Augusto Pinochet mit abgeschlossenem Jurastudium.

Die nutzlosen Kommissionen zeigten lediglich, dass sich die Regierung Obama entschlossen hatte, die Menschen glauben zu machen, dass alle Probleme irgendwann gelöst werden könnten und würden, anstatt die schwierigen Maßnahmen zu ergreifen, die nötig waren, um die Probleme tatsächlich zu lösen. Dies sollte ein Muster in Obamas Außenpolitik werden. Zu tun, was getan werden muss, kann ohne Zweifel eine undankbare Aufgabe sein, und in den Meinungsumfragen wird man nicht immer dafür belohnt, dass man die Wahrheit sagt. Aber Versprechen sind etwas für Kandidaten. Führungspersönlichkeiten halten ihre Versprechen.

* * *

Da wir oft hören, Russland sei Europas Problem, sollten wir uns ansehen, wie es den Europäern ging, während Obama damit beschäftigt war, sich an sämtlichen Fronten zurückzuziehen. Anfang 2011 wurde ich eingeladen, einen Essay zu einer europäischen Veröffentlichung zum Thema »Russland in Europa: Partner oder Rivale?« beizutragen. Ich dachte zuerst, das müsse ein Scherz sein, aber es war ein gutes Beispiel für die Selbsttäuschung und die selbstzerstörerische Geisteshaltung, unter der Europa litt, wenn es um Russland ging.

Als im August 2008 russische Panzer über die georgische Grenze rollten, waren die Europäer geschockt. Vor allem die ehemaligen Ostblockländer bekamen es mit der Angst zu tun. Nur einen Monat zuvor hatte Russland mit einer militärischen Antwort (einschließlich eines Angriffs mit Atomwaffen) gegen Polen und die Tschechische Republik gedroht, als ein amerikanischer Plan für ein Raketenabwehrsystem bekanntgegeben worden war. Im Januar 2009 unterbrach Russland die Gasversorgung von hunderttausenden Menschen in der Hälfte der europäischen Länder. Der Bär war wieder da, und er war hungrig.

Die jüngsten Ereignisse genügten, um den von den Herausgebern des Essays vorgeschlagenen Titel grotesk wirken zu lassen: Partner haben gemeinsame Interessen und teilen ihre Erfolge und Misserfolge miteinander. Das Putin-Regime hatte mehr als ein Jahrzehnt lang ein ums andere Mal feindselige Positionen gegenüber Europa und der übrigen westlichen Welt eingenommen – und tut das weiterhin, für den Fall, dass seine Absichten noch nicht vollkommen klar waren. Aber im Jahr 2011 waren die wirkungsvollsten Waffen des Kreml nicht mehr Panzer, sondern Panzerschränke: Das aus Russland fließende Geld war auf dem besten Weg, einen größeren Teil Europas zu erobern, als die schrecklichen Diktatoren des 20. Jahrhunderts je vermocht hatten.

Über weite Strecken des Jahrzehnts taten die europäischen Regierungen so, als könnten sie Geschäfte mit Russland machen und halbherzig gegen die Zerschlagung der fragilen demokratischen Einrichtungen und die umfassende Unterdrückung der Menschenrechte durch Putins Regime protestieren. Manch europäischer Politiker verzichtete sogar auf solch heuchlerische Alibikritik und biederte sich in der Hoffnung auf vorteilhaftere Geschäfte dem »starken« und »populären« Putin an. Dieser Teufelspakt machte kleine Gruppen in Europa und Russland reich, während Putin sein Land Schritt für Schritt in einen KGB-Polizeistaat verwandelte.

Dann kam der Arabische Frühling Ende des Jahres 2010, von dem Putin an mehreren Fronten profitierte. Nachdem das Regime jahrelang auf einen israelischen Militärschlag gegen den Iran gehofft hatte, der den Ölpreis auf 200 US-Dollar pro Barrel treiben konnte, feierte es insgeheim die arabischen Aufstände, von denen sich der Kreml dasselbe Ergebnis erhoffte. Als sich Moskau bei der Abstimmung über eine Militärintervention im UN-Sicherheitsrat der Stimme enthielt, mochte dies seinen geopolitischen Interessen in Nordafrika nicht dienen, aber den finanziellen Interessen der in Moskau herrschenden Junta diente es sehr wohl.

Eine weitere erfreuliche Nachricht für den Kreml war die zögerliche Reaktion des Westens, als die Saudis im März 2011 Truppen nach Bahrain schickten, um dort einen Aufstand niederzuschlagen. Wenige Tage nachdem der amerikanische Verteidigungsminister Robert Gates den König von Bahrain getroffen hatte, wurden unbewaffnete Demonstranten aus nächster Nähe erschossen. Die Vereinigten Staaten verurteilten die Gewaltanwendung, und Hillary Clinton bat die Regimes der Golfstaaten, von den USA bis heute mit Waffenlieferungen unterstützt, höflich darum, bei der Niederschlagung der friedlichen Protestkundgebungen »Zurückhaltung zu zeigen«.

Das Europäische Parlament ging ein wenig weiter und verurteilte die gewaltsame Unterdrückung der Demonstranten – allerdings enthielt die entsprechende Resolution keinen Hinweis auf Sanktionen oder andere Maßnahmen. Putin fragte sich seit langem, wie weit er bei der Unterdrückung der heimischen Opposition gehen konnte, ohne eine heftige Reaktion auszulösen. Im Jahr 2011 wusste er, dass man ihm keine Grenzen setzen würde. Der Einsatz scharfer Munition gegen russische Demonstranten war eine praktikable Option.

Aus dem westlichen Eingreifen im libyschen Bürgerkrieg konnten auch andere Schurkenstaaten nützliche Lehren ziehen. Das iranische Regime verstand die Botschaft so: »Beeilt euch mit der Repression!« Gaddafi hatte sein Atomwaffenprogramm einige Jahre früher öffentlich aufgegeben und war dafür von der Welt gelobt worden. Kim Jong-il hingegen konnte tausende töten und sich ungestraft austoben, weil Nordkorea jedwede Kritik der restlichen Welt ignoriert und ein paar mit atomarer Schlacke gefüllte Eimer zur Detonation gebracht hatte.

In John le Carrés Roman *Dame, König, As, Spion* warnt der britische Chefspion George Smiley einen Agenten vor einem Tauschhandel mit dem KGB: »Problematisch wird es, wenn herauskommt, dass Sie Poljakow die Kronjuwelen ausgehändigt und im Gegenzug russisches Hühnerfutter bekommen haben.« Die Kronjuwelen des Westens sind Demokratie, Menschenrechte und Transparenz. Indem sich Europa mit Putin einließ, verriet es diese einst unantastbaren Prinzipien und tauschte sie gegen Hühnerfutter, das sich aus Öl, Gas und allen möglichen Gütern zusammensetzt, von Automobilen über Fußballklubs bis zu tatsächlichen Hühnern.

»Einen Moment«, höre ich die sogenannten Pragmatiker sagen, »Öl und Gas kann man kaum als Kinkerlitzchen bezeichnen, und ist die wirtschaftliche Einbindung nicht die beste Art, den Lebensstandard der Russen zu heben und schließlich die politische Lage des Landes zu verbessern?« Dieses Argument hat sich mittlerweile so oft als falsch erwiesen, dass seine Verfechter es nur noch vorbringen, um nicht zugeben zu müssen, dass ihnen der Mut fehlt, dem starken Mann entgegenzutreten. Aber ich möchte es noch ein weiteres Mal widerlegen.

Obwohl der Kreml seine Bereitschaft gezeigt hat, unschuldige Menschen erfrieren zu lassen, um sich in einem Vertragsstreit durchzusetzen, braucht Russland die europäischen Konsumenten genauso, wie Europa das russische Öl und Gas braucht. Die Pipelines sind verlegt und können nicht umgeleitet werden. Der wichtigste alternative Abnehmer China hat bereits sehr vorteilhafte langfristige Lieferabkommen mit den Russen geschlossen, weshalb der Verkauf an China nicht annähernd so einträglich ist wie die Belieferung Europas. Putin und Konsorten wissen, dass sie nur begrenzt Zeit haben, möglichst viel Geld einzusacken, und sie werden die kostbaren Einnahmen nicht riskieren – nicht, dass sie irgendetwas riskieren müssten, da die europäischen Regierungen präventiv kapitulieren.

Was die »wirtschaftliche Einbindung« anbelangt, so sollte diese Phrase mittlerweile einen bitteren Nachgeschmack bei jedem hinterlassen, dem die Menschenrechte wirklich am Herzen liegen. Die russischen Eliten erwarben fabelhaften Reichtum, als der Ölpreis emporschnellte und ganze Industriezweige in den Händen treuer Gefolgsleute Putins gebündelt wurden. Autokratien verteilen nur so viel von den Erträgen der wirtschaftlichen Einbeziehung, wie unbedingt nötig ist, um allgemeinen gesellschaftlichen Aufruhr zu vermeiden. Wenn Diktatoren das Geld, das sie nicht stehlen, in ihr Land stecken, so fließt es in die Sicherheitskräfte und in die Propagandamaschine, nicht in die Entwicklung der Zivilgesellschaft.

Tatsächlich bewirkte die wirtschaftliche Einbindung das Gegenteil dessen, was ihre Befürworter behaupten: Sie führte zum Export der Korruption aus Russland in die »Partnerländer« der freien Welt. Auch die Ölmillionen haben gewirkt und Respekt gekauft, wo er nicht verdient werden kann. Die Olympischen Winterspiele wurden für Putins geliebtes Sotschi gekauft – die Sicherheitsprobleme und die katastrophalen

Umweltauswirkungen einer solchen Veranstaltung in einem kleinen subtropischen Urlaubsort im Kaukasus entgingen den scharfsinnigen Komitees des IOC. Als nächstes hakte Putin die Fußball-WM auf seiner Einkaufsliste ab, obwohl schwer zu sagen ist, welcher der beteiligten Partner – Kreml oder FIFA – weniger transparent ist.

Ich habe die Bezeichnung »Mafia« in Kapitel 7 nicht leichtfertig verwendet. Der Terminus ist einfach besser als andere Begriffe geeignet, das Putin-Regime treffend zu beschreiben. Der Pate ist der Mann, der Schutz gewähren, Vereinbarungen mit den Behörden schließen und dafür sorgen kann, dass Geld hereinkommt. In diesem Fall sind Europa und die Vereinigten Staaten die Behörden, die sich der Mafia entgegenstellen könnten. Aber der Pate – Putin – hat sie in der Tasche, und solange das Geld fließt, wird er sich an der Macht halten.

Es ist kaum erwähnenswert, dass einige im Westen versuchten, den alten Sport der Kreml-Astrologie wiederzubeleben, und Vermutungen über die Machtverteilung zwischen Medwedew und Putin anstellten. Entscheidend ist, dass die Politik dieselbe blieb, egal welche Namensschilder an den Bürotüren hingen. In Medwedews Präsidentschaft gab es nicht einen einzigen Hinweis auf die ersehnte Liberalisierung, auf die sogar mancher naive Russe gehofft hatte.

Ein Moskauer Richter hatte die Ehre, im zweiten Prozess gegen Michail Chodorkowski im Dezember 2010 den letzten Nagel in den Sarg des Liberalisierungsmythos zu treiben. Im Januar 2011 wurden in Moskau weitere Demonstranten verhaftet, weil sie an einer Kundgebung für die Versammlungsfreiheit teilgenommen hatten. Unter den Verhafteten war Jelzins früherer stellvertretender Ministerpräsident Boris Nemzow. Die Kundgebung war Teil der »Strategie 31«: An jedem 31. im Kalender protestierten Oppositionsgruppen gegen die mangelnde

Bereitschaft der Regierung Putin, den russischen Bürgern die in der Verfassung festgeschriebenen Rechte zuzugestehen.

Das einzige europäische Land, das bis dahin ein wenig Rückgrat bewiesen hatte, war Großbritannien, aber die neue konservative Regierung schien beflissen, die Vergangenheit ruhen zu lassen. Der Fall des im November 2006 vergifteten britischen Staatsbürgers Alexander Litwinenko hatte die Beziehung zwischen Großbritannien und einer russischen Regierung, die dem Hauptverdächtigen rasch Zuflucht gewährt hatte, abkühlen lassen. Im Jahr 2008 musste der Geschäftsführer des britisch-russischen Gemeinschaftsunternehmens TNK-BP nach einer demütigenden Niederlage im Kampf um die Kontrolle über das Unternehmen aus Russland fliehen.

Dieser Mann, Robert Dudley, wurde Geschäftsführer von BP. Nur ein paar Wochen nach dem Urteil im Fall Chodorkowski gab Dudley umringt von Vertretern der neuen Regierung Cameron stolz einen Aktientausch und eine Vereinbarung über ein gemeinsames Erschließungsprojekt mit Rosneft in der Arktis bekannt. Vielleicht war es nur eine unglückliche Fügung, aber Rosneft ist jenes Staatsunternehmen, das von der illegalen Beschlagnahme und Plünderung von Chodorkowskis Unternehmen Jukos profitierte, nachdem er im Gefängnis verschwunden war. Im Grunde war BP nun im Besitz von gestohlenen Gütern. Aber mit viel Geld kann man Ablass von vielen Sünden kaufen.

Es ist schwer zu sagen, ob BP so auf eine innige Beziehung zum Kreml versessen war, weil das Unternehmen nach der Ölpest vor der Küste von Louisiana eine schwere Zeit durchmachte. Zumindest nahmen die Amerikaner das Geschäft zwischen BP und Rosneft genauer unter die Lupe, und der Kongressabgeordnete Ed Markey prägte ein denkwürdiges Bonmot, als er das Akronym BP mit »Bolshoi Petroleum« übersetzte. In der Zwischenzeit gaben auch Gazprom und Shell eine Zusammenarbeit zur Erschließung neuer Vorkommen bekannt. Ich wartete nur noch darauf, dass ein stolzer David Cameron mit einem Stapel Verträgen aus Moskau zurückkehren und verkünden würde: »Profit für unsere Zeit!«[7]

Die Europäer waren stets bereit, Alexander Lukaschenko zu kritisieren, der als »letzter Diktator Europas« bezeichnet wurde, was im Kreml für einige Belustigung gesorgt haben muss. Was die Leistungen auf dem Gebiet der Repression anbelangt, kann Lukaschenko Putin kaum das Wasser reichen, aber riesige Reserven an Erdöl, Erdgas und Bargeld sind offensichtlich gut für das Image. Würde in der Nähe von Minsk ein großes Ölfeld entdeckt, so würde Lukaschenko vermutlich auch eingeladen, Karaoke mit Hollywoodstars zu singen und mit Silvio Berlusconi zu Partys zu gehen.

Europa könnte durchaus ein gleichwertiger Partner Russlands sein, anstatt sich als stiller Partner an dessen Verbrechen zu beteiligen. Solange Putin an der Macht ist, wird das nie geschehen, aber die europäischen Regierungen wären durchaus in der Lage, dem Kreml die Stirn zu bieten und einen Regimewechsel zu fördern. In einer Mafia ist Loyalität unverzichtbar, aber sie hat nur so lange Bestand, wie der Pate garantieren kann, dass das Geld fließen wird und dass er seine loyalen Gefolgsleute beschützen kann. Daher muss Putin unbedingt gute Beziehungen zu Westeuropa und Amerika unterhalten, wo seine Oligarchen am liebsten ihre Zeit verbringen und ihr Geld ausgeben. Wäre das Leben für einen russischen Milliardär lebenswert, wenn er es in dem tristen Land verbringen müsste, an dessen Ausplünderung er sich beteiligt hat, um sein Vermögen anzuhäufen?

Ein kleiner Kreis von Oligarchen beherrscht Russland und die Klasse der *Silowiki*, jener ehemaligen und gegenwärtigen Mitglieder des Geheimdienst- und Sicherheitsapparats, die an den Schalthebeln der Macht sitzen. Würde der Westen diese Oligarchen persönlich zur Rechenschaft ziehen, indem er die Legalität ihrer Investitionen überprüfte und ihnen ihre kostbaren Schengenvisa entzöge, so würde er die Botschaft senden, dass Putin an Einfluss verliert und das Vermögen seiner Verbündeten und ihren Zugang zu einem angenehmen Leben im Ausland nicht länger garantieren kann. Auf diese Art könnte man das Putin-Regime ins Visier nehmen, ohne das russische Volk zu bestrafen.

Ich warb bereits seit 2007 auf beiden Seiten des Atlantiks für dieses Vorgehen, als es im Jahr 2011 plötzlich den Anschein hatte, als würde es eine reale Möglichkeit. Das war eine gute Nachricht, aber der Grund dafür war eine Tragödie.

* * *

Der 2011 in den USA in Kraft getretene Magnitsky Act sollte es ermöglichen, die Visa und Vermögenswerte jener Personen zu beschlagnahmen, die für »Verhaftung, Misshandlung oder Tod« von Sergej Magnizki verantwortlich waren. Magnizki war ein junger Rechtsanwalt, der im Jahr 2009 in einem russischen Untersuchungsgefängnis starb, nachdem er aufgedeckt hatte, dass russische Beamte mehrere hundert Millionen US-Dollar unterschlagen hatten. Das Gesetz konnte auch auf Personen angewandt werden, die an ähnlichen Fällen von Betrug und Menschenrechtsverstößen beteiligt waren. Es war das Ergebnis einer erstaunlichen, beharrlichen Kampagne von Magnizkis ehemaligem Arbeitgeber Bill Browder sowie von »einigen guten Männern« im Kongress, darunter insbesondere der Senator Ben Cardin aus Maryland, der das Gesetz einbrachte.

Der Magnitsky Act war einer der seltenen Fälle, in denen ein vom amerikanischen Kongress verabschiedetes Gesetz die

Unterstützung beider Parteien genoss. Umso mehr verwunderte es, dass die Regierung Obama entschlossen schien, es zu Fall zu bringen. (Das Gesetz wurde vom Repräsentantenhaus am 16. November 2012 mit 365 zu 43 Stimmen und vom Senat drei Wochen später mit 92 zu 4 Stimmen beschlossen.) Nachdem Obama über ein Jahr lang versucht hatte, die Verabschiedung des Gesetzes zu verhindern, unterzeichnete er es am 14. Dezember 2012.

Anscheinend fürchtete sich das Weiße Haus davor, die innige Beziehung zur Putin-Diktatur zu belasten, weshalb das Außenministerium seine eigene Liste von in den Magnizki-Fall verwickelten Personen zusammenstellte – ohne jedoch die Namen preiszugeben! Natürlich ging es eben darum, die Namen zu veröffentlichen. Wie will man jemanden abschrecken, der nicht weiß, dass er abgeschreckt wird?

Vielleicht fürchtete sich Obama, dem es gelang, das Gesetz bis unmittelbar nach seiner Wiederwahl zu bremsen, auch davor, seinem republikanischen Gegenkandidaten Mitt Romney Recht zu geben, der im März in einem CNN-Interview erklärt hatte, Russland sei »zweifellos unser geopolitischer Feind Nummer Eins. Sie setzen sich in jeder Sache für die schlimmsten Akteure in der Welt ein. Die Vorstellung, dass er [Obama] gegenüber Russland größere Flexibilität zeigen will, ist sehr, sehr beunruhigend.« Obama machte sich über Romneys Aussage lustig und erklärte: »Die achtziger Jahre wollen ihre Außenpolitik zurück.«

Romneys Angriff auf Obamas »Flexibilität« bezog sich auf eine nicht für die Öffentlichkeit bestimmte Äußerung des US-Präsidenten, die wenige Tage zuvor bei einem Gipfeltreffen in Südkorea zufällig vom Mikrophon eines Reporters aufgenommen worden war. Obama hatte zu Medwedew gesagt: »All diese Fragen, aber insbesondere die Raketenabwehr – das kann ausgeräumt werden, aber es ist wichtig, dass er [Putin] mir Spielraum gibt. Dies wird meine letzte Wahl sein – danach habe ich größere Flexibilität.« Ebenso aufschlussreich war Medwedews roboterhafte Antwort: »Ich verstehe. Ich werde diese Information an Wladimir weitergeben.«

Als Putin Anfang 2014 die Invasion der Ukraine anordnete, wurde die Phrase »Romney hatte Recht« ein Motto derjenigen, die Obamas Außenpolitik ablehnen. Natürlich hatte Romney Recht, und er erläuterte seine Haltung in einem Artikel in der Zeitschrift *Foreign Policy*, in dem er erklärte, wie Obama gegenüber Russland versagt hatte:

> Ohne Russland nennenswerte Zugeständnisse abzuringen, gab [Obama] unsere Raketenabwehrstellungen in Polen auf. Er gestand Russland neue Beschränkungen für unser Atomwaffenarsenal zu. Er kapitulierte gegenüber Russlands Forderung, eine Resolution der Vereinten Nationen zum iranischen Atomwaffenprogramm dürfe keine lähmenden Sanktionen gegen den Iran enthalten. Als Gegenleistung für diese Geschenke hat Moskau in den Vereinten Nationen eine Obstruktionspolitik in zahlreichen Fragen betrieben. Es beliefert weiterhin den barbarischen Diktator Syriens und blockiert multilaterale Bemühungen, dem Gemetzel in diesem Land ein Ende zu machen. In zahlreichen Fragen, die für die nationale Sicherheit Amerikas wichtig sind, ist es ein Stachel in unserem Fleisch. Seit drei Jahren lässt sich die Politik von Präsident Obama gegenüber Russland so zusammenfassen: »Wir geben, Russland nimmt.«[8]

Genau so war es. (Sie dürfen raten, auf welcher Seite meine Sympathien bei der amerikanischen Präsidentenwahl im Jahr 2012 lagen.) Bei den Recherchen für dieses Buch fand ich in Romneys 2010 erschienenem Werk *No Apology: The Case for*

American Greatness eine Passage, die ich gerne mit Ihnen teilen möchte, da sie einige Gedanken über das Böse widerspiegelt, mit denen ich mich in der Einleitung beschäftigt habe:

> Das Böse begleitet uns seit Anbeginn der Zeit, und es verschwindet nicht. Vielmehr kommt es uns dank der Technologie sehr nahe. Heute stehen tödlichere Mittel als je zuvor zur Verfügung, um Schrecken zu verbreiten. Ich halte es für unverzichtbar, an die Existenz des Bösen zu glauben – es lässt sich durch gehaltlose Introspektion weder irreführen noch abschrecken. Wir sollten studieren, was böse Menschen sagen und schreiben, und wir sollten sie beim Wort nehmen. Adolf Hitler sagte der Welt in *Mein Kampf* und in seinen Reden ganz genau, was er vorhatte, aber die Welt tat so, als handle es sich nur um politisches Imponiergehabe.[9]

Das ist vollkommen richtig, und besonders wichtig scheint mir die Aufforderung, böse Menschen beim Wort zu nehmen. Genau das fordere ich seit Jahren, wenn es um Putin geht. Schon kurz nach seinem Amtsantritt sprach Putin geradeheraus über seine Ziele. Es stimmt zwar, dass er auch unverfroren lügt, wenn es seinen Zwecken dient, aber geht es um wichtige Fragen wie die Zentralisierung der Macht und seine Verachtung für Demokratie und Menschenrechte, dann nimmt er kein Blatt vor den Mund. Und er darf für sich in Anspruch nehmen, seinen Worten Taten folgen zu lassen.

Deshalb war es so frustrierend, mit ansehen zu müssen, wie die Regierung Obama, vertreten durch Außenministerin Hillary Clinton und ihren Nachfolger John Kerry, Putin so behandelten, als würde er sein niederträchtiges Vorgehen ändern, wenn man ihm nur freundlich genug begegnete und ihm genug Zugeständnisse machte. Wie sich herausstellte, würde

Obama in seiner zweiten Amtszeit seine berühmte Flexibilität brauchen, denn es würde nicht länger möglich sein, die Brieftaube Medwedew mit Botschaften zu Wladimir zu schicken. Er würde es persönlich tun müssen. Das Jahr 2012 war auch in Russland ein Wahljahr.

* * *

Im modernen politischen Diskurs wird das Adjektiv »orwellsch« inflationär verwendet. In Demokratien wie Großbritannien und den Vereinigten Staaten verwenden Linke wie Konservative diesen Begriff mit Vorliebe, um verschiedenste Eingriffe des Staates gegen die bürgerlichen Freiheiten zu kritisieren. Videoüberwachung des öffentlichen Raums zur Verbrechensbekämpfung, Abhöraktionen gegen Terrorverdächtige, Sicherheitskontrollen am Flughafen: Einfach alles weckt Assoziationen zu George Orwells Meisterwerk *1984*. Ich bin ebenfalls der Meinung, dass die persönlichen Freiheitsrechte auch in einer Demokratie geschützt werden müssen, aber diejenigen unter uns, die in einem Polizeistaat gelebt haben, würden es vorziehen, wenn bestimmte Begriffe der Beschreibung sehr viel schlimmerer Zustände vorbehalten blieben.

Das beängstigendste Thema von Orwells Buch ist nicht der allwissende Große Bruder, sondern die Kontrolle und Verzerrung der Sprache, insbesondere in Form des »Neusprech«. Die Bedeutung von Worten wird ins Gegenteil verkehrt, Worte, die verbotene Ideen ausdrücken, werden beseitigt, und das menschliche Denken an sich wird durch die Einschränkung und Vereinfachung des Vokabulars beschränkt. Dieses Bemühen, die Realität mittels der Kontrolle der Information zu verbiegen, ist keine Science-Fiction für Menschen, die in der Sowjetunion aufwuchsen und die *Prawda* lasen. Und es ist keine Science-Fiction für all jene, die in Putins Russland leben.

So kam es, dass die vom Staat kontrollierten Medien die Präsidentenwahl am 4. März 2012, die betrügerischste in der russischen Geschichte, für »fair und sauber« erklärten. Friedliche Protestkundgebungen von Bürgern wurden zu »extremistischen Provokationen«, und die OMON-Einheiten, die die Demonstrationen brutal unterdrückten, »erhielten die Ordnung aufrecht«. Die Empörung über den Betrug bei den Parlamentswahlen am 4. Dezember 2011 und die dadurch ausgelöste Protestwelle beantwortete das Regime mit noch größerer Korruption und der von vornherein feststehenden Wiedereinsetzung des KGB-Oberstleutnants, dessen Ziel es war, sich in einen Diktator auf Lebenszeit zu verwandeln.

Ich wäre kein Patriot, würde ich nicht darauf hinweisen, dass der in *1984* beschriebene totalitäre Staat auf dem beruht, den Jewgeni Samjatin in seiner 1921 erschienenen und in der Sowjetunion verbotenen Schreckensvision *Wir* schilderte. In Samjatins futuristischem Universum gibt es durchaus Wahlen, und der »Wohltäter« wird jedes Jahr einstimmig wiedergewählt. Wie verstörend vertraut das klingt.

Vielleicht haben Sie den Eindruck, dass in Putins Light-Version der Diktatur, die versucht, die Funktionen einer offenen Gesellschaft nachzuahmen und die gängigen Formen der Unterdrückung möglichst unauffällig anzuwenden, nicht allzu viele Bücher verboten oder verbrannt werden. Das stimmt teilweise, wenn auch nur, weil dem Regime klar ist, dass große Haufen brennender Bücher auf YouTube sehr unvorteilhaft wirken. Stattdessen werden Bücher einfach als »extremistisches Material« beschlagnahmt, wie es im Jahr 2012 mit 250 000 Exemplaren des Buches geschah, in dem Boris Nemzow die Korruption des Putin-Regimes im Detail beschrieben hatte.

Der unverhohlene Betrug bei der Parlamentswahl am 4. Dezember 2011 wiederholte sich drei Monate später. In Buskolonnen, die lang genug waren, um den Verkehr im Stadtzentrum von Moskau lahmzulegen, wurden Herden von Wählern von Wahllokal zu Wahllokal gekarrt – in Russland nennen wir das ein »Karussell«. Wenige Tage vor dem Urnengang wurden falsche Wahllokale eröffnet, in denen tausende Stimmen gesammelt wurden. Unternehmens- und Schulleiter wurden mit Mittelkürzungen oder Schlimmerem bedroht, wenn sie nicht Stimmen für Putin beschafften.

Das Regime musste sich anpassen, nachdem im Dezember hunderttausende auf die Straße gegangen waren, was nicht nur die Regierung, sondern auch die Opposition überrascht hatte. In allen Wahllokalen wurden Webcams installiert, und tausende empörte Bürger meldeten sich als Wahlbeobachter. Daher musste Wladimir Tschurow, der Leiter der Zentralen Wahlkommission, auf einige Tricks zurückgreifen. Die ergänzenden Wählerlisten, die eigentlich für jene bestimmt waren, die fernab ihres Wohnsitzes wählen mussten, schwollen auf ein unerhörtes Maß an. Erwartungsgemäß erreichte Putin bei den Wählern aus den Ergänzungslisten einen sehr viel höheren Stimmenanteil als bei den regulären Wählern. Auch wollten plötzlich sehr viele Bürger per Briefwahl teilnehmen und die Dienste in Anspruch nehmen, die es den Unentschlossenen erlaubten, von zuhause aus zu wählen.

Doch nicht einmal Tschurows Zaubertricks sicherten Putin mehr als 50 Prozent der Stimmen in Moskau, wo er offiziell auf 47 Prozent kam, obwohl keine glaubwürdigen Gegenkandidaten auf dem Wahlzettel standen. (Nach unseren Berechnungen lag sein Stimmenanteil in Wahrheit eher bei 35 Prozent.) Die anderen Kandidaten waren allesamt vom Kreml genehmigt, von den müden, alten kommunistischen und nationalistischen

Führern bis zum neuen Gesicht des Milliardärs Michail Prochorow, einem Geschöpf Putins, dessen Zweck darin bestand, Proteststimmen abzuschöpfen.

Die internationalen Medien trafen erst am Wahltag ein und verabschiedeten sich rasch wieder: Die wahre Geschichte – die tief verwurzelte und weit verzweigte Korruption und Repression – ignorierten sie.

Die Russen waren Putins überdrüssig, aber es musste sich noch weisen, ob die übrige Welt aufhören wollte, so zu tun, als sei er der gewählte Vertreter Russlands. Obama wartete einige Tage, rief Putin schließlich jedoch an. Die moderne Diktatur fand hinter den Kulissen statt, aber auf der Bühne lief die Aufführung einer Demokratie weiter, und Obama blieb als passiver Zuschauer im Publikum sitzen.

Das war keine Überraschung für mich, hatte ich doch schon früher gesehen, welchen Illusionen sich die Regierung Obama hingab. Im März 2011 war Vizepräsident Joe Biden zu Gesprächen mit Regierungsvertretern nach Moskau gekommen. Anschließend traf er sich mit mir und anderen Oppositionellen. Er schien sehr erfreut über die Ergebnisse eines persönlichen Gesprächs mit Putin und erklärte uns, er sei vom Drehbuch abgewichen und habe Putin aufgefordert, auf eine weitere Präsidentschaftskandidatur zu verzichten, da dies ein schlechtes Bild auf die russische Demokratie werfen und Zweifel an seinen Institutionen wecken werde. Aus Bidens stolzem Auftreten und dem Gesichtsausdruck des designierten Botschafters McFaul war ersichtlich, dass das Weiße Haus nicht beabsichtigt hatte, so klar Stellung zu beziehen.

Ich meldete mich zu Wort: »Mr. Biden, ist Ihnen klar, dass Sie und Obama verglichen mit Putin Bittsteller sind? Sie müssen jedes Mal den Kongress um Erlaubnis bitten, wenn Sie eine Million ausgeben wollen. Putin kann eine Milliarde an Bestechungsgeldern ausgeben, ohne ein Papier unterschreiben zu müssen!« Dass die Amerikaner immer noch glaubten, Putin kümmere sich darum, was sie sagten oder wie seine Handlungen auf sie oder irgendwen wirkten, war und ist sehr entmutigend.

* * *

Die russische Protestbewegung hatte sich Ende des Jahres 2011 gewandelt, nachdem der Betrug bei der Dumawahl ein sogar für Russland schockierendes Ausmaß angenommen hatte. Gewöhnliche Städter, denen es unter Putin nicht schlecht gegangen war und die sich bisher still verhalten hatten, konnten diesen letzten Angriff auf ihre Menschenwürde nicht hinnehmen. Alle Welt wusste, dass die Wahlen seit 2000 eine Farce waren. Aber diesmal war Putins Partei zu weit gegangen. Die unverfrorene Wahlfälschung trieb hunderttausende Russen auf die Straße, wo sie geschlossen gegen Putin und Einiges Russland demonstrierten. Es war ein beglückender Anblick.

Es waren Flaggen von Vertretern des gesamten politischen Spektrums zu sehen, was mein ursprüngliches Konzept aus dem Jahr 2005 bestätigte, dass wir alle, die gegen Putin marschieren wollten, ungeachtet ihrer Ideologie in die Protestbewegung aufnehmen sollten. Doch die meisten Teilnehmer gehörten keiner politischen Gruppe an: Sie marschierten gegen die Korruption, gegen ungestraften Betrug und gegen Putin. Dem Diktator war die Maske vom Gesicht gerissen worden, und Putin hatte deutlich gezeigt, dass er es nicht mehr für nötig hielt, sich als Demokrat auszugeben. Die Menschen hatten ihn einfach satt.

Am 24. Dezember 2011 gingen mehr als 100 000 Menschen auf die Straße. In diesen Tagen tauchte auch ein relativ neues Gesicht an der Spitze der Protestmärsche auf. Alexej Nawalny war bei einer früheren Kundgebung verhaftet und bei seiner

Freilassung von einer riesigen Menschenmenge in Empfang genommen worden. In repressiven Regimes wie dem Putins tobt zwischen der Diktatur und ihren Gegnern ein unablässiger Kampf, in dem es darum geht, wichtige Informationen zu beschränken oder freizugeben. Nawalny war ein Vorreiter der »Datendissidenten«. Er errichtete ein Netzwerk, um die Korruption des Putin-Regimes aufzudecken, und dokumentierte unermüdlich Fall für Fall die Vorgänge in der Kleptokratie. Seine Enthüllungen lösten große Empörung in der Bevölkerung aus.

Nawalnys Aufstieg in der Oppositionsbewegung war kein Zufall. Er war seit Jahren als Organisator und Aktivist tätig, und abgesehen von seiner Beharrlichkeit und seinen Fähigkeiten brachte er auch die subtileren Eigenschaften mit, die heute von einer Führungspersönlichkeit verlangt werden. Ergänzt wurde sein Charisma durch einen sarkastischen Humor, der sich sehr gut eignete, um die Propaganda des grauen und humorlosen Kreml zu untergraben. Seinem Sinn für griffige Phrasen hat es Einiges Russland zu verdanken, dass sie im Bewusstsein der russischen Gesellschaft für immer zur »Partei der Gauner und Diebe« wurde.

Nawalny beherrschte das Bloggen und die sozialen Netzwerke, von denen die Opposition abhing, seit sie keinen Zugang zu den etablierten Medien mehr hatte. Wie in anderen Ländern konnten Oppositionsgruppen dank der sozialen Netzwerke auch in Russland sehr schnell online Protestkundgebungen organisieren. Das bedeutete natürlich nicht, dass man nicht zusammengeschlagen oder verhaftet wurde, wenn man am Veranstaltungsort erschien, was viele taten. Ich war damals kein Experte für Twitter, und Flashmobs waren etwas vollkommen Neues für mich, aber ich freute mich darüber, bei mehreren Gelegenheiten an Nawalnys Seite marschieren zu dürfen und mit ihm und altgedienten und neuen Oppositionsaktivisten zusammenarbeiten zu können.

Nawalny und seine neue Anhängerschaft ließen sich mehr als ein Jahr lang nicht abschrecken, und wir setzten regelmäßig große Protestkundgebungen an, als Putin am 7. Mai 2012 offiziell ins Präsidentenamt zurückkehrte. Die Mitglieder der neuen Oppositionsbewegung gaben sich durch weiße Bänder zu erkennen, was Putin mit der für ihn typischen Vulgarität kommentierte: »Ich dachte, es wären Kondome.«

Am 6. Mai, am Vorabend von Putins Amtsantritt, fand auf dem Bolotnaja-Platz eine Kundgebung statt. Es war die erste, die mit einem entschlossenen Gewalteinsatz beendet wurde: Die Polizei verschob absichtlich die Absperrgitter, um Engpässe zu erzeugen und anschließend die aus dem Korridor hinausgedrängten Demonstranten anzugreifen. Mehr als vierhundert Kundgebungsteilnehmer, darunter die Organisatoren Nawalny, Nemzow und Udalzow, wurden verhaftet. Mehr als hundert Personen erlitten ernste Verletzungen.

Ich war an diesem Tag nicht als Redner vorgesehen, denn der Zweck der Kundgebung war es, Aktivisten aus dem ganzen Land Gelegenheit zu geben, sich zu Wort zu melden. Als ich gegen sechs Uhr abends den Polizeikordon erreichte, machte ich mich auf den Weg zum Radiosender *Echo Moskaus*, wo ich an einer Diskussion über die Kundgebung und Putins Rückkehr teilnahm. Ich war in Begleitung eines amerikanischen Gastes, des politischen Beraters Frank Luntz, der von der Vitalität der russischen Demokratie fasziniert war. Am Abend berichtete er für *Fox News* über seine Eindrücke:

> Der Staat, an den wir uns aus der Sowjetunion, aus den achtziger Jahren erinnern, ist anscheinend zurückgekehrt. Die Menschen fürchten sich. [...] Es ist ein beängstigender Gedanke, aber

es ist fast so, als hätte es die Polizei auf diese Konfrontation abgesehen gehabt, als wollte sie 24 Stunden vor Putins Rückkehr ins Amt die Botschaft aussenden, dass Dissens und Meinungsvielfalt nicht länger erlaubt sind. Die Polizei musste zweifellos nicht gewaltsam vorgehen, sie musste nicht angreifen. Es gab keinerlei Grund dafür. [...] Ich nahm an dem gesamten Marsch teil, es herrschte eine friedliche Atmosphäre, die Menschen sangen und skandierten Parolen. Es waren friedliche Menschen, und sie wurden unfair attackiert.[10]

Ich verfolgte die Katastrophe im Radiostudio. Ich hatte meine Stellungnahme abgeben und auf den Bolotnaja-Platz zurückkehren wollen, um mir die Redner anzuhören und einige Kollegen zu treffen. Aber um halb sieben am Abend herrschten chaotische Zustände auf dem Platz. Die ganze Stadt war für Putins Amtseinführung in eine Festung verwandelt worden, und die Polizei wollte offensichtlich eine Botschaft senden, wie Luntz richtig beobachtet hatte. Der Zar war zurück, und wer etwas dagegen einzuwenden hatte, musste damit rechnen, dass ihm der Schädel eingeschlagen wurde.

Die brutale Niederschlagung der Opposition endete nicht auf der Straße. Das Regime nahm sich sämtliche Mitglieder des Koordinierungsrats der Oppositionsbewegung vor. In ihren Wohnungen und Büros, ja sogar in den Wohnungen ihrer Angehörigen fanden Razzien statt. Die Oppositionsführer wurden wieder und wieder zu Verhören abgeführt. Es wurden noch weitere Gesetze gegen Oppositionsaktivitäten erlassen, die sehr viel höhere Geldstrafen für Kundgebungsteilnehmer und bis zu einem Monat Gefängnis für geringfügige Ordnungswidrigkeiten vorsahen.

Unsere Bewegung war nicht kopflos: Es bedurfte einer guten Koordination und Kommunikation, um 50 000 oder mehr

Menschen auf die Straße zu bringen. Das war mehr als genug, um Putins Zustimmungsraten als Lüge zu entlarven, aber es genügte nicht, um das Regime zu Fall zu bringen. Bis zum 6. Mai 2013 – an diesem Jahrestag der Ereignisse auf dem Bolotnaja-Platz gingen zehntausende Moskauer auf die Straße – fanden noch einige Großkundgebungen statt.

Am 18. Juli 2013 wurde Alexej Nawalny zu fünf Jahren Haft verurteilt. Man hatte ihn mit den üblichen erfundenen Betrugsvorwürfen vor Gericht gebracht, die sich bei der Verfolgung von Oppositionellen bewährt hatten. Am Tag davor hatte er seine Kandidatur für das Moskauer Bürgermeisteramt angemeldet. Es folgte ein bizarres Katz-und-Maus-Spiel: Völlig überraschend wurde Nawalny freigelassen, vermutlich, um ihn nicht zum Märtyrer zu machen und der Bürgermeisterwahl ein wenig Legitimität zu verleihen. Sein Name stand auf dem Stimmzettel, und er durfte am Wahlkampf teilnehmen, obwohl der Kandidat des Kreml, der Amtsinhaber Sergej Sobjanin, natürlich klar im Vorteil war, da er die Staatsmacht und die Medien auf seiner Seite hatte. Ein weiterer Grund dafür, dass man Nawalny an der Wahl teilnehmen ließ, dürfte der Wunsch des Kreml gewesen sein, den ehrgeizigen Sobjanin in Schach zu halten. Ohne Nawalny auf dem Stimmzettel hätte Sobjanin die landesweiten 63,6 Prozent Putins übertroffen und die erbärmlichen 47 Prozent des Kremlherrn in Moskau in den Schatten gestellt. Die Tatsache, dass sich moderne Diktaturen der demokratischen Abläufe und Werkzeuge auf diese Art bedienen können, zeigt, wie subtil und gefährlich sie sind.

Wie vorgesehen, landete Nawalny abgeschlagen auf dem zweiten Platz. Nach seiner letzten Verurteilung im Dezember 2014 musste er in den Hausarrest, und sein Bruder Oleg wurde ins Gefängnis gesteckt. Es war eine klassische Geiselhaft nach bewährtem KGB-Muster. Beide Brüder sind politische Häftlinge. Nawalny war an der Organisation eines für den 1. März 2015 geplanten Protestmarsches beteiligt, als unser Weggefährte Boris Nemzow am 27. Februar ermordet wurde. Die Kundgebung wurde zu einer Gedenkfeier für unseren toten Freund.

Es ist schwierig, Hypothesen darüber anzustellen, ob sich die Protestbewegung in jener Zeit anders hätte entwickeln können. Damit eine wirkliche Revolution daraus hätte werden können, hätte die Bewegung frühzeitig beginnen müssen, bevor das Regime eine Antwort gab. Die Massenkundgebung am 24. Dezember 2011 auf dem Sacharow-Prospekt war vielleicht die größte Chance, wenn es je eine gab. Ich nahm so wie fast alle Angehörigen der Opposition daran teil, und es traten mindestens dreißig Redner auf. Nawalny kam der Aufforderung zu einer Revolution sehr nahe, als er aussprach, was viele von uns seit langem dachten:

> Ich sehe, dass hier genug Menschen versammelt sind, um den Kreml und das Weiße Haus [in Moskau] sofort zu stürmen. Wir sind eine friedliche Kraft und werden es jetzt nicht tun. Aber wenn diese Gauner und Diebe weiterhin versuchen, uns zu betrügen, wenn sie weiter Lügen erzählen und uns bestehlen, werden wir uns mit eigenen Händen nehmen, was uns gehört!

Was wäre geschehen, wenn wir an jenem Abend zum Kreml und zur Duma marschiert wären? Was, wenn 100 000 Menschen auf dem Roten Platz ein Protestlager aufgeschlagen und Barrikaden errichtet hätten? Hätte sich das Volk uns angeschlossen? Hätten tausende Polizisten das Feuer eröffnet? Wären wir jetzt frei, oder wären wir tot?

10 Krieg und Appeasement

Pressekonferenzen sind dazu da, Schlagzeilen zu machen, aber am 5. Juni 2013 in Genf sorgte ich für mehr Aufmerksamkeit als beabsichtigt. Ich war dort, um den von U.N. Watch vergebenen Morris-B.-Abram-Menschenrechtspreis entgegenzunehmen. Ich empfand diesen Preis als große Ehre.

In der Pressekonferenz stellte mir ein Journalist eine Frage, die ich seit meinem Rückzug aus dem Schachsport hunderte Male beantwortet habe: Fürchtete ich in Putins Russland um meine Sicherheit und Freiheit? Diesmal antwortete ich nicht wie sonst, dass nichts im Leben sicher sei. Diesmal erklärte ich, dass es bei einer Rückkehr nach Russland sehr zweifelhaft wäre, ob ich das Land wieder verlassen könnte, denn im Februar war offenkundig geworden, dass ich ebenfalls zum Ziel der Jagd auf die Oppositionellen werden würde, die an der Kundgebung auf dem Bolotnaja-Platz teilgenommen hatten.

»Daher verzichte ich zum gegenwärtigen Zeitpunkt auf eine Rückkehr nach Russland«, beantwortete ich die Frage des Journalisten.

Das war nicht als spektakuläre Ankündigung gemeint, ich wolle mein Heimatland dauerhaft verlassen oder ihm auf andere Art den Rücken kehren. Ncht einmal den Russlandexperten unter den anwesenden Journalisten war etwas Besonderes an meiner zurückhaltenden Antwort aufgefallen. Erst als die *Moscow Times* darüber berichtete, machte meine Bemerkung Schlagzeilen und löste wilde Spekulationen aus.

Ich hatte lediglich festgestellt, wie düster die Lage in Russland zu jener Zeit war. Gegen fast die Hälfte der Mitglieder des Koordinierungsrats der Opposition waren erfundene Vorwürfe wegen »illegaler Proteste«, »Aufstachelung zum Extremismus« oder »Unterschlagung« erhoben worden. Für meine Familie war diese schwierige Entscheidung nichts Neues: Ich war seit Februar nicht mehr in der Heimat gewesen. Selbst meinen fünfzigsten Geburtstag hatte ich nicht in Moskau, sondern in Oslo gefeiert, so sehr es mich auch geschmerzt hatte, meine Mutter und andere Familienmitglieder zu einer Reise ins Ausland zu zwingen.

Mein Aufgabengebiet im Koordinierungsrat waren die internationalen Beziehungen. Ich versuchte ausländische Regierungen und Organisationen dazu zu bewegen, die Menschenrechtsverstöße des Putin-Regimes zu verurteilen und Sanktionen gegen seine Regierung und die Mitglieder seines Klüngels zu verhängen. Putins wütende Reaktion auf die Verabschiedung des Magnitsky Act Ende des Jahres 2012 hatte mich davon überzeugt, dass dies der richtige Weg war. Für solche Lösungen musste auch in Europa geworben werden.

Es hätte meiner Arbeit geschadet, hätte die Moskauer Staatsanwaltschaft eine Untersuchung gegen mich eingeleitet, die meine Reisefreiheit eingeschränkt hätte. Ich hätte keine Vorträge mehr halten können, die allesamt im Ausland stattfanden, da ich als Dissident in Russland keine Möglichkeit hatte, ein Einkommen zu verdienen. Ein Reiseverbot hätte auch meine Tätigkeit für meine gemeinnützige Schach-Stiftung behindert, die mittlerweile Niederlassungen in New York, Brüssel, Johannesburg, Singapur und Mexiko-Stadt hat und die Integration des Schachsports in die allgemeine Bildung fördert.

Ich glaube nicht, dass sie mich einfach eingesperrt und den Schlüssel weggeworfen hätten, obwohl genau das mit

Chodorkowski und den Mitgliedern von Pussy Riot passiert war. Die Methode der Staatsanwaltschaft besteht eher darin, ihre Opfer mit endlosen Anschuldigungen, Verfahren und Gerichtsterminen zu überhäufen: Tod durch tausend Papierschnitte. Auf diese Art werden die Beschuldigten finanziell, körperlich und seelisch ruiniert und aus dem Rampenlicht herausgehalten, ohne sie zu Märtyrern zu machen. Das Opfer und seine Umgebung werden in Furcht und Paranoia getrieben. Diese Technik wird seit Jahren gegen Nawalny eingesetzt.

Als ich mich im März 2005 aus dem Schachsport zurückzog, um mich der russischen Oppositionsbewegung anzuschließen, wurde mein Vorschlag, sämtliche Gruppen, die Putin ablehnten, ungeachtet ihrer ideologischen Ausrichtung zu vereinen, heftig kritisiert. Bei den Protestmärschen in den Jahren 2011 und 2012 wurde für mich ein Traum wahr, als ich in der Menschenmenge hunderte Fahnen verschiedenster Gruppen von Liberalen bis zu Nationalisten sah, die gemeinsam für ein »Russland ohne Putin« marschierten. Aber die Opposition wurde nach kurzer Zeit brutal aus diesem Traum gerissen. Und seitdem ist es leider nicht gelungen, den Großteil des russischen Volks aus seinem Dämmerzustand zu wecken.

Für eine störungsfreie Rückkehr ins Präsidentenamt ließ Wladimir Putin die Hauptstadt abriegeln und das Zentrum Moskaus in ein zweites Pjöngjang verwandeln. Seit damals tut er sich bei der Verfolgung von Aktivisten, Oppositionsführern, Rechtsanwälten, Wissenschaftlern oder auch Musikern, die seine Macht öffentlich anfechten, keinen Zwang mehr an. Die Phase, in der er versucht hatte, sich Unterstützung in der Bevölkerung zu sichern, indem er zum Schein Wahlen abhielt, war vorüber. Trotz der Regierungspropaganda wussten die meisten Russen, dass das System eine grausame Farce war, aber dieses Wissen genügte nicht, um Millionen Menschen dazu zu bewegen, ihre Sicherheit und Freiheit aufs Spiel zu setzen und einem gut bewaffneten Polizeistaat entgegenzutreten.

Ich hatte meinen Einsatz für die Menschenrechte ausgeweitet, um eine internationale Koalition von Dissidenten und Aktivisten zu schmieden. Im Jahr 2012 löste ich einen meiner Helden, Václav Havel, als Vorsitzenden der Human Rights Foundation (HRF) in New York ab. Thor Halvorssen, der unermüdliche Gründer und Leiter der Stiftung, hat eine bemerkenswerte Reihe globaler Veranstaltungen und Kampagnen organisiert, deren Ziel es ist, Freiheitskämpfer aus aller Welt zusammenzubringen. Das Oslo Freedom Forum der HRF ist der alljährliche Höhepunkt dieser Bemühungen, Menschenrechtsaktivisten und Dissidenten zusammenzubringen, damit sie Informationen austauschen und gemeinsam Strategien entwickeln.

Mir ist bewusst, dass ich von außerhalb Russlands keine Führungsrolle in der russischen Opposition spielen kann. Ich habe das akzeptieren müssen. Ich setze mich weiterhin für die Opposition ein und arbeite in mancher Hinsicht härter denn je für unsere Sache. Jenen, die mir vorgeworfen haben, ich hätte Russland im Stich gelassen oder aufgegeben, kann ich nur sagen, dass Russland unabhängig davon, wo ich lebe oder welchen Ausweis ich habe, weiterhin mein Land ist. Ich werde mich nicht den Launen der Schurken und Gauner unterwerfen, die meine Heimat gegenwärtig beherrschen. Russland ist nicht Putin. Ich weigere mich, leichte Beute zu sein, mich einsperren zu lassen oder wenig mehr zu sein als ein Opfer des Regimes, dem Mitleid entgegengebracht wird. Es ist schmerzhaft, meinen ältesten Sohn Wadim und meine Mutter nicht regelmäßig in Moskau besuchen zu können, aber Klara Kasparowa hat mir nicht nur ihren Namen, sondern auch ihren Kampfgeist gegeben, und ich werde beharrlich bleiben.

* * *

Zwei Monate später hatte auch Präsident Obama persönlichen Ärger mit dem Putin-Regime und sagte ein für August geplantes Gipfeltreffen mit dem Kremlchef ab. Es gab viele gute Gründe für diese Entscheidung, aber die Medien konzentrierten sich darauf, dass Russland wenige Tage zuvor dem flüchtigen Edward Snowden, der vertrauliche Informationen der NSA verraten hatte, Asyl gewährt hatte. Die Berichterstattung zeigte einmal mehr, wie kurz die Aufmerksamkeitsspanne und wie gering das Interesse der westlichen Medien an Russland ist, aber die Darstellung könnte auch zutreffend sein. Schließlich war die Liste von Putins Versuchen, den Interessen der USA und Europas zu schaden, bereits sehr lang; ganz oben auf dieser Liste standen Syrien, Iran und die Raketenabwehr. Trotzdem war Obama bis dahin bereit gewesen, sich mit Putin an einen Tisch zu setzen und die üblichen hohlen Phrasen über Kooperation und Freundschaft auszutauschen. Wenn erst die persönliche Verärgerung über eine unbedeutende Figur wie Snowden Obama dazu bewegte, Putin die Stirn zu bieten, darf man annehmen, dass es besser ist, das Richtige aus dem falschen Grund zu tun, als überhaupt nie das Richtige zu tun.

Es liegt in der menschlichen Natur, dass wir eine Geschichte mit einer Person verknüpfen wollen, ob das nun richtig ist oder nicht. Wie einem Fußballer, der in der Schlussminute eines Spiels einen Elfmeter verwandelt oder verschießt, wird oft einer einzelnen Person der Verdienst oder die Schuld zugeschrieben, obwohl das zumeist nur von der wichtigeren Geschichte ablenkt. Die zentrale Rolle einer Person in einem isolierten

Vorgang wirkt bedeutsamer als die gravierenden Probleme, die sich hinter diesem Vorgang verbergen und seit langer Zeit ihre Wirkung entfalten. So war es im Fall von Edward Snowden, der für die einen ein Verräter und Spion und für die anderen ein Whistleblower und Held ist. Ich weiß nicht allzu viel über seine Handlungen oder darüber, was er preisgegeben hat, aber ich würde zweifellos anders über ihn denken, hätte er nicht ausgerechnet in Russland Zuflucht gesucht, wo er mit seinem Asylantrag stillschweigend das diktatorische Regime seines charmanten Gastgebers Wladimir Putin guthieß.

Meine Einstellung zu Snowden wurde nicht nur durch die erste Stellungnahme geprägt, die er nach seiner Ankunft in Russland abgab, als er noch im rechtlichen Niemandsland auf dem Flughafen Scheremetjewo festsaß. In dieser Erklärung zählte er Putins Russland – einen Polizeistaat und globalen Schutzherrn der Despotie – zu den Nationen, die »sich gegen die Menschenrechtsverstöße der Mächtigen statt gegen die der Machtlosen erheben«. Ja, Sie haben richtig gehört. Putins zahlreiche politische Gefangene würden dem wohl widersprechen, genauso wie die vielen Oppositionellen, deren E-Mail-Konten gehackt und deren Telefongespräche vom KGB mitgehört wurden, um sie diskreditieren zu können. Und Snowden hätte ein wenig mehr Respekt zeigen können für die vielen Verletzten und Toten unter den russischen Journalisten und Whistleblowern.

Aber ich möchte etwas zu den NSA-Enthüllungen anmerken, und zwar als russischer Bürger, der unter der Beobachtung des allgegenwärtigen KGB-Auges aufwuchs und gegen dessen Wiedergeburt unter Wladimir Putin kämpft. Es treibt mich zur Verzweiflung, dass leichthin Vergleiche zwischen der NSA und anderen westlichen Geheimdiensten oder Strafverfolgungsbehörden auf der einen Seite und den furchtbaren Sicherheitsdiensten der Sowjetunion und der DDR auf der anderen angestellt werden. Die NSA mit der Stasi zu vergleichen ist so, als würde man ein schlechtes Hotel mit einem Hochsicherheitsgefängnis vergleichen. Den Charakter einer Regierung definiert nicht, was sie mit Daten macht, sondern was sie den Menschen antut.

Jede Verletzung der persönlichen Freiheitsrechte durch eine Regierung muss angeprangert und debattiert werden. Die Mechanismen, die den Protest gegen solche Verstöße ermöglichen, müssen regelmäßig benutzt werden, da sie sonst verkümmern. Aber die Menschen hinter dem Eisernen Vorhang lebten nicht in Furcht vor den Geheimdiensten, weil diese Daten sammelten. Wir lebten in Furcht, weil wir wussten, was beim geringsten Hinweis auf eine abweichende Meinung mit uns geschehen würde. Und es waren keine Daten nötig, um potenzielle Feinde zu verfolgen, in Straflagern verschwinden zu lassen, zu foltern oder zu ermorden. Wenn ein Dissident vor Gericht gebracht wurde und Beweise gebraucht wurden, so fabrizierte man sie einfach. Und damit zum nächsten Argument, das ich oft höre: Nein, brutaler Totalitarismus beginnt nicht mit Überwachung durch einen freiheitlichen, demokratischen Staat. Er beginnt mit Terror, er beginnt mit Gewalt, er beginnt mit der Gewissheit, dass deine Gedanken und Worte deine Karriere oder dein Leben beenden können.

Snowdens Handlungen und seine Landung in Moskau hatten eine gewisse Wirkung in Russland, die jedoch nicht übertrieben werden sollte. Es wurde behauptet, Putin habe in Reaktion auf Snowdens Enthüllungen die drakonischen neuen Gesetze erlassen, mit denen er die Redefreiheit weiter einschränkte, um »mit der NSA gleichzuziehen«. Es erübrigt sich zu sagen, dass solche Behauptungen absurd sind. In Putins 15-jähriger Herrschaft wurden dutzende derartige Gesetze erlassen, mit denen die russische Verfassung bis zur Unkenntlichkeit verstümmelt wurde. Putin nutzt jede Gelegenheit, sein autoritäres Vorgehen zu rechtfertigen, aber in vielen Fällen sind die westlichen Politiker und Medien verantwortlich, die Entschuldigungen für Putin suchen, um ihn nicht als Diktator bezeichnen zu müssen. Diese genetisch angelegte Eigenschaft der freien Welt ist Stärke und Schwäche zugleich: Sie hat das Bedürfnis, »fair und ausgewogen« zu sein und »beide Seiten der Geschichte zu betrachten«, selbst wenn das bedeutet, jemandem, der das seit mehr als einem Jahrzehnt nicht mehr verdient, im Zweifel gute Absichten zuzugestehen. Die westlichen Medien, die mit gutem Grund nie zögerten, Pinochet als Diktator zu bezeichnen, finden irgendwie immer höflichere oder euphemistische Bezeichnungen für Putin, die Brüder Castro, al-Assad und sogar Kim Jong-un.

Was die Wertschätzung für Snowden in der russischen Opposition anbelangt, muss man sich klarmachen, wie seine Reise in unseren Augen wirkte. Es ist sehr schwer vorstellbar, dass jemand ohne Beteiligung des KGB eine solche Spionagemission durchführt, um anschließend nach China zu fliehen und Zuflucht in Russland zu suchen. Ergänzt man diesen folgerichtigen Verdacht durch seinen Asylantrag und die zuvor erwähnte falsche Gleichsetzung zwischen Diktaturen und Demokratien, so wird klar, dass Snowden bei denen, die die universelle Natur der Menschenrechte anerkennen, nicht unbedingt Sympathie findet.

* * *

Die große Aufmerksamkeit für Snowden hatte eine Parallele in der plötzlich aufflammenden internationalen Kritik an der Austragung der Olympischen Winterspiele 2014 im Ferienort Sotschi am Schwarzen Meer. Zahlreiche Protestkampagnen im Internet sowie Kundgebungen in den Vereinigten Staaten,

Europa, Australien und an anderen Orten richteten sich in erster Linie gegen das harte Antihomosexuellengesetz, das im Juni 2013 in Russland erlassen worden war. Dieses Gesetz, mit dem die Homosexualität kriminalisiert wurde, stattete die Behörden mit breit gefächerten und uneingeschränkten Befugnissen aus, um Homosexuelle und jeden, der die Homosexualität öffentlich verteidigte oder auch nur darüber sprach, zu bestrafen und zu diskriminieren. Die Verabschiedung dieses Gesetzes fügte sich in die fortschreitende Einschränkung der Meinungsfreiheit und anderer von der Verfassung garantierter Rechte in Putins Russland ein und passte zur politisch nützlichen und einigermaßen unheiligen Allianz des Kreml mit der Russisch-Orthodoxen Kirche.

Das Gesetz zur »Homosexuellenpropaganda« war nur die umfassendste und jüngste in einer Reihe von Rechtsvorschriften, mit denen die Homosexuellen in Russland zum Ziel von offizieller und inoffizieller Diskriminierung, Schikane und Gewalt gemacht wurden. Die Tatsache, dass sich Russland verschiedenen europäischen und internationalen Konventionen angeschlossen hat, die eine derartige Diskriminierung verbieten, übersahen die EU und ihre sogenannte Führung. Die Verantwortlichen begrüßten, dass Künstler, Aktivisten und einfache Bürger in die Bresche sprangen und sich für die Menschenrechte in Russland einsetzten, zu denen selbstverständlich auch die Rechte homosexueller Menschen zählen. Berühmtheiten wie Lady Gaga und Stephen Fry bezogen öffentlich Stellung; Fry schlug in einem eloquenten Brief an das IOC und Premierminister David Cameron vor, die Spiele an einen anderen Ort zu verlegen oder zu boykottieren.

Ich war angenehm überrascht von dieser plötzlichen Aufmerksamkeit für eine Entscheidung, gegen die viele Oppositionelle protestierten, seit Sotschi im Jahr 2007 die Spiele erhalten hatte. Plötzlich wimmelte es bei Twitter von Meinungsäußerungen von Homosexuellenaktivisten, die wie ich verlangten, die Olympischen Spiele im von Putins bigotter Autokratie beherrschten Russland zu boykottieren. Hier entfalteten die sozialen Medien ihre launenhafte Macht. Ernsthafte Kommentare über die Zerstörung der russischen Demokratie wurden ein paar hundert Mal geteilt, aber ein Foto von einem Regenbogen über Sotschi konnte in zehn Minuten viral werden. Doch solange sie dazu beitrugen, die Aufmerksamkeit auf die wahre Natur von Putins Regime zu lenken, war ich mit beiden Formen des Protests einverstanden.

Sotschi hätte aus vielen Gründen nie die Spiele bekommen dürfen. Der offenkundigste war, dass die Temperaturen in diesem subtropischen Ferienort nur selten winterlich sind. Die Tatsache, dass es in Sotschi keinerlei Austragungsstätten gab, als dieser Ort im Juli 2007 den Vorzug vor Salzburg und Pyeongchang erhielt, machte die Wahl noch überraschender. Es war von Anfang an klar, dass dieser empfindlichen Region eine menschliche und ökologische Katastrophe bevorstand. Obendrein liegt Sotschi an der Grenze zum Nordkaukasus, einem Brennpunkt des islamistischen Terrors und der Brutalität des russischen Militärs: Die Umgebung war berüchtigt für die Terroranschläge in Inguschetien, für den alltäglichen Bombenterror in Dagestan und für die entsetzlichen Kriege in Tschetschenien.

Viele Einwohner von Sotschi mussten mit ansehen, wie ihre Häuser und Unternehmen zerstört und die Umgebung in den Schauplatz einer Umweltkatastrophe verwandelt wurde, die sich weiter verschlimmerte, als der Ort wenige Minuten nach Erlöschen der olympischen Flamme wieder sich selbst überlassen wurde.

Dem Putin-Regime ging und geht es vor allem um eines: ums Geld. Genauer gesagt, dreht sich alles um die Frage, wie das

Geld auf die Bankkonten von Putins Verbündeten geschleust werden kann. Die Ausrichtung der Olympischen Spiele – der ersten in Russland, da die Spiele 1980 in Moskau noch in der Sowjetunion stattgefunden hatten –, eignete sich sehr gut, um zig Milliarden US-Dollar aus dem Staatshaushalt und den staatlichen Banken in private Tresore zu verschieben. Infrastruktur, Austragungsstätten, Hotels, Catering: alles wurde von Unternehmen in die Hand genommen, die der Kreml ausgesucht hatte. So konnte es nicht überraschen, dass sich viele von Putins besten Kumpeln ein bisschen verfrüht ihr Gold in Sotschi abholten. Die Kosten stiegen weit über die veranschlagten 12 Milliarden US-Dollar (was bereits ein Rekord gewesen wäre) auf geschätzte 50 Milliarden, womit diese Spiele sogar noch teurer wurden als die üppigen Sommerspiele 2008 in Peking. Nach Angabe des *Economist* sicherten sich allein die Unternehmen von Putins altem Judo-Kameraden Arkadi Rotenberg Aufträge im Wert von 7,4 Milliarden US-Dollar.[1] Die Winterspiele 2010 in Vancouver hatten *insgesamt* 6 Milliarden gekostet.

Die Austragung der Spiele in Sotschi wäre sogar eine dubiose Angelegenheit gewesen, wenn der klassische alte Ferienort in ein Xanadu mit Putin als Kublai Khan verwandelt worden wäre. Aber aufgrund einer Korruption von epischen Ausmaßen kam der Großteil des Geldes nie in Sotschi an. Die Bauten waren von miserabler Qualität, und viele der ehrgeizigen Projekte sollten überhaupt erst nach den Spielen fertig werden – was bedeutet, dass sie nicht gebaut wurden und nie gebaut werden. Man darf ruhigen Gewissens sagen, dass die Schweiz unabhängig vom Erfolg ihrer Olympiamannschaft das meiste Gold gewann.

Die IOC-Mitglieder müssen sehr zuversichtlich gewesen sein, als sie die Spiele angesichts solcher Hindernisse an Sotschi vergeben haben. Viele meiner Kollegen in der Opposition und ich protestierten von Anfang an gegen die Kandidatur. Als das Ausmaß des Chaos und der Korruption unübersehbar wurde, forderten wir das IOC in einer Petition auf, die Spiele an einen anderen Ort zu verlegen, und sei es auch nur an einen geeigneteren in Russland. Natürlich wurden die Spiele nicht verlegt, aber die von dem Antihomosexuellengesetz ausgelöste Protestwelle eröffnete uns die Möglichkeit, Putins Potemkinsches Dorf in eine Bühne zu verwandeln, um der Welt die Grausamkeit seines Regimes zu zeigen.

Da ich selbst professioneller Sportler gewesen war, konnte ich einen Boykott der Spiele durch die Olympiamannschaften nicht befürworten. Auf diese Art wären nur die Sportler ohne Rücksicht auf ihre persönlichen Ansichten bestraft worden. Ich wäre als junger Mann selbst beinahe zum Opfer der »Sportpolitik« geworden. Im Jahr 1983 wurde mir gesagt, ich könne nicht nach Pasadena in Kalifornien reisen, wo ich bei einem Kandidatenturnier gegen den aus der Sowjetunion emigrierten Viktor Kortschnoi antreten sollte. Die Sowjetunion plante bereits, als Vergeltungsmaßnahme für den westlichen Boykott von Moskau 1980 nicht an den Sommerspielen 1984 in Los Angeles teilzunehmen. Da ich nicht antreten durfte, wurde Kortschnoi zunächst kampflos zum Sieger erklärt, aber schließlich fand der Kampf zu meinem Glück in London statt, wo ich siegte und meinen Aufstieg fortsetzen konnte. So wurde ich 1985 Weltmeister. Es ist unmöglich zu sagen, wie meine Karriere verlaufen wäre, wenn ich weitere drei Jahre auf den Kampf gegen Karpow hätte warten müssen.

Ich bin fest davon überzeugt, dass der Sport Mauern niederreißen und Grenzen überbrücken kann. Die Sportler sollten immer an erster Stelle stehen. Aber der Sport ist Teil der Kultur und des Lebens, und deshalb hatten die Sportler und Besucher aus aller Welt die Chance, wirklich etwas für die Menschenrechte in Russland zu tun. Die »Black-Power-Grüße« der amerikanischen Sprinter John Carlos und Tommie Smith auf dem Siegerpodest bei den Spielen in Mexiko-Stadt im Jahr 1968 sind in die Geschichte eingegangen. Sotschi war der geeignete Ort für ähnliche Gesten, obwohl die Mannschaften für sehr viel geringfügigere Meinungsäußerungen (zum Beispiel in Regenbogenfarben bemalte Fingernägel) streng verwarnt wurden.

Der Boykott, für den ich warb, war ein Boykott durch Regierungschefs, Prominente, Sponsoren, Unternehmenschefs und Fans. Ein Staatschef, der nach Sotschi kam und neben Putin in dessen imposanten Vergnügungstempel Platz nahm, um so zu tun, als hätte diese Welt nichts mit dem Polizeistaat zu tun, den der sowjetische Autokrat errichtet hatte, war ein abstoßender Anblick. Wie Stephen Fry in seinem Brief erklärte, hatte die Welt Adolf Hitler den Rücken gestärkt, indem sie 1936 an den Spielen in Berlin teilnahm. Sämtliche Mitglieder der französischen Olympiamannschaft streckten den Arm zu einem steifen Gruß aus, als sie bei der Eröffnungsfeier am Führer vorbeidefilierten. Hitler und die Deutschen waren entzückt über dieses Zeichen der Ehrerbietung. (Viele andere Mannschaften, darunter Briten und Amerikaner, verweigerten den Hitlergruß.) Putin strebte in Sotschi eine ähnliche Verherrlichung und Anerkennung an.

1936 verfolgte Hitlers Regime schon seit Jahren die deutschen Juden. Die Nationalsozialisten attackierten auch Homosexuelle, Behinderte, Roma und politische Gegner. Putin hat dieses Modell der Unterdrückung übernommen und verfolgt Immigranten, Homosexuelle und die Opposition. Es ist tragisch, dass sich die freie Welt beharrlich weigert, aus den Fehlern der Vergangenheit zu lernen, wenn sie es mit Diktatoren und angehenden Diktatoren zu tun bekommt.

Die Autokraten hingegen sind gelehrige Schüler ihrer Vorgänger. Sie studieren sorgfältig, wie sie schrittweise die

Bürgerrechte beseitigen können, ohne eine Rebellion zu riskieren, wie sie abweichende Meinungen unterdrücken und Scheinwahlen abhalten können, ohne ihre Reisefreiheit und ihre vorteilhaften Handelsbeziehungen zur freien Welt zu gefährden, und wie sie den Frieden predigen können, während sie Krieg führen. Es ist richtig, dass verschiedene Diktatoren verschiedene Beweggründe haben – Kommunismus, Faschismus, Eroberung, Raub –, aber das Bedürfnis nach totaler Kontrolle ist immer dasselbe, und es ist quälend, mit ansehen zu müssen, wie sich ihre Methoden wiederholen. Auf der anderen Seite verschwindet die Vorstellung, dass die freien Nationen die Pflicht haben, Unschuldige vor Mord und Unterdrückung zu schützen, immer wieder in der Versenkung und wird erst wieder zum Leben erweckt, wenn die nächste Krise bereits stattgefunden hat.

Die Ukraine ist das jüngste Opfer dieser Dynamik. Sotschi war ein Potemkinsches Dorf, und wie sich herausstellte, dienten die Olympischen Spiele Putin als Blendwerk, hinter dem er größere Vorhaben verbergen konnte. Als es die EU ablehnte, bessere Bedingungen für den Beitritt der Ukraine zu Europa anzubieten, nutzte Putin sofort die Gelegenheit und trat mit der üblichen Mischung von Drohungen und Bestechung auf den Plan. Sein ukrainischer Lakai Viktor Janukowitsch beherrschte diese Sprache. An diesem Ort fiel es der Demokratie schwer, mit einer reichen Diktatur zu konkurrieren. Europa bot Komitees und unbestimmte Zeithorizonte an und verlangte als Gegenleistung Transparenz und schmerzhafte Reformen. Putin bot Geld an, und im Gegenzug verlangte er lediglich die Freiheit und die Seele der Ukrainer.

Zum Leidwesen von Putin und Präsident Janukowitsch wollte das ukrainische Volk diesen Betrug nicht widerstandslos hinnehmen. Als Janukowitsch erklärte, er werde das Verfahren zur Unterzeichnung des Assoziierungsabkommens mit der EU aussetzen, strömten die Ukrainer in Massen auf den Maidan Nesaleschnosti, den Unabhängigkeitsplatz im Zentrum von Kiew, um gegen den Versuch des Präsidenten zu protestieren, die Ukraine von Europa wegzuführen und Putin in die Arme zu treiben. Am 21. November 2013 versammelten sich einige tausend Demonstranten auf dem Platz. Dies war die Geburtsstunde des *Euromaidan*. In den folgenden Tagen schwoll die Kundgebung auf mehrere hunderttausend Menschen an. Schon bald begnügten sich die Demonstranten nicht mehr damit, den Beitritt zu Europa zu verlangen, sondern forderten Janukowitschs Rücktritt. Die Ukraine war nicht Russland, erklärten sie, und sie wollten dafür kämpfen, dass es so blieb. Tatsächlich würden sie kämpfen müssen, und viele von ihnen würden das Leben verlieren.

Am 30. November gingen Einheiten der Sonderpolizei Berkut mitten in der Nacht zum Angriff auf die Demonstranten über und vertrieben sie vom Platz. Dutzende wurden verletzt. Doch verblüffenderweise gelang es den Demonstranten nicht nur, sich wieder zu sammeln, sondern in Reaktion auf den Angriff wuchs die Zahl der Kundgebungsteilnehmer noch. In der ersten Dezemberwoche organisierten sich die Demonstranten und errichteten auf dem Maidan ein Zeltlager, das sie mit Barrikaden schützten. Sie besetzten das Kiewer Rathaus und forderten Janukowitschs Regierung zum Rücktritt auf. Am 6. Dezember reiste Janukowitsch zu einem außerplanmäßigen Treffen mit Putin nach Sotschi, um sich Anweisungen zu holen. Die befürchtete Unterzeichnung eines Dokuments, mit dem die Ukraine der Zollunion für eine »Sowjetunion light« einverleibt worden wäre, blieb aus, aber der ukrainische Ministerpräsident Mykola Asarow kündigte für den 17. Dezember die Unterzeichnung einer wichtigen Vereinbarung an.

Am 8. Dezember fand die bis dahin größte Kundgebung in Kiew statt, an der laut Medienberichten mehr als eine halbe Million Menschen teilnahmen. Die Regierung Janukowitsch verhandelte mit Abgesandten der EU, früheren ukrainischen Präsidenten und Führern der Protestbewegung wie Vitali Klitschko, dem früheren Boxweltmeister und Parlamentsabgeordneten. (Sein jüngerer Bruder Wladimir ist der aktuelle Weltmeister. Beide sind begeisterte Schachspieler.) Am 11. Dezember kam es erneut zu Zusammenstößen zwischen Sondereinheiten der Polizei und Demonstranten, die jedoch trotz der Kälte auf dem Platz ausharrten. Die Regierung schreckte immer noch vor einem massiven Gewalteinsatz unter den Augen der Welt zurück. Janukowitsch traf sich mit der EU-Vertreterin Catherine Ashton und Victoria Nuland, der Assistant Secretary of State im amerikanischen Außenministerium, deren Unterstützung für die Demonstranten von der russischen Propaganda immer noch benutzt wird, um zu »beweisen«, dass der Euromaidan von der CIA organisiert worden sei.

Während die Verhandlungen liefen, verwandelte sich der Maidan im Dezember in eine sonderbare Mischung aus Friedenslager und Touristenattraktion. Politiker aus aller Welt kamen auf den Platz, um zur dort versammelten Menge zu sprechen. Demonstranten, Journalisten und Oppositionsführer wurden bei Polizeivorstößen und Angriffen dubioser Schlägertrupps verletzt. Damals hatte es den Anschein, als überschlügen sich die Ereignisse, da fast täglich neue Nachrichten und Überraschungen zu vermelden waren, aber die Konfrontation zog sich bis in den Januar. Putin lockte weiter mit dem Zuckerbrot, aber Janukowitsch fürchtete sich davor, danach zu greifen. Selbstverständlich hätte es Putin vorgezogen, wenn die Proteste gewaltsam niedergeschlagen worden wären, anstatt die Auseinandersetzung friedlich beizulegen. Der Kreml hatte gehofft, den Virus der Orangenen Revolution isoliert zu haben und von Russlands Grenzen fernhalten zu können, und versprach der Ukraine 15 Milliarden US-Dollar an Hilfsgeldern, um die Quarantäne aufrechtzuerhalten. Janukowitschs panische Kurswechsel zeigten, dass er wie Putin leben, aber nicht wie Gaddafi sterben wollte.

Kurz nachdem am 16. Januar neue Gesetze zum Verbot von Kundgebungen erlassen worden waren, kam es erneut zu gewaltsamen Zusammenstößen, die Todesopfer forderten. Mehrere verletzte Aktivisten wurden aus dem Krankenhaus verschleppt; einer von ihnen wurde später ermordet aufgefunden. Janukowitsch versuchte, die Oppositionsführer in seine Regierung einzubinden, um die Proteste zu untergraben, und bot Arsenij Jazenjuk und Klitschko Posten im Kabinett an. Beide lehnten ab.

Während der gesamten Krise auf dem Euromaidan erhoben russische Regierungsvertreter zunehmend hysterische Anschuldigungen gegen die ukrainische Opposition und behaupteten, die Kundgebungen seien das Werk »ausländischer Agenten«. Ohne irgendwelche Belege beschuldigte der Kreml wiederholt die ukrainischen Bürger, sie seien von den USA für einen gewaltsamen Staatsstreich ausgebildet und bewaffnet worden. Das Vorgehen Moskaus erinnerte an den Umgang der Sowjetunion mit Dissidenten: Wer die sowjetische Führung ablehnte, konnte nur ein ausländischer Spion oder ein Geisteskranker sein. Der Kreml konnte es sich nicht leisten zuzugeben, dass sogar das ukrainische Volk, das dem russischen am nächsten stand, für seine Freiheit kämpfte. Wie die Georgier gaben auch die Ukrainer ein schlechtes Beispiel, das die Russen auf gefährliche Ideen bringen konnte.

Obwohl die ukrainische Regierung am 28. Januar zurücktrat und Janukowitsch plötzlich seine Bereitschaft signalisierte, den unerschrockenen Demonstranten geringfügige Zugeständnisse zu machen, wuchs die Spannung auf den Straßen. Eine Delegation des Kreml traf ein, um die Lage hinter verschlossener Tür mit Janukowitsch zu besprechen. Es war, als wartete die Regierung auf etwas. Am 18. Februar endete die relative Ruhe. In den folgenden Tagen eskalierte die Gewalt. In Russland ausgebildete Scharfschützen der ukrainischen Spezialeinheiten schossen in die Menge. Mindestens 80 Menschen (darunter ein Dutzend Polizisten) wurden getötet, mehr als tausend ernsthaft verletzt. Aber auch diesmal wichen die Demonstranten nicht zurück, und jetzt war klar, dass sie sich nicht mit weniger als Janukowitschs Rücktritt zufrieden geben würden. Aus dem Protest auf dem Maidan wurde eine Revolution.

Anstatt von seinem Amt zurückzutreten oder auf ein Amtsenthebungsverfahren zu warten, flüchtete der Präsident unter Putins Fittiche, bevor er in Kiew wegen seiner hemmungslosen Korruption vor Gericht gestellt werden konnte. Fotos aus seinem vergoldeten Palast verbreiteten sich wie ein Lauffeuer im Internet, während die Opposition eine neue Regierung bildete und Neuwahlen im Mai ansetzte.

Es ist kein Zufall, dass die ukrainischen Sicherheitskräfte das Protestlager auf dem Maidan während der Spiele in Sotschi stürmten, die vom 7. bis 23. Februar stattfanden. Erinnern wir uns daran, dass Russland während der Olympischen Spiele in Peking im Jahr 2008 in Georgien einmarschierte. Derartige Spektakel eignen sich sehr gut dazu, die Weltöffentlichkeit abzulenken, und als die Gewalt auf dem Maidan eskalierte, waren zahlreiche internationale Berichterstatter aus Kiew abgezogen und nach Sotschi geschickt worden.

Die Winterspiele in Sotschi lenkten auch die russische Öffentlichkeit von den innenpolitischen Vorgängen ab. Der Prozess gegen den Oppositionsaktivisten Sergej Udalzow wurde bis zum 18. Februar hinausgezögert. Udalzow drohten zehn Jahre Gefängnis wegen der »Organisation von Massenausschreitungen«, womit in der Sprache des Kreml gemeint ist, dass jemand in der ersten Reihe eines Protestmarschs geht – dieser Marsch war friedlich, bis die Polizei die Kundgebung gewaltsam niederschlug. Im Fall des Bolotnaja-Platzes wurden am 21. Februar acht Schuldsprüche gefällt. Und auch hier erwiesen sich die Spiele in Sotschi als willkommene Ablenkung.

In den Nachrichten waren zahlreiche Fotos eines lächelnden Wladimir Putin zu sehen, der für die Kameras posierte und mit ehrerbietigen Politikern, Funktionären und Sportlern das Glas hob – dies war genau die Art von Berichterstattung, die er sich gewünscht hatte. Unterdessen produzierte sein Unrechtssystem weitere politische Gefangene. Putin hatte aus der Geschichte gelernt, dass die Menschen nach einer Weile die schlechten Nachrichten satt haben und nichts mehr von Unterdrückung und Tod hören wollen. Die Propaganda funktioniert am besten, wenn es den Menschen leichter fällt, sich Lügen anzuhören, anstatt sich mit der schmerzhaften Wahrheit auseinandersetzen zu müssen. Aber die Propaganda kann die Wahrheit nicht ändern.

Wie ich befürchtet hatte, hielten sich der Sender NBC und das IOC an Putins Drehbuch und stellten die Spiele in Sotschi als Schritt auf dem Weg zur Liberalisierung Russlands dar, während das Gegenteil der Fall war. Putin benutzte die Spiele, um von den Schauprozessen und den aggressivsten antiamerikanischen und antisemitischen Kampagnen seit Jahren abzulenken. Wie konnten Berichte über diese inneren Vorgänge in Russland mit den Übertragungen von Eiskunstlauf und Eishockey konkurrieren? Aber das ukrainische Volk spielte die ihm zugewiesene Rolle nicht, sondern kämpfte unbeirrt für seine Freiheit und um sein Leben. Die Tapferkeit der Ukrainer verdient höchstes Lob. Die

Demonstranten auf dem Maidan halten uns vor Augen, dass ein Diktator ungeachtet dessen, wie viel Respekt ausländische Regierungschefs ihm während seiner Herrschaft entgegenbringen, immer das gleiche Ende nimmt: In den Augen seines eigenen Volkes endet er als schändliche Figur.

Das IOC, das selbst eine dunkle Geschichte hat, machte nur zu gerne Geschäfte mit Putin. Beispielsweise wurden nach dem Triumph Hitlers mit den Spielen in Berlin die folgenden Spiele in den faschistischen Hauptstädten Tokio (1940) und Rom (1944) angesetzt.[2] IOC-Präsident Thomas Bach beklagte sich darüber, dass die Proteste ausländischer Politiker gegen Sotschi »eine politische Einmischung in den Sport« seien, wobei er außer Acht ließ, dass es auch eine »politische Einmischung« darstellt, eine sportliche Großveranstaltung für Propaganda und Korruption zu missbrauchen. Aus Bachs fragwürdiger Argumentation muss man schließen, dass das IOC die Spiele bereitwillig an Nordkorea vergeben würde, sofern die Sportstätten in Ordnung sind und die Gebühren prompt bezahlt werden.

* * *

Ich wusste, dass Putin nicht untätig zusehen würde, wie sein Handlanger Janukowitsch die Ukraine aufgab. In einem Artikel in *Le Monde* warnte ich am 24. Februar: »Wenn Putin nicht die gesamte Ukraine unter seiner Knute haben kann, wird er sich dazu entschließen, sie zu teilen. Die Russland zugeneigten Regionen der Ukraine, darunter die Krim, sprechen unter Anleitung des Kreml bereits von ›Unabhängigkeit‹, was in bester orwellscher Tradition das genaue Gegenteil bedeuten würde, nämlich den Verlust der Freiheit als Teil von Putins Neo-Sowjetunion.«[3]

Als Assad und Putin im Jahr 2013 in Syrien einen Walzer über die von Obama gezogene rote Linie tanzten, warnte ich davor, dass die Diktatoren und Möchtegern-Diktatoren von Caracas über Teheran bis Pjöngjang die Geschehnisse aufmerksam verfolgten. Würde sich der Westen einem Angriff auf einen souveränen Staat widersetzen, um den »regionalen Einfluss« zu wahren? Hatte insbesondere die Regierung Obama den Mut, für ihre Überzeugungen einzutreten, wenn es galt, angesichts einer Herausforderung zu ihrem Wort zu stehen? Es gab noch weitere Faktoren, aber ich bin überzeugt, dass Syrien Putin in der Gewissheit bestärkte, dass er es darauf ankommen lassen konnte. Putin hatte Russland wieder zu einem Polizeistaat gemacht, und die Ukraine, die er als »Kleinrussland« bezeichnete, stand als nächstes auf seiner Liste. In meinen Augen war das offenkundig, vor allem, wenn man die zahlreichen Parallelen mit den Olympischen Spielen 1936 in Berlin betrachtete.

Putin wollte sich bei den Spielen in Sotschi als neuer Peter der Große präsentieren und sein geliebtes sowjetisches Feriendomizil in ein internationales Juwel verwandeln, so wie Peter aus dem Nichts seine imperiale Prunkstadt Sankt Petersburg errichtet hatte. Außerdem wollte Putin den Nationalstolz mit einem großen Zirkus stärken, den er mit dick aufgetragener russischer Folklore präsentierte. Dies ist die Art von Selbstbetrug, der sich ein Despot hingibt, wenn er nach zu langer Zeit an der Macht seine Person mit dem Staat verwechselt. In Ermangelung der Korrektur durch freie Medien und wirkliche Wahlen glaubt er allmählich, sein Ruhm sei der Ruhm des Landes und das, was ihn glücklich mache, mache auch das Volk glücklich.

Hier gibt es einen Unterschied zwischen den Spielen in Sotschi im Jahr 2014 und denen in Moskau 1980 und Peking 2008. Dort sollte jeweils die autoritäre Propagandamaschine die Leistungen eines Landes und eines Systems in die Welt hinausposaunen.

Diese Großveranstaltungen sollten den Ruhm des Kommunismus und des totalitären Staates mehren und die Überlegenheit des kommunistischen Systems und der von ihm hervorgebrachten Sportler unter Beweis stellen. Niemand erinnert sich an die Namen der chinesischen Politiker, die bei den Olympischen Spielen 2008 in Peking auf der Tribüne saßen, und nur wenige werden noch Breschnews Auftritt in Moskau vor Augen haben. In Sotschi hingegen bekam man weder den Vorsitzenden des russischen Olympischen Komitees noch den Leiter der Spiele zu Gesicht: Das Spektakel in Sotschi diente ausschließlich dazu, die Ambitionen und den Größenwahn eines allgegenwärtigen Führers zur Schau zu stellen, und das hat es mit den Spielen in Berlin im Jahr 1936 gemein. An diesem Punkt möchte ich kurz abschweifen, denn wenn ich darauf zu sprechen kam, rollten viele Journalisten und Experten die Augen. Noch bevor ich das Wort »Berlin« aussprechen konnte, hatten sie den Einwurf »Aber Putin ist kein Hitler!« auf den Lippen.[4] Es ist eine gleichermaßen faszinierende wie gefährliche Entwicklung in der historischen Ignoranz, dass fast jeder Vergleich mit Hitler oder dem Nationalsozialismus rituell zurückgewiesen wird, sei es von professionellen Journalisten oder in anonymen Tweets. Es ist so, als würde sich die langsame und öffentliche Wandlung eines deutschen populistischen Politikers in das infamste Ungeheuer der Geschichte einer rationalen Beurteilung entziehen.

Es ist mir durchaus bewusst, wie gefährlich es ist, etwas Böses mit dem Nationalsozialismus oder Hitler oder ein repressives Regime mit dem Faschismus oder einen Akt der Beschwichtigungspolitik mit München 1938 zu vergleichen. Die übermäßige Verwendung solcher Vergleiche führt zu Trivialisierung und Bedeutungsverlust, was auch der Grund dafür ist, dass die Verwendung der Bezeichnungen »Genozid« und »Holocaust« auf ganz bestimmte Vorgänge beschränkt bleiben muss, anstatt sie leichthin oder mit dem Ziel zu gebrauchen, eine Schockwirkung zu erzielen. Das ist die zentrale Bedeutung von »Nie wieder«, und es darf nicht vergessen werden. Deshalb ist es bedeutsam, dass Präsident Obama sein im Wahlkampf 2008 gegebenes Versprechen brach, den Völkermord an den Armeniern als solchen anzuerkennen. Wie können wir gegen die Übel der heutigen Welt kämpfen, wenn wir nicht den Mut haben, uns mit einem Übel auseinanderzusetzen, dessen Geist uns seit einem Jahrhundert verfolgt? Wir müssen ehrlich und mutig genug sein, das Böse beim Namen zu nennen, insbesondere die Mutter aller Völkermorde im 20. Jahrhundert.

Und deshalb vergleiche ich eine moderne Diktatur, die faschistische Propaganda betreibt, nicht leichtfertig mit einer früheren, wenn sie sich unter demselben Vorwand wie jene frühere einen Teil eines europäischen Nachbarlands einverleibt: Sie behauptet, sie müsse ihre »Volksgenossen« schützen. Ich vergleiche die Feigheit und Nachgiebigkeit der heutigen Regierungen der freien Welt gegenüber Wladimir Putin nicht aus Unwissen oder um der Schockwirkung willen mit der verzweifelten, fruchtlosen und letzten Endes verheerenden Appeasement-Politik, die die freie Welt in den dreißiger Jahren des vergangenen Jahrhunderts gegenüber Adolf Hitler betrieb. Es handelt sich hier um kohärente und gefährliche Präzedenzfälle, nicht um einen trivialen Vergleich zwischen zwei kleinen Autokraten mit einem ähnlichen Hang zur Obszönität.

Selbstverständlich entzieht sich das zutiefst Böse des Nationalsozialismus jedem vernünftigen Vergleich. Selbstverständlich ist niemand eine ähnlich mörderische Bedrohung, wie Hitler sie in den vierziger Jahren wurde, und es gibt niemanden, der vergleichbaren Schrecken verbreitet. Selbstverständlich nimmt niemand an, dass Putin einen neuen Weltkrieg beginnen wird oder den Holocaust nachahmen möchte. Aber es ist einfältig und gefährlich, die Lehren, die daraus gezogen werden können, wie Hitler politisch aufstieg, wie er seine Macht festigte und wie die freie Welt ihn lange Zeit ignorierte und begünstigte, in Bausch und Bogen vom Tisch zu wischen. Und wie ich in der Einleitung erklärt habe, war selbst Hitler im Jahr 1936 noch kein Hitler. Es gab in Deutschland und im Ausland bereits viele, die ihn misstrauisch beäugten, aber da stand er im Berliner Olympiastadion und nahm strahlend das Lob von Regierungschefs und Grüße mit ausgestrecktem Arm von ausländischen Sportlern entgegen. Es kann kein Zweifel daran bestehen, dass dieser Triumph auf der Weltbühne das NS-Regime mutiger machte und in seinen Ambitionen bestärkte.

Ob dies nun beabsichtigt war oder nicht, Putins Regime hielt sich in Sotschi sehr genau an das Drehbuch, das 1936 in Berlin geschrieben worden war. Da waren dieselben symbolischen Zugeständnisse in Reaktion auf die internationale Empörung über bigotte Gesetze. Einige prominente politische Gefangene wurden kurz vor der Ankunft der ausländischen Medien freigelassen. Sogar der Ton der Propaganda weckte Erinnerungen an 1936, wie der Autor und Journalist Viktor Schenderowitsch brillant analysiert hat. Er zitiert aus einer Stellungnahme des putintreuen Politikers Wladimir Jakunin, der die westlichen Medien antirussischer Hysterie und Feindseligkeit bezichtigte und den ausländischen Kritikern vorwarf, sie versuchten die Spiele kaputtzumachen. Anschließend zeigte Schenderowitsch, dass die Hälfte der Stellungnahme in Wahrheit von Karl Ritter von Halt stammte, dem Organisator der Berliner Spiele. Es war lediglich »Deutschland« durch »Russland« ersetzt worden. Der Übergang war nahtlos.

* * *

Ende Februar 2014 gab Wladimir Putin seiner Armee zum zweiten Mal in sechs Jahren den Befehl, eine international anerkannte Staatsgrenze zu überschreiten, um das Territorium eines anderen Staates zu besetzen. Diese Tatsache muss eindeutig festgehalten werden, bevor eine Diskussion über die Motive oder Konsequenzen der Auseinandersetzung beginnen kann. Die russischen Truppen nahmen die zur Ukraine gehörende Krim mit Gewalt ein (und halfen dabei, Viktor Janukowitsch von dort zu evakuieren). Mit dieser Okkupation fand Putin Aufnahme in einen exklusiven Club, dem auch Saddam Hussein und Slobodan Milošević angehörten: Er war nun einer der wenigen Machthaber, die im Atomzeitalter die Invasion eines Nachbarlands anordneten. Wenige Wochen später ging Putin weiter als Milošević, indem er die Krim offiziell annektierte, so wie es Saddam Hussein seinerzeit mit Kuwait getan hatte.

Eine derart unverhohlene expansive Aggression war seit den Zeiten Adolf Hitlers, der schließlich scheiterte, und Josef Stalins, der erfolgreich war, aus der Mode gekommen. Stalins Rote Armee hatte ihren Anteil am Sieg über Hitler-Deutschland, aber ihren größten Triumph feierte sie auf der Konferenz von Jalta im Februar 1945, drei Monate vor Kriegsende in Europa. Dort setzte Stalin einen geschwächten Franklin D. Roosevelt und einen ohnmächtigen Winston Churchill unter Druck und zog die Grenzen Polens neu; er versprach Wahlen in Polen, aber er wusste, dass die kommunistische Regierung, die die Sowjetunion dort installieren würde, die Macht nicht wieder aufgeben würde.

Obwohl wir es hier mit einem auffälligen Zufall zu tun haben, geht die Bedeutung dieses historischen Rückblicks über die Tatsache hinaus, dass Jalta auf der Krim liegt. Es gibt offenkundige Parallelen zwischen Putins Taktik und jener, die Hitler-Deutschland beim Anschluss Österreichs und bei der Annexion des Sudetenlands im Jahr 1938 anwandte: Auch damals wurde behauptet, man müsse eine bedrohte Bevölkerung schützen, und das NS-Regime bediente sich derselben aus Lügen, Rechtfertigungen und Anschuldigungen zusammengesetzten Propaganda. Und Putin wandte das Modell der Strategie an, die Stalin im Fall Polens verfolgt hatte: Erst einmarschieren, dann verhandeln.

Einige Wochen nach der Annexion wurde die Krim gezwungen, ein Scheinreferendum über den Anschluss an Russland durchzuführen, eine Abstimmung, die unter den vom Kreml bevorzugten Bedingungen stattfand: mit vorgehaltener Waffe und mit einem Ergebnis, das von vornherein feststand. Dass die Bevölkerung der Krim in der Vergangenheit bereits für den Verbleib bei der Ukraine gestimmt hatte, blieb unerwähnt.

Putins Vorstoß auf der Krim erfolgte nur Stunden nachdem der ukrainische Präsident Janukowitsch seine Marionettenfäden eingesammelt und Kiew verlassen hatte, um Schutz bei seinem Puppenspieler in Russland zu suchen. Er ließ tausende Dokumente und ein paar Paläste zurück, die das ungeheure Ausmaß seiner persönlichen und politischen Korruption belegten. Sein Sturz, für den das tapfere Volk der Ukraine mit Blut bezahlt hatte, ließ Putin schwach wirken. Wie jeder Schulhofschläger und Anführer einer kriminellen Organisation fand er sofort einen Weg, um wieder hart auszusehen und sich auch so zu fühlen. Die historisch bedeutsame Halbinsel Krim mit ihrer russischstämmigen Bevölkerungsmehrheit und ihrer geographischen Verwundbarkeit (und einem russischen Marinestützpunkt) war ein naheliegendes Ziel.

Wie ich seit Jahren sage, verschwendet jeder, der versucht, eine tiefere Strategie in Putins Handlungen zu finden, nur seine Zeit. In seinem Kalkül spielen komplexe nationale Interessen keine Rolle. Es gibt nur persönliche Interessen, nämlich jene seiner engsten Verbündeten, die ihn an der Macht halten und nach Wegen suchen, wie sie diese Macht am besten festigen können. Ohne wirkliche Wahlen oder freie Medien kann ein Diktator mit seinen Untertanen nur mittels der Propaganda kommunizieren, und die einzige Möglichkeit, seine Macht zu festigen, besteht darin, regelmäßig Härte zu zeigen.

Innerhalb Russlands kommt diese Härte gegen Dissidenten und Bürgerrechtsaktivisten zum Einsatz. Nach außen greift Putin zu militärischen Mitteln, Handelssanktionen oder wirtschaftlicher Erpressung, wo immer er glaubt, das ungestraft tun zu können. Bisher hat er die Situation stets richtig eingeschätzt.

Entgegen den Prognosen vieler Gelehrter, Politiker und sogenannter Russlandexperten ging Putin so weit, die zur Ukraine gehörende Krim zu annektieren. Möglicherweise war er nicht beeindruckt von den vernünftigen Argumenten der Kritiker und von ihrer eleganten Erklärung, die Invasion und Annexion seien nicht im nationalen Interesse Russlands. Die »Putin würde nie«-Argumente, die im Westen vorgebracht werden, haben vor allem ein Manko: Sie beruhen auf der Annahme, die nationalen Interessen Russlands lägen Putin und seiner Herrschaftselite am Herzen. Das tun sie nicht, wenn man von den wenigen Bereichen absieht, in denen sich diese nationalen Interessen mit ihrem eigenen Ziel überschneiden, so viel Geld wie möglich aus dem Land herauszuholen. Wir hätten vor langem aufhören müssen, uns die Vorträge von Harvard-Professoren und Think-Tank-Experten anzuhören, die uns erzählen wollen, was Putin nie tun würde. Es ist höchste Zeit, dass wir auf das reagieren, was er tatsächlich tut.

Der nächste Hemmschuh in dem Bemühen, Putin zu stoppen, ist die selbst auferlegte Lähmung der Führung Europas und der G7. Die traurige Wahrheit ist, dass die einzigen Sanktionen oder sonstigen Maßnahmen, die sich auf Putins Verhalten auswirken werden, jene sind, die direkt auf die Mechanismen seines Machterhalts zielen. Der Machterhalt ist das einzige, was Putin interessiert, denn er weiß, welches Schicksal Männern wie ihm droht, wenn sie die Macht verlieren. Deshalb war der Kommentar von Außenminister John Kerry gegenüber seinem russischen Amtskollegen Sergej Lawrow nach der Annexion der Krim so vollkommen irregeleitet. »Wir hoffen, dass Präsident Putin verstehen wird, dass nichts von dem, was wir sagen, als Drohung gemeint ist«, sagte Kerry. »Es ist nicht persönlich gemeint.«[5] Mit dieser ängstlichen Bemerkung beraubte sich Kerry des einzigen Druckmittels, das auf Putin wirkt: Man muss seine persönliche Macht bedrohen.

Obama wiederholte diesen Fehler zwei Tage später, indem er ankündigte, die Vereinigten Staaten würden keine Truppen zur Verteidigung der Ukraine entsenden. Da ohnehin niemand um Truppen gebeten hatte, dachte Obama vermutlich, er werde auf diese Art die Spannungen verringern. Aber was für Obama eine Bekundung friedlicher Absichten war, war für Putin einfach ein weiterer Beweis der Schwäche. Die Waffen niederzulegen, um in einer Geiselnahme die Lage zu beruhigen, mag bei einem verängstigten Jugendlichen wirken, aber jemanden wie Putin kann man so nicht zum Einlenken bewegen. Putin sah in Obama seinen einzigen wirklichen Widersacher in der Welt, und dieser Widersacher hatte gerade einen seiner wertvollsten Trümpfe aus der Hand gegeben: die überwältigende militärische Stärke der Vereinigten Staaten. Im Fall des Irans, Syriens und nun in der Ukraine legte Obama seine Außenpolitik in Putins Hände und beraubte sich auf diese Art der Macht seines Amts, was sich nach seinem Ausscheiden aus dem Weißen Haus noch jahrelang auswirken wird.

Am 28. März rief Putin den amerikanischen Präsidenten an, um über die Ukraine zu sprechen. Aber was gesagt wurde, unterschied sich von dem, was gehört wurde. Die Analyse der Diskrepanzen zwischen den Pressemitteilungen des Weißen Hauses und des Kreml zu diesen Gesprächen hat sich in eine kleine Industrie verwandelt, und man würde nicht darauf kommen, dass sich die Berichte auf dasselbe Gespräch beziehen. Im Bericht des Weißen Hauses wurde auf die Notwendigkeit »konstitutioneller Reformen und demokratischer Wahlen« in der Ukraine und eines Abzugs der russischen Truppen aus der Ostukraine hingewiesen. In der Zusammenfassung des Kreml war von »randalierenden Extremisten« in Kiew die Rede, und die separatistische moldawische Region Transnistrien wurde dem Gespräch zugeschlagen, was eine unverhohlene Drohung mit einer weiteren Eskalation war.

Ich fand vor allem ein Wort interessant, das in keiner der beiden Zusammenfassungen vorkam: »Krim«. Offenkundig war dieser Teil des ukrainischen Staatsgebiets, den Putin nur wenige Wochen vorher überfallen und annektiert hatte, bereits kein Gesprächsthema mehr. Nur einen Tag vorher hatte die Vollversammlung der Vereinten Nationen getan, was der Sicherheitsrat aufgrund von Russlands Vetorecht nicht tun konnte. In der Vollversammlung stimmten 100 Länder für die Resolution zur Verteidigung der territorialen Unversehrtheit der Ukraine, und den Russen gelang es trotz intensiven Drucks nicht, mehr als 10 Länder auf ihre Seite zu ziehen; die Liste ihrer Verbündeten las sich wie eine Aufzählung der Schurkenstaaten, darunter Kuba, Simbabwe, der Sudan, Syrien und Nordkorea. Und trotzdem schien es, als ließe Obama plötzlich zu, dass Putin die Verhandlungen auf die Frage beschränkte, ob Russland weitere ukrainische Gebiete erobern werde oder nicht.

Einen Monat vorher hatten die westlichen Experten zahlreiche weitere »Putin würde nie«-Prognosen zum Besten gegeben, und viele hatten gewarnt, Putin nicht »in eine Ecke zu drängen«, sondern ihm die Möglichkeit anzubieten, sich »ohne Gesichtsverlust« von der Krim zurückzuziehen. Leider dachte Putin nicht im Traum an einen Rückzug und wandte diese Taktik seinerseits gegen die westlichen Regierungen an: Er bot ihnen einen Rückzug ohne Gesichtsverlust und die Möglichkeit an, die Ostukraine als neues Verhandlungsthema zu akzeptieren. Mehr als ein Jahr später, Ende April 2015, wird dort weiter gekämpft – trotz mehrerer bedauernswerter »Waffenstillstandsvereinbarungen«, die auch nur dazu gut waren, den westlichen Regierungen einen Gesichtsverlust zu ersparen.

In der Geschichte gibt es einige schöne Beispiele dafür, dass ein Regime in Verhandlungen das Territorium eines anderen Landes als Faustpfand einsetzt. Einen besonders anschaulichen Präzedenzfall finden wir einmal mehr im Jahr 1938: Damals bot Hitler großzügig an, als Gegenleistung dafür, dass ihm Großbritannien und Frankreich das Sudetenland ohne Murren überließen, auf eine Annexion der gesamten Tschechoslowakei zu verzichten. Wie damals Hitler-Deutschland mit den Westmächten führen heute Nordkorea und der Iran am liebsten bilaterale Gespräche mit den Vereinigten Staaten, was ihre Art ist, allen anderen Ländern zu sagen, dass ihre Meinung unerheblich ist. Aber in der Ukraine geht es nicht um einen Konflikt zwischen den USA und Russland, sondern um eine Auseinandersetzung zwischen der zivilisierten Welt und einem Diktator, und das Abstimmungsergebnis in den Vereinten Nationen bestätigte, dass 90 Prozent der Welt so dachten.

Der Westen hat einen klaren Auftrag, Druck auf Putin auszuüben. Die Frage ist nur, ob er den Mut aufbringt, diesen Druck aufrechtzuerhalten und zu erhöhen. Andernfalls wird die Regierung der Ukraine so wie seinerzeit jene der Tschechoslowakei, die im Jahr 1938 nicht an den Verhandlungen der »Großmächte« beteiligt wurde, auf die Rolle eines Zuschauers beschränkt sein – sie wird ein Patient unter Lokalanästhesie sein, der wehrlos zusehen muss, wie die Chirurgen an seinem Körper herumschneiden. Es ist schön und gut, dass die Vereinigten Staaten an Gesprächen teilnehmen, vor allem da sie als Unterzeichnerstaat des Budapester Abkommens von 1994 die territoriale Integrität der Ukraine garantiert haben. Aber die ukrainischen Vertreter sollten ebenfalls in jeder Phase eingebunden werden, und das ukrainische Volk muss informiert werden, bevor andere Nationen darüber entscheiden, was im Interesse der Ukraine ist, und möglicherweise über das Ziel hinausschießen.

Putin strafte seine Fürsprecher im Westen einmal mehr Lügen und setzte die Invasion der Ostukraine fort. Als wenige Monate später der Sommer nahte, waren tausende Ukrainer, darunter viele Zivilisten, getötet, und hunderttausende waren von den russischen Truppen vertrieben worden. Die ukrainische Armee hatte den Streitkräften der »Rebellen« wenig entgegenzusetzen. Nicht, dass es in der Ostukraine je eine nennenswerte separatistische Bewegung gegeben hätte, bevor Putin eine riesige und gut ausgerüstete Armee von Rebellen entdeckte. Europa und die USA weigerten sich, die Ukraine zu bewaffnen, und beschränkten sich darauf, humanitäre Hilfe zu leisten und nichtletales militärisches Gerät zu liefern.

Die Reaktion auf Putins Vorgehen fiel ebenfalls erbärmlich schwach aus, obwohl kein Zweifel daran bestand, dass russische Armeeeinheiten in der Ukraine kämpften und russische Waffen ins Land strömten. Es ist eine Sache, dass Akademiker und Experten insgeheim mit Putin und seinen »grundlegenden Interessen« und der Verteidigung seiner »Einflusszone« sympathisieren, so als hätten 50 Millionen Ukrainer in dieser

Frage nicht mitzureden. Aber es ist etwas ganz anderes, dass sich Barack Obama, David Cameron und Angela Merkel Sorgen über die durch Sanktionen gegen Russland verursachte »Instabilität« und »die hohen Kosten« machen – als könnten diese schlimmer sein als die Instabilität, die dadurch verursacht wird, dass eine mit Atomwaffen gerüstete Diktatur ungestraft Teile eines europäischen Landes teilweise annektiert.

Diese zu erwartende Schwäche war ein Armutszeugnis, aber als am 17. Juli ein Passagierflugzeug von Malaysia Airlines (MH17) über der Ostukraine abgeschossen wurde, war ich überzeugt, dass der Westen begreifen würde, dass er handeln musste. Das Flugzeug war von einer Boden-Luft-Rakete getroffen worden; alle 298 Menschen an Bord wurden getötet. Die Separatisten in der Region brüsteten sich mit dem Abschuss, da sie der Meinung waren, ein weiteres ukrainisches Militärflugzeug vom Himmel geholt zu haben, und löschten die entsprechenden Posts erst, als klar wurde, dass sie ein Zivilflugzeug getroffen hatten.

Nun würden Schock und Entsetzen bei den Führern der freien Welt zweifellos von Wut und Scham darüber verdrängt, dass sie die Ausweitung des Kriegs in der Ukraine zugelassen hatten. Nun würde Putin zweifellos begreifen, dass er zu weit gegangen war, und seine Streitkräfte und die Unterstützung für die terroristischen ukrainischen Separatisten zurückziehen, um eine Gegenreaktion des Westens zu vermeiden. Und die Tatsache, dass zwei Drittel der Passagiere Europäer gewesen waren (darunter 193 Niederländer), würde zweifellos massive Proteste im Westen auslösen und harte Strafen für Russland zur Folge haben.

Wie wir wissen, geschah nichts von alldem.

Ich sagte zu jenem Zeitpunkt, dass der Abschuss von MH17 nichts an Putins Kalkül ändern würde, aber ich hoffte, dass er eine Reaktion des Westens auslösen und Putin zu einem Kurswechsel zwingen würde. Irgendwie gelang es mir, die Feigheit der westlichen Welt einmal mehr zu unterschätzen. Die Wortwahl änderte sich für kurze Zeit ein wenig, aber sonst geschah nichts. Es wurde eine Untersuchung angekündigt, obwohl es lange dauern würde, bevor sie beginnen konnte, da die Separatisten die Wrackteile und Leichen erst freigeben würden, wenn sie sie geplündert hatten. Wo blieb die Empörung? Niemand glaubte die Ausreden der Separatisten oder die russische Propaganda; der Welt war klar, dass es eine russische Luftabwehrrakete gewesen war. Lag es daran, dass die Ukraine so weit entfernt war, dass sie ein armes und unbedeutendes Land war, dass sie in ein Kriegsgebiet verwandelt worden war? Hätte es einen Unterschied gemacht, wenn Putins Streitkräfte dasselbe Flugzeug über Amsterdam oder Kuala Lumpur abgeschossen hätten? Ich bin nicht sicher, ob ich die Antwort wissen möchte.

Wer war also der Schuldige? Selbst wenn man weiß, was geschehen ist, ist das keine einfache Frage. Natürlich ist die Person schuld, die den Knopf drückte und die Rakete abfeuerte. Das ist die einfachste Antwort. Sollte dieser Mann verhaftet und wegen Mordes vor Gericht gestellt werden? Das Konzept der Verantwortung kann unmöglich derart eingegrenzt werden. Da gibt es auch noch den Kommandeur, der den Befehl gab, den Knopf zu drücken. Sodann ist da die Person, die den Separatisten die Luftabwehrbatterie zur Verfügung stellte. Es gibt die Offiziere, die die Grenzübergänge öffneten, damit schwere Waffen an die Separatisten in der Ukraine geliefert werden konnten, sowie die Generäle und Minister in Moskau, die die entsprechenden Befehle gaben. Schließlich gelangen wir zu dem Schreibtisch, an dem die Fäden der Macht zusammenlaufen, zum Schreibtisch des Mannes, dem diese Minister und Generäle gehorchen, zum Schreibtisch von Wladimir Putin.

Putin die Schuld am Tod dieser 298 Menschen zu geben, ist ebenso richtig und sinnlos, wie dem Mann die Schuld zu geben, der den Knopf drückte und die Rakete abfeuerte. Alle Welt weiß seit Monaten, dass Russland die Separatisten in der Ukraine bewaffnet und unterstützt. Alle Welt weiß seit Jahren, dass in der russischen Regierung niemand zu husten wagt, ohne vorher Putin um Erlaubnis zu fragen. Und deshalb darf man sagen: Ja, Wladimir Putin ist verantwortlich für den Tod dieser 298 Menschen, mehr als jeder andere.

Aber Putin für die Invasion der Ukraine verantwortlich zu machen – für die Annexion der Krim und für die Lieferung von modernsten Boden-Luft-Raketen an die Separatisten – ist so, als würde man den Skorpion dafür verantwortlich machen, dass er den Frosch sticht, auf dessen Rücken er sitzt. Es war zu erwarten. Es ist seine Natur. Anstatt uns Gedanken darüber zu machen, wie wir die Natur des Skorpions ändern können – oder, was noch schlimmer ist, darüber, wie wir ihn beschwichtigen können –, müssen wir uns darauf konzentrieren, wie die zivilisierte Welt die gefährliche Kreatur unter Kontrolle bringen kann, bevor noch mehr Unschuldige sterben.

Daher sollten wir unser Netz der Verantwortung dort auswerfen, wo wir etwas fangen können. Wenden wir uns den Regierungen der freien Welt zu, die nichts taten, um die Grenzen der Ukraine zu schützen, selbst nachdem Putin die Krim annektiert und sehr deutlich gemacht hatte, dass er die Absicht hatte, die Ostukraine zu destabilisieren. Trägt der Westen Schuld? Drückte er auf den Knopf? Nein. Aber er tat so, als beträfe ihn die Ukraine nicht. Er hoffte, die Ukraine ignorieren zu können, anstatt die territoriale Unversehrtheit eines europäischen Landes zu verteidigen, das angegriffen wurde. Die westlichen Regierungen waren durch Furcht und internen Streit gelähmt. Sie drückten sich um harte Sanktionen gegen

Russland, weil sie sich vor den Auswirkungen auf ihre eigene Wirtschaft fürchteten. Sie schützten Arbeitsplätze, aber sie verloren Menschenleben.

Wäre es auch zu dieser Tragödie gekommen, wenn der Westen nach der Annexion der Krim harte Sanktionen gegen Russland verhängt hätte? Wäre es auch dazu gekommen, wenn die NATO von Anfang an klargemacht hätte, dass sie die Souveränität der Ukraine mit Waffen und Militärberatern vor Ort verteidigen würde? Wir werden es nie erfahren. Zu handeln erfordert Mut, und es kann sehr kostspielig werden, das Ziel zu erreichen. Aber wie wir jetzt entsetzt feststellen müssen, hat auch die Untätigkeit einen hohen Preis, und das Ziel wurde trotzdem nicht erreicht.

Das Argument, wir hätten nur die Wahl, vor Putin zu kapitulieren oder aber den Dritten Weltkrieg zu entfachen, ist ein Argument für einfache Gemüter. Es gibt immer eine Vielzahl möglicher Reaktionen. Finanzielle und Reisebeschränkungen für Putins Günstlinge und ihre Familien und harte Sanktionen gegen Schlüsselsektoren der russischen Wirtschaft könnten auch europäischen Ländern einigen wirtschaftlichen Schaden zufügen. Bis zum Abschuss des Flugs MH17 konnte Europa darüber diskutieren, wie viel Geld seine Prinzipien wert waren. Nach dieser Tragödie musste es darüber diskutieren, wie viel Geld 298 Menschenleben wert waren.

* * *

Während russische Truppen und Panzerkolonnen in der Ostukraine vorrücken, fleht die ukrainische Regierung die freie Welt um Hilfe an. Es ist dieselbe freie Welt, von der sich die Ukrainer Aufnahme und Schutz erhofft hatten, nachdem die Demonstranten auf dem Maidan mit ihrem Blut die Freiheit erkämpft hatten. Die Regierungen der freien Welt ringen immer noch um die richtigen Worte, um sich ihrer moralischen Verantwortung für den Schutz der Ukraine zu entledigen. Putins Invasion eines souveränen europäischen Staates bezeichnen sie als »Eindringen«, so wie die Annexion der Krim – Erinnern Sie sich noch an die Krim? – kein Anschluss, sondern eine »Übernahme ohne Gegenwehr« war. Von Russland unterstützte und bewaffnete Soldaten (die, sagen wir es einmal deutlich, vermutlich Russen waren) schossen über der Ostukraine ein Passagierflugzeug ab, und trotz der 298 Opfer löste sich die Empörung rasch in politischen Diskussionen über die Frage auf, ob dieser Angriff als Verbrechen, als Kriegsverbrechen oder überhaupt nicht untersucht werden sollte.

Die von Berlin und Washington gewählten Bezeichnungen aus dem Vokabular des Feiglings sind ebenso erbärmlich wie die Schwarzweiß-Propaganda des Putin-Regimes, und sie sind sogar noch gefährlicher. Moskau wirft Nebelgranaten, obwohl das gar nicht nötig wäre, da die westlichen Regierungen sich für freiwillige Blindheit entschieden haben. Putins Lügen sind offenkundig und entsprechen den Erwartungen. Die europäischen Regierungen und das Weiße Haus bemühen sich noch mehr als der Kreml, so zu tun, als sei dies ein lokaler Konflikt, in dem sie es bei vagen Versprechungen aus sicherer Entfernung belassen können. Wie George Orwell im Jahr 1946 in seinem Essay über die Sprache schrieb (es war zweifellos kein Zufall, dass er kurz darauf mit der Arbeit an seinem Roman *1984* begann): »Das Denken korrumpiert die Sprache, aber die Sprache kann auch das Denken korrumpieren.« Die westliche Rhetorik des Appeasement führt in einen Kreislauf von selbstverstärkender geistiger und moralischer Korruption. Würde man heute die Wahrheit sagen, so gäbe man zu, dass man monatelang gelogen hat. So brauchten die westlichen Regierungen Jahre – und einen Krieg –, um endlich einzugestehen, dass Putin nichts bei den G7 verloren hatte.

Im September 2014 traf sich Obama in Washington mit dem neuen ukrainischen Präsidenten Petro Poroschenko, aber in seiner anschließenden Stellungnahme zeigte der amerikanische Präsident keinerlei Bereitschaft, die Realität anzuerkennen. Unbestimmte Forderungen nach einer »Mobilisierung der internationalen Gemeinschaft«[6] waren schlimm genug, als alles anfing. Dass solche Phrasen wiederholt werden, während ukrainische Städte in die Hände der russischen Truppen fallen, ist eine Parodie. Ich schlug zu jenem Zeitpunkt vor, Poroschenko solle beim Treffen mit Obama ein T-Shirt mit dem Aufdruck »It's a War, Stupid« tragen. Während russische Panzer und Artillerie die hoffnungslos unterlegenen ukrainischen Truppen zurückdrängten, klang es zunehmend realitätsfern, dass Obama darauf beharrte, es gebe keine militärische Lösung für die Ukraine. Es hat wenig Sinn, einem Ertrinkenden Schwimmunterricht zu geben.

Die Vereinigten Staaten, Kanada und sogar Europa haben durchaus auf Putins Aggression reagiert, aber sie hinken ihm immer einige Schritte hinterher und handeln immer erst, wenn ihre aktuellen Maßnahmen ihr Abschreckungspotenzial verloren haben. Harte Sanktionen und ein klares Bekenntnis zur territorialen Integrität der Ukraine hätten gewirkt, wären sie in Reaktion auf die Annexion der Krim im Februar und März 2014 gekommen, wie ich es seinerzeit vorgeschlagen habe. Eine glaubwürdige Ankündigung wirklicher Konsequenzen hätte Putins Eliten gespalten, denn dann hätten sie sich Gedanken über den Verlust ihres Vermögens auf beiden Seiten des Atlantiks machen müssen.

Im April und Mai hätte eine Versorgung der Ukraine mit defensiven Waffen die jetzt laufende Invasion verhindert oder zumindest die Kosten für Moskau derart erhöht, dass der Kreml die russische Öffentlichkeit sehr viel früher in sein Kalkül hätte einbeziehen müssen. Aber jene, die wie ich damals eine solche Militärhilfe forderten, wurden als Kriegstreiber bezeichnet. Die westlichen Politiker suchten einmal mehr den Dialog mit Putin. Natürlich entschied er sich trotzdem für den Krieg, wie es Diktatoren angesichts der Schwäche ihrer Gegner immer tun.

Als einer der Pioniere der Analogie und der unheilvollen Parallelen verfolgte ich, wie der Vergleich zwischen Putin und Hitler, der anfangs skandalös gewirkt hatte, in den Medien rasch zum Gemeinplatz wurde. Wie sonderbar. Zweifellos erinnern uns Putins Arroganz und seine Wortwahl immer häufiger an Hitler, und dasselbe gilt für den Lohn, den er damit geerntet hat. Zu verdanken hat er das dem Überangebot an Chamberlains in den Regierungssitzen der heutigen Welt – und es ist weit und breit kein Churchill in Sicht. Den Krieg provoziert man nicht durch Stärke, sondern durch Schwäche.

Solange es leicht ist, solange Putin von Sieg zu Sieg eilt, ohne auf Widerstand zu stoßen, wächst in Russland die Unterstützung für ihn. Zur Annexion der Krim waren kaum Schüsse nötig. Er überflutete die Ostukraine mit Agenten und Waffen, während Europa zauderte. Die Oligarchen, die zu Beginn des Abenteuers in der Ukraine Druck auf Putin hätten ausüben können, haben diesen Krieg nun mitfinanziert und können sich jetzt nicht mehr elegant aus der Affäre ziehen. Es wurden so viele Brücken verbrannt, dass die Druckpunkte, auf die der Kreml reagiert, mittlerweile schwer zu erreichen sind.

Das für den Westen erniedrigende Scheitern der beiden in Minsk unterzeichneten Friedensvereinbarungen hat bewiesen, dass sich die Regierungen der freien Welt einfach nicht eingestehen wollen, dass sie mit Putin nicht so sprechen können wie miteinander. Hier gibt es keine für beide Seiten vorteilhaften Lösungen. Putin nutzt und missbraucht jedes Zugeständnis und fühlt sich nicht verpflichtet, innerhalb oder außerhalb Russlands das Gesetz oder die Menschenrechte zu respektieren. Putin ist ein aussichtsloser Fall, und Russland wird so lange ein aussichtsloser Fall bleiben, bis dieser Mann fort ist. Es war von Anfang an ein Fehler, Putin wie jeden anderen Regierungschef zu behandeln. Aber jetzt gibt es keine Entschuldigungen mehr.

Putin wird nicht nachgeben oder sich zum Rückzug aus der Ukraine zwingen lassen, solange seine Macht nicht glaubwürdig bedroht wird. Nur so können seine Eliten und Berater gespalten werden. Gegenwärtig haben sie keinen Anreiz, gegen ihn zu wetten. Putin schützt sie und ihr Vermögen, während die freie Welt, in der sie so gerne leben, nichts tut, um sie zu zwingen, zwischen ihren Reichtümern und Putin zu wählen. Die einzige Möglichkeit, die Ukraine – und jene Länder, die sich Putin als nächste Feinde aussucht, um die Propagandamaschine zu füttern, die ihn in Russland an der Macht hält – ohne Anwendung militärischer Gewalt zu schützen, besteht darin, das Ergebnis dieser Abwägung zu ändern.

Die Regierungen der USA und Europas wollen sich noch an die Regeln halten, selbst nachdem Putin das Regelbuch zerrissen und ihnen die Fetzen ins Gesicht geschleudert hat. Sanktionen gegen einige seiner politischen Handlanger sind ein Witz, über den die Kreml-Eliten mit Recht lachen. Um einen Satz aus dem Film über die Watergate-Affäre, *Die Unbestechlichen,* zu entlehnen: »Folgt dem Geld!« Verhängt Sanktionen gegen die Eliten, die Putin unterstützen. Macht Jagd auf die Familienmitglieder, die sie benutzen, um ihr Vermögen im Ausland zu verstecken. Nehmt ihre Unternehmen unter die Lupe. Putins Oligarchen unterstützen eine Regierung, die terroristische Aktivitäten in der Ukraine finanziert und lenkt. Mit Sicherheit gibt es Wege, um dieser Leute und ihrer Vermögenswerte habhaft zu werden. Wenn die vorhandenen Gesetze nicht ausreichen, um mit milliardenschweren Verbrechern fertig zu werden, die ein gefährliches Regime möglich machen, müssen eben neue erlassen werden. Und das sollte rasch geschehen.

Die russischen Feldkommandeure sind keine Dummköpfe. Sie wissen, dass die NATO ihnen zusieht und sie augenblicklich in Stücke schießen könnte. Sie vertrauen auf Putins Aura der Unbesiegbarkeit, die jeden Tag, den der Westen der Ukraine Militärhilfe vorenthält, weiter wächst. Diesen Kommandeuren muss klargemacht werden, dass sie einer überwältigenden Streitmacht gegenüberstehen, dass ihr Leben in großer Gefahr ist, dass die NATO sie fangen und vor Gericht stellen kann und wird. Um diese Drohung glaubwürdig zu machen, muss der Ukraine sofort Militärhilfe gewährt werden, wenn auch noch nicht die Bodentruppen, deren Einsatz alle außer Putin unbedingt vermeiden wollen. Wenn die NATO-Mitglieder der Ukraine weiter Waffenhilfe vorenthalten, wird Putin dies als nächstes grünes Licht verstehen.

Einmal mehr lügt Putin in den Kleinigkeiten, während er seine größeren Drohungen und Ziele verwirklicht. Ein Jahr lang leugnete er die Anwesenheit russischer Truppen auf der Krim – um dann in einem russischen Dokumentarfilm, der am 16. März 2015 ausgestrahlt wurde, stolz zu beschreiben, wie er tausende russische Elitesoldaten auf die ukrainische Halbinsel geschleust hatte. Natürlich durfte niemand so tun, als schockierte ihn dieses Geständnis, war doch dank Satellitenaufnahmen, Berichten von Journalisten und Bloggern sowie Fotos, die Einheimische in den sozialen Medien gepostet hatten, von Anfang an klar, dass russische Truppen und Waffen auf der Krim waren. Das sollte uns zeigen, mit was für einem Menschen wir es hier zu tun haben. Wenn Putin ein Ziel hat, sind in seinen Augen alle Lügen, Verbrechen und Gewalttaten, die erforderlich sind, um dieses Ziel zu erreichen, vollkommen akzeptabel und sollten erwartet werden. Schließlich sagte er uns, was er tun würde. Wir dürfen uns nicht darüber beklagen, wie er es tut. Auf diese Art beherrscht Putin Russland seit 15 Jahren.

Dasselbe Procedere wiederholt sich beim Einsatz der sehr viel größeren russischen Streitmacht in der Ostukraine. Trotz der Posse um den Waffenstillstand »Minsk II« wächst diese Streitmacht unaufhörlich. Zwischen den »Waffenstillständen« nahmen die von Russland gelenkten Streitkräfte hunderte Quadratkilometer ukrainischen Territoriums ein und töteten erneut hunderte Menschen. Mittlerweile ist die Zahl der Toten auf weit über 6000 gestiegen. In wenigen Monaten wird Putin vermutlich auch das zugeben; vielleicht wird er ja auch der Crew der Luftabwehrbatterie, die die Passagiermaschine MH17 abschoss, Medaillen verleihen. Warum auch nicht? Er genießt es, seinen Opfern und den Führern der freien Welt, die diese Menschen im Stich lassen, seine Lügen unter die Nase zu reiben. Im erwähnten Dokumentarfilm erklärt Putin, er sei bereit gewesen, die russischen Atomstreitkräfte im Konflikt um die Krim in höchste Alarmbereitschaft zu versetzen. Solche Dinge sagt er, weil er weiß, wie sie im Westen wirken. Die Völker und Regierungen der freien Welt, die das sowjetische Imperium zum Einsturz brachten, haben vergessen, wie Säbelrasseln klingt.

Putin ist kein großer Stratege. Er ist ein aggressiver Pokerspieler, der den schwachen Widerstand einer westlichen Welt nutzt, die so risikoscheu geworden ist, dass sie auch mit den besten Karten lieber aufgibt, als einem hoch pokernden Gegenspieler die Stirn zu bieten. Am Ende ist Putin natürlich ein Problem Russlands, und die Russen müssen einen Weg finden, um sich ihres Diktators zu entledigen. Aber die freie Welt unterstützt mit ihrer Politik der einseitigen Einbindung direkt und indirekt sein repressives Regime. Wir müssen uns die furchtbaren Gefahren in Erinnerung rufen, die drohen, wenn man gegenüber Diktatoren eine Beschwichtigungspolitik betreibt, mangelnde Geschlossenheit angesichts von Aggressionen zeigt und gierig nach jeder Chance auf einen flüchtigen Frieden greift, während man einen andauernden Krieg garantiert.

Wie immer, wenn es darum geht, einen Diktator aufzuhalten, steigt der Preis unweigerlich weiter, je länger man abwartet. Westliche Politiker klagen ständig über die möglichen Kosten eines entschlossenen Handelns in der Ukrainekrise, aber sie müssen sich der historischen Tatsache stellen, dass die Kosten der Untätigkeit stets noch höher sind als die des Handelns. Mittlerweile stehen nur noch riskante und schwierige Optionen zur Verfügung, aber sie müssen ausprobiert werden. Der beste Grund dafür, Putin heute zu stoppen, ist von brutaler Einfachheit: Morgen wird es nur noch schwerer werden.

Epilog: Zeitlose Werte für eine sich wandelnde Welt

Es ist unmöglich zu sagen, wann genau wir aufhörten, von unseren Regierungen Führung zu verlangen, und uns nur noch für die realpolitischen Erfordernisse und die geringeren Übel interessierten. Der Eiserne Vorhang war noch nicht vollkommen zerstört, da klopfte sich der Westen auf die Schulter und verschleuderte die Friedensdividende. Rund um den Erdball hielten Wähler und Parlamente nach Managern statt nach Visionären Ausschau.

Einen deutlichen Beleg dafür lieferte der 11. Dezember 2011. Der Tod erlaubte sich einen grausamen Scherz, als er den Dichter, Dissidenten und Menschenrechtskämpfer Václav Havel und den verrückten nordkoreanischen Diktator Kim Jong-il fast gleichzeitig holte. Die Reaktionen der Medien waren absehbar: Der Anführer der »samtenen Revolution« wurde ignoriert, während zahlreiche Vermutungen darüber ins Kraut schossen, in welche Richtung sich das mit Atomwaffen hochgerüstete ostasiatische Gefangenenlager unter dem 28-jährigen Kim Jong-un bewegen würde. Die Besorgnis war verständlich, aber es war sonderbar, wie ernst all die Mutmaßungen genommen wurden, obwohl außerhalb von Pjöngjang niemand wusste, dass Kim Jong-il schon seit zwei Tagen tot war.

Nicht sonderbar, sondern einfach nur schlimm war, dass die Leidenschaft des geisteskranken neuen Diktators für Kinofilme und französischen Cognac der westlichen Öffentlichkeit wichtiger war als Havels Tod und vor allem sein faszinierendes Leben. Hätte man sich nicht besser auf die Suche nach möglichen Erben der moralischen Instanz Václav Havel gemacht, anstatt Spekulationen über den unbekannten Erben des Throns der nordkoreanischen Diktatur anzustellen? Wer sollte angesichts der Unterdrückung in all ihren Formen nun das Banner der Freiheit hochhalten? Der Dichter Havel – der Künstler, der Träumer – hatte zwei Drittel seines Lebens unter einem kommunistischen Regime gelebt und wusste, dass man die Freiheit mit allen Waffen an allen Fronten erkämpfen muss.

Ich begegnete Havel erstmals im Jahr 1990 in Prag, als er gerade zum Präsidenten gewählt worden war. In seiner neuen Funktion setzte er sich von Anfang an für jene ein, die für die Demokratie kämpften, vor allem in der Sowjetunion, die zu diesem Zeitpunkt noch existierte. Ich hatte eine Einladung zu einer Konferenz sowjetischer Dissidenten unter dem Vorsitz von Wladimir Bukowski erhalten, und Havel bestand darauf, dass die Veranstaltung im seit kurzem freien Prag stattfand. So unglaublich das klingen mag, musste er sich gegen Mitglieder seiner eigenen Regierung durchsetzen, die Angst hatten, den Kreml vor den Kopf zu stoßen, und soweit ich mich erinnere, war Havel der einzige hochrangige Vertreter der Tschechoslowakei, der an der Konferenz teilnahm.

In und nach seiner Amtszeit wurde Havel immer wieder vorgeworfen, er sei keine effektive Führungskraft gewesen, weil er sich nicht in einen Politiker verwandelt hatte, der Geschäfte abschließen konnte. Aber wenn man sich seine Leistungen ansieht (vor allem mit Blick auf die Beziehung zu Moskau), lässt diese Kritik das außer Acht, was am bedeutsamsten war. Unter Havels Führung teilte sich die Tschechoslowakei, ohne dass ein einziger Tropfen Blut vergossen worden wäre, während in Jugoslawien zur selben Zeit ein grauenhafter Bürgerkrieg tobte. Havel schuf die Grundlagen für eine solide Demokratie, deren Vertreter keine Verbindungen zum früheren kommunistischen Regime und dessen Geheimdienst hatten, während Boris Jelzin nicht imstande war, die etablierte kommunistische Bürokratie, die *Nomenklatura*, zu zerschlagen – und zu seinem Nachfolger machte er einen KGB-Agenten. Die tschechische Republik und die Slowakei sind heute funktionierende Demokratien, während die Russen erneut um ihre individuellen Freiheitsrechte kämpfen müssen. Die Prinzipien sind wichtig, die Ergebnisse sind wichtig, und Havel war erfolgreich wie wenige andere.

Er besaß vorbildlichen Mut. Havel war für die Osteuropäer eine ethische Stimmgabel, so wie Andrej Sacharow für die Bevölkerung der Sowjetunion. Er war bereits bei schlechter Gesundheit, als wir uns im Jahr 2007 in der tschechischen Botschaft in Moskau begegneten, aber er war immer noch scharfsichtig genug, um Wladimir Putin zu durchschauen. Er war angewidert von denen, die mit dem Bösen verhandelten, anstatt es beim Namen zu nennen.

Im Jahr 2004 veröffentlichte Havel einen Essay über Nordkorea, in dem er die immerwährende Wahrheit über Diktatoren aussprach: »Entschlossenheit, Beharrlichkeit und Verhandlungen aus einer Position der Stärke sind das Einzige, was Kim Jong-il und Menschen wie er verstehen.«[1] Kein Gerede über die Möglichkeiten zur Beschwichtigung, keine Zugeständnisse bei den Menschenrechten. Hätten wir mehr Politiker wie Václav Havel, so müssten wir uns nicht halb so viele Sorgen über Diktatoren wie Kim Jong-il machen.

Wie sind wir in diese traurige Lage geraten? Wann hörten wir auf, die sowjetischen Dissidenten zu bewundern, wann vergaßen wir, dass die Freien die Pflicht haben, den Unfreien zu helfen? Wann richteten wir uns in einer Welt ein, in der

Diktatoren mit Snowboardern für Selfies posieren und die Opfer der Unterdrückung den Rat bekommen, ihre Probleme selbst zu lösen? Ich sehne mich nicht nach einem goldenen Zeitalter zurück, das es nur in meiner Phantasie gab. Ich bin weder zu jung, um mich an diese Zeit zu erinnern, noch zu alt, um sie vergessen zu haben.

* * *

Der 9. November 1989 war einer der größten Tage in der Geschichte. An diesem Tag wurden hunderte Millionen Menschen aus dem Gefängnis des totalitären Kommunismus befreit, nachdem sie für Generationen in der Dunkelheit gelebt hatten.

Es gibt zahlreiche Studien und Meinungen dazu, warum die Berliner Mauer genau zu diesem Zeitpunkt fiel. Ich beteilige mich gerne an diesen endlosen Diskussionen, aber wir müssen begreifen, dass uns der Kern der Sache entgeht, wenn wir in einem bestimmten Augenblick nach einer bestimmten Ursache suchen. Wir wissen, dass die Mauer ohne die Einheit der freien Welt angesichts eines gemeinsamen Feindes, ohne eine entschiedene Haltung auf der Grundlage der Ablehnung von Verhandlungen über die Freiheit des Individuums heute noch stehen würde und dass ich vielleicht noch heute Schach für die Sowjetunion spielen würde.

Es gab Bündnisse und Rivalitäten, und jahrzehntelang wurde Realpolitik betrieben. Auf beiden Seiten des Eisernen Vorhangs spielten einzelne Personen eine Rolle, von Ronald Reagan und Margaret Thatcher über Lech Wałęsa und Papst Johannes Paul II. bis zu Michail Gorbatschow, der Kräfte freisetzte, die er nicht beherrschen konnte. Das entscheidende Thema war eine einfache Wahrheit: Der Kalte Krieg war eine Auseinandersetzung zwischen Gut und Böse, und ebenso wichtig war, dass dies keine philosophische Auseinandersetzung, sondern ein realer Kampf war, den auszufechten es sich lohnte. Die Gesellschaft unterstützte die Bemühungen dieser großen Führungspersönlichkeiten, sie unterstützte den Kampf und die Prinzipien, auf denen er beruhte.

Die Mauer fiel und die Welt atmete auf. Der lange Krieg, der sich über Generationen hingezogen hatte, war vorüber. Die Gefahr der atomaren Vernichtung, die über der Menschheit hing, war gebannt. Aber alle Siege, auch die größten Triumphe, haben einen Preis, und sei es auch nur, dass die Wachsamkeit nachlässt. In der ehemaligen Sowjetunion wurden keine Wahrheitskommissionen zur Aufarbeitung des Kommunismus eingerichtet, niemand wurde wegen der unfassbaren Verbrechen dieser Regimes zur Rechenschaft gezogen oder bestraft. Der KGB änderte seinen Namen, aber sein Wesen blieb unverändert. Und selbstverständlich hat die Selbstgefälligkeit des Westens den Aufstieg all seiner Feinde, nicht nur Putins, möglich gemacht. Die heutigen Diktaturen haben einen Vorteil, von dem die Sowjetunion kaum träumen durfte: Sie haben ungehinderten Zugang zu den Weltmärkten, auf denen sie das Geld verdienen, mit dem sie die Repression daheim finanzieren können. Das gilt nicht nur für Petrostaaten wie Russland, den Iran und Venezuela, sondern auch für Industriestaaten. Die Möglichkeit, die freie Welt könnte die wirtschaftliche Einbindung als Druckmittel einsetzen, um Diktatoren zu zwingen, die Menschenrechte zu respektieren, haben die autoritären Staaten unterbunden, weil sie bereit sind, die Zusammenarbeit für ihre Zwecke zu nutzen, während es in der freien Welt keine entsprechende Bereitschaft gibt.

Die wirtschaftliche Einbindung hat den Diktaturen sehr viel mehr verschafft als Verbraucher für das Öl, das sie fördern, und die iPhones, die sie produzieren. Sie bedienen sich der Interpol, um Dissidenten im Ausland zu verfolgen, sie finanzieren oder gründen in der freien Welt politische Parteien und NGOs, die ihre Interessen vertreten, sie platzieren in der *New York Times* Meinungsartikel mit heuchlerischen Aufrufen zu Frieden und Harmonie. Und gleichzeitig unterdrücken sie Andersdenkende daheim mit zunehmender Härte. Diese Einbindung ist eine Einbahnstraße. Sie ist Appeasement. Hier haben wir es mit einem tragischen Mangel an Führung zu tun.

Eine umwälzende Veränderung kann dazu führen, dass wir sogar die bedeutendsten Ideale und Traditionen aus den Augen verlieren. Symbole halten uns diese Ideale und Traditionen vor Augen, weshalb wir verwundbar werden, wenn diese Symbole verschwinden. Die amerikanische Landung auf dem Mond war nicht bemerkenswert, weil es dort oben irgendetwas von Wert gegeben hätte. Vielmehr verstand John F. Kennedy, dass die Mondlandung ein Symbol des amerikanischen Fortschritts sein würde, ein Symbol für eine große Herausforderung und selbstverständlich für die Überlegenheit gegenüber der Sowjetunion.

Der Wettlauf im Weltraum brachte eine Generation neuer Technologien hervor, welche die Vormachtstellung der amerikanischen Industrie im Computerzeitalter begründeten. Aber als diese unglaubliche Leistung vollbracht war, verlor der Wettlauf im All bald deutlich an Geschwindigkeit. Das Symbol war fort, und seit Eugene Cernan im Dezember 1972 ist kein Mensch mehr auf dem Mond spazieren gegangen. Das Symbol der Herausforderung, das Symbol des Fortschritts, wurde mit der Herausforderung selbst verwechselt. Als der Mond erreicht war, geriet die große Bestrebung, für die er stand, rasch in Vergessenheit. Wie Hitler und Stalin ist der Mensch, der zum Mond reiste, heute eigentlich nur noch als Mythos in Erinnerung.

Die Berliner Mauer war natürlich mehr als ein Symbol. Sie spaltete buchstäblich eine Stadt und stand für den Graben zwischen der freien und der unfreien Welt. Als die Mauer verschwunden war, fiel es uns leicht zu vergessen, dass diese beiden Welten trotzdem weiterhin existierten. Da das Symbol nicht mehr da war, geriet das, wofür es stand, in Vergessenheit. Plötzlich hatte das Böse keine erkennbare Gestalt mehr. Der 11. September 2001 hat uns gelehrt, dass die Gefahren real sind, selbst wenn der Frontverlauf unklar ist. Auf Zweckdienlichkeit beruhende Bündnisse haben solche ersetzt, die auf der Geschichte und auf Werten beruhten. Dazu kam es zwangsläufig, weil die freie Welt mehr als 20 Jahre lang versuchte, jedermann wie einen potenziellen Freund zu behandeln, eine Praxis, die den Feinden Mut macht und die wirklichen Verbündeten verwirrt.

Aber ob wir es zugeben wollen oder nicht: Es gibt Feinde. Sie sind Feinde all dessen, wofür die freie Welt steht. Ob Putin oder der »Islamische Staat«: Diese Feinde können nicht durch Einbindung besiegt werden. Um sie zu besiegen, müssen wir einig und entschlossen sein und uns auf die Prinzipien besinnen, die den Kalten Krieg zu unseren Gunsten entschieden. Sie gaben uns die Werkzeuge in die Hand, die wir brauchten, um Diktatoren zu stürzen, und sie zeigten uns, wie wir diese Werkzeuge einsetzen konnten. Aber wir haben sie weggelegt und vergessen, wie wir sie verwenden können. Es ist an der Zeit, es wieder zu erlernen.

* * *

Es tobt ein globaler Krieg, von dem die meisten Menschen, darunter sogar viele seiner Opfer, überhaupt nichts wissen. Ich muss nur ein paar Monate zurückblicken, um die vielen Opfer dieses Krieges zu zählen: 147 Mordopfer an einer Universität in Garissa, Kenia. 16 Tote bei einem Terroranschlag auf die Satirezeitschrift *Charlie Hebdo* und einen jüdischen Supermarkt in Paris. Tausende Tote in der Ostukraine. Der Oppositionsführer, der in Moskau auf einer Brücke niedergeschossen wurde. Ganz zu schweigen von den ungezählten Verletzten und Gefangenen in diesem weltweiten Krieg.

Die Globalisierung hat die Welt näher zusammenrücken lassen und die Mobilität von Gütern, Kapital und Arbeitskräften erhöht. Aber diese Konzentration findet nicht nur im Raum, sondern auch in der Zeit statt, weshalb die grenzenlosen Technologien und Ideen des 21. Jahrhunderts mit lange Zeit abgeschotteten Kulturen und Regimes kollidieren, die weiter so leben wollen wie seit Jahrhunderten. Hier haben wir es weniger mit dem berühmten Kampf der Kulturen zu tun, sondern eher mit einem Versuch dieser »Zeitreisenden«, ihre schwindende Autorität aufrechtzuerhalten, indem sie die Ausbreitung der Ideen in einer offenen Gesellschaft verhindern.

Die radikalen Islamisten wollen mit der Zeitmaschine zurück ins Mittelalter und fordern zur Tötung aller auf, die sich dem widersetzen. Wladimir Putin will Russland in die Zeit der Großmacht unter den Zaren zurückversetzen und seine Nachbarn gewaltsam beherrschen, ohne sich durch freie Wahlen und Menschenrechtsbeauftragte stören zu lassen. Die postkommunistischen Autokratien unter Führung der mit Putin verbündeten Diktatoren in Weißrussland und Kasachstan betrachten die Ideologie nur als Werkzeug, um sich um jeden Preis an der Macht zu halten. Im Osten versucht das nordkoreanische Regime unter Kim Jong-un, die Zeit in einem isolierten stalinistischen Straflager anzuhalten. Im Westen bedienen sich Nicolás Maduro in Venezuela und die Castros in Kuba der sozialistischen Propaganda, um dem wachsenden Druck zur Wiederherstellung der Menschenrechte standzuhalten. Die Kriegsherren von Boko Haram nutzen die Religion als Ausrede, um ihre Gegner abschlachten zu können. Andere Regimes, darunter die fundamentalistischen religiösen Monarchien im Nahen Osten, machen sich schuldig, indem sie mit archaischen Beschränkungen die Entwicklung einer freien Gesellschaft verhindern und so günstige Bedingungen für die Gewalt schaffen.

Was all diese Zeitreisenden eint, ist die Ablehnung der Moderne, die Furcht vor und der Hass auf all das, was wir einfach als »moderne Werte« bezeichnen sollten, um den veralteten und herablassenden Begriff der »westlichen Werte« zu ersetzen.

Die Globalisierung hat diese Relikte in Kontakt mit der modernen Welt gebracht, die ihre Herrschaftssysteme und ihre Autorität zu zerstören droht. Gleichzeitig gibt ihnen dieser Kontakt Zugang zu Märkten für ihre natürlichen Ressourcen, und da sie für Mord und Repression Technologie brauchen, können sie sich nicht vollkommen von der modernen Welt abschotten. Die Zeitreisenden haben den Ideen und dem Wohlstand der freien Welt nichts entgegenzuhalten. Daher setzen sie die einzigen Waffen ein, die ihnen zur Verfügung stehen: Ideologie, Gewalt und Geringschätzung für den Wert des menschlichen Lebens. Die Attraktivität der Redefreiheit und der freien Marktwirtschaft bekämpfen sie mit irrationalen Angeboten: mit radikaler Religion und Nationalismus, Personenkult und Dogma, Hass und Furcht.

Auch wenn viele Politiker und Gelehrte das abstreiten: Man kann einen Kampf durchaus verlieren, wenn man sich weigert einzugestehen, dass er stattfindet. Und was noch schlimmer ist: Indem man die Realität des Konflikts abstreitet, stellt man statt ausgebildeter Soldaten und Polizisten unschuldige Zivilisten an die Front. Es gibt keine einfachen Lösungen für den Umgang mit heimischen Terroristen oder Diktaturen mit Atomwaffen, aber wir müssen unbedingt den ersten Schritt tun und die Kultur der Verleugnung überwinden.

* * *

Ich habe die Ansicht vertreten, dass die Geschichte zyklisch ist: Wie sich herausstellte, war der große Sieg für die Demokratie nicht für die Ewigkeit, sondern vorübergehend. Es dauerte nur eine Weile, bis unser übertriebener Optimismus einen Rückschlag erlitt. Die Mullahs, Monarchen und Diktatoren reagieren auf die Bedrohung ihrer mittelalterlichen gesellschaftlichen Ökosysteme. Dies ist das Bindeglied zwischen Putins Überfall auf die Ukraine und der mörderischen, vom Islam abgeleiteten Ideologie al-Qaidas und des »Islamischen Staats«, und diese Reaktion spornte die Kouachi-Brüder in Paris und viele andere von ihrem Schlag an. Sie wehren sich gegen die moderne Welt und beweisen auf brutale Art, wie falsch die Vorstellung vom »Ende der Geschichte« war.

Unser Ziel muss es sein, denjenigen, die in der Vergangenheit gefangen sind, dabei zu helfen, einen Weg in die Gegenwart zu finden – und das kann nicht nur mit Gewalt bewerkstelligt werden. Wir müssen aufrichtig sein und überzeugende Argumente für unsere Sache vorbringen. Aber das bedeutet nicht, dass wir uns gewalttätigen Extremisten und jenen, die sie erschaffen, anbiedern oder uns mit ihrer Existenz abfinden müssen, egal ob daheim oder im Ausland. Eine offene Gesellschaft, die ihre Bürger nicht verteidigen kann, wird nicht lange offen bleiben. Eine Gesellschaft, die nicht für ihre Freiheit kämpft, wird diese verlieren – eine Wahrheit, die Ronald Reagan gültig in die Worte gefasst hat: »Die Freiheit ist nie mehr als eine Generation von ihrer Auslöschung entfernt.«

In diesem Kampf sind Symbole bedeutsam, Symbole wie *Charlie Hebdo*, die »Bring Back Our Girls«-Kampagnen und Fotos von Regierungschefs der freien Welt, die gemeinsam für die Meinungsfreiheit marschieren. Es genügt nicht, unseren Einwanderern, unseren Bürgern und den Milliarden Menschen, die weiterhin in der unfreien Welt leben, zu sagen, dass diese Ideale wichtig sind: Wir müssen es ihnen *zeigen*. Die Terroristen und ihre Lehrer, die Diktatoren und ihre Unterstützer warten nur auf Gelegenheiten, Heuchelei und doppelte Maßstäbe anprangern zu können. Wir dürfen uns nicht auf Kompromisse einlassen, denn wie Victor Hugo in *Die Arbeiter des Meeres* schrieb: »Die Menschen gewöhnen sich an Gift in kleinen Dosen.«

* * *

Boris Nemzow, mein langjähriger Freund und Mitstreiter in der russischen Opposition, wurde am 27. Februar 2015 mitten in Moskau auf offener Straße kaltblütig ermordet. In Sichtweite des Kreml, wo er seinerzeit als Boris Jelzins stellvertretender Ministerpräsident tätig gewesen war, beendeten vier Kugeln in den Rücken sein Leben. Auf Fotos vom Tatort war ein Putztrupp zu sehen, der wenige Stunden nach dem Mord Nemzows Blut vom Asphalt schrubbte. Es ist nicht schwer, sich vorzustellen, wie sorgfältig die folgende Untersuchung durchgeführt wurde.

Wladimir Putin eröffnete und beendete die Untersuchung, als Boris' Leiche noch warm war, indem er den Mord als »Provokation« bezeichnete.[2] Dies war der übliche Begriff, mit dem er unterstellte, seine Feinde ermordeten sich untereinander, um seine unschuldige Seele in ein schlechtes Licht zu rücken. Obendrein war er unverfroren genug, Nemzows Mutter sein Beileid auszudrücken, gerade ihr, die ihren unerschrockenen

Sohn immer wieder gewarnt hatte, in Putins Russland könne ihn sein Mut das Leben kosten.

Wenige Stunden nach Boris' Tod durchsuchte die Polizei sein Haus und beschlagnahmte seine Dokumente und Computer. Putins Gegner werden oft zu Opfern, und seine Opfer sind stets Verdächtige. Boris kämpfte leidenschaftlich gegen Putins Krieg in der Ukraine und arbeitete an einem Bericht über die Anwesenheit russischer Soldaten im ukrainischen Donbass – etwas, was der Kreml unbedingt hatte vertuschen wollen. Aber die Frage »Gab Putin den Befehl?« klingt heute genauso sinnlos wie im Jahr 2006, als die Journalistin Anna Politkowskaja niedergeschossen wurde, oder im Jahr 2014, als Flug MH17 über der Ostukraine vom Himmel geholt wurde.

Solange Putin im Amt ist, wird uns niemand sagen, wer den Befehl gab. Aber es gibt keinen Zweifel daran, dass er dafür verantwortlich ist, dass er die Bedingungen geschaffen hat, unter denen mit so furchtbarer Häufigkeit derart abscheuliche Verbrechen verübt werden. Putins anfängliche Themen – die Wiederherstellung des Nationalstolzes und der beim Zusammenbruch der Sowjetunion verlorenen Ordnung – haben im Lauf der Zeit an Zugkraft verloren und sind durch eine toxische Mischung aus Nationalismus, Kriegshetze und Hass ersetzt worden. Im Jahr 2014 war die ausgeblutete Oppositionsbewegung, die lange Zeit mit Verachtung und Spott behandelt worden war, von den kremlhörigen Medien zu einer gefährlichen fünften Kolonne umfunktioniert worden, zu einer Bande von »Vaterlandsverrätern«. Die hasserfüllte Sprache hatte man vielfach beim NS-Regime entlehnt.

Um der Propaganda zu entsprechen, hat Putin die Unterstützung für die repressivsten, reaktionärsten und blutrünstigsten Elemente seines Regimes verstärkt. Dazu zählen der tschetschenische Kriegsherr Ramsan Kadyrow und Generalstaatsanwalt Alexander Bastrykin, der erklärt hat, die russische Verfassung behindere »den Schutz der Interessen des Staates«. In einem solchen Umfeld wird das Blut zur Währung des Reiches: Man muss Blut vergießen, um dem Regime seine Loyalität zu beweisen. Das ist, was Putin geschaffen hat, um seine Macht zu festigen: eine Kultur von Tod und Furcht, die alle elf Zeitzonen Russlands umspannt und jetzt auch in die Ostukraine exportiert wird.

Boris Nemzow war ein unermüdlicher Kämpfer und einer der fähigsten Kritiker des Putin-Regimes. Diese Funktion war keineswegs seine einzige mögliche Bestimmung. Als erfolgreicher Bürgermeister von Nischni Nowgorod und fähiger Parlamentarier und Minister hätte er als Vorzeigereformer ein angenehmes Leben in der Machtstruktur führen können. Aber für eine Tätigkeit in Putins Regime war er ungeeignet, denn er hatte Prinzipien und konnte nicht mit ansehen, wie unser Land in den Abgrund des Totalitarismus zurückrutschte.

Also setzte Boris seinen starken Körper, seine kräftige Stimme und sein großes Herz ein, um sich an dem schweren Kampf für die Demokratie in Russland zu beteiligen. Seit er 2004 aus dem Parlament verstoßen worden war, arbeiteten wir zusammen, und drei Jahre später waren wir enge Verbündete in der Oppositionsbewegung. Boris hatte es sich zur Aufgabe gemacht, die Verbrechen und die Korruption Putins und seiner Kumpane zu dokumentieren, in der Hoffnung, diese Leute würden sich eines immer ferneren Tages vor Gericht verantworten müssen.[3]

Neben dem erwähnten Bericht über den Einsatz russischer Truppen in der Ukraine plante Boris zuletzt einen Protestmarsch in Moskau. Diese Kundgebung sollte zu seinem Leichenzug werden.

Nach Putins Rückkehr ins Präsidentenamt im Jahr 2012 begannen Boris und ich zu streiten. In meinen Augen gab es keine realistische Aussicht mehr auf einen friedlichen politischen Weg zum Regimewechsel. Boris hingegen verlor die Hoffnung nie. Er hielt mein Urteil für vorschnell und sagte: »Man muss lange leben, um in Russland Veränderungen zu sehen.« Er wird nie die Chance dazu erhalten.

Wir können unmöglich wissen, welche entsetzlichen Dinge uns als Nächstes bevorstehen. Sicher ist nur, dass wieder und wieder Furchtbares geschehen wird, solange Putin an der Macht ist. Seine Herrschaft wird nur enden, wenn das russische Volk und Putins Eliten verstehen, dass es für sie keine Zukunft gibt, solange er da ist. Gleichgültig, wie sie wirklich über Putin und ihr Leben denken, halten sie diesen Mann gegenwärtig für unbesiegbar. Sie sehen, dass er in der Ukraine tun kann, was er will, dass er Krieg führen und Gebiete erobern kann. Sie sehen, dass er Härte zeigt und Vereinbarungen mit Merkel und Hollande schließt. Sie sehen seine Feinde in ihrem Blut auf Moskaus Straßen liegen.

Nach Boris Nemzows Ermordung verurteilten dieselben westlichen Politiker, die in den letzten Wochen, Monaten und Jahren so viel getan haben, um Putin zu beschwichtigen, diese Tat und äußerten ihre Sorge. Wenn sie meinen unerschrockenen Freund wirklich ehren wollen, sollten sie deutlich sagen, dass sie den kriminellen russischen Schurkenstaat als solchen behandeln werden, solange Putin an der Macht ist. Sie sollten die Scheinverhandlungen beenden. Sie sollten der Ukraine Waffen liefern, damit Putin für seine Aggression einen unerträglich hohen politischen Preis bezahlen muss. Sie sollten den russischen Oligarchen klarmachen, dass es im Westen keinen sicheren Ort für ihr Geld gibt, solange sie Putin dienen.

Ich bin es leid, das zu schreiben, aber die bisherige Antwort des Westens ist nicht ermutigend. In vielen der gewohnten Äußerungen von Besorgnis und Ablehnung wird Putin aufgefordert, sich »um Gerechtigkeit zu bemühen«, eine Bitte, die fast sarkastisch klingt. Die westlichen Medien geben Putins Kader von Propagandisten unerklärlicherweise weiterhin eine Bühne, ohne ihre unverfrorenen Lügen zu hinterfragen.

Wir werden vielleicht nie erfahren, wer Boris Nemzow tötete, aber wir wissen, dass das Chaos und die Gewalt, die Boris fürchtete, eher vermieden werden können, wenn Putin fort ist. Russland und die Welt müssen diese Chance nutzen.

* * *

Ein Blick in die Geschichte zeigt, dass der Rahmen für die Beziehungen zwischen den Nationen nach Perioden großer Konflikte geändert werden muss. Im Jahr 1648 wurde mit dem Westfälischen Frieden nach 30 Jahren Krieg die Grundlage für das moderne Zeitalter in Europa geschaffen. Der spanische Erbfolgekrieg wurde im Jahr 1713 mit dem Vertrag von Utrecht beendet. Im Jahr 1815 wurde nach der Niederlage des napoleonischen Frankreichs die Karte Europas auf dem Wiener Kongress neu gezeichnet. Der Berliner Kongress im Jahr 1878 stellte nach dem Russisch-Osmanischen Krieg das Gleichgewicht wieder her. Am Ende des 19. Jahrhundert herrschte allgemein die Überzeugung, dass dieses Machtgleichgewicht eine goldene Friedensära ermöglichen würde. Utopische und pazifistische Autoren träumten von einer Welt ohne Grenzen. Der Erste Weltkrieg machte diesen Hoffnungen ein Ende.

Nach dem Weltkrieg wurden der Vertrag von Versailles geschlossen und der Völkerbund gegründet. Der Völkerbund funktionierte jedoch nicht, und die Weigerung, das zu akzeptieren, führte zum Zweiten Weltkrieg. Am 5. März 1946 sprach Winston Churchill in seiner berühmten »Eiserner-Vorhang-Rede« über die neuen Bedrohungen für die Freiheit, die diesmal vom Kommunismus ausgingen. Es ist fast in Vergessenheit geraten, dass er auch vor einem Scheitern der neu gegründeten Vereinten Nationen warnte.

Über die neue Organisation sagte Churchill: »Wir müssen dafür sorgen, dass ihre Arbeit Früchte trägt, dass sie eine Realität und kein Schwindel wird, dass sie handlungsfähig wird, anstatt nur Worte hervorzubringen, dass sie ein wirklicher Tempel des Friedens wird, in dem eines Tages die Schilde vieler Nationen aufgehängt werden können, anstatt lediglich ein Hahnenkampfplatz in einem Turm zu Babel zu sein.«[4] Leider haben sich Churchills Prophezeiungen bewahrheitet, und heute schlagen wir uns mit einer nicht mehr zeitgemäßen Organisation herum, die nach dem Zweiten Weltkrieg entstand, um einen Atomkrieg zwischen den Supermächten zu verhindern. Die Pattdiplomatie aus dem Kalten Krieg wird uns gegen Selbstmordanschläge und den Hybridkrieg nicht helfen. Statt einer Einrichtung, die Konflikte einfrieren soll, brauchen wir eine, die auf der Grundlage moderner Werte wirkliche Lösungen anbieten kann. Gemeinsame militärische Interventionen zum Schutz von Menschenleben und Freiheit müssen ebenfalls möglich sein. Der Wert des menschlichen Lebens und der menschlichen Freiheit müssen in einer neuen Magna Carta festgehalten und verteidigt werden, als handelte es sich um Grenzen, denn genau das sind sie. Sie sind Grenzen von Zeit und Raum, die die Bewohner der modernen Welt von denen trennen, die in der Modernität eine tödliche Bedrohung sehen.

Wir sollten uns auf einige der Prinzipien und politischen Strategien zurückbesinnen, die der Westen im Kalten Krieg anwandte. Das bedeutet nicht, dass ich die Uhr zurückdrehen will. Wie es in der Bibel heißt: »Auch füllt niemand neuen Wein in alte Schläuche; sonst wird der Wein die Schläuche zerreißen, und der Wein und die Schläuche verderben …«[5] Wir können den neuen Wein der Globalisierung und der multipolaren Welt nicht in die alten Schläuche der obsoleten Institutionen und Regelungen aus dem Kalten Krieg füllen. Die Zeiten ändern sich. Die Umstände ändern sich. Die Institutionen müssen sich ändern. Aber unsere Werte dürfen sich nicht ändern.

* * *

Also was tun? Jede Situation, jede Krise erfordert ihre eigene Lösung. Die Bewegung eines einzigen Bauern ändert die gesamte Position auf dem Schachbrett. Deshalb trete ich nicht für Richtlinien, sondern für Prinzipien ein. Wenn man feste Prinzipien hat und die ganze Welt diese Prinzipien kennt, ist es sehr viel leichter, eine wirksame Politik zu entwickeln und umzusetzen.

Es ist Sache der politischen Führer, die Politik zu gestalten, denn sie sind es, die gegenüber ihrem Volk verantwortlich sind. Sie müssen Experten zurate ziehen, ihre Optionen prüfen, die Konsequenzen ihres Handelns einschätzen, den kurzfristigen gegen den langfristigen Nutzen abwägen. Empfehlungen zu geben, ohne die Befugnis zur Umsetzung zu haben und ohne Rechenschaft für die Ergebnisse ablegen zu müssen, ist eine Extravaganz. Dies führt nur zu Getue und unsinnigen Vorschlägen. Aber mir ist klar, dass diese Antwort, so aufrichtig und zutreffend sie sein mag, auch eine Form von Ausflucht ist. Wer möchte schon zu einem Arzt gehen, der eine tödliche Krankheit diagnostiziert und sich anschließend weigert, eine Therapie vorzuschlagen?

Die Regierenden können vieles tun. Sie brauchen nur Mut und Willensstärke. Eine globale Magna Carta wäre eine Lösung. Auf der Grundlage dieses Dokuments könnten sich demokratische Nationen zusammenschließen, welche die

Allgemeine Menschenrechtserklärung verteidigen und durchsetzen würden. Die Demokratien können heute Maßnahmen ergreifen, um jene zu schützen und zu unterstützen, die von den Diktatoren, den Unterdrückern, den Zeitreisenden bedroht werden. Die freie Welt besitzt großen Wohlstand und unvergleichliche Macht, die sie einsetzen muss, um der unfreien Welt zu helfen, sich ihr anzuschließen. Tut sie das nicht, ist all diese Macht vergeudet.

Ein weiterer Grund für den geringen Nutzen spezifischer politischer Empfehlungen ist, dass sie im Bedarfsfall zwangsläufig veraltet oder vollkommen obsolet sind. Beispielsweise habe ich im Lauf der Jahre zahlreiche Maßnahmen aufgelistet, mit denen man auf Wladimir Putins Diktatur hätte reagieren können. Aber selbst nachdem sich meine schlimmsten Befürchtungen bewahrheitet haben und mir alle Welt sagt, wie Recht ich doch hatte, sind die wenigsten dieser Empfehlungen umgesetzt worden. Andere wurden umgesetzt, darunter Sanktionen und der Ausschluss Russlands aus der G7, aber diese Reaktionen fielen zu schwach aus oder kamen zu spät, um eine abschreckende Wirkung zu entfalten.

Die meisten spezifischen Vorschläge, die ich vor über einem Jahr in Bezug auf Diktaturen, Putin und die Ukraine machte, haben weiterhin Gültigkeit. Ich habe sie in diesem Buch erläutert: Diktaturen, die die wirtschaftliche Einbindung nutzen, um die Unterdrückung ihrer Bevölkerung zu finanzieren, müssen isoliert werden. Die Menschenrechte und der Wert des menschlichen Lebens müssen die Grundlage der Politik einschließlich der Außenpolitik sein. Das schließt Verhandlungen und Handelsbeziehungen innerhalb bestimmter Grenzen nicht aus, aber es darf nie ein Zweifel daran bestehen, dass die Beziehungen zu repressiven Regimes beschränkt sein werden, solange die Repression existiert.

Die Ukraine sollte verteidigt werden, als hätte sie eine gemeinsame Grenze mit jeder freien Nation auf der Erde. Das bedeutet, dass ihr Waffen geliefert werden müssen, mit denen sie ihre Grenzen verteidigen kann, und dass ihre Wirtschaft, die Putin unbedingt zerstören will, mit Finanzhilfe gestützt werden muss. Wir müssen uns genau ansehen, was die Vereinigten Staaten und Europa von Russland bekommen – Erdöl, Erdgas, Lieferwege –, um anschließend Ersatz dafür zu finden. Ende April 2015 wurde berichtet, dass das amerikanische Verteidigungsministerium den Kongress um Erlaubnis gebeten hat, Raketentriebwerke aus russischer Produktion verwenden zu dürfen. Wenn die führenden Länder der freien Welt sogar ihre Streitkräfte der Gnade der bösen Buben ausliefern, welche Hoffnung haben dann die Opfer der bösen Buben?

Für den Fall, dass Appelle an Moralität und Werte bei Ihnen nicht wirken, sollte ich Sie vielleicht daran erinnern, dass die Vereinigten Staaten in der Ukraine wichtige Interessen zu verteidigen haben. Als größte Volkswirtschaft, größte Militärmacht und größter Energieverbraucher der Welt profitieren die USA sehr von globaler Stabilität. (Hingegen profitieren wichtige Exporteure fossiler Brennstoffe wie Russland von Instabilität, da diese den Ölpreis in die Höhe treibt.) Selbst wenn Sie ein zynischer Realist oder ein Isolationist sind, sollten Sie bedenken, dass es billiger und praktischer ist, jetzt für die Ukraine einzutreten, als untätig zu bleiben und sich später Gedanken über ein noch umfassenderes Engagement auf Seiten der baltischen Staaten und Polens machen zu müssen, die der NATO angehören.

Wir dürfen nicht vergessen, dass die Appeasement-Politik nicht einfach das Ergebnis der Schwäche unserer gewählten Vertreter ist, sondern dem allgemeinen gesellschaftlichen Klima entspricht. Von Chamberlain im Jahr 1938 bis zu Obama im

Jahr 2015: Das Volk bekommt, was es verlangt, zumindest eine Zeitlang. Die Main Street und die Wall Street belohnen Politiker, die kurzfristig positive Resultate erzielen, so katastrophal die langfristigen Konsequenzen auch sein mögen. Es gibt kaum Belohnungen und viele Strafen für jene seltenen Politiker, die versuchen, das Gesamtbild und die langfristigen Konsequenzen der Untätigkeit im Auge zu behalten. Hypothetische Fragen werden zurückgewiesen, als stellte man eine unfaire Fangfrage, wenn man sich mit der Zukunft beschäftigt. Wenn Demokratien keine Strategie haben, an die sie sich halten können, verlieren sie gegen opportunistische Diktaturen, die sehr viel schneller handeln können, da sie keiner Kontrolle unterworfen sind und keine Rechenschaft gegenüber ihrem Volk ablegen müssen. Wir dürfen nicht warten, bis die Katastrophe ihren Lauf nimmt. Dieses Verhalten nach dem Motto »Wake me up when they take Poland«[6] war im Jahr 1938 dumm, und im Jahr 2015 ist es noch dümmer, denn wir sollten aus der Erfahrung des September 1939 und der furchtbaren sechs Jahre, die folgten, gelernt haben. Chamberlain muss man zumindest zugutehalten, dass er kein Geschichtsbuch hatte, in dem er hätte nachlesen können, wohin eine solche Politik führt.

Es ist nicht so, dass wir eine kritischen Phase oder eine Weggabelung erreichen: Die Tragödie nimmt bereits ihren Lauf. Von den Entscheidungen der Führer der freien Welt – und der Wähler, die diese Politiker mit der Führung ihrer Länder beauftragt haben – wird es abhängen, welches Ausmaß die Tragödie annimmt. Die Aggressionen des Putin-Regimes und des »Islamischen Staates« trafen die selbstgefällige freie Welt unvorbereitet, aber diese Ausrede kann nicht länger gelten. Wir haben immer noch keinen Aktionsplan. Jeder Politiker, der sich um ein nationales Amt bewirbt, sollte die Frage beantworten, was er zu tun gedenkt, um die Welt sicherer zu machen. Wir dürfen den

Kandidaten und Amtsträgern nicht erlauben, sich in einer Welt der globalisierten Wirtschaft und der globalisierten Gewalt hinter der Maske der »innenpolitischen Prioritäten« zu verstecken.

* * *

Ob es nun die Ukraine, Syrien, Venezuela, der Jemen oder Nigeria ist: die freie Welt sollte bereit sein, jene zu unterstützen, die in Freiheit und frei von Furcht leben wollen. Damit ist gemeint, dass sie nicht nur militärische Hilfe leisten muss, wenn eine Krise bereits ausgebrochen ist, sondern sie muss sich auch um die Bildung der Bevölkerung bemühen und beim Aufbau einer Gesellschaft helfen, die die modernen Werte zu schätzen weiß. Selbst die Zyniker und Isolationisten sollten zugeben, dass es sehr viel moralischer, wirtschaftlicher und effektiver ist, in die Vermeidung von Armut, Furcht und Unwissenheit zu investieren, die oft zur Radikalisierung führt, als die radikalen Kräfte erst zu bestrafen, nachdem sie gewalttätig geworden sind. Jede Milliarde, die für den Bau von Schulen, für die Ausbildung von Lehrern und für die Verbindung der Isolierten mit der übrigen Welt ausgegeben wird, erspart uns viele Milliarden US-Dollar an späteren Kriegskosten, die unweigerlich entstehen, wenn eine weitere Generation hungriger, wütender junger Männer für die Propaganda der Antimoderne anfällig wird, weil die Moderne nichts für sie getan hat.

Im Jahr 2013 hatte ich die Ehre, am Women in the World Summit in New York teilnehmen zu dürfen. Ich saß in einem Forum mit Phiona Mutesi, einer Nachwuchsschachmeisterin aus Uganda, ihrem Trainer Robert Katende und Marisa van der Merwe, der Mitgründerin von Moves vor Life, einem Programm zur Förderung des Schachsports in den Schulen Südafrikas. Die Lebenserfahrungen dieser beiden bemerkenswerten Frauen hätten nicht unterschiedlicher sein können, aber sie kannten beide die Bedeutung und die Macht der Bildung insbesondere in den Entwicklungsländern.

Phiona stammte aus dem Elendsviertel Katwe in der ugandischen Hauptstadt Kampala und war mit Entbehrungen und in einer Atmosphäre der Furcht aufgewachsen, die sich kaum jemand in dem New Yorker Publikum vorstellen konnte. Die Entdeckung von Robert Katendes Schachverein war eine Offenbarung für das Mädchen. Dort lernte sie, dass sie zu geistigen Leistungen imstande war. Ihr Schachtalent ermöglichte ihr Reisen, aber wichtiger ist, dass sie vorhatte, Ärztin zu werden. Dies ist das wertvollste Geschenk der Bildung: das Selbstvertrauen, das einem Kind die Augen für sein Potenzial öffnet. Nur sehr wenige Kinder haben eine Chance, auf sportlichem Erfolg eine Ausbildung oder eine berufliche Karriere aufzubauen. Das gilt auch für den Schachsport, aber das Wissen, dass man am Wettbewerb teilnehmen, erfolgreich sein und intellektuelle Erfüllung finden kann, macht sich immer bezahlt, egal welchen Lebensweg man beschreitet.

Wenn ich bei meinen vielen Reisen in alle Welt zur Verbreitung des Schachs in der Bildung etwas gelernt habe, dann dies: Begabte Menschen gibt es überall. Die Frage ist, wie wir ihnen die Möglichkeit geben können, ihre Begabung zu nutzen und erfolgreich zu sein. In vielen Entwicklungsländern – und seien wir ehrlich, auch mancherorts in der entwickelten Welt – fehlen vielen Menschen die Chancen, welche die Bildung eröffnet. Dieser Mangel ist extrem schädlich. Bildung ist der beste Weg, um Armut und Gewalt zu bekämpfen, und eignet sich sogar, um komplexe Probleme wie den Terror und die Herrschaft destruktiver Kriegsherren in Angriff zu nehmen.

Milliardenprogramme zur Verteilung von Medikamenten und Lebensmitteln in verarmten Regionen sind selbstverständlich eine gute Sache. Die Stiftungen, die in Afrika gegen Krankheiten und Hunger kämpfen, haben ungezählte Menschenleben gerettet. Aber obwohl das Leben das kostbarste Geschenk ist, genügt es nicht, nur am Vormittag Zauberer zu spielen und den Himmel zu erschaffen, ohne an die Erde zu denken. Ein Blick auf die Krisenherde der Welt zeigt, dass viele der Kinder, die durch westliche Hilfe gerettet werden, ohne Zugang zu Bildung zu einem von Armut und Gewalt geprägten Leben verurteilt sind.

Verstehen Sie mich nicht falsch. Natürlich spreche ich mich nicht gegen die Bereitstellung lebensrettender Medikamente aus. Ich habe auch nicht die Absicht, die brillanten und fürsorglichen Entwicklungshelfer und die Hilfsprogramme zu kritisieren. Aber wir dürfen uns nicht abwenden, sobald die Babys geboren und ausreichend ernährt sind. Wir müssen uns um die Kinder kümmern, die von Drogenbanden und Armeen jeder Couleur versklavt werden. Wir müssen uns den arbeitslosen jungen Männern zuwenden, deren Daseinszweck und Einkommensquelle darin besteht, ihre Nachbarn zu terrorisieren. Wir müssen uns den Mädchen und Frauen zuwenden, die zwangsläufig am meisten unter der Gewalt leiden.

Die einzige Medizin, die diese Krankheiten heilen kann, ist ein sicherer und gleichberechtigter Zugang zur Schulbildung. Den besten Beweis dafür liefert die Gegenseite in diesem Kampf: Brutale Terrorgruppen brennen Schulen nieder und ermorden kaltblütig Schülerinnen. Man hört nur selten von koordinierten Angriffen auf Hilfsorganisationen, die Medikamente und Lebensmittel bringen. Diese Dinge sind keine Bedrohung für die Taliban, die regionalen Kriegsherren oder die korrupten Politiker, die für ihr Volk bestimmte Hilfsgelder stehlen. Schließlich brauchen religiöse Fanatiker, Söldnertruppen und Armeen gesunde Rekruten.

Aber eines können diese Schurken nicht dulden: den Erfolg der Bildung – wenn man einmal von der fundamentalistischen religiösen Erziehung absieht, die den Geist verschließt, anstatt ihn zu öffnen. Die Feinde der Freiheit verabscheuen die Aussicht auf eine gebildete Bevölkerung, denn sie wissen, dass diese in einer Generation ihre Herrschaft beenden würde. Deshalb schlossen die pakistanischen Taliban nicht einfach die Schulen in Swat, sondern zerstörten sie. Und sie verboten der 15-jährigen Schülerin Malala Yousafzai nicht einfach, in die Schule zu gehen, sondern schossen ihr in den Kopf.

In den Entwicklungsländern bedeutet Bildung sehr viel mehr, als gefährdete Kinder und Jugendliche von der Straße zu holen. Dort ist sie die einzige Möglichkeit, eine Volkswirtschaft aufzubauen, die im 21. Jahrhundert in der globalisierten Weltwirtschaft mithalten kann. Angesichts der Migration ganzer Bevölkerungen vom Land in die Städte und der Verwandlung der Landwirtschaft in einen Hochtechnologiesektor sind gesunde Körper nicht genug, um das zu bewerkstelligen. Lesen und Schreiben dürfen in einer Zeit, in der der Zugang zum Internet leichter ist als der Zugang zu einer angemessenen Wasserversorgung, kein Luxus sein.

Selbst unter strikt pragmatischen Gesichtspunkten ist Bildungshilfe eine gute Investition. Kinder zu schützen und auszubilden kostet sehr viel weniger, als Soldaten und Marschflugkörper zu schicken, um sie zu töten, nachdem sie Verbrechern überlassen wurden, die sie zu Handlangern für Gewalt und Terror gemacht haben. Eine gebildete Bevölkerung ist weniger empfänglich für Propaganda und eher imstande, Unternehmer und Führungskräfte hervorzubringen, die wirtschaftliche Möglichkeiten schaffen können.

Es gibt Programme, die Bauern davon abbringen sollen, Mohn und Coca anzubauen, indem sie die Ertragseinbußen kompensieren, die den Bauern dadurch entstehen, dass sie sich auf weniger schadenbringende Nutzpflanzen verlegen. Das ist billiger und sehr viel weniger gewalttätig als ein militarisierter Kampf gegen die Drogen an unseren Grenzen und in den Straßen unserer Städte. Warum investieren wir nicht auf diese Art in die Kinder? Wie viele Schulen könnten für den Preis der Erzeugung und des Einsatzes einer einzigen Drohne gebaut, wie viele Schulbücher für den Preis eines Marschflugkörpers gedruckt werden? Wie viele Lehrer, Ausbilder und Wachmänner könnten für das Geld eingestellt werden, das in einen einzigen Einsatz einer Spezialeinheit gesteckt wird?

* * *

Die Human Rights Foundation unterstützt in aller Welt tapfere Menschen, die sich für individuelle Freiheit und Gerechtigkeit einsetzen. Bei unserem jährlichen Freedom Forum in Oslo kommen hunderte Dissidenten, Aktivisten, Philanthropen, Journalisten und Politiker aus aller Welt zusammen, um voneinander zu lernen und mit neuem Elan und neuen Ideen in ihre Heimat zurückzukehren.

Im Jahr 2014 überreichte ich unseren Václav-Havel-Preis für kreativen Dissens Nadeschda Tolokonnikowa und Maria Aljochina von Pussy Riot. Ich bin nicht oft einer Meinung mit Wladimir Putin, aber in ihrem Fall muss ich eine Ausnahme machen: Ihr verblüffender Auftritt, wie sie Putin der Lächerlichkeit preisgaben, der Mut, mit dem sie mit ihrer Kunst Stellung bezogen – das war keineswegs nur ein harmloser Streich, wie ihr Verteidiger dem Gericht weismachen wollte. Es war ein politischer Protest, und zwar ein sehr wirkungsvoller.

Und ihr Prozess in Moskau war kein gewöhnliches Strafverfahren. Diktaturen können nur überleben, wenn ihre Untertanen in Furcht leben. Sie können es nicht dulden, der Lächerlichkeit preisgegeben zu werden. Anders als die meisten Beobachter spürte Putin dank des animalischen Instinkts, der den Diktator auszeichnet, sofort, wie ernst diese Bedrohung war. Das Ergebnis waren zwei Jahre Gefängnis für einen 15-minütigen Auftritt.

So lautet meine letzte politische Empfehlung, den Dissidenten zuzuhören, selbst wenn uns nicht gefällt, was diese Menschen zu sagen haben. Sie zeigen uns die dunkle Wirklichkeit unserer Gesellschaften, jene Wirklichkeit, vor denen die meisten von uns die Augen verschließen können. Hören Sie den Dissidenten zu, denn sie warnen uns vor den Gefahren, die zuerst den Minderheiten drohen, schließlich aber unvermeidlich auch die Mehrheit erfassen. Nicht nur Diktaturen, sondern alle Gesellschaften haben ihre Dissidenten. Sie sind die Stimme der Ausgeschlossenen, der Ignorierten, der Verfolgten. Hören Sie ihnen zu, denn sie sprechen über das, was kommen wird.

Warum wir Putin stoppen müssen beschreibt keine unvermeidliche Entwicklung, sondern ist eine Warnung. Wenn wir uns aus unserer Genügsamkeit reißen und wieder lernen, den Diktatoren und Terroristen, die die von uns errichtete moderne Welt bedrohen, die Stirn zu bieten, können wir den Gang der Geschichte beeinflussen. Die Antimodernität ist ein gefährlicher Virus, und ein Neustart genügt nicht, um einen Virus zu entfernen. Wir müssen ein auf Werten beruhendes System entwickeln, um den Virus zu bekämpfen. Dieses System muss robust genug sein, den Virus daheim abzuwehren. Es muss intelligent genug sein, um seine Ausbreitung zu verhindern. Und es muss aggressiv genug sein, um ihn an seinem Ursprungsort zu beseitigen.

Anmerkungen

1 Das Ende des Kalten Kriegs und der Zusammenbruch der Sowjetunion

1 Die Metapher mit den Spiegeln hatte ich einer Szene in einem Film entliehen, der sich in der Sowjetunion großer Beliebtheit erfreute: Bruce Lees *Der Mann mit der Todeskralle.*
2 Bush, George H. W., und Scowcroft, Brent, *Eine neue Welt: Amerikanische Außenpolitik in Zeiten des Umbruchs.* Berlin 1999, S. 311.
3 Waitzkin, Fred, *Mortal Games: The Turbulent Genius of Garry Kasparov.* New York 1993, locations 594f. (Kindle-Ausgabe).
4 Ebd.
5 CRS Report for Congress, »U.S. Assistance to the Former Soviet Union 1991–2001: A History of Administration and Congressional Action«, Curt Tarnoff, 15. Januar 2002.
6 Paxton, Robert O., *Anatomie des Faschismus.* München 2006.

2 Das verlorene Jahrzehnt

1 1948 hatten sowohl die Vereinigten Staaten als auch die Sowjetunion der Gründung Israels zugestimmt; sie waren die ersten beiden Länder, die den jüdischen Staat anerkannten.
2 Bush, George H. W., und Scowcroft, Brent, *Eine neue Welt,* S. 388.
3 Halberstam, David, *War in a Time of Peace: Bush, Clinton, and the Generals.* New York 2001, S. 29.
4 Kasparow, Garri, »Moral Principles Must Underpin U.S. Leadership«, in: *Wall Street Journal,* 4. November 1992, A 14.
5 Text und Video zu Clintons Fernsehansprache finden sich hier: http://millercenter.org/president/speeches/speech-3932.

3 Unsichtbare Kriege

1 Der Begriff *Whataboutism* stammt aus dem Englischen und ist eine Zusammensetzung von »What about«, also »Was ist mit«, und dem Suffix »-ism« (»-ismus«).

2 Das Protokoll der Pressekonferenz ist hier in Gänze nachzulesen: http://www.presidency.ucsb.edu/ws/?pid=51336.
3 *Kommersant*, 18. Mai 1995, zitiert in: Parker, John W., *Persian Dreams: Moscow and Tehran Since the Fall of the Shah*. Lincoln (Nebraska) 2008, S. 340.
4 Curt Tarnoff, CRS Report for Congress, »U.S. Assistance to the Former Soviet Union 1991–2001: A History of Administration and Congressional Action«, aktualisiert am 15. Januar 2002.
5 Erlanger, Steven, »Five Years Later: Eastern Europe, Post-Communism – A Special Report; East Europe Watches the Bear, Warily«, in: *The New York Times*, 21. Oktober 1994.
6 Der Text des Budapester Memorandums kann in englischer Sprache hier nachgelesen werden: http://www.cfr.org/nonproliferation-arms-control-and-disarmament/budapest-memorandums-security-assurances-1994/p32484.

4 Blutige Geburt

1 Halberstam, *War in a Time of Peace*, S. 420.
2 Die Fabel stammt aus Orson Welles' Film *Herr Satan persönlich* (engl: *Mr. Arkadin*) aus dem Jahr 1955.
3 Putin während einer Pressekonferenz in Astana, Kasachstan, am 24. September 1999.
4 Eine Untersuchung des russischen Lewada-Zentrums ergab, dass 43 Prozent der Russen dieser Überzeugung waren, 38 Prozent wiederum schlossen diese Möglichkeit aus. Siehe: http://www.levada.ru/press/2002041600.html.
5 Kasparow, Garri, »Russia's Best Election Yet«, in: *Wall Street Journal*, 21. Dezember 1999.
6 BBC News, »Scars remain amid Chechen revival«, 3. März 2007, http://news.bbc.co.uk/2/hi/programmes/from_our_own_correspondent/6414603.stm.
7 Politkowskaja, Anna, *A Small Corner of Hell: Dispatches from Chechnya*. Chicago 2003, S. 29.

5 Präsident auf Lebenszeit

1 Gessen, Masha, *Der Mann ohne Gesicht. Wladimir Putin. Eine Enthüllung*. München 2012.

2 Hill, Fiona, und Gaddy, Clifford G., *Mr. Putin: Operative in the Kremlin*. Washington, D.C., 2015, locations 322-27 (Kindle-Ausgabe).

3 So stellte es Tatjana Jumaschewa, Jelzins Tochter und Beraterin, auf ihrer Website dar. Vgl. auch *The Telegraph*, 23. Januar 2010, http://www.telegraph.co.uk/news/worldnews/europe/7063201/Boris-Yeltsins-daughter-attacks-Vladimir-Putin.html.

4 Kasparow, Garri, »Yeltsin offers New Hope for the New Year«, in: *Wall Street Journal*, 3. Januar 2000.

5 Soros, George, »Bitter Thoughts with Faith in Russia«, in: *Moskowski Nowosti*, Februar 2000.

6 Piontkowski, Andrej, »For Whom Putin Tolls?«, in: *The Russia Journal*, 21. Februar 2000.

7 Kritiker des amerikanischen Exzeptionalismus wie Putin sollten bedenken, dass der Text der neuen russischen Hymne folgende Worte enthält: »Du bist unvergleichlich und einzigartig in der Welt.«

6 Auf der Suche nach Putins Seele

1 In all unseren Streitgesprächen im Lauf der Jahre hat sich Sestanovich dank seines Wissens und seiner Erfahrung in eine meiner bevorzugten Informationsquellen über die Einstellung der amerikanischen außenpolitischen Experten zu Russland und die Gründe dieser Einstellung verwandelt. Ich empfehle seine Artikel und Bücher sehr, auch jene, mit denen ich nicht einverstanden bin!

2 E-Mail von Steve Sestanovich vom 19. April 2015 an den Autor.

3 Traynor, Ian und White, Michael, »Blair courts outrage with Putin visit«, in: *The Guardian*, 11. März 2000, http://www.theguardian.com/world/2000/mar/11/russia.ethicalforeignpolicy.

4 Radiointerview mit Bill Clinton bei *Echo Moskaus* am 4. Juni 2000. Zitiert in: Wines, Michael, »Clinton in Moscow: The State of Democracy«, in: *The New York Times*, 4. Juni 2000.

5 Hawkes, Malcolm, Erklärung von Human Rights Watch, zitiert in: *The Guardian*, 11. März 2000, http://www.theguardian.com/world/2000/mar/11/russia.ethicalforeignpolicy.

6 Rice, Condoleezza, *No Higher Honor: A Memoir of My Years in Washington*. New York 2011, locations 1450–54 (Kindle-Ausgabe).

7 Bush, George W., *Decision Points*. New York 2010, locations 3589–91 (Kindle-Ausgabe).

8 Alexej Nawalny und ich übernahmen diese Technik, als wir den Magnitsky Act als ein »gegen Putin gerichtetes und daher sehr russlandfreundliches amerikanisches Gesetz« bezeichneten.

9 Andrew, Christopher, und Mitrochin, Wassili, *Das Schwarzbuch des KGB: Moskaus Kampf gegen den Westen.* Berlin 1999, S. 410.

10 Sharansky, Natan, und Dermer, Ron, *The Case For Democracy: The Power of Freedom to Overcome Tyranny and Terror.* New York 2004, S. 3.

11 Aus irgendeinem Grund ist dieses bemerkenswerte historische Dokument selbst in dieser Zeit der allumfassenden Information schwer zu finden. Das erste Google-Suchergebnis für dieses Zitat ist mein Twitter-Account! Die gesamte Rede steht auf der Website der Jackson Foundation zum Download zur Verfügung: http://www.hmjackson.org/bibliography.

12 Aus Respekt habe ich die Großbuchstaben übernommen, die Solschenizyn im Manuskript für seine Nobelpreisrede bei den Worten »innere Angelegenheiten« verwendete.

13 In einer weiteren Wortmeldung, die traurige Berühmtheit erlangte, bezeichnete Rice im Jahr 2005 den weißrussischen Autokraten Alexander Lukaschenko als »letzten wahren Diktator im Herzen Europas«. Dieses Zitat wurde ungezählte Male in der verkürzten Version wiederholt, Lukaschenko sei »der letzte Diktator in Europa«. Und das Schlimmste war, dass Rice das bei einem Besuch in Moskau sagte! Auch wenn im Jahr 2005 nur wenige bereit waren, Putin als Diktator zu bezeichnen, musste sie ihm nicht auf diese Art schmeicheln. Im Jahr 2014 revanchierte sich Lukaschenko mit der Aussage, nach Putins Einmarsch in der Ukraine werde er nicht mehr als letzter Diktator in Europa bezeichnet. Er hatte Recht.

14 Das Dokument ist unter folgender Adresse (auch als Tondokument) zugänglich: http://www.rferl.org/content/Text_Of_Closing_Statement_By_Mikhail_Khodorkovsky/2208523.html.

7 Sprung ins Feuer

1 Kasparow, Garri, »The Great Game«, in: *Wall Street Journal*, 14. März 2005.

2 McAllister, J. F. O. et al., »The Talks that Failed«, in: *Time*, 13. September 2004.

3 McAllister, J. F. O., »Communication Breakdown«, in: *Time*, 12. September 2004.

4 »Beslan School Siege Inquiry ›a Cover-up‹«, in: *The Herald*, 10. Februar 2007, http://www.heraldscotland.com/news/12768295.Beslan_school_siege_inquiry_apos_a_cover_up_apos.

5 Satter, David, in: *The Weekly Standard*, 13. November 2006.

6 Gessen, *Der Mann ohne Gesicht*, S. 241ff.

7 George W. Bush in einer Ansprache vor Mitgliedern der NGO Freedom House am 29. März 2006.

8 Die Operation Medwedew

1 *USA Today* Editorial Board, Interview mit Secretary of State Condoleezza Rice am 11. Dezember 2007, http://usatoday30.usatoday.com/news/washington/rice-transcript.pdf.

2 Am 19. Dezember berichtete *Time* ausführlich über die »Person des Jahres 2007«. Unter anderem erschien ein Interview mit Putin, in dem er gefragt wurde, warum ich inhaftiert worden war. Er entgegnete: »Warum hat sich Kasparow häufiger in englischer als in russischer Sprache geäußert? Wenn ein Politiker eher die Bürger eines anderen Landes anspricht als die seines eigenen, dann sagt das einiges über ihn.« Natürlich ließ Putin außer Acht, dass ich mich auch in Russland mehrfach geäußert hatte.

3 »Adolf Hitler: 1938 TIME man of the year«, in: *Time*, 2. Januar 1939.

4 Aus der Stellungnahme der außerordentlichen Tagung des Europäischen Rates zur Lage in Georgien im August 2008.

5 Zitiert nach der Pressemappe zum Dokumentarfilm *Brief an Anna*.

6 Alle Zitate sind der Presseberichterstattung zum Auftritt Medwedews beim Weltzeitungskongress in Moskau entnommen.

7 Die Ermordung von Kadyrows Rivalen Sulim Jamadajew in Dubai 2009 erregte die größte Aufmerksamkeit. Die Polizei in Dubai beschuldigte Kadyrows Cousin, ein Mitglied des russischen Parlaments. Jamadajews Bruder Ruslan wurde 2008 in Moskau ermordet.

8 Bush, *Decision Points,* locations 7945ff. (Kindle-Ausgabe).

9 Gefährliche Illusionen

1 Obama während eines Interviews bei der US-Fernsehshow *Fareed Zakaria GPS* am 28. Dezember 2008. Obama lobte die Außenpolitik von George Bush senior.
2 Eine Version dieses Zitats steht auf einer Tafel im Treppenaufgang des Sockels der Freiheitsstatue in New York.
3 Vgl. meinen am 5. November 2008 in der *Los Angeles Times* erschienenen Artikel, http://www.theotherrussia.org/2008/11/05/kasparov-on-obama-and-how-russia-sees-america.
4 Smith, Ben, »Invasion of Georgia a ›3 a.m. moment‹«, in: *Politico*, 9. August 2008.
5 McCains gesamte Stellungnahme vom 11. August 2008 ist lesenswert: http://www.realclearpolitics.com/articles/2008/08/mccain_statement_on_georgia.html.
6 Interview mit Igor Jurgens bei Gazeta.ru, Februar 2010.
7 Als Premierminister Chamberlain nach der Unterzeichnung des Münchner Abkommens zurückkehrte, erklärte er den Bürgern, mit dem Abkommen sei »Frieden für unsere Zeit« erreicht.
8 Romney, Mitt, »Bowing to the Kremlin«, in: *Foreign Policy*, 27. März 2012.
9 Romney, Mitt, *No Apology. The Case for American Greatness*, New York 2010, locations 4916–20 (Kindle-Ausgabe).
10 Der *Fox News*-Beitrag ist nach wie vor online: http://video.foxnews.com/v/1624799524001/anti-putin-rallies-continue-in-russia/?#sp=show-clips.

10 Krieg und Appeasement

1 »Castles in the Sand«, in: *The Economist*, 13. Juli 2013.
2 Sie wurden abgesagt, weil der Zweite Weltkrieg ausbrach. Die nächsten Spiele fanden 1948 in London statt.
3 Kasparow, Garri, »Les Jeux et la vérité«, in: *Le Monde*, 24. Februar 2014.
4 Mein Mitarbeiter Mig Greengard nannte es »das Hitler-Augenrollen«. Wir sahen es immer wieder in meinen Interviews vor und während der Spiele in Sotschi. Es fiel Mig auch auf, dass das Augenrollen kaum noch zu sehen war, nachdem Putin wie von mir vorhergesagt die Krim annektiert hatte.

5 John Kerry bei einer Pressekonferenz in London am 14. März 2014.

6 Obama sagte das tatsächlich so (»Remarks by President Obama and President Poroshenko of Ukraine after Bilateral Meeting«, 18. September 2014). Viele seiner Aussagen klingen wie eine Parodie auf das zweideutige Gerede der Diplomaten: »Und wir werden weiterhin versuchen, die internationale Gemeinschaft zu mobilisieren, um Russland zu sagen, dass die Ukraine ein gutes Verhältnis mit allen ihren Nachbarn wünscht, im Osten wie im Westen, und dass es einen Weg geben sollte, der es der Ukraine ermöglicht, zu verhandeln und Handel zu treiben und Beziehungen zwischen den Menschen in Russland und der Ukraine aufrechtzuerhalten, aber dass Russland ihnen nicht diktieren kann, wie sie ihre Fähigkeiten nutzen, um effektiv mit anderen Partner zusammenzuarbeiten, um die Situation der Menschen in der Ukraine zu verbessern.« Russland war soeben in die Ukraine einmarschiert!

Epilog: Zeitlose Werte für eine sich wandelnde Welt

1 Havel, Václav, »Time to act on N. Korea«, in: *The Washington Post*, 18. Juni 2004.

2 Putins Pressesprecher Dmitri Peskow sagte dies nur wenige Stunden nach dem Mord. Putin wiederholte es tags darauf.

3 Den Bericht »Putin.Corruption« von Boris Nemzow aus dem Jahr 2011 kann man auf Russisch und Englisch einsehen unter: http://www.nemtsov.ru/old.phtml?id=706613. Tausende gedruckter Exemplare wurden selbstverständlich als »extremistische Literatur« beschlagnahmt und vernichtet.

4 Diese Rede, tatsächlich »Sinews of Peace« betitelt und in einem College in Fulton, Missouri gehalten, wird für immer als die »Eiserne-Vorhang-Rede« erinnert werden. Es lohnt sich, sie in voller Länge zu lesen oder zu hören. Und sei es nur, um zu bewundern, wie Churchill, bekannt für seine hochfliegende Rhetorik, auch Wert darauf legte, ein ganzes Sortiment an politischen Details zu diskutieren. Den Text und die Tonaufnahme finden Sie hier: http://www.winstonchurchill.org/resources/speeches/1946-1963-elder-statesman /the-sinews-of-peace.

5 Mk, 2, 22.

6 So drückte es Bill Maher in seiner Sendung *Real Time* am 1. Mai 2015 im Gespräch mit mir aus.

Personenregister